TRAITÉ COMPLET

DE

LA PEINTURE

Cet ouvrage se trouve aussi :

Chez DEFLORENNE, libraire, quai de l'École, n° 16,

H. BOSSANGE,

Et les principaux libraires de l'Étranger.

Paris. — Typographie Panckoucke, rue des Poitevins, 8 et 14.

TRAITÉ COMPLET

DE

LA PEINTURE

PAR

M. PAILLOT DE MONTABERT.

TOME SIXIÈME.

SUITE DU DESSIN. — DRAPERIES.

PARIS,

J.-F. DELION, LIBRAIRE,

Quai des Augustins, n° 47.

1829-31.

DESSIN.

DESSIN.

CHAPITRE 217.

DE LA BEAUTÉ DU DESSIN EN GÉNÉRAL.

Si le lecteur a adopté la division que nous avons donnée de la peinture, et par conséquent du dessin, il reconnaîtra qu'il faut, maintenant que nous avons traité du vrai ou du possible et de plus du vraisemblable, passer à la condition du beau appliqué au dessin.

Nous devons donc nous occuper d'abord de la question du beau intellectuel ou de la convenance dans le dessin, puis nous nous occuperons de la question du beau optique, mais appliqué à la figure humaine seulement.

CHAPITRE 218.

DE LA BEAUTÉ INTELLECTUELLE OU CONVENANCE DANS LES FORMES ET LE CARACTÈRE DES OBJETS EN GÉNÉRAL.

Ce chapitre, ainsi que le précédent, étant destiné uniquement à rappeler l'ordre analytique de ce traité, nous ne nous proposons point ici d'appliquer les principes du beau intellectuel à une foule d'objets qui doivent intéresser le peintre. Cependant ces applications multipliées de la théorie du beau intellectuel prouveraient la vérité et l'utilité du principe de l'unité; mais nous devons nous restreindre ici à considérer la beauté de la figure humaine seulement. Or ayant déjà, en parlant des passions et du geste, traité de cette beauté intellectuelle appliquée au moral de l'homme, il ne nous reste plus qu'à l'appliquer au caractère de l'homme physique.

CHAPITRE 219.

DE LA BEAUTÉ INTELLECTUELLE OU CONVENANCE DANS LE CARACTÈRE PHYSIQUE DE L'HOMME.

Il est aisé de comprendre qu'on n'obtiendrait aucun résultat satisfaisant, même en remplissant les conditions du beau optique, si ce beau n'était ni propre au sujet, ni convenable, ou, ce qui revient au même, ni beau pour l'esprit. Il semble donc superflu de donner ici des avertissemens, puisque l'observateur le moins instruit pourrait les donner lui-même. A quoi serviraient en effet les préceptes suivans ? Ne pas faire lourd et gros un coureur, ni svelte ou élancé un Hercule; ne pas donner des formes vieilles à un jeune homme, ou des formes jeunes à un vieillard ; ne pas représenter un faune pour un héros; ne pas mettre le bras d'un forgeron à une figure d'Apollon, ni à une nymphe la gorge d'une nourrice; ne pas adopter les proportions d'un adulte pour un enfant, ni celles d'un homme fait pour un adulte ; se garder d'imiter les mouvemens d'un faune ivre, lorsqu'il s'agit d'un Pâris; de ne pas confondre la joie naïve avec l'indécence, et, pour faire jeune et vif, de ne pas faire impudique; éviter enfin de faire lascif pour faire amoureux, de peindre l'insolence au lieu de la fierté, et l'arrogance au lieu de la hardiesse, ou de tomber dans le niais et le stupide, lorsqu'on ne se propose que la candeur et l'ingénuité. Dans plusieurs écrits cependant on s'est donné la peine d'en dire bien long sur ces lieux communs. Quelques auteurs passent pour avoir prescrit des convenances, parce qu'ils ont signalé quelques caractères physiques qui indiquent et annoncent, selon eux, certaines aptitudes de l'ame. Mais, outre que leurs assertions sont hasardées, on peut croire que cette matière est trop subtile pour pouvoir être ainsi convertie en préceptes, et je pense que l'inspection des antiques est la seule source vraie où les artistes doivent puiser des notions fixes et utiles à ce sujet, le vraisemblable étant la règle qu'il leur importe de suivre.

Que pensera-t-on, par exemple, des assertions suivantes?

Les bras longs et robustes, les coudes bien articulés sont les signes d'une personne de probité (Polémon et Adamantius); les jambes fermes et nerveuses sont un témoignage de grand cœur (Aristote); les hanches relevées, la poitrine large et les épaules hautes sont les marques d'un grand courage et d'un homme de bien (Adamantius), etc. Porta, Lavater et autres s'étendent beaucoup sur les signes du caractère moral dans les physionomies. Mais, je le répète, toutes ingénieuses que sont leurs conjectures, elles seront de peu de secours à l'artiste qui sera pourvu d'ailleurs de la théorie du beau, et qui saura faire aisément l'application de la loi de l'unité.

CHAPITRE 220.

DE LA BEAUTÉ OPTIQUE ET PHYSIQUE DE L'HOMME. — IDÉES DES ANCIENS ET DES MODERNES SUR CETTE QUESTION.

Depuis que l'illustre Winckelmann, exalté par un vif enthousiasme pour les chefs-d'œuvre de l'art grec, et éclairé par les lumières d'une grande érudition, a propagé l'affection si naturelle qu'on doit porter aux hautes beautés de l'antique; depuis qu'il a réveillé les idées que certains savans de tous les tems nous avaient fait apercevoir sur le beau, sur la destination des arts, et sur les charmes qui les rendent si attrayans, quand ceux qui les cultivent sont animés de ce sentiment du beau; depuis cette époque, dis-je, on a vu les artistes, ainsi que les personnes d'un goût cultivé, et, il faut le dire, le public même, n'affectionner, n'estimer et ne goûter plus que ce qui rappelle le sentiment bienfaisant et moral du beau. Cette espèce de révolution a laissé croire que l'art moderne devait désormais parvenir à la perfection, puisque de nouvelles idées, de meilleures études allaient occuper les sculpteurs, les peintres et les philosophes. Je ne dirai point jusqu'où cette heureuse rénovation a étendu son influence parmi nous; j'observerai seulement qu'il est indispensable aujourd'hui, vu ce nouvel état des choses, de parler un langage différent de celui qu'on trouve dans les écrits artistiques des siècles précédens, et qu'il nous faut ressaisir cette même philosophie qui a fait naître jadis les merveilles dont quelques-unes, qui nous sont parvenues, électrisent les admirateurs de notre âge.

Recherchons donc d'abord dans ce chapitre quelles ont été les idées des anciens et des modernes sur la beauté physique de l'homme.

Les Grecs ayant reconnu que l'imitation seule n'est pas le but de l'art, mais que son but est la beauté et l'harmonie, reconnurent aussi quelle était parmi les beautés naturelles celle qui tient le premier rang, et ils se sont attachés et dévoués à la beauté du corps humain. Ce principe ou cette préférence ayant été très-durable dans les écoles, il dut en résulter que les tableaux qui eussent offert des beautés secondaires aux dépens de cette principale beauté, n'eussent reçu des Grecs que des blâmes, et n'eussent même obtenu que du mépris. Ainsi on peut affirmer que tous les tableaux modernes dans lesquels la beauté humaine, autant vaut dire la perfection humaine, a été sacrifiée à des beautés d'un ordre inférieur, telle que celle qui résulte de la recherche des effets de clair-obscur ou de calculs conventionnels, ou qui tient à un adroit maniment du pinceau, que tous ces tableaux, dis-je, n'eussent pu attirer le suffrage de l'antiquité. Ces beautés de second ordre sont cependant essentielles, et sont des parties intégrantes de la perfection et du complément de la peinture ; mais les peintres anciens qui visaient surtout et qui aspiraient absolument à la beauté de l'homme, auraient pu produire des choses merveilleuses sans le secours de ces qualités. Aussi certains critiques de l'antiquité, blessés du relâchement de quelques peintres qui délaissaient les premières beautés de l'art, rappelaient-ils ces artistes à l'antique austérité des écoles, et regrettaient-ils les belles et vives figures monochromes des dessinateurs sévères du siècle de Phidias.

Chez les modernes, ce désordre fut porté à l'excès, et les peintres appelés peintres de machines, n'essayèrent guère de séduire que par les combinaisons du clair-obscur et du coloris et par l'extrême variété. Ils reconnurent cependant que ces moyens touchent peu les cœurs; mais, ne sachant pas dans leurs images si multipliées avoir recours à la beauté et à la vérité de la figure humaine, ils résolurent, comme en désespérés, d'étourdir les spectateurs, de culbuter leurs idées, de faire ressortir un je ne sais quoi de baroque, de composé, de téméraire, un imbroglio enfin tel que les amis de la sévérité ne pussent se reconnaître. Ils atteignirent ce but, mais ils ne trouvèrent des admirateurs que dans une certaine classe de gens bornés et étrangers à la définition de la peinture; ils ne firent des dupes que parce que, leur nombre croissant de plus en plus, on n'osa presque pas entreprendre de les critiquer.

« L'idée que les Grecs avaient de la beauté, consistait, » dit Winckelmann, dans la perfection, dans une juste » proportion des membres, dans le coloris, dans une cer» taine tranquillité et dans une grandiosité qui, en cachant, » pour ainsi dire, les imperfections de la nature humaine, » donnait à leurs figures un air divin. Ils n'estimaient » point belles celles qui laissent apercevoir les faiblesses » de l'homme et même ses défauts. Des traits sans régu» larité, sans symétrie, des membres sans proportions, un » air commun et sans noblesse, et d'autres semblables in» corrections ne pouvaient point, selon eux, former la » beauté, et par cela seul que le coloris fût bon, que les

» yeux eussent de l'ame et de la vivacité, que les formes » fussent élégantes et sveltes, et que le tout enfin eût » beaucoup de mouvement et d'expression; surtout si » cette expression dénotait le désir ou une passion éro- » tique. Les Grecs, au lieu de n'être que matière et action, » étaient tout sentiment et repos. »

« Je rajeunis de mille ans, disait Diderot, pour vous » exposer comment dans les tems anciens les peintres et » les poètes influaient réciproquement les uns sur les au- » tres, comment ils influaient sur la nature même et lui » donnaient une empreinte divine. »

« Homère avait dit que Jupiter ébranlait l'Olympe du » seul mouvement de ses noirs sourcils : c'est le théolo- » gien qui avait parlé, et voilà la tête que le marbre » exposé dans un temple avait à montrer à l'adorateur » prosterné. La cervelle du sculpteur s'échauffait, et il ne » prenait la terre molle et l'ébauchoir que quand il avait » conçu l'image orthodoxe. Le poète avait consacré les » beaux pieds de Thétis; et ces pieds étaient de foi; la » gorge ravissante de Vénus, et cette gorge était de foi; » les épaules charmantes d'Apollon, et ces épaules étaient » de foi, etc. Le peuple s'attendait à retrouver sur les au- » tels ses dieux et ses déesses avec les charmes carac- » téristiques de son catéchisme. Le théologien ou le poète » les avait désignés, et le statuaire n'avait garde d'y man- » quer. On se serait moqué d'un Neptune qui n'aurait pas » eu la poitrine de la Bible payenne, d'un Hercule qui n'en » aurait pas eu le dos; et le bloc de marbre serait resté dans » l'atelier.

» Qu'arrivait-il de là, car, après tout, le poète n'avait » rien révélé ni fait croire; le peintre et le sculpteur

» n'avaient représenté que des qualités empruntées de la » nature? C'est que, quand au sortir du temple, le peuple » venait à reconnaître ces qualités dans quelques indivi- » dus, il en était bien autrement touché.

» Les poésies des anciens sont pleines de comparaisons, » d'allusions aux objets de leur culte. C'est le sourire des » Grâces, c'est la jeunesse d'Hébé, ce sont les doigts de » l'Aurore, c'est la gorge, c'est le bras, c'est l'épaule, ce » sont les cuisses, ce sont les yeux de Vénus. Va-t-en à » Delphes, et tu verras mon Bathyle. Prends cette belle » pour modèle, et porte ton tableau à Paphos. Il ne leur » a manqué que de nous dire plus souvent où l'on voyait » ce dieu ou cette déesse dont ils caraissaient l'original » vivant; mais les peuples qui lisaient leurs poésies ne » l'ignoraient pas. Sans ces simulacres existans, leurs ga- » lanteries auraient été bien insipides et bien froides. Et » n'est-ce pas là l'origine de toutes les épithètes indivisi- » blement attachées aux héros et aux dieux? C'étaient » autant d'articles de foi, autant de versets du symbole » payen, consacrés par la poésie, la peinture et la sculp- » ture. »

On pourrait citer beaucoup d'exemples du prix que les Grecs attachaient à la beauté. Mais il suffira de dire que dès les premiers tems de l'art la beauté avait fixé dans l'Élide les yeux du gouvernement, et qu'il y avait des juges pour distribuer des prix aux belles personnes des deux sexes. A Sparte, à Naxos et ailleurs, on pratiquait le même concours. Pour mériter ces prix, les concurrens devaient se présenter devant les peintres et les statuaires, qui sans contredit sont des juges compétens dans cette matière. Enfin les Grecs exaltèrent leur imagination jusqu'à supposer que les ames qui habitent des corps bien conformés ne les quittent qu'avec plus de regret.

Aristophane, dans une de ses pièces, fait dire à Théorus que Silaclès, qui était un amant passionné des Athéniens, écrivait sans cesse sur les murailles : Les Athéniens sont beaux. Aristophane, dans sa pièce intitulée les Guêpes, fait encore allusion à cette expression si familière, lorsqu'il dit que, s'il voit écrit sur une porte : Demos, fils de Pyrilampus est beau, il écrit à côté : L'urne des juges est belle.

Mais, si la religion prescrivait le but, si les caractères divins ou héroïques et tous les autres qui se liaient à la mythologie étaient devenus déterminés, et, comme dit Diderot, orthodoxes, si enfin l'enthousiasme religieux élevait chez les Grecs l'ame de l'artiste jusqu'à la plus grande hauteur poétique, c'est à la philosophie de l'art, c'est aux lois classiques des écoles qu'il faut attribuer la marche assurée des artistes et les lumières qui les guidèrent constamment dans ce véritable chemin du beau. J'ai déjà dit, chap. 31, que cette cause de l'excellence des Grecs paraissait être la plus puissante, quoique rarement on la signalât comme telle. Je crois donc pouvoir avancer que c'est sur les monumens antiques qu'est assis le dessin, comme un souverain imposant qui aujourd'hui même dicte aux artistes ses lois.

Voyons maintenant quelles ont été les idées répandues dans nos écoles, depuis la belle époque de l'art jusqu'à Winckelmann, ou, pour mieux dire, jusqu'à nos jours.

D'abord il faut jeter un coup-d'œil sur tous ces éloges prodigués dans les livres qu'on a publiés sur les peintures, sur les tableaux, sur les statues, etc. Partout retentissent les épithètes d'admirable, de savant, de divin, de génie sublime : Michel-Ange, dit-on, est un dieu ; Raphaël est un dieu. On dit le divin Corrége, le divin Moralès, etc. Toutes ces expressions ne coûtent guère à l'écrivain qui veut jouer l'inspiré et le chaleureux connaisseur ; mais elles coûtent bien cher aux élèves qui n'ont point sous les yeux toutes ces prétendues merveilles, et qui, lorsqu'ils en voient quelques-unes pour la première fois, sont contristés et abattus en apercevant la limite que ces écrivains se sont arrogé le droit de prescrire quant à la beauté du dessin et de la peinture. Tout élève de grand sens, qui reconnaît à la vue des riches collections de l'Europe qu'il lui sera difficile d'imiter tant d'habiles peintres, doit s'affliger de ce sentiment de méfiance ; mais ne sera-t-il pas bien plus affligé si, d'après tant de louangeurs, il se dit en présence de ces tableaux : Voilà donc toute la peinture ! Les idées que je m'étais faites de la beauté sont donc des chimères trop au-dessus de ces chefs-d'œuvre ! J'étais donc abusé, égaré par mon imagination, et voici l'idée qu'il faut désormais que je me fasse d'un tableau parfaitement beau ! — Non, jeune élève, rassure-toi ; ils te parlent avec imposture les louangeurs qui ne pouvant signaler, faute de vrai savoir, tout ce que ces tableaux ont d'admirable, sont réduits à t'en faire des descriptions mensongères et à en taire les défauts, les vices et les laideurs de dessin. Suis ton sentiment, ton cœur et ton bon sens, et continue à croire que tout véritable ami de la peinture doit être ami de la beauté. Mais un moyen peut te rassurer. Analyse les conditions de l'art ; poursuis l'idée que tu t'es faite d'un tableau excellent en beauté, puisque tu ne manqueras pas d'imaginer qu'il doit toucher, qu'il doit élever l'ame par le choix du spectacle, enchanter par le charme et la grâce, et faire quelque bien au cœur et à l'esprit.

Cependant le public n'a pas toujours crié merveille, comme les brocanteurs et les faiseurs de catalogues. Une foule de personnes éclairées et sans prétention restent froides en présence de tous ces tableaux à étalage, de toutes ces figures chargées, académisées, sans naturel et sans beauté; le plus souvent même elles en sont choquées et n'en considèrent qu'avec répugnance les formes et le dessin plus ou moins factice, incorrect et maniéré. Toutefois le nombre des livres et des amateurs louangeurs est si grand, qu'aujourd'hui il n'est guère adroit ni politique de dire sur ce point ce qu'on pense. Quant aux artistes, ils le diront bien moins encore; aussi ne les voit-on jamais faire le mauvais calcul d'être sincères sur ce point, et ils sont même tout fiers de singer de plus ou moins près ces peintures célèbres qu'ils appellent eux-mêmes admirables, surtout lorsqu'ils sont parvenus à les contrefaire.

J'ouvre le dernier écrit qui vient de paraître sur ces questions, et j'y vois, pag. 143, que Guido-Reni a porté la beauté au point le plus élevé où elle ait peut-être paru parmi les hommes. Mais, comme on en a dit tout autant dans les salons de Paris au sujet de ces figures minaudières de fillettes admirées pour des déesses dans les tableaux de Boucher, il est bon de prémunir les jeunes débutans contre l'usage d'exalter ce que d'autres ont déjà exalté; il est bon de les avertir que tout ce qu'on a dit et écrit sur l'art n'a pas toujours été pensé ni dit avec sincérité. « Quand » on attribuait, dit Malvasia, aux faveurs du ciel le talent » de Guido-Reni pour peindre de belles têtes, cet artiste

» faisait observer que, durant l'espace de huit ans, il n'a-» vait cessé de dessiner sous tous les points de vue les » plus belles têtes antiques, pour se familiariser avec l'ac-» cord et l'harmonie des parties, et qu'il avait fait d'ail-» leurs des études sur les femmes qui de son tems se » distinguaient par une physionomie approchant le plus » de la beauté grecque, travaillant jour et nuit à un si » délicat exercice. » C'est sur cet élogè de Malvasia, compatriote de Guido-Reni, qu'on a cru devoir enchérir.

Ces mêmes réflexions peuvent s'appliquer à l'effet que produit sur un élève prévenu l'Apollon du Belvédère, la première fois qu'il voit cette très-belle statue, qui cependant n'est pas à la hauteur des éloges extraordinaires qu'elle reçoit, éloges qu'on fait retentir à toutes les oreilles. Quant aux premiers chefs-d'œuvre antiques, je dis qu'on peut les faire étudier aux jeunes gens naïfs sans leur en faire l'éloge, car leur beauté réelle les frappera assez et parlera plus haut que toutes les déclamations. Enfin ne peut-on pas dire que les choses en sont au point qu'on ne raisonne sur la perfection du dessin que par amour-propre, par ton et sans aucun égard pour la véritable beauté, sans aucun égard pour cette harmonie des formes et cet art des proportions, art sans lequel une figure en peinture est souvent plus dangereuse qu'elle n'est utile.

Mais, je l'ai déjà dit, ce serait faire injure au public que de le juger d'après ces faux connaisseurs, ces faux artistes et cette foule de louangeurs qui contribuent à prolonger notre barbarie. Oui, il faut le déclarer ici, les gens étrangers à l'art font voir en tout pays et en tout tems dans leurs discours, dans leurs momens d'émotion et dans leurs idées, soit en présence de tableaux, soit lorsqu'ils en parlent par souvenir, un goût naturel et sain. Ils portent des jugemens justes, manifestent des désirs, des regrets motivés, et ont réellement plus de véritable amour, plus de goût et de passion pour les belles choses, que tant d'ouvriers qui remplissent nos capitales du bruit de leurs prétendus chefs-d'œuvre. Oui, c'est dans la classe des gens étrangers aux beaux-arts qu'on trouverait de ces critiques vigoureux qui diraient que c'est insulter Dieu que de représenter aussi mal l'homme qui est son plus bel ouvrage, et qu'on devrait empêcher les artistes de multiplier de tels blasphêmes ; qu'on devrait enfin renouveler la loi des Éléens contre ceux qui dans leurs figures violeraient les lois de la beauté. Revenons à notre question.

Une grande incertitude est à remarquer parmi les modernes au sujet des moyens d'obtenir la beauté du nu dans la peinture : cette incertitude a rendu la doctrine moderne contradictoire. Les uns veulent donc que l'artiste sache trouver dans l'individu modèle le beau qui y est caché, et les autres veulent qu'il trouve ce beau hors des modèles, c'est-à-dire, dans son imagination, parce que ce beau, qui ne saurait presque jamais exister sur des individus modèles, peut exister, disent-ils, dans une imagination poétique, belle elle-même et nourrie de beaux exemples. Je tâcherai de fixer les idées sur cette question au chapitre où je parlerai des individus modèles employés par le peintre pour les figures de ses tableaux.

Pour parler d'abord de la première de ces idées contradictoires, je dirai que, parmi les peintres qui veulent l'imitation du modèle individuel, et qui appellent en général vérité et même beauté l'exacte représentation de l'individu, il y en a qui veulent qu'on fasse sentir et connaître dans le tableau ce modèle ou cet individu tel qu'il est, et exactement ou semblablement représenté. Cette maxime les entraîne dans un excès; car, soit qu'ils espèrent que l'exactitude servile de leur copie passera pour de la science et de l'étude louable, soit qu'ils ne possèdent au fait qu'un goût pauvre et trivial, on les voit très-souvent caractériser avec ardeur tout ce qui rappelle le mercenaire posé dans leur atelier. D'autres, parmi les copistes de l'individu, semblent vouloir que l'homme soit imité avec justesse, mais seulement quant à la chair et à la superficie; aussi s'appliquent-ils beaucoup à rendre la mollesse ou plutôt le flasque des formes, et admirent-ils en cela Rubens, Jordans et Bernini. Et ce qui est remarquable, c'est que les sculpteurs ont toujours partagé à cet égard l'opinion des peintres leurs contemporains. Un groupe de Bernini, à la villa Ludovisi, fait voir les doigts carrés du dieu des enfers, s'enfonçant dans la hanche de Proserpine, absolument comme dans de la pâte. Les ignorans s'écrient au chef-d'œuvre, quand ils voient le marbre s'amollir à ce point. Plus tard, Puget, qui dans ses sculptures visait à rendre les mouvemens de la chair, a trop peu étudié les mouvemens du squelette. Quant à Pigale, il semble que son opinion était que, si on eût pu mouler en plâtre tout l'individu modèle, on aurait obtenu la figure aussi belle que l'art l'exige, par cela qu'elle eût été une répétition exacte d'un individu vivant, prenant ainsi pour la nature une des exceptions peut-être de la nature. Et à ce sujet ne convient-il pas de critiquer l'expression *naturalisti*, que les Italiens croient devoir quelquefois donner aux peintres qui copient servilement l'individu?

Les peintres, si fort attachés à l'individuel, et, pour ainsi dire, plus amis d'un modèle vivant que de la nature, refusent donc de la reconnaître dans ces images vues en beau et savamment généralisées. Voilà pourquoi tant de belles figures antiques ont été si long-tems mises au rebut par les académies; voilà pourquoi les veines de Laocoon et les formes du Gladiateur mourant ont été bien plus admirées dans le tems de ces académies que les belles jambes de la Diane de Paris; voilà pourquoi, lorsqu'ils trouvaient de l'individuel dans les fragmens antiques, ces académiciens n'hésitaient pas à admirer, à applaudir, comparant toujours l'ouvrage antique à quelqu'ouvrage moderne; c'est ainsi que les éditeurs des peintures d'Herculanum n'ont pas manqué de faire de fort bonne foi de ces rapprochemens. Par exemple, au sujet de la figure peinte d'un Discobole, pl. 30, 3e vol., ils supposent que cette peinture est une copie d'après un excellent original, et peut-être de celui du peintre Tauriscus dont parle Pline; mais, pour augmenter la vraisemblance de cette conjecture, ils ajoutent qu'elle est exécutée dans le style de P. Lanfranco, élève des Carracci. Ce cercle rétréci, qui ne s'étend pas au-delà du tems de Raphaël, de Michel-Ange et des célèbres Bolonais, ne permettra jamais aux artistes dont les idées s'y trouvent circonscrites, d'atteindre jusqu'aux tems illustres de l'ancienne Grèce, ni même aux tems moyens de l'art à Rome.

Si l'on eût pu mouler en plâtre les modèles vivans dans les attitudes qui ont servi aux artistes anciens et aux artistes modernes, l'empreinte eût-elle ressemblé à leurs copies? Je pense que non. L'artiste grec changeait en beau et en convenable, et l'artiste moderne a changé en laid et en faux. Le plus laid modèle d'un Pigale était encore enlaidi sous sa main, et les défauts de cet individu modèle n'étaient pas reconnus pour tels par le mauvais goût et le savoir incertain de l'artiste. Ces défauts devenaient au contraire pour lui des points de repère qu'il croyait devoir exprimer avec tout leur caractère de laideur, et cela dans l'espoir d'ajouter à l'expression de la vérité. L'artiste grec au contraire, reconnaissant au prime abord par son goût naturel et son goût acquis, à l'aide du canon et de la philosophie, les traits vils et rebutans de l'individu modèle, se gardait bien de compter sur ces formes impropres pour produire les plus grandes vérités : il les rejetait donc, ou, pour mieux dire, il les rétablissait dans l'ordre qu'elles eussent dû conserver, et il parvenait à rendre la vérité par l'expression savante de tous les caractères qu'il savait être essentiels à son sujet, bien que ces caractères fussent quelquefois peu apparens et même dénaturés sur ses modèles. Ainsi la connaissance de la nature, de ce qui lui est propre et nécessaire, de ce qui lui est inutile et inconvenant, de ce qui lui est général ou de ce qui n'est qu'individuel, doit conduire directement à la science du beau.

Mais, pour parler en particulier de ces mêmes détails qui blessent la vue et la raison dans tant de sculptures et de peintures modernes, nous dirons que les plis de la chair et de la peau y sont maigres, allongés, flasques, multipliés aux flexions et aux jointures. Or ce caractère est celui de la décrépitude et non de la santé. La santé remplit et enrichit l'épiderme du suc de la vie ; elle embellit la peau et la soutient par la présence d'une graisse ferme et élastique qui ne peut produire de rides, tandis que la pauvreté, la décrépitude du tissu est véritablement une laideur. Sur ces figures triviales et maniérées, les apophyses sont à faces ressenties et très-saillantes, ce qui contraste laidement avec une myologie faible et avec cette chair sans élasticité. Les affections, les dépressions mêmes produites par les vêtemens et les chaussures sur les chairs et même sur les os du modèle, sont exprimées, rendues avec un caractère exagéré, méplat, carré, et cela par pure singerie académique. Je ne parle pas des énormes fautes de proportion et de représentation, proportions géométriques sur lesquelles on est resté incertain, représentation qu'on ne fait qu'à tâtons et sans cette justesse qui seule conduirait à réaliser les proportions. En un mot, ces images laides ne sont pas plus exactes que celles des anciens, et leur prétendue vérité dégoûte. Celles des anciens sont pleines de naïveté et de simplicité, et elles ravissent, parce qu'on y reconnaît la nature avec ses beautés. Il semble donc que toute l'ambition de ces peintres se borne à ce qu'on reconnaisse les individus qui leur ont servi de modèle, quoique le plus souvent on ne les reconnaisse point du tout, leur caractère particulier ayant été mal saisi et l'imitation en étant toujours un peu déguisée par les affectations bisarres d'atelier, si opposées au vrai et au naturel, affectations enfin dont les dessinateurs les plus naïfs et les mieux instruits peuvent à peine se garantir dans nos écoles.

« Lorsque Raphaël et Guido-Reni, dit Winckelmann, » celui-là pour les figures de femmes, et celui-ci pour les » figures d'hommes, nous apprennent qu'ils ne trouvaient » point de beautés qui fussent dignes de servir de modèles » à l'un pour sa Galatée, et à l'autre pour son Archange

» Michel, ainsi que nous le savons par les lettres de ces » deux artistes ; je ne crains pas d'avancer que ce juge- » ment ne vient que d'un défaut d'attention de leur part » sur ce qui est beau dans la nature. Quoique Raphaël » dise, au sujet de la forme de sa Galatée, que, n'y ayant » rien de si rare que les belles femmes, il s'était servi » d'une certaine idée que lui avait inspirée son imagina- » tion; j'oserai pourtant soutenir que le visage de cette » même Galatée est fort commun, et qu'il n'y a guère » d'endroits où il ne se trouve de plus belles femmes. » D'ailleurs le genou qui est visible dans cette figure, est » beaucoup trop prononcé pour un âge de jeunesse et » pour une beauté du rang des déesses : l'Archange de » Guido-Reni est pareillement moins beau que quelques » jeunes hommes que j'ai connus. — J'aurais voulu avoir, » écrivait donc Guido, un pinceau angélique ou des formes » du paradis, pour former l'Archange, et le voir dans les » cieux ; mais, n'ayant pu le trouver sur la terre, je me » suis tenu à la forme que m'avaient suggérée mes idées. » Ainsi nous apprenons par l'aveu même de ce peintre, que tel était le plus parfait idéal de ses figures, et quel était son degré de savoir dans l'art d'employer le modèle. Nous admirons la nature toute simple exprimée avec justesse par les anciens dans une infinité de productions, telles que les Faunes ou les Satyres, les enfans, les jeunes gens, en un mot toutes les figures divinisées, mais humaines. Tous les artistes ont remarqué le Tireur d'épine, le Gladiateur mourant, le prétendu Gladiateur Borghèse, le Silène portant Bacchus enfant, le Faune endormi du musée Barbérini, une Vieille du musée du Capitole, et cent autres statues bien connues, ainsi qu'une foule de portraits. Pourquoi donc les modernes, qui se sont proposé de semblables sujets, la même nature à imiter, à calquer, à représenter sans y rien diviniser, ne font-ils voir que des figures empreintes de laideur et de mauvais goût, de prétention au naïf et de manière conventionnelle en même tems, manière très-inutile à la fin qu'ils devraient se proposer? Il n'y a pas à douter que c'est parce que les anciens étaient retenus par les belles proportions qu'avaient fixées les canons géométriques, et que les modernes n'ayant pu, faute de ces canons régulateurs, distinguer les laideurs des modèles, se sont livrés à des caprices, à des manières de mode, indépendamment de leur ignorance des principes du beau appliqués à la disposition, et des autres principes résultant de la philosophie de l'art.

Parlons maintenant des autres peintres, je veux dire de ceux qui ont prétendu qu'on devait rejeter et mépriser le modèle vivant. Qu'ont-ils fait? Ils ont étalé des singeries de l'antique, ils ont peint des modèles roides et arrondis symétriquement, des torses construits comme des cuirasses, et toute la charge de certaines statues médiocres du tems de Constantin. Quelquefois aussi ces mêmes artistes, voulant trouver hors de la nature des modèles de beauté corporelle, les empruntèrent au goût de quelques maîtres des écoles d'Italie ou dans leurs propres fantaisies. Ils ont donc fait voir des jambes à la Poussin, qui approfondit peu l'étude des formes; à la Chaperon, graveur qui, dans ses estampes d'après les Loges de Raphaël, s'est fait une espèce de poncis au sujet des proportions; à la Le Brun, qui dans ses Bâtailles fait voir partout, ainsi que Jouvenet et que Gérard-Audran, graveur, les mêmes genoux, les mêmes cols et les mêmes bras. Ils ont prononcé les formes d'une manière cadencée, carrée, lourde et chargée, voulant les faire vigoureuses et ressenties. Aussi a-t-on dit de leurs figures qu'elles n'étaient d'aucun pays, ni d'aucune espèce connue, et qu'elles n'appartenaient parconséquent à aucun genre de beauté, ce qui revient à dire qu'elles sont laides par l'effet de leur fausseté. Mengs, interprète de Winckelmann, son contemporain, dit encore : « Michel-Ange, pendant la longue durée de sa vie, » n'a jamais fait aucun ouvrage de peinture, de sculpture, » ni peut-être d'architecture, avec l'intention de plaire ou » de produire la beauté qu'il ne connaissait pas sans » doute, mais seulement pour faire briller son savoir. » A force de vouloir être grand, il a été lourd et a chargé » les contours de la nature. Dans ses figures, les articu- » lations des membres sont si peu déliées, qu'elles ne pa- » raissent faites que pour l'attitude dans laquelle il les a » représentées ; ses chairs ont trop de formes rondes, et » ses muscles une grandeur et une forme trop égales. On » ne remarque jamais chez lui des muscles oisifs, et, » quoiqu'il sût admirablement les placer, il ne leur don- » nait pas le caractère convenable ; car, trop curieux de » montrer son érudition anatomique, il semble avoir ou- » blié que les muscles sont adoucis par la peau qui les » recouvre, et qu'ils sont moins sensibles dans les enfans, » les femmes, les adolescens, que dans la force de l'âge » viril.

» Michel-Ange a médité la haute beauté, comme on » peut s'en convaincre par la lecture de ses poésies im- » primées et non imprimées, où il se sert des expressions » les plus sublimes pour énoncer cette qualité. Cet homme » étonnant est admirable dans l'expression des corps qui

» doivent dénoter de la force; mais, par la raison alléguée » ci-dessus, il a fait de ses figures de femmes et de jeu- » nesse des êtres d'un autre monde, soit pour la stature, » soit pour les attitudes et pour les actions. Michel-Ange » est à Raphaël ce que Thucidide est à Xénophon. Le » chemin qui conduisit Michel-Ange dans les lieux sau- » vages et sur des rochers escarpés, mena Le Bernin dans » des bourbiers et des marais fangeux. Ce dernier tâchait » d'ennoblir, par des exagérations triviales des formes » empruntées de la plus basse nature : ses figures ressem- » blent à ces parvenus de la lie du peuple, et l'expression » qu'il leur donne est souvent en contresens avec l'ac- » tion. » L'école florentine, ont dit quelques autres, a une grande manière. Mais une grande manière qui ne tient pas à la nature, ne vaut guère mieux qu'une petite qui s'en écarte également. Pourquoi vanter, comme pleines d'expression, des figures dont l'attitude violente et même forcée est d'un choix qui avec beaucoup de peine produit peu d'effet? N'est-ce pas faire voir un goût dépravé, une admiration de routine et une profonde ignorance de l'art?

» Quant à Raphaël, dit Mengs, il n'avait pas assez étu- » dié l'antique; il a tâché de prendre dans la nature les » choses qu'il avait trouvées belles dans les antiques du » second ordre, et c'est avec ces maximes qu'il a formé » son goût, lequel fut plutôt romain que grec, parce que » c'était principalement d'après les bas-reliefs romains » qu'il étudiait l'antique. »

Raphaël a été jugé aussi sévèrement quant au dessin par Webbs. « On ne trouve point en lui, dit cet observa- » teur, cette élégance de proportions, ce jeu libre d'arti- » culations qui semblent animer le Laocoon, le Gladiateur,

» etc. Ses anges devraient être divins, c'est-à-dire, plus » beaux que les hommes, et l'on voit que son imagination » ne s'est point élevée à cette hauteur où il pouvait saisir » le caractère d'une beauté céleste.

» Comparez les figures que Raphaël a dessinées au Va» tican dans sa fresque de l'*Incendio del Borgo,* avec le » Laocoon et le Gladiateur, et vous trouverez la même » différence qu'entre un cheval de carosse flamand et un » coursier arabe. Mais, dira-t-on, c'est Jules-Romain qui » a exécuté ce morceau. Eh bien ! citons-en d'autres, et » s'il n'est pas juste de comparer une statue, ouvrage seul » et sur lequel le sculpteur a réuni tous ses efforts, à une » figure d'un tableau composé d'un grand nombre, il n'en » est pas moins vrai que le sentiment du dessin et les » principes doivent s'y faire également reconnaître. »

Lorsque les écrivains admirateurs du beau dans l'art antique, veulent pénétrer dans les causes qui ont fait produire tant de belles images, ces mêmes écrivains ne connaissant pas le technique de l'art, émettent des conjectures hasardées et des équivoques funestes : c'est ainsi qu'ils ont dit que ce n'est pas avec un modèle, mais avec leur imagination que les anciens ont formé leurs divinités. Les écrivains mêmes qui ont senti que hors de la nature il n'y avait que chimères, ne se sont pas encore bien expliqués. Par exemple, Webbs dit : « La gorge de Thaïs » et la taille de Phryné servaient de modèle aux peintres » de la Grèce. Leur imagination s'enrichissait et leur » goût s'épurait par la contemplation constante de la » beauté, et, quoiqu'ils ne fussent qu'imitateurs quant » aux parties, ils étaient inventeurs dans l'ensemble. Si » donc nous considérons combien il fallait de goût et de

» discernement pour combiner ces différentes parties, de » manière à en former un tout vrai qui plût, nous ne » pourrons trop attacher de prix à leur travail. »

Mais ne peut-on pas désapprouver cette idée, qu'ils étaient inventeurs dans l'ensemble? Ils n'étaient pas inventeurs, peut-on dire, puisqu'ils consultaient les règles établies dans les tables de proportions propres à tel ou tel caractère ou sujet; puisqu'ils consultaient les règles établies par l'anatomie, anatomie de l'art et qui était le grand moyen d'obtenir le beau et le vrai. Or ces tables, ces règles d'anatomie avaient été empruntées à la nature. Ils n'inventaient donc pas, mais ils rassemblaient, ils rétablissaient l'unité, ils faisaient par ces seules images collectives ce que la nature fait réellement, mais si rarement sur les très-beaux individus.

Il arrive donc que, quand on dit aujourd'hui qu'il faut peindre en beau le corps humain, bien des gens sont tout près de penser que ce beau se trouve dans des combinaisons et dans certains rapports dont l'imagination seule est la source et la mère. Aussi ne croit-on que trop aujourd'hui que la beauté de Jupiter, d'Apollon ou de Vénus ne saurait être exprimée par l'artiste, s'il suit pas à pas la nature, mais qu'il doit exalter des pensées étrangères aux modèles et à la nature, et imaginer des harmonies et des perfections qui constituent ce beau idéal et ne se rencontrent pas sur la terre.

« La plupart de nos artistes postérieurs à Michel-Ange, » dit M. Ém. David, ont abandonné la nature pour re» chercher une beauté chimérique : ils ont tenté d'expri» mer les effets des passions avant de connaître les ressorts » du corps humain ; ils ont voulu faire agir l'ame avant

» de savoir comment agit le corps, et ils sont tombés dans » deux vices devenus plus choquans par leur réunion, » l'exagération des mouvemens et le défaut de vraisem- » blance. »

Voici une autre pensée exprimée d'une manière remarquable par le même écrivain. « L'art doit tendre sans » cesse à représenter la beauté, comme la nature tend » sans cesse à la produire. »

Mais poursuivons. Considérons toujours la beauté de l'homme, comme étant inséparable du vrai que nous pouvons voir, du vrai que nous connaissons ici-bas, et comme ne devant jamais être supposée exister au-delà de la nature terrestre ou humaine, ou, comme a presque dit Mengs, dans la région des idées incorporelles. Faisons remarquer de nouveau que ce souvenir trompeur que nous conservons des belles statues antiques, provient de ce que dans cet ensemble de beauté, offert par le spectacle général de ces statues, nous sommes portés à supposer les formes belles d'une beauté d'arrangement, pleines et grandes de dimension, tandis que c'est par un artifice admirable qu'elles nous semblent être ce qu'elles ne sont pas en effet, cet artifice comprenant d'ailleurs toute la disposition de l'ensemble. On croit donc à la première vue que l'Apollon a des formes arrangées, façonnées et polies, grossies ou amincies à volonté; on croit que les lignes que donne son geste sont aussi disposées, arrangées à volonté, comme on a arrangé les boucles de ses cheveux. On croit, en voyant une statue drapée et d'une belle disposition, que le torse, que les joues, que les formes des bras de cette antique sont ajustées et composées presque d'idée et de goût : cela n'est pas. Les formes sont copiées d'après nature, et l'artiste grec a seulement rétabli dans l'ordre général ou dans l'unité adoptée et toute naturelle les parties qui dans le modèle tendaient à s'en éloigner; et, si l'artiste a considéré sous le rapport du beau quelles lignes donnaient les meilleures dispositions de ces statues, s'il a jugé optiquement et par les règles, ainsi que par le sentiment du beau (car les règles et le sentiment sont tout un chez un artiste formé), s'il a jugé, dis-je, du degré de beauté manifesté par l'ordre, l'arrangement, la composition de tout le caractère optique et pittoresque de son ouvrage, il n'en a pas moins imité les formes et tout le corps de ses figures d'après le modèle vivant et peut-être même d'après deux ou trois individus du même caractère, en sorte que ça été en suivant la nature et le modèle, en en comprenant l'esprit et le caractère, tout en opérant d'après le canon les changemens proportionnels nécessaires à la beauté, et non en oubliant ou en évitant la nature, qu'il est parvenu à son but. Car, s'il n'eût pas suivi ou consulté de modèle vivant, tout l'art de ses dispositions optiques n'eût produit que des images auxquelles on eût refusé le nom de belles à cause du manque de vérité ou de naturel dans les formes.

La nature donne les indices de la beauté, et l'on n'est habile que lorsque l'on sait lire sur la nature ces indices ou ces principes des belles formes; mais ils échappent à celui qui, cherchant l'idéal, finit par mépriser et délaisser la nature, prenant d'ailleurs pour une laideur de formes ce qui n'est fort souvent qu'une laideur de l'aspect. Les anciens surent donc discerner sur leurs modèles vivans ces principes de la beauté, et toujours ils en tirèrent le plus heureux avantage, persuadés qu'ils étaient que les écarts individuels sont l'ouvrage des hommes et non l'ouvrage de Dieu.

Il faut convenir qu'un vilain bras moulé en plâtre sur la nature, paraît d'autant plus laid qu'il est vrai dans sa laideur; mais, s'il était encore plus vrai par une meilleure conformation, s'il était plus vrai, non par l'exacte mesure de ses faussetés, mais par le rétablissement de l'ordre qui se trouvait dérangé sur l'individu modèle que ce moule a répété, ne serait-on pas tout près de donner à cette nouvelle vérité le nom de beauté, et ne craindrait-on pas d'appeler laid ce même bras qui était peut-être tout près d'être beau? Enfin nous devons encore, pour répondre à cette espèce d'objection, dire que, si la vérité de représentation rend plus sensible la laideur, la même vérité de représentation rend plus sensible la beauté.

Tout ce que nous venons d'avancer n'a été autant développé que dans l'idée de fixer davantage l'attention sur l'indispensable procédé que nous allons exposer bientôt, en traitant des proportions, procédé sans lequel il nous sera impossible, soit de sortir de notre goût plus ou moins maniéré quant aux formes du corps humain, soit de parvenir à l'aisance et à la grâce dans nos figures, soit de leur conserver leur caractère propre, soit enfin de nous élever jusqu'à la véritable beauté. Or cette beauté est le résultat évident des excellentes proportions empruntées, non à nos fantaisies, mais à la nature savamment observée, proportions ou beauté dont l'effet et la justesse de représentation sont, pour ainsi dire, magiques sur tous les hommes, accord et harmonie qui enchantent et qui font chérir les arts, dès qu'ils parviennent à fixer dans leurs images surprenantes ces glorieuses perfections du corps humain.

CHAPITRE 221.

DE LA BEAUTÉ OPTIQUE DE L'HOMME PAR LA NATURE DE SES FORMES CONSIDÉRÉES DANS L'ÉTAT GÉOMÉTRIQUE ET SANS MOUVEMENT.

C'est ici qu'on peut dire que la belle conformation est nécessairement bonne; que, si les proportions sont belles, c'est qu'elles sont bonnes, et qu'un homme beau est un homme sain et complet. Nous ne nous étendrons donc point ici sur ce sujet, puisque nous avons donné ailleurs le projet d'un canon et les moyens de construire l'homme selon les meilleures proportions, c'est-à-dire, selon l'intention générale de la nature. Et, comme dans l'art il faut plus que des formes géométriques, comme les formes se présentent et dans certaines attitudes et dans certaines dispositions, comme elles sont vues sous un aspect ou sous un autre, il est nécessaire d'analyser et d'étudier ces autres conditions.

Il semble que, par la méthode que nous observons dans ce traité, la question de dimension relative à la figure humaine doive être rattachée à ce chapitre; mais, ce qui a été dit à ce sujet étant suffisant, nous y renvoyons le lecteur. Nous lui rappellerons donc ici les observations exposées au chap. 167, et ce qui a été recueilli au chap. 199 particulièrement.

CHAPITRE 222.

DE LA BEAUTÉ OPTIQUE DE L'HOMME PAR TOUTE LA DISPOSITION OPTIQUE DE SES MEMBRES OU DE SES FORMES CONSIDÉRÉES, SOIT DANS L'ÉTAT D'INACTION, SOIT DANS L'ÉTAT D'ACTION ET SOUS CERTAINS ASPECTS FAVORABLES OU CONTRAIRES A CETTE BEAUTÉ. — DES RACCOURCIS CONSIDÉRÉS DANS LA FIGURE HUMAINE SOUS LE RAPPORT DE LA BEAUTÉ DE DISPOSITION DES PARTIES.

La disposition des membres ou des formes de la figure humaine doit toujours être optiquement belle dans la peinture.

Le peintre se propose-t-il de représenter une action belle et magnanime; cette action doit être belle et magnanime dans le récit optique, et la beauté du sujet doit passer sur les figures. Il reste à expliquer comment l'artiste pourra donner dans son tableau l'idée d'un héros magnanime, d'un individu noble et gracieux, plein de vertu et de beauté. Où sont les épithètes du langage de la peinture? Où sont les phrases qui préparent l'esprit du spectateur et qui lui laissent une image distincte et puissante de ce grand caractère? N'est-ce pas surtout par la belle conformation et le bel accord des parties, ainsi que par la disposition des lignes et de toutes les masses qui constituent l'apparence, qu'on pourra obtenir de beaux résultat? Qui pourrait donc douter qu'il ne suffit pas d'être doué d'une vive sensibilité et d'un esprit élevé et poétique, lorsqu'il s'agit de communiquer par une langue particulière, mais qu'il faut en outre bien connaître les combinaisons qui composent les belles expressions de cette langue ? Homère nous retrace la colère du Dieu de la lumière, lançant des traits mortels dans le camp des Grecs : « Le dieu courroucé descend, dit-il, des sommets » de l'Olympe. A chaque pas, son carquois rempli de » flèches retentit sur ses divines épaules. A chaque trait » qu'il lance, son arc d'argent rend un son éclatant et » terrible. » Voilà l'image du poète, voilà le dessin et le coloris de la poésie. Que ferai-je pour traduire en peinture ou en sculpture ces mêmes beautés ? Irai-je représenter un arc d'argent ? Irai-je placer le dieu sur les plans inclinés de l'Olympe ? Sera-t-il représenté au moment où d'une main il tient son arc tendu, et où de l'autre il rapproche de sa poitrine la corde prête à frémir ? Non; cette pantomime serait contraire aux lois de la beauté. Apollon sera droit, mais souple et animé sur ses jambes agiles : rien ne dérobera la vue de ce corps où brillera une éternelle jeunesse. Aucune ligne, aucun angle petit et embarrassé n'altérera cette masse simple et majestueuse. Une clamyde légère accompagnera le bras chargé de son arme divine, et l'autre bras venant de cesser son action indiquera déjà le repos. Toutes les parties seront grandes et calmes, et cependant le dieu sera plein de vie. Son action sera très-vraie et toute pleine de mouvement, mais elle sera belle et divine. Son courroux sera très-apparent, mais il offrira un spectacle superbe.

Rubens a représenté Apollon (dans la galerie du Luxembourg), et il a voulu imiter l'Apollon antique ; mais l'élève de l'école grecque fait paraître ignoble et barbare le maître de l'école flamande : Rubens a craint la froideur de la sculpture, et son dieu est laid et tourmenté; le sculpteur ancien a respecté la beauté, et son dieu est plein de vie.

Nous admirons un tableau de Raphaël, qui représente l'Archange Michel terrassant le démon, et le nom illustre de Raphaël a fait trouver une grande beauté dans cette figure. On aurait dû seulement y remarquer une certaine expression de divinité dans la tête et une grande justesse de dessin. Je doute que les Grecs eussent trouvé belle cette figure, qui est composée de lignes maigres et diffuses, et dont la disposition est, si l'on peut s'exprimer ainsi, très-conforme aux principes de la laideur. Il est certain que Raphaël se violentait dans ce tableau, et il ne le sentait pas ainsi; mais il était déjà dupe de la fausse science qui imposait dans toute l'école de Michel-Ange.

La beauté brille dans toutes les représentations des anciens, et elle accompagne toutes les actions des personnages qu'ils ont imités; et, si parfois les caractères de quelques figures subalternes dispensèrent les artistes d'employer des combinaisons de la plus haute beauté, toujours ils ont cherché à plaire, et jamais dans le mouvement le plus composé ils n'ont donné l'image de la laideur. Chez les modernes, il n'en a pas été ainsi; car depuis qu'ils eurent dévié de l'art antique, qui, dans les productions mêmes du moyen âge, se faisait encore respecter par la conservation des grands principes de la beauté appliquée aux proportions des membres et à la disposition, on s'abandonna aux écarts d'une indépendance capricieuse.

On ne chercha que le mouvement, l'esprit, le remuant, le chaleureux, et alors commença réellement le style barbare de la peinture. La roideur et le défaut de vie de certaines figures des tems du moyen âge, firent renoncer tout à fait au beau style des Grecs; et, dans les écoles, les esprits étaient tellement dominés par le désir ridicule d'enfanter des choses originales, qu'on tourmenta même les draperies, en sorte que ce goût tyrannique alla jusqu'à violenter les étoffes.

De tous les hommes imposans qui pouvaient le plus influencer le goût du public par leur talent supérieur et leur vaste génie, c'est Michel-Ange qu'il faut nommer le premier. Ce grand homme fixa tous les partis, et, comme il ne rechercha que l'extraordinaire et même le terrible, et qu'il fit peu de cas des règles de la beauté, ses imitateurs s'affranchirent aussi de ces règles, qui les auraient trop captivés, et la peinture devint dans leurs mains un art de fougue et de caprice qui étala dans toute l'Europe le goût de disposition le plus sauvage et le plus extravagant. En effet, pouvons-nous appeler belle la disposition des figures qu'on voit sur les bas-reliefs, les camées, les statues antiques, et appeler belle en même tems celle, par exemple, des figures de la chapelle Sixtine au Vatican? Pouvons-nous aimer quelques bonnes dispositions qu'Annibal Carracci a imitées de l'antique dans son triomphe de Bacchus au palais Farnèse, et aimer en même tems toutes les figures académisées, contournées et recoquillées, que ce même peintre a placées, à l'instar de Michel-Ange et près de cent ans après lui, dans cette même galerie, sur les tympans, sur les corniches, etc.? Ce pitoyable goût de raccourcis infecta l'Europe entière, et l'on ne peut plus lever les yeux aujourd'hui dans les anciens palais, sans être offusqué de tous ces magots retroussés et effrayans par leurs hideuses contorsions. Voltaire, qui n'était pas très-recherché, lorsqu'il parlait des beaux-arts, s'exprime cependant ainsi dans son Temple du Goût :

Je couvrirai plafonds, voûtes, voussures....
Par cent magots travaillés avec soin....
Le tout glacé, verni, blanchi, doré,
Et des badauds à coup sûr admiré.

Pourquoi répéter que la beauté a été connue des hommes célèbres qui ont illustré nos arts ? Pourquoi confondre les parties, ne pas analyser et distinguer les qualités ? Toujours l'association des idées nous trompe. En effet, tel mouvement est fort expressif, tel dessin est vigoureux et ressenti, tel air de tête est grand et imposant, quoique la disposition du tout et des formes soit peut-être fort déplaisante à la vue. Où donc trouver dans les modernes cette beauté de disposition qui, chez les anciens, faisait aimer l'art et rendait la peinture et la sculpture magiques et bienfaisantes ? Est-ce dans les personnages du tableau de la Transfiguration de Raphaël ? Est-ce dans les figures du St Jérôme de Correggio, ou dans la Léda et dans l'Antiope du même peintre ? Est-ce dans les figures de la partie supérieure du fameux martyre de Ste Agnès par Dominichino ? Est-ce dans son David jouant de la harpe, ou dans la Vénus parée de la main des Grâces, tableau de Guido, dont tout le monde connaît la gravure, etc., etc. ? On pourra m'accabler d'exceptions, mais je puis opposer mille et mille tableaux célèbres dans lesquels la disposition est hideuse, l'aspect des lignes ignoble et essentiellement laid. Oui, la barbarie avait pénétré jusqu'à nous à travers nos tableaux, nos sculptures, nos médailles, nos monnaies, nos pierres gravées, etc., etc. Mais d'où venait cette barbarie ? Était-ce des Goths, des Vandales ? Non ; les Goths ne voulurent point faire la guerre au bon goût, et ils admiraient, plus qu'on ne le pense, les merveilles des anciens. Cette barbarie prit sa source dans la belle Florence, qui voulait, il est vrai, reprendre l'art là où les Grecs l'avaient laissé, mais qui fut séduite par des hommes ambitieux dont le talent fascinait tous les yeux. Enfin les caractères de la laideur devinrent classiques, et depuis les ouvrages de l'orfévrerie jusqu'aux grands ouvrages de la peinture, on ne vit dans la plupart des figures que des défauts contre les proportions, contre le mécanisme naturel et contre la convenance; on ne vit que des dispositions désagréables, ridicules ou repoussantes.

A ces premières considérations, tendant à persuader que les modernes n'ont point encore atteint le but où sont parvenus évidemment les anciens, on désirera peut-être que nous associions ici dans ce même chapitre des méthodes techniques relatives à l'art de produire cette beauté requise dans les représentations de la figure humaine, soit en état de repos, soit en état d'action; mais tout cet art, toute cette méthode, tout ce technique même n'est-il pas exposé dans notre théorie de la beauté?

Cependant, dira-t-on, la critique que vous venez de faire, s'applique peut-être avec justesse à certains tableaux des derniers siècles; mais aujourd'hui que nous suivons un meilleur goût, ne se trouve-t-elle pas déplacée? — Je répondrai que la route que David a si glorieusement ouverte, eût conduit en effet à la beauté et au but du dessin, mais que, comme on l'abandonne tous les jours avec intention, ces reproches ne sont point hors de saison.

Des raccourcis considérés sous le rapport de la beauté de disposition des parties dans la figure humaine.

Cette question est une des plus aisées à traiter ; son principe est tout simple, chacun l'a déjà aperçu.

D'un raccourci bizarre, effort de perspective,
Hasardez rarement l'ingrate tentative.
Vous voulez m'étonner, le succès est contraire ;
Il vous en eût coûté moins d'efforts, pour me plaire.

(Lemière.)

L'art ne doit donner que des idées claires et vraisemblables des objets ; or, c'est en conservant ou en manifestant le géométrique des objets, et non en le décomposant, que l'art obtiendra cette clarté et cette vraisemblance. Il importe donc d'éviter les raccourcis, lorsqu'ils semblent dénaturer le géométrique : on voit qu'il s'agit ici de la beauté pour l'esprit ou de la convenance. Je conviens que l'idée du géométrique vient à l'esprit ou est conservée dans l'esprit, malgré l'aspect qui raccourcit et qui déguise la forme et la dimension ; c'est ainsi que nous avons l'idée de la longueur d'un nez, d'un pied, d'un avant-bras, bien qu'ils se présentent à la vue en raccourci. Mais remarquez que cette idée, qui a lieu lorsqu'il s'agit de l'objet lui-même et lorsqu'on regarde le relief véritable, n'a plus lieu lorsqu'il s'agit de l'image exprimée en plate peinture, où l'oscillation du regard ne fait découvrir ni commencement de développement, ni nouveaux rapports, comme cela a lieu sur le relief réel. D'ailleurs le raccourci peint est permanent, et, s'il est équivoque, gauche et laid, il le sera aussi long-tems que durera le tableau ; et il sera plus laid encore toutes les fois que le spectateur se trouvera placé hors de la distance et de la hauteur calculée par la perspective.

Ainsi l'artiste qui veut faire voir ce qui est beau, ne doit le déguiser ou le rendre incertain que le moins possible. Que sera-ce, s'il le rend inintelligible ou impossible à sentir ? On remarque que Correggio, qui cherchait à plaire, a été souvent fort embarrassé du système michelangelesque qui avait rendu universelle la mode tyrannique des raccourcis. Le charme et la grâce que sentait naturellement Correggio, fait un contraste singulier avec ce choix d'attitudes contournées et tourmentées par les raccourcis, attitudes qu'il a, je le croirais bien, adoptées malgré lui. Cependant il faut convenir que l'amour-propre des dessinateurs entre pour beaucoup dans cette manie barbare. On fait parade d'un raccourci en peinture, comme à l'Opéra de Paris d'un entrechat. Les actrices font des pirouettes et des entrechats; les petits enfans en font; tous lèvent le cou-de-pied au niveau de l'œil, parce que cet effort est un tribut convenu entre le parterre et les coulisses : de même il fallait à l'espèce de public qui juge les tableaux, il fallait, dis-je, des raccourcis, des tours de perspective, des genoux et des pieds masquant la moitié du visage, en sorte qu'on a servi les sots connaisseurs selon leur goût.

Les statues de l'antiquité sont une critique permanente de l'abus des raccourcis. En effet, bien que le statuaire ne produise que du relief qu'on peut voir de tous côtés, les anciens ont cependant supposé un point de vue, c'est-à-dire, le point où naturellement est placé le spectateur, et de ce point ils ont fait voir les têtes presque toujours sans raccourci, en sorte qu'on peut, à l'inspection d'une statue dont la tête est baissée, connaître par son degré d'inclinaison le vrai point d'où l'on doit la considérer, puisque de ce point elle doit se présenter à l'œil sans raccourci. Les exceptions à cette règle sont rares et appartiennent à des cas particuliers, car toujours les artistes anciens ont évité, autant qu'ils l'ont pu, de décomposer le géométrique. Voyez au contraire tous ces statuaires modernes qui ont prétendu animer, contraster, surprendre et faire du pittoresque : ils ont tellement disposé, soit les têtes, soit tant d'autres parties essentielles du corps, qu'à peine peut-on les voir, les distinguer et comprendre ce qu'elles sont et ce qu'elles expriment. Il y a aux Tuileries un Anchise en marbre, dont personne ne peut voir la face qui est renversée en arrière [1].

Quant aux têtes vues en raccourci dans les tableaux, les peintres ont usé amplement du droit de tout oser, droit qu'ils croient tenir d'Horace, mais qu'un bon commentateur de ce poète pourrait fort bien leur contester, en sorte qu'on voit dans mille et mille tableaux des visages épouvantables par l'effet des raccourcis complexes qui décomposent toute la face. On y remarque des têtes aperçues de bas en haut et penchées de côté, d'autres renversées de haut en bas et encore inclinées de côté, et puis très-tournées encore de trois quarts, en sorte qu'on ne sait plus si c'est une tête ou tout autre objet qu'on entrevoit et qu'on cherche avec peine à distinguer.

[1] Elle ne peut être vue que de celui qui monterait sur une échelle, comme le fait le frotteur chargé de la nétoyer tous les ans avec du grès, ainsi que les autres statues du même jardin, petite routine de propreté tout à fait satisfaisante, et qui nous fera beaucoup d'honneur, dans quelques mille ans, quand on lira les descriptions faites par nos Pausanias d'aujourd'hui.

La critique que je fais ici, ou plutôt que fera tout homme qui jouit de sa pleine raison, est tout-à-fait circonscrite dans les limites de l'art. En effet, je sais qu'il n'y a pas de relief en dessin sans raccourci; je sais que dans une tête vue presque de face, le nez, le menton, les oreilles, etc., seront nécessairement représentés en raccourci : mais c'est précisément parce que la peinture est soumise, malgré elle, à ces raccourcis inévitables, qu'elle ne doit pas en rechercher d'autres plus ingrats, plus équivoques encore. D'un autre côté, nous savons tous que les raccourcis sont utiles, lorsqu'ils jettent de la variété et du contraste entre deux parties, qui, sans cela seraient d'un aspect et d'un développement pareil; mais toutes ces choses se sous-entendent et ne demandent point d'explication. En voilà donc assez sur ce point. Aux chapitres relatifs à la perspective, nous traiterons des raccourcis orthographiques et perspectifs, c'est-à-dire, considérés sous le rapport de justesse de délinéation.

CHAPITRE 223.

DES INDIVIDUS MODÈLES EMPLOYÉS PAR LE PEINTRE POUR LES FIGURES DE SES TABLEAUX. — APHORISMES DE DAVID RELATIFS A CETTE QUESTION ET RECUEILLIS DANS SON ÉCOLE.

Ce que nous avons dit au sujet de l'incertitude des idées modernes sur le vrai et le beau, nous conduit naturellement à parler de l'usage que le peintre doit faire des individus qu'il consulte pour les figures de ses tableaux.

Cette question ne serait pas embarrassante, si elle était bien posée; mais ordinairement on commence, ainsi que nous l'avons fait remarquer, par mal s'expliquer, et on néglige même de dire si l'on veut parler de la méthode propre à un élève qui s'exerce, ou de la méthode propre au peintre formé qui travaille à un tableau. Ces deux cas sont bien différens. Les exercices d'un élève qui se propose d'apprendre à copier avec justesse le nu, exigent l'imitation scrupuleuse des individus modèles; mais, si dans ses exercices il se propose d'apprendre à donner des images vraies, vraisemblables et convenables de la figure humaine, il est tenu à pratiquer certains calculs et par conséquent certains changemens relatifs à l'anatomie, aux formes, aux proportions et à la beauté. Et remarquons ici en passant l'absurdité des écoles modernes dans lesquelles on propose d'abord aux élèves la figure humaine pour modèle à répéter, au lieu de commencer à les exercer dans l'art particulier de représenter des objets moins composés et qu'il ne faut en rien altérer. Il résulte de ce désordre que, dans ces écoles, on ne s'entendra jamais, puisque ceux qui exigent de l'élève une copie servile de l'individu modèle, et ceux qui laissent l'élève libre de changer pour embellir, ne sauraient avoir tous les deux raison. N'est-il pas bien plus simple d'apprendre d'abord aux élèves à représenter avec justesse des objets quelconques, afin de les exercer à des applications des règles de la perspective, puis après de leur apprendre à représenter sans changement le corps humain, étude toute particulière et impossible à un élève qui ne sait pas encore user aisément de la perspective, étude infiniment difficile d'ailleurs pour ceux qui le savent, puisqu'il s'agit de l'homme, l'objet le plus composé, le plus connu et le plus important de la nature? Enfin à cette étude ne doit-on pas faire succéder celle de l'art des embellissemens? Nos prétendus maîtres célèbres n'ont donc jamais trop su à quoi s'en tenir pour leur propre compte au milieu de tant de confusion.

Les conférences de l'académie de peinture nous apprennent que Sébastien Bourdon y proposa d'engager les élèves qui auraient dessiné une figure d'après nature, avec tout le soin possible, de faire le calque du trait de cette même figure sur un papier à part, afin que tout pleins de l'antique ils pussent dans ce nouveau trait donner à leur figure le caractère d'une figure antique quelconque. Bourdon proposa ce même projet à Poussin, qui l'approuva. Ce fait, qui me paraît très-vraisemblable, prouve qu'à cette époque, comme aujourd'hui, on ne savait pas s'entendre sur cette importante théorie. Si Bourdon eût proposé de faire dessiner à l'élève une seconde figure plus belle ou mieux proportionnée, mais dans le même caractère que le modèle imité par la première étude, on eût pu apercevoir une méthode dans son projet; mais que veulent dire ces mots : tout pleins de l'antique? Il serait arrivé ce qui arrive encore à la plupart des élèves; car, d'après un même modèle, l'un fait un Apollon, l'autre un Hercule, celui-ci un adolescent, celui-là un homme fait, et le tout dans le goût prétendu antique.

On lit dans l'Encyclopédie méthodique, « qu'un mo-» dèle nommé Deschamps posa plus de quarante ans à » l'académie de Paris. Pendant cette longue période de » tems, presque toutes les figures des tableaux de l'école » française ont été étudiées d'après ce Deschamps. Tantôt

» Deschamps était Mercure toujours jeune, tantôt il était » le terrible Mars, tantôt Neptune, Pluton ou Jupiter : » ceux qui avaient quelqu'habitude de l'école, reconnais- » saient l'éternel Deschamps dans les différens ouvrages » des peintres et des statuaires, et ils admiraient les nom- » breuses métamorphoses qu'on lui faisait subir; il n'y » avait pas jusqu'à sa tête qui ne se fît quelquefois recon- » naître, et l'on était étonné de voir sa face un peu ba- » chique, devenue celle d'un héros ou d'un dieu. Il est » vrai que ce modèle était beau; mais Zeuxis rassemblait » toutes les beautés d'une ville pour en former une seule » beauté, et les artistes français au contraire prenaient » une seule beauté pour en former toutes les beautés dif- » férentes. » Cette observation de M. Lévêque, auteur de cet article dans l'Encyclopédie, est très-bien appliquée; la même idée a été encore mieux exprimée depuis : les Grecs, a-t-on dit, prirent et se donnèrent réellement la nature pour modèle; les modernes au contraire ont pris seulement un modèle pour la nature.

Voici maintenant des réflexions qui peuvent être funestes, parce que n'étant point basées sur des principes fixes, elles peuvent donner lieu à de fâcheuses équivoques. « La nature, a-t-on dit, est privée de ce que les » peintres nomment style. S'il se trouvait des esprits assez » aveugles pour nier cette vérité, on peut leur en donner » une preuve matérielle : qu'on moule une tête sculptée » dans un beau style, et une autre sur la plus belle tête » vivante, en observant qu'elles aient toutes les deux les » yeux fermés (ce qui ne demande pour la tête qu'une » opération de six secondes et sans danger), l'original ne » perd rien dans la première, et la seconde est insuppor-

» table, parce qu'elle est privée du style que nos yeux » exigent de l'art. Mais, si on moule un portrait fait par » un habile sculpteur et dont la ressemblance est recon- » nue parfaite, ce portrait moulé égalera son modèle. Si » l'on me demandait pourquoi nos yeux sont plus difficiles » sur les ouvrages de l'art que sur ceux de la nature, je » répondrais pour la seconde fois et sans rougir, que je » l'ignore. Mais je n'ignore pas que les habiles portrai- » tistes conviendraient tous avec moi qu'ils feraient de » très-mauvais ouvrages, s'ils traduisaient tout ce qu'ils » voient sans s'aider du secours de l'art. » (ARMAND. *Réflexions, etc.*)

On ne peut pas laisser plus d'incertitude dans l'esprit du lecteur, ou plutôt c'est dire à l'élève : n'aimez pas la nature, dédaignez les modèles, car c'est votre art seul qui doit créer et produire de belles images, le style n'étant que dans l'art et non dans la nature ou dans les individus modèles. Cependant l'intention de l'auteur était bonne et sa réflexion juste, mais elle est exposée d'une manière ambiguë et dangereuse. J. Reynolds parle bien plus utilement. « Celui, dit-il, qui revient à la nature toutes les » fois qu'il en trouve l'occasion, renouvelle ses forces et » apprend à corriger la nature par la nature elle-même. » J'ajouterai que c'est en ne la quittant pas, qu'il parviendra aisément à la représenter vraie et embellie. Enfin il est évident que, sans une bonne définition de ce que doit être la peinture, sans une bonne définition du beau et de ce qu'on entend par proportions, jamais on ne raisonnera juste sur ce point.

Un peintre dit à un individu : placez-vous sur ce siége, posez-vous dans l'attitude d'un homme qui... etc., etc.;

bien... encore... par ici... à votre aise... laissez-vous aller... c'est très-bien... ne bougez pas... je cours à mes pinceaux.. Admettons que cette pose soit expressive sur le modèle et qu'elle le soit un peu sur la toile, ne peut-il pas arriver que cette pose soit laide? Qu'importe, eût-on dit il y a trois cents ans, elle est michelangelesque; qu'importe, aurait-on dit il y a cent ans, elle est académique; qu'importe, dit-on aujourd'hui, elle est prise sur la nature. Moi je dis qu'elle doit être et naturelle et belle, et que, bien qu'elle soit prise sur un modèle vivant, elle ne convient peut-être nullement ni à l'art ni au sujet. Je sais que souvent l'élève semble avoir raison de se dire : qu'ai-je de mieux à faire que de m'accoutumer à me servir des modèles, quels qu'ils soient, pour les arranger et en faire des figures selon mes idées, puisque, quand je ferai des tableaux, il me faudra bien savoir user de ces mêmes individus modèles et les arranger alors selon l'idée que déterminera le sujet de mes tableaux. — Ce raisonnement ne peut être toléré que dans la supposition où l'élève ignorerait le moyen artistique des embellissemens; mais la méthode qu'adopte l'élève qui s'exprime ainsi, lui sera funeste. En effet, s'il prend l'habitude de changer à son gré sur ses dessins les formes des individus, par sentiment, à vue et sans rien mesurer, non-seulement son résultat sera faux, mais cet élève perdra la faculté de copier avec justesse, lorsqu'il rencontrera des beautés qu'il lui importera de conserver. C'est donc ici que la théorie que nous allons donner, quand nous parlerons des proportions, doit être déjà appréciée, puisqu'elle vient éclairer suffisamment toute cette question. Or cette théorie prescrit aux élèves qui doivent s'exercer dans l'emploi des individus, de les rapporter à un canon et à un archétype dont le caractère est déterminé, en sorte que par ce moyen les changemens qu'ils feront, seront tous raisonnés, seront mesurés proportionnellement, et produiront un résultat sûr et toujours vrai. Cette étude ne les distraira en rien de l'étude et de l'habitude de représenter avec justesse, puisqu'au contraire elle y conduit, en faisant toujours étudier les mesures ou proportions géométrales avant de les représenter en perspective.

Au reste, un peintre est rarement dans le cas de faire des changemens infinis sur ses modèles, car il n'est pas probable qu'il ne puisse pas s'en procurer au moins un qui rentre à peu près dans le caractère qu'il se propose de représenter. Nous osons donc avancer que c'est au moins autant la faute de l'artiste que la faute des modèles, si la figure peinte n'exprime pas le caractère qu'elle doit exprimer.

Une autre grande difficulté, c'est de savoir distinguer ce qui est contraire à ce caractère et de ne pas copier telles quelles les parties qui sont à changer, car ce serait ressembler à ces peintres que critique Quintilien (*Lib.* 10. *Cap.* 2), « qui ne savent que copier, toujours esclaves des » traits et des proportions qu'ils ont sous leurs yeux. » Aussi nous faut-il répéter ici ce que nous avons dit ailleurs, mais qu'on ne saurait trop redire, c'est que le peintre ignorant croit souvent copier et imiter le modèle, lorsqu'il n'en fait qu'une représentation pleine d'inexactitudes. Il prétend être naïf, mais il exprime contre la nature des faussetés prises sur le modèle et qui deviennent des laideurs; il voit en laid et en faux, au lieu de voir en beau et en convenable, et souvent il ne s'attache qu'à ces laideurs, comme à des points de repère qui, selon lui, favorisent la juste imitation.

J'ajouterai que la prétention des peintres qui ont naturellement l'œil juste, et qui se flattent par cela même d'être corrects dessinateurs, n'est excusée qu'à cause de l'organisation imparfaite de nos écoles, dans lesquelles on met en principe que le sentiment seul de la vue, aidé du génie, suffit pour former des imitateurs vrais de la nature. Combien ces mêmes peintres rabattraient de cette prétention, s'ils soumettaient leurs ouvrages à l'épreuve de la géométrie et du compas ! Mais ceux-là seuls croiront à la justesse de cette observation, qui auront pratiqué le moyen graphique offert en ce traité.

Un exemple de la vraie naïveté et un exemple de la fausse naïveté nous sont offerts : l'un par certaines figures du fronton du Parthénon, fragmens qu'on voit au musée britannique ; l'autre par certains ouvrages de Pigale. On remarque parmi ces débris du Parthénon un bras droit et la main appuyée d'un enfant de treize ans, et de plus le dos d'un enfant du même âge. Tout ce que la naïveté et l'exacte imitation ennoblie par le savoir et la connaissance des bonnes proportions peuvent offrir de plus parfait, est réuni dans ces morceaux. Toute l'anatomie y est aperçue du connaisseur ; mais cette anatomie vivante et finement exprimée a conduit l'artiste à une figure tout à fait naturelle. L'autre exemple est offert par la figure de l'Hymen dans le mausolée du comte d'Harcourt par Pigale. Cette statue, qui imposerait peut-être aux amis de la naïveté et de la bonhomie d'imitation, n'est cependant pas vraie, parce que le jeu du squelette ne l'est pas, parce que la forme du squelette ne l'est pas non plus, et que des genoux ankilosés ne sont pas naturels, parce qu'enfin les muscles en sont morts et sans élasticité, et que, si ce portrait était celui d'un pauvre malade, il ne serait pas encore vrai, même pour ce caractère. Je ne parlerai pas des mains de la femme dans ce même mausolée; quoique ces mains jointes soient d'un mouvement pris sur la nature, ce ne sont ni ces grands ongles, ni ces vilains plis du côté fléchi de cette main, ni ce modelé flasque des doigts qui peut suppléer au manque de vérité et de justesse dans les os, les muscles et le mouvement de toutes ces parties. Enfin faire laid et faux, c'est le comble de la barbarie; faire exact seulement et copier avec justesse, c'est être déjà assez près du but; mais ne prendre que le laid des modèles sans en prendre le vrai, c'est inspirer le dégoût au lieu de plaire et d'intéresser.

Un peintre peu instruit de la vraie théorie, adopte pour modèle une femme sans formes, sans caractère, et il croit faire très-naturel, en copiant exactement ce modèle; mais souvent il est moins naturel, malgré cette copie servile, qu'il ne l'eût été, s'il eût dessiné de pratique et sans ce modèle. En effet, un individu peut n'offrir parfois que des formes nulles sans propriété et par conséquent sans naturel. Dire que le modèle est naturel, parce qu'il existe réellement, et que la copie excellente par la perspective et le modelé en sera naturelle, elle qui n'est au fait qu'une fiction, c'est ne pas connaître son art. C'était dans cette intention que Rubens et les florentins, en copiant des individus, y ajoutaient beaucoup de leurs idées, et qu'ils prononçaient et chargeaient les parties; mais malheureusement ils ont fait ces changemens, non en suivant le modèle ou la nature, mais en la décomposant. Néanmoins, malgré ces fautes, ils ont prouvé que copier ou calquer un individu sans caractère, ce n'est pas le moyen de faire naturel. Les anciens, qui ont senti cet avantage et cet inconvénient, ont su approcher plus près de la vérité, à l'aide de changemens toujours proportionnels et faits sur le modèle. Mais cela ne veut pas dire non plus que pour les exercices de pratique, et même pour les cartons préparatoires, il ne faille d'abord commencer par copier provisoirement très-juste l'individu qu'on doit corriger ensuite selon les bonnes proportions; car, si la difformité n'est point dans la nature, et qu'elle ne soit qu'un écart accidentel de sa marche, il nous faut considérer ces écarts et ces accidens comme sortant évidemment de la marche générale et constante de la nature, et comme étant aisés à réparer ou à rétablir dans l'ordre général.

« Je suis convaincu, dit Reynolds, que l'habitude de » copier fidèlement ce qu'on a devant les yeux, doit donner une grande facilité à dessiner d'une manière sûre » et correcte tout ce que notre imagination peut concevoir. » Il pouvait ajouter : et tout ce qui est bon à conserver dans les modèles ; car il ne suffit pas d'éviter et de s'éloigner de ce que le modèle a de défectueux, il faut savoir se rapprocher et se pénétrer si bien de ce qu'il a de beau et de convenable, qu'on puisse le représenter avec une exactitude et une ressemblance capable de produire déjà dans l'art un degré de beau. Reynolds pouvait ajouter encore que des études négligées qui ont accoutumé l'élève à ne rien imiter, font tôt ou tard son désespoir. Aussi un écrivain vient-il de dire avec une grande justesse que, « quand les peintres de cette espèce (il veut dire ceux » qui méprisent l'imitation et qui ne sont jamais vrais) par-

» viennent à la fortune et à la réputation éphémère qu'elle » donne, ils préparent une génération d'artistes ennemis » des principes, génération qui en propagera une autre plus » barbare encore. (ARMAND, *Réfl.*) » Quintilien, qui critique ceux qui sont des copistes esclaves des traits qu'ils ont sous les yeux, eût critiqué aussi ceux qui veulent embellir avant d'être exacts et corrects, ou qui aspirent à l'idéal avant de savoir saisir l'individuel. « Quant à la différence, dit-il, » qui distingue le style attique du style asiatique, plusieurs » en ont recherché la cause; mais Santra l'attribue à » cette raison : c'est que la langue grecque se répandant » insensiblement dans les villes de l'Asie les plus pro- » chaines, ces peuples, avant que de savoir parfaitement » cette langue, ont aspiré à la gloire de l'éloquence, et » pour cela, au lieu d'exprimer les choses par des termes » propres, comme ils ignoraient ces termes, ils s'énon- » çaient par des circonlocutions, et ils en ont contracté si » bien l'habitude, qu'elle leur est restée. Le style attique » est serré, pur et sain ; le style asiatique est enflé, mais » vide. (*Inst. Lib.* 12. *Cap.* 10.) »

On a agité souvent une question très-importante, c'est de savoir si le peintre doit opérer d'après un seul individu ou d'après plusieurs ; s'il doit seulement perfectionner ce seul modèle, ou s'il doit faire un tout composé de plusieurs parties qu'il trouve concordantes, mais qu'il emprunte à différens individus. Pour se faire bien comprendre dans cette question, il faudrait que le lecteur eût pris connaissance de ce qu'on doit entendre par proportions, par canon, par archétype, par individu et par graphie obtenue au compas d'après nature, choses dont nous parlerons bientôt. Tâchons néanmoins de traiter dès à présent ce point proposé qui intéresse si fort tous les peintres, et commençons par examiner s'il convient que l'artiste fasse usage et fonde ensemble les formes et les proportions de plusieurs individus. Tout le monde sera pour l'affirmative, et voilà les raisonnemens qu'on fera valoir.

Si l'on n'use que d'un seul modèle, on court risque de restreindre le nombre des caractères et des signes essentiels au sujet : on se prive de mille beautés, de mille expressions qu'auraient fournies divers individus consultés. Quoiqu'on rende avec vérité ce modèle, on ne rend peut-être pas avec vérité le caractère demandé pour le sujet de la statue et du tableau ; or c'est de ce caractère voulu et une fois adopté qu'il s'agit, et non de l'exacte imitation d'un individu étranger en tant de choses à ce caractère exigé.

Ainsi vous avez déterminé dans votre imagination un caractère ou plutôt la convenance d'un caractère ; cette image peut être confuse, il est vrai, dans votre idée, faute de modèles types, mais enfin elle est mentalement arrêtée. De quoi s'agit-il ? De réaliser cet archétype dans l'exposition que vous en ferez sur votre tableau. Un individu modèle se rencontrera-t-il semblable ou analogue à cette idée ? Non, probablement ; il ne sera qu'approximatif. Or c'est à vous, artiste, à discerner, à choisir des individus modèles chez lesquels le caractère demandé soit dominant au milieu d'autres caractères. Ceci étant supposé, vous saurez vous emparer d'abord de ce que ce modèle offre de conforme au type imaginé, puis vous en consulterez plusieurs autres analogues pour perfectionner le premier. Que vous préfériez pardessus tout l'individu qui offre la similitude la plus dominante avec votre archétype, soit par la somme collective de ces caractères voulus, soit par l'intensité ou l'énergie de ces caractères qu'il manifeste; que vous vous attachiez à cet individu, rien de plus raisonnable : mais revenez aussi à d'autres modèles bien assortis. Ainsi fit Zeuxis, qui, parmi les belles d'Agrigente, en choisit cinq probablement du même caractère pour obtenir son Hélène. Nous allons bientôt revenir dans ce chapitre sur cette méthode de Zeuxis.

Mais comparons diverses opinions à ce sujet. Voici ce que prescrira encore le théoricien qui exige l'emploi de plusieurs modèles. Il faut, dira-t-il, diviser les opérations, ou distinguer les moyens qui constituent le caractère voulu, c'est-à-dire, distinguer le squelette et ses mouvemens ; les muscles, leur système ou leur harmonie; la chair, la couleur, etc. Remarquez, ajoutera-t-il à l'élève, sur chaque modèle ce qu'il offre qui coïncide avec le type demandé. Et comment pourrez-vous le remarquer ? C'est en les dessinant tous séparément dans la pose voulue et tels qu'ils sont individuellement. (Ceci peut se faire aisément par les moyens que nous donnerons plus tard.) Quand ces études ou les calques exacts de ces divers individus seront fidèlement exécutés, recueillez-vous, ressaisissez en esprit votre idée collective et archétype, et comparez vos dessins à cet archétype, puis notez ce que tel ou tel dessin offre de bon ou de propre à votre but : celui-ci aura un jeu de squelette heureux, déterminé et significatif; cet autre offrira des plans plus sentis ou plus délicats; celui-là sera à rejeter en entier, excepté une ou deux parties propres à rentrer dans l'unité demandée. Que résultera-t-il de toutes ces recherches comparatives ? Une nouvelle figure composée de tous ces signes empruntés et réunis. Comment sera cette nouvelle figure ? Elle sera supérieure par la force de son unité de caractère à tous vos modèles isolément consultés. Si vous vous fussiez tenu à un seul modèle exclusivement, vous n'eussiez pas pu, même avec de la persévérance, obtenir une plus grande force d'imitation, une plus grande vérité : non, car il s'agit de la vérité collective, c'est-à-dire, de la vraie convenance du sujet, il s'agit d'en donner une idée fixe et puissante. Or souvent l'imitation d'un seul modèle est d'autant plus éloignée de cette vérité de convenance et de cette idée fixe, qu'elle est plus près d'une vérité individuelle, particulière et étrangère au sujet voulu. On peut donc dire que choisir ou bien combiner divers individus pour obtenir un choix, c'est une seule et même chose.

Passons à une autre opinion. Il ne faut user, dira un autre théoricien, que d'un seul modèle, et perfectionner ce seul modèle par des modifications. Observons en passant que telle est l'opinion des plus habiles dessinateurs d'aujourd'hui : et en cela ils semblent être d'accord avec les anciens ; mais ce en quoi ils diffèrent des anciens, c'est dans les procédés nécessaires pour opérer ces modifications, ou plutôt ils n'ont pour procédés que leur sentiment, tandis que les anciens avaient le compas, les canons et l'archétype géométral qui servait de guide. Mais continuons d'exposer les raisons qui font dire à ce théoricien qu'il ne faut employer qu'un seul modèle.

Prétendre obtenir une figure harmonieuse et vraie, en la composant des débris de plusieurs figures, c'est, dira-t-il, une chimère ; jamais l'unité de la nature ne sera répétée par un tel procédé. Si le dessinateur sautille de modèle en modèle, il ne fixera rien, ne prononcera rien profondément et distinctement, il errera au contraire dans un vague sans caractère : mais s'il s'attache exclusivement à un seul modèle qui sera bien choisi; s'il s'obstine à y rencontrer l'esprit de la nature et la convenance demandée, il parviendra à apercevoir cette convenance sur le modèle et à en rendre l'imitation plus forte que s'il quittait ce modèle pour aller emprunter sur d'autres individus de nouveaux caractères. D'ailleurs comment font ordinairement ceux qui n'ont pas de confiance en un seul modèle et qui ont recours à plusieurs ? Ne se livrent-ils pas à leur imagination, à leur souvenir et à leur goût souvent incertain ? Savent-ils répéter d'abord ce que leur offre de bon l'unique modèle qu'ils consultent, et savent-ils répéter ce que peuvent avoir de préférable les modèles étrangers ? Enfin n'est-il pas à croire que, s'ils ont raison d'être mécontens de leur copie, qui est si souvent fausse, ils ont tort d'être mécontens de leur modèle qui était bon dans son principe, dans ses indications, indications qu'ils n'ont su ni apercevoir ni saisir, en sorte que, ne sachant rien copier avec vérité, ils en sont réduits à arranger de fantaisie, à grossir, à serrer et à augmenter par approximation, par souvenir, par singerie et sans règle assurée ?

Ces raisonnemens sont justes, et cependant on ne peut s'empêcher de penser que, pour choisir un objet, il faut avoir un certain nombre d'objets analogues à sa disposition; que, pour avoir le type d'une belle forme, il faut avoir pu effectivement la comparer à d'autres formes réelles qu'on a eues sous la vue et qu'on a pu examiner à loisir. Nous voici conduits à dire par quels procédés doit être fait ce choix, ou comment on doit user des modèles pour obtenir les modifications nécessaires; enfin il s'agirait de retrouver la vraie méthode qu'employaient les artistes grecs. Mais, comme cette méthode se trouve exposée dans la question que nous traiterons bientôt, il serait superflu de la reproduire ici.

Quand les artistes auront étudié ce que nous allons communiquer sur les proportions, ils comprendront bien mieux comment les Grecs opéraient à l'aide des individus, et comment ils parvenaient à faire penser que leurs statues en étaient des répétitions exactes et très-fidèles, tandis qu'elles n'étaient que des imitations savantes et modifiées à l'aide de la géométrie, de la physiologie, de la philosophie de l'art, et à l'aide des canons géométraux. En effet, les Grecs savaient faire naturel en modifiant, en corrigeant les individus, et ils les ramenaient ainsi à ce vrai de caractère et à ce convenable exigé, en sorte que c'était en ne copiant pas, et en copiant très-exactement, qu'ils étaient plus vrais et qu'ils imitaient mieux la nature : espèce de mystère pour les personnes étrangères à l'art et qui prennent le change en présence des belles productions antiques, mystère qui a fait naître tant de statues supérieures en beauté à la nature la plus belle, artifice enfin qui a fait dire à Philostrate que les plus beaux hommes sont moins beaux que les plus belles statues.

Il est évident qu'un nombre infini de répétitions antiques, faites sur des originaux célèbres, ont été exécutées d'après nature, c'est-à-dire, d'après des modèles posés dans l'action de ces originaux; et, comme chaque individu a sa façon de se mouvoir et de donner une pose ou un mouvement demandé, il en est résulté une diversité sensible dans chacune de ces répétitions, ce qui prouve qu'un seul modèle servait aux anciens et pour le mouvement et pour la forme. Pourquoi n'eussent-ils pas répété à peu près les angles prescrits par l'original, puis ajouté les formes données par les nouveaux individus modèles consultés pour ces copies? Ils ont donc été, par ce moyen, créateurs d'une nouvelle figure, et non les copistes de formes déjà imitées. Nous reconnaissons cette marche sur les nombreuses répétitions du faune Périboétos de Praxitèle; sur les figures de l'Amour tendant son arc; sur les figures de Faunes dansans et qui ont un pied sur un instrument à soufler; sur les Discoboles enfin et les Vainqueurs posant le pied sur la borne. Dans ces répétitions l'attitude est la même, et le mouvement, quoiqu'étant le même quant à l'idée, diffère cependant autant que différait chaque mouvement propre à l'individu consulté.

Ce serait ici le lieu de faire remarquer combien les idées ont été incertaines au sujet de la méthode de Zeuxis. En effet, chacun interprète à sa manière les mots des écrivains anciens qui ont cité ce fait :

> En rassemblant ces traits, Apelle transporté
> N'a peint aucune belle, il a peint la beauté.

L'auteur de ces vers, qui cite Apelle au lieu de Zeuxis, semble approcher un peu du vrai sens qu'on doit attacher à ce qu'on a dit de Zeuxis; mais d'autres auteurs paraissent n'avoir rien saisi de technique dans cette citation : c'est ainsi que M. de la Case dit que Zeuxis ne fit autre chose que de reconnaître les membres que ces jeunes filles avaient, pour ainsi dire, empruntés de la beauté, et qu'il obligea chacune de ces filles à les restituer. Il est plus naturel de supposer que Zeuxis ayant choisi cinq modèles analogues quant au caractère archétype déterminé par son génie, emprunta à l'une d'elles l'attitude ou le mouvement, et fixa d'après celle-là seule l'unité de ce mouvement et même des formes, et qu'ensuite il emprunta à d'autres, soit quelques parties, soit leur carnation, ou peut-être rien du tout, car il arrive souvent qu'avec un seul beau modèle on se trouve heureusement conduit au but. Zeuxis pria les Agrigentins de lui laisser choisir cinq de leurs filles, et peut-être qu'une seule lui devint suffisante, un coup-d'œil jeté sur les autres, et quelques comparaisons prises au compas ayant suffi au talent de ce peintre, pour opérer tout ce prodige.

Si les artistes doivent faire le cas qu'il convient des individus, ils ne doivent pas cependant s'enthousiasmer pour des caractères triviaux et défectueux, par cela qu'ils leur semblent naïfs, ni pour des conformations fausses, parce qu'ils les trouvent optiquement belles. Je dois donc dire qu'il y a des peintres et des sculpteurs qui, accoutumés à prescrire des natures ou des individus qui peuvent donner avec quelques changemens faciles les caractères de la vraie beauté, finissent souvent par estimer eux-mêmes dans des tableaux ces individualités toutes triviales et exposées sans les changemens améliorateurs. J'ai vu chez certains artistes le même enthousiasme en présence de ces natures dont je parle, qu'en présence de peintures remarquables par la copie servile de cette même nature, si souvent pauvre et même malade. Cette réflexion, qui désigne la prévention de ceux que l'amour de la naïveté empêche de s'élever jusqu'à la beauté, et cela faute d'idées fixes sur ce point, n'est pas de peu d'importance.

Il y a aussi des peintres qui, par un autre excès, méprisent les modèles qu'ils ne savent ni voir ni copier ; ils osent dire qu'on peut se passer de modèle vivant, et que les pièces moulées en plâtre sur l'antique et sur la nature peuvent suffire, lorsqu'elles sont d'un beau choix. Mais, quand même le mouvement général, qui ne peut être emprunté que d'un seul modèle vivant, ne serait pas la plus importante condition du dessin de la figure humaine, ne sait-on pas qu'une partie moulée en plâtre sur la nature ne saurait servir au peintre savant, car ce plâtre est mort, tandis que la nature est vivante. Un modèle vivant remue, fait voir à l'échappée des mouvemens, des plans, des jeux osseux, musculaires et graisseux, que le dessinateur épie, comme le chasseur épie le gibier au passage, et qu'il saisit à la dérobée. Il est vrai qu'à un copiste inhabile, ce plâtre paraît plus facile à considérer et à représenter à cause de son immobilité; et c'est ici que je puis répéter que l'usage de l'orthographie prise au compas sur le modèle le ferait changer d'opinion et de méthode. D'ailleurs une partie moulée et isolée ne se rapporte à aucune autre partie, ni à aucun tout, tandis qu'une seule phalange de doigt, vue sur le modèle, doit sembler appartenir et appartient en effet plus ou moins au tout et à l'unité de la figure. Or c'est cette harmonie, cette unité qu'il importe au peintre d'établir et de manifester.

Tous les modèles de tous pays donnent plus ou moins les marques et les signes des intentions de la nature; tous offrent plus ou moins d'indications du caractère déterminé par leur espèce; ils indiquent plus ou moins des aptitudes à telle ou telle fonction physique : cependant ils sont plus ou moins dégénérés, c'est-à-dire qu'ils offrent plus ou moins de désordre dans les rapports que la nature a fixés entre les os et les os, entre les os et les muscles, entre la graisse et les os, etc.; de là le désordre des proportions, l'apauvrissement de caractère dans l'espèce et dans les propriétés; de là ces modèles qui vivent à la vérité, mais qui vivent sans d'autres qualités que celles qui font exister. Or, avec quelle difficulté, avec quel danger l'artiste n'emploiera-t-il pas de pareils modèles!

Les plus beaux modèles sont donc ceux qui conservent le plus l'intention primordiale de la nature, et qui par conséquent offrent le plus de caractère; or ce type primordial s'est plus conservé dans les pays où les races ont été conservées pures que chez ces nations vieillies dans des usages et des mœurs mélangés à l'infini, et chez lesquelles des espèces dégénérées ont brouillé et éteint tout le caractère primordial et distinct.

Il n'y a pas de doute que Paris et le centre de la France ne soient les lieux où l'on ait le plus de peine à retrouver ce caractère un et primitif qui constitue la beauté. Tous les meilleurs modèles qu'on a vus à Paris depuis la régénération du dessin, étaient natifs des montagnes de la Savoie, ou des montagnes du Nord, ou des pays peu croisés par les étrangers. Quant aux modèles nés au centre de la France, ils n'avaient pour eux que la vie, la santé et la jeunesse, cette qualité toujours pleine de charmes; mais ils n'offraient point de caractère déterminé, et si même un caractère peut être reconnu dans cette espèce de modèle (je parle en général), c'est trop de grosseur dans les apophyses, c'est une proportion défectueuse et un je ne sais quoi de commun, de mesquin, que les Vanloo, les Restout, les Pierre, les Natoire et les peintres de leurs écoles ont chargé, il est vrai, mais qui existe en effet dans cette espèce de modèles, tandis que chez les montagnards ou chez les peuples moins dégénérés, moins mêlés, on reconnaît l'espèce, on voit des caractères déterminés, et en les voyant on se rappelle l'antique, ce dépôt précieux où les classifications des caractères sont bien plus aisées à discerner que dans la nature même.

Quant au système de certains naturalistes qui prétendent que les races s'améliorent ou s'embellissent, lorsqu'elles sont renouvelées quelquefois, système juste peut-être au sujet de l'espèce des chevaux, je ne le crois pas admissible au sujet de l'espèce humaine, à moins qu'on ne l'entende des peuples tout à fait dégénérés et qui n'ont qu'à gagner de ces renouvellemens obtenus par le mélange d'individus ayant conservé l'intégrité de leur propre caractère. L'antiquité de certains peuples toujours beaux et bien constitués prouverait au surplus le contraire de ce qu'avancent ces naturalistes. Ne sont-ce pas les passions viles, la misère, la vie casanière des populations manufacturières, les mœurs enfin ou les habitudes viciées qui produisent cette dégradation ? Or comment réhabiliter ces peuples par les mêmes moyens que l'on emploie pour les haras ?

Quoique tous les hommes soient frappés de la beauté, peu de voyageurs ont été assez préparés par les connaissances relatives à l'art de tracer les perfections de la figure humaine, pour discerner ce que certains peuples peuvent offrir de remarquable sous le rapport de l'utilité de l'art, si on les mettait à contribution comme modèles. Il est à croire, par exemple, que parmi les nègres on trouverait très-abondamment des individus favorables à l'art du nu. On voit des nègres des deux sexes dont les formes ont plus de rapport avec l'antique que celles de toute autre espèce d'homme; aussi je pense que les esclaves nègres ont été d'un grand secours aux artistes de l'antiquité. Buffon cite une foule de voyageurs qui ont vanté la belle conformation de plusieurs peuples de l'Afrique. Quant aux Circassiennes, elles passent avec raison, ainsi que les Géorgiennes, pour être les plus belles femmes du monde. Il paraît, d'après le récit des voyageurs modernes, que la palme de la beauté doit être adjugée aux Lesghiennes ou femmes du Lesghistan, canton situé près de la mer Caspienne et non loin de la ville de Derbent.

Enfin il est facile de remarquer que les statues antiques un peu arrangées ou maniérées sont celles dont on ne retrouve point l'original sur les modèles vivans, tandis que les premiers chefs-d'œuvre grecs sont si vrais qu'on croit se souvenir d'avoir rencontré de pareils individus, de pareils cols, de pareilles mains, en sorte que c'est le cas de dire que plus les antiques sont belles, plus elles sont vraies.

Quel est le peintre qui n'a pas émis le vœu de pouvoir mouler les beaux individus qu'il rencontre? Or le moyen si simple, si sûr que nous offrons dans ce traité, de dessiner orthographiquement, sous quelque aspect que ce soit, et de plus de répéter la carnation des modèles et de la répéter avec les matières inaltérables de l'encaustique, équivaut non-seulement à une empreinte en plâtre, mais procure une imitation bien plus complète que cette empreinte. Les artistes anciens avaient recueilli une foule de figures de tout âge, de tout sexe, de tout caractère, et toujours représentées géométralement ou orthographiquement. C'est sur ces figures qu'Euphranor, Polyclète, Parrhasius et Apelle avaient fait de savantes observations, et qu'ils avaient composé leurs canons particuliers. De quelle utilité ne seraient donc pas de semblables collections, soit pour les auteurs de ces canons modèles, soit pour les élèves qui les répéteraient? Si on avait su conserver ainsi les modèles qui ont servi à Paris depuis vingt-cinq ans, on serait surpris du nombre de beaux individus qui ont été offerts à la disposition des artistes; mais l'idée n'en est pas venue, parce que le moyen de les copier n'était pas connu des peintres. On a donc conservé en plâtre quelques parties séparées seulement; mais toujours on s'obstine à leur donner de l'action au lieu de les placer droites et sans mouvement. Puissent les documens que je vais bientôt donner, être adoptés et sentis par les jeunes dessinateurs! Ils pouront enrichir l'art d'une foule de figures, que non-seulement ils auront l'avantage de retrouver pour leur propre besoin et de classer d'une manière très-instructive, mais dont d'autres élèves pourront profiter après eux.

Nous croyons devoir offrir ici deux conseils utiles aux peintres : le premier est de ne choisir que des individus qui rappellent les belles figures de l'antiquité et qui par conséquent aient un caractère; le second est de prendre le plus grand soin à ce que l'état ou la profession de modèle soit moins avilie et plus recherchée, ce qui résulterait des égards et de la réserve que les peintres auraient pour les modèles des deux sexes, en sorte que par ce moyen l'art lui-même serait plus honoré et les artistes pourraient trouver un plus grand nombre d'individus disposés à s'offrir pour les servir dans leurs études.

Quant au premier conseil, deux raisons le feraient trouver nécessaire. D'abord il y a un avantage réel à ne choisir que des modèles dont les formes, dont les mouvemens souples et sans manière soient conformes à l'antique; car ces modèles, ainsi choisis, aideront considérablement le peintre, qui, leur trouvant aisément de la beauté, n'ira pas imaginer des formes et des mouvemens fantastiques. Une autre considération importante, c'est que, fixé par le goût antique sur le choix qu'il convient de faire, il n'aura pas la faiblesse d'en goûter et d'en choisir qui seraient dans le goût de quelque maître ou de quelqu'école à la mode. J'ose donc avancer que du tems de MM. Restout, Dandré-Bardon, Pierre et autres prétendus grands maîtres qui firent bruit et fortune à Paris, on ne choisissait que des modèles qui avaient quelque chose de la tournure des figures peintes et des académies dessinées par ces très-célèbres Pierre, Bardon et Restout. Un modèle dans le goût des statues du Méléagre ou du Discobole antique, aurait fait bafouer et le peintre qui eût adopté ce modèle, et ce modèle lui-même qui aurait eu la hardiesse de se proposer. Mais, pour parler d'autres écoles, je ne serais point surpris d'apprendre un jour par quelque vieux livre, que, du tems de Rubens ou peu après lui, on n'ait voulu dessiner dans les ateliers que des modèles charnus et un peu tortueux, à la façon de Rubens. L'antique est donc le grand préservateur, l'antique est le régulateur qui doit apprendre à voir, à juger et à choisir dans la nature. Buffon, répétons-le, n'a pas hésité à le dire.

Voici quelques observations sur le second conseil dont le but est d'abord de trouver plus de modèles à choisir, et en second lieu d'ôter quelques entraves à la considération due à la profession de peintre. On n'est que trop porté dans le monde à jeter quelque mépris sur les modèles et sur les artistes qui sont obligés de s'en servir;

ce préjugé nuit beaucoup à l'art, et il en résulte que les beaux modèles sont très-rares, parce qu'ils sont déconsidérés : l'artiste doit donc concourir à détruire ce préjugé. Qu'il traite avec égard les modèles ; qu'il mette une certaine dignité dans la belle et savante étude qu'il fait par leur moyen des beautés de la nature ; que, par une application profonde et constante aux études de la géométrie et de l'anatomie, il force les esprits à considérer la fonction de l'artiste, comme une des plus belles de l'esprit humain : alors, et ceux qui sont témoins de ses travaux, et les modèles eux-mêmes répandront dans le monde cette idée que les peintres sont, comme dans l'antiquité, les premiers philosophes. Par ce moyen, on trouvera plus facilement des personnes qui se feront honneur de servir les beaux-arts, en s'offrant pour modèles. Au surplus, il est arrivé plus d'une fois, chez les modernes mêmes, qu'on a tenu à honneur de servir de modèle, et cela prouve que nos mœurs en général mettent moins d'obstacle qu'on ne pense à cet avantage. Les artistes pourraient donc peu à peu détruire entièrement ce préjugé.

Descamps et Vangool nous apprennent que le jeune Hollandais qui servit de modèle à Adrien Hannemann pour sa figure de la paix, fut richement récompensé par la république, à qui le tableau était destiné. Baldinucci nous apprend aussi que Bartolomé dit Léonard de Bologne, issu de l'illustre maison de Ginori, servit de modèle à Jean Boulogne, pour le jeune romain qu'on voit dans le fameux groupe de l'Enlèvement d'une Sabine. Mais il faut le répéter, cette considération dépend en partie des peintres, qui doivent commencer par en attirer beaucoup sur eux-mêmes.

Aphorismes de David, relatifs à l'étude du modèle et recueillis dans son école.

Je crois faire plaisir au lecteur, en ajoutant à ce chapitre un certain nombre de préceptes recueillis à l'école de David sur ces questions.

Quand on fait un tableau, nous disait-il (car je vais répéter ses propres expressions), on peut changer le modèle, parce qu'alors ce sont de belles parties qu'on cherche à accorder ; mais, quand un élève s'exerce, il faut qu'il s'accoutume à l'exactitude et qu'il respecte le modèle.

Soyez d'abord vrai, et noble ensuite.

Je connais des peintres qui ne savent pas copier des hommes, et qui prétendent monter dans le ciel pour y peindre des dieux.

Il y en a qui, en voulant suivre le modèle, font plus laid que lui, et qui, en voulant s'élever au-dessus du modèle, ne dessinent plus que de pratique.

Il n'est pas difficile de dessiner d'idée, tant bien que mal ; mais ce qui est difficile, c'est de faire beau et naturel en suivant le modèle.

Quand on n'aime pas la nature, on la fait basse et triviale.

On peut étudier les maîtres ; mais c'est la nature seule, et non les maîtres, qu'il faut suivre : c'est en la suivant qu'on fera bien, comme eux.

Celui qui est maniéré, ne saurait voir clair en présence du modèle.

Pourquoi est-on le plus souvent embarrassé ? Parce qu'on ne veut pas céder à la nature, mais bien suivre sa tête et ses idées de routine.

Il y a des peintres qui ne découvrent rien dans la nature; ils n'y voient que ce qu'ils savent par cœur.

Il ne faut pas seulement regarder le modèle, il faut y lire, comme dans un livre.

J'aime ce qu'on appelle le style, mais je n'aime pas la manière.

On n'avance dans l'art qu'en suivant la nature; si en musique on joue toujours le même air, et de la même façon, on ne fait sûrement pas de progrès.

Il faut étudier les beautés de l'antique, pour trouver les mêmes beautés dans le modèle; mais c'est l'esprit du modèle qu'il faut suivre, pour le rendre bien d'après l'antique.

Il faut changer le modèle en bien, et non en mal; mais il y en a qui le font ressembler en laid, et non en beau.

Je ne cesse de répéter qu'il faut que les têtes ressemblent au modèle. (On comprend assez ce que ce maître entend ici par ressembler, lui qui ne cessait de répéter qu'il faut conserver les caractères propres et naturels des objets.)

Il ne faut pas faire les cheveux de pratique, mais il faut les faire selon les caractères de la nature.

Les bons peintres prennent les bons momens du modèle; les mauvais peintres prennent les mauvais, etc.

Ces leçons sont d'autant plus précieuses qu'elles ont été données par le peintre le plus compétent de tous les modernes, sans excepter Michel-Ange même et Raphaël, sur cette si importante question relative à l'étude des individus modèles. Jamais aucun peintre, depuis les anciens, n'a dessiné la figure humaine avec plus de savoir et de simplicité, avec plus de naturel et de beauté, avec plus de style et de diversité. David est un peintre devenu classique, parce qu'aucun autre n'a pénétré comme lui dans les secrets des anciens et de la nature : point de manière, et toujours du caractère dans ses formes; point de pauvreté, et jamais de boursouflure. Ses Sabines, tableau si justement célèbre, prouvera aux critiques les plus prévenus, à ceux qui veulent le plus qu'on les flatte par de piquantes hardiesses, par de vaporeuses suavités, par des tours singuliers, par des chocs de clair-obscur et de coloris, par des éclats météoriques et forcés, cet ouvrage, dis-je, vrai chef-d'œuvre d'énergie et de sagesse, prouvera que, quelqu'éloge qu'on fasse de ce grand dessinateur, cet éloge restera au-dessous de son mérite. Enfin je pense que tout peintre, avant de tracer ses figures d'après le modèle, avant même de poser son modèle, devrait aller s'inspirer sur ce tableau.

Au chapitre 30, tom. 2, nous avons exposé des idées qu'on peut rapprocher de celles que nous avons cru devoir rassembler ici.

CHAPITRE 224.

APPLICATION DU PRINCIPE DE L'UNITÉ AU CARACTÈRE DE FORMES ADOPTÉ POUR UNE FIGURE DÉTERMINÉE.

D'après ce que nous avons dit sur la théorie de la beauté, nous espérons être compris en répétant ici que rien n'est plus puissant que cette unité dans l'espèce ou dans le caractère de la figure représentée. A la vue de ce caractère un et déterminé, répandu sur toutes les parties de la figure, le spectateur ressent une émotion forte, durable, inattendue et peu ordinaire; il s'identifie, comme malgré lui, avec l'espèce du spectacle qui lui est offert, et se trouve maîtrisé par cette grande unité dans le caractère. C'est donc l'unité qui fait qu'une figure peinte ou sculptée nous intéresse, nous attache, et qu'elle nous semble plus naturelle qu'aucune autre. Une fois qu'elle est aperçue, nous ne l'oublions plus, parce qu'elle a fait éprouver, comme par magie, à l'esprit et aux sens une émotion sympathique qui nous remet, pour ainsi dire, dans notre véritable élément, en nous faisant goûter les beautés naturelles et générales de l'homme rétablies dans leur essence et leur primitive intégrité.

Il est aisé de concevoir que c'est par l'unité seulement qu'on parvient à donner du caractère à une figure. En effet ce ne peut être en prononçant fortement des formes quelconques, des proportions fausses et hors de l'harmonie, qu'on réussira à donner du caractère; ce n'est pas en desséchant ou en boursouflant une figure, en faisant carré ou rond, en exprimant enfin avec résolution, audace, et, comme on disait il y a cinquante ans, avec humeur, qu'on donnera du caractère; l'artiste fait seulement voir dans ce cas son propre caractère, mais il ne représente pas celui de la nature.

Le peintre doit toujours, malgré l'indétermination physique des individus qu'il emploie pour modèles, exprimer et faire ressortir leur caractère dominant et propre, fortifier et augmenter ce caractère reconnu et adopté, en faisant concourir à cette unité par un savant rétablissement de l'ordre et de l'harmonie toutes les parties constituantes de ces individus modèles. Représente-t-on, par exemple, un jeune homme ; il faut que ce jeune homme soit un et déterminé dans son espèce, car qui dit un beau jeune homme, ne dit qu'une chose vague. Ou ce jeune homme est dieu, ou il est héros, ou il est homme, et homme d'une nature quelconque; s'il est simplement homme sans caractère bien distinct dans sa condition, et tel que serait, par exemple, un jeune guerrier, son espèce physique n'en doit pas moins être une, non équivoque, et d'un type bien reconnaissable. Il sera donc ou svelte, ou plein, ou délicat, ou énergique, etc., etc., en sorte que le peintre, obligé de consulter des individus qui n'ont pas beaucoup de caractère, doit cependant par le rétablissement de l'unité ou de l'harmonie constituer sur son tableau ce caractère un et déterminé. Guido-Reni a souvent représenté des jeunes gens. Tantôt c'est le jeune David (musée de Paris, n° 893); tantôt c'est Pâris (*id.*, n° 914); mais ces jeunes gens ne sont ni de l'espèce des Pâris et des David, c'est-à-dire, des pasteurs, ni d'une espèce physique quelconque. Ce sont des jeunes gens; on le voit à leur tête et à leur chair : mais ils sont sans caractère; les genoux, les bras, les hanches n'ont rien de déterminé, et je dirais même rien qui rappelle la véritable mécanique vivante, ce qui est pire encore. Que leur reste-t-il donc? L'écorce; et quelle écorce! Point de chair saine, sanguine et vivante; point de tendons élastiques, point de muscles fibreux.... Mais enfin, dira-t-on, toutes ces figures ont du mérite. — Eh oui. — En quoi consiste-t-il? Ce mérite est dans le pinceau, c'est ce pinceau net et coulant qui, en fait de peinture, comme les phrases coulantes en fait de littérature, donne à l'ouvrage l'air d'un chef-d'œuvre; c'est la conduite séduisante des ombres sur les objets particuliers, conduite souvent plus idéale que vraie, plus arbitraire que naturelle et savante; c'est l'ensemble enfin, souvent fort ingénieux de tous ces à peu près séduisans pour le vulgaire et pour les amateurs peu instruits des grands principes des arts. Mais, pour les Grecs, les figures de Guido eussent été des fantômes insignifians et presque ridicules; pour un homme qui connaît le but et la définition de l'art, ces figures sont des productions de la barbarie, malgré la force des tons, la conduite du pinceau, le doucereux, la propreté et la franchise de l'exécution.

Choisissons, par exemple, le caractère de la force et de la puissance physique dans l'homme, comme objet de notre imitation : à quels moyens serons-nous réduits sans l'aide de la philosophie et sans le secours de cette unité que je signale ici comme le véritable moyen ? Que nous apprendrait la nature consultée sur deux ou trois modèles seulement ? Elle ne nous indiquera que des caractères plus ou moins incertains, plus ou moins grossiers ; elle nous fera voir souvent de la graisse pour des muscles, de l'engorgement pour des principes de vigueur, de la sécheresse et de la dureté pour de l'élasticité, de la pesanteur enfin pour de la solidité. Supposons même que nos modèles nous offrent jusqu'à un certain point ces caractères de la force ; combien d'accord n'avons-nous pas à mettre dans ce caractère essentiel, pour le compléter et le rétablir dans son unité primitive ?

C'est donc ainsi que l'art peut remplir la condition qui lui est imposée, celle de toucher et d'inspirer des sentimens déterminés, vifs et prolongés. Cette force du caractère est si grande, qu'elle supplée à l'expression de l'action, tandis que l'action ne supplée pas au caractère. En effet, un homme armé d'une massue et couvert d'une peau de lion et dans l'action de frapper, n'est pas toujours un Hercule, quoiqu'il terrasse un monstre ; une femme tenant un arc et marchant rapidement, n'est pas toujours une Diane : aussi est-ce autant par son caractère virginal et par son austère pudeur que la Diane du musée de Paris représente cette divinité, que par son carquois, son diadême et sa marche animée. Une figure donc qui n'offrirait point d'unité dans son caractère, ou plutôt qui n'aurait point de caractère déterminé, faute de cette unité si nécessaire, toucherait peu, et ne serait qu'une image insignifiante, qu'un portrait plus ou moins exact d'un objet incomplet. Il faut dire plus, il faut dire qu'une telle figure ne serait ni vraie ni naturelle, parce qu'elle n'est pas une. Bientôt nous allons voir comment, en restituant proportionnellement l'unité de caractère, on obtient un résultat plus naturel que n'était l'individu même qu'on a corrigé, et cela, parce que les caractères de la nature étant rendus uns et étant tous restitués par ces changemens proportionnels, c'est alors l'esprit de la nature ou la nature même qui paraît dans l'image, et non un individu étranger en tant de parties à la nature.

Ainsi le peintre doit voir en idée sa figure avant de l'exécuter, et cette idée doit être toute naturelle, en sorte qu'il ne doit choisir ni copier pour un tableau un ou plusieurs individus, sans avoir reconnu auparavant s'ils se rapportent à l'espèce ou à la variété de l'espèce voulue par le sujet, variété ou caractère qu'il doit s'efforcer de fortifier, en recourant au moyen de l'unité et de l'harmonie dans ce caractère. C'est ainsi que Zeuxis chercha dans les cinq modèles qu'il avait choisis, le caractère qu'il avait à rendre en peinture. Qui doutera que, pour exprimer et rendre visibles les beautés de la nature, il ne faille reconnaître et saisir ces diverses beautés dans leur essence et leur intégrité ?

Ordinairement ce n'est que l'artiste le plus habile qui aperçoit ces nuances et qui les reproduit. L'ignorant ne fait qu'en sentir le charme ; il ne saurait le répéter : il ne peut imiter ce qu'il ne connaît pas, ce qu'il n'approfondit pas, ensorte qu'on peut dire que l'étude des divers caractères de la nature est l'étude qui différencie l'ignorant du grand artiste, l'esprit fort et profond de l'esprit superficiel et routinier. C'est la longue contemplation de la nature qui nous apprend à la connaître ; ce n'est qu'en voyant beaucoup que l'on compare beaucoup, et qu'à la fin on sait distinguer et classer. Homère avait beaucoup vu, et ses images sont toutes vraies, quoique très-variées. Les Grecs étaient toujours vrais, parce qu'ils connaissaient beaucoup la nature. Il est donc certain que connaître la nature, c'est savoir débrouiller, distinguer les caractères, et discerner l'unité là où elle est souvent décomposée, divisée et affaiblie.

Gardons-nous bien de délaisser cette doctrine par cette raison seule que nous ne sommes plus à même d'observer la nature entièrement nue, comme le faisaient les Grecs ; car la nature se laisse apercevoir et se fait admirer dans un buste, comme dans une figure entière. On peut peindre les mœurs et les caractères, on peut imiter la force et l'ame de la nature sur une tête, sur un cou, sur des bras, sur un torse, et même sur une figure vêtue. Pourquoi les tableaux d'Holbein, de Quentin-Messis, surnommé le maréchal d'Anvers, et de quelques autres, sont-ils si estimés et si intéressans? C'est que ces auteurs ont peint avec propriété et unité certains caractères de la nature. Il est vrai que ces caractères étaient souvent ignobles, et que c'est un goût barbare qui les a choisis; mais qui niera que ces maîtres ne marchassent dans la vraie route, bien qu'ils ne se soient jamais élevés, et qui ne comprend pas tout le succès d'un peintre qui, nourri des merveilles de l'antiquité ou des beautés de la nature, ce qui est la même chose, saurait, aussi bien que ces maîtres, représenter l'unité des caractères et de plus choisir ce qui convient à l'art et à la beauté?

On a dit que, pour ne pas paraître maniéré, il fallait se garder de représenter dans toutes sortes de sujets la même figure : rien n'est plus juste, surtout si cette figure appartient plutôt à notre idée routinière et fantastique, qu'au domaine immense de la nature, et il faut ajouter que d'ailleurs elle n'appartient vraiment à la nature, que si elle est une dans son espèce et dans son caractère; aussi les bizarres figures de femme que Boucher, dans ses tableaux, nous donnait pour des Nymphes et pour des Dianes, n'étaient pas seulement des figures impropres et très-éloignées du sujet, mais elles n'étaient d'aucun caractère ni d'aucune espèce naturelle, en un mot, il voyait ses modèles à sa façon, comme Rubens les voyait à la sienne. Ni l'un ni l'autre de ces peintres n'a vraiment imité la nature, quoique ce dernier imitât fort bien de loin l'apparence du relief et des teintes des carnations, ce qui n'est pas encore imiter la nature.

Les différences infinies remarquées sur les divers individus, ont fait penser à quelques-uns que tout individu pouvait offrir un type, et par conséquent une intention fixe de la nature, en sorte que, selon eux, les caractères types seraient multipliés à l'infini, sans nombre déterminé; mais c'est une erreur, et il est certain que le plus beau droit de l'art est de conserver par des images fidèles les seuls types distincts, uns et primitifs de la nature. Ne semble-t-il pas que le ciel ait apporté sur la terre les arts de sculpture et de peinture, pour être les conservateurs de ces vrais archétypes, et n'est-ce pas l'idée de cette auguste fonction qui ennoblit jadis le génie des statuaires de la Grèce, et qui éleva leurs conceptions jusqu'aux images sublimes des dieux? Toutes les variétés distinctes et déterminées de la nature furent reconnues, analysées et classées rigoureusement dans leurs écoles. Quant aux modernes, ils n'ont pas même eu la pensée de cette étude, qui eût pu cependant éloigner de leurs tableaux les équivoques introduites trop souvent dans ces espèces vagues et insignifiantes de leurs figures. Non-seulement les Grecs interrogeaient les naturalistes, les médecins et les physiologistes, pour fixer les préceptes relatifs à cette grande partie de la statuaire et de la peinture, mais ils consultaient aussi les philosophes, les prêtres, les poètes et les moralistes, en sorte que ce fut dans les savantes et antiques écoles de la Grèce, que furent créées et consacrées ces lois si belles et si nécessaires aux arts, dont le but, dont la destination est de former le cœur, de plaire à l'esprit, de servir la religion, les mœurs et la patrie.

Les variétés infinies qui existent sur les individus, ne prouvent rien contre l'unité de la marche et du système de la nature. Qui nous assurera même que dans ses variétés, que nous appelons ses écarts et ses imperfections, elle ne procède pas avec l'intention de rétablir cette unité originelle par l'union combinée ou les mélanges des individus, et que tel homme ou tel animal, vicié par un excès ou un manque de qualité, ne doive point un jour par son union avec un autre individu affecté d'imperfections contraires, en produire un troisième chez lequel l'ordre et l'unité seront rétablis pour la conservation de l'espèce [1] ? Mais, dans tous les cas, l'art doit faire apercevoir ces vues collectives et ce grand but de la nature. L'artiste habile suivra donc cette même marche de la nature, qui, malgré ses variétés individuelles, semble vouloir déterminer sur certains individus des facultés caractéristiques et dominantes. Il suivra par conséquent la méthode des anciens, qui ont cherché à ne point laisser d'équivoque dans le caractère de chaque espèce, et qui ont fait triompher par toutes les indications dont leur art leur a permis l'assemblage, le caractère fixe du personnage qu'ils voulaient exprimer. En effet, si nous examinons sous ce rapport les principales figures de la statuaire antique, nous verrons que dans l'Hercule, c'est la force qui domine, quoique ses cuisses soient pleines d'agilité, et ses autres membres de souplesse; dans l'Apollon, c'est l'agilité, la vélocité; dans la Vénus, c'est la grâce et la pudeur; dans les Luteurs, c'est la vigueur ou l'élasticité, etc.

Écoutons un moment Diderot. « Une figure humaine, » dit-il, est un système trop composé, pour que les suites » d'une inconséquence insensible dans son principe ne » rejettent pas la production de l'art la plus parfaite à

[1] Tout concourt à la même fin, a dit Bossuet, et c'est faute d'entendre le tout, que nous trouvons du hasard ou de l'irrégularité dans les rencontres particulières. (Disc. sur l'Hist. univ. Fin du dernier chapitre.)

» plus de mille lieues de l'œuvre de la nature. Cette vé-
» rité, qui sera sentie par le physiologiste, est d'une grande
» importance sans doute dans l'étude de l'imitation, et
» seule suffit pour faire ouvrir les yeux à bien des artistes.
» Si donc le philosophe veut instruire l'artiste, voici ce
» qu'il lui dit :

» Voyez cette femme qui a perdu les yeux dans sa jeu-
» nesse; l'accroissement successif de l'orbe n'a plus dis-
» tendu ses paupières, elles sont rentrées dans la cavité
» que l'absence de l'organe a creusée, elles se sont rape-
» tissées ; celles d'en-haut ont entraîné les sourcils; celles
» d'en-bas ont fait remonter légèrement les joues. La
» lèvre supérieure s'est ressentie de ce mouvement et
» s'est relevée. L'altération a affecté toutes les parties du
» visage, selon qu'elles étaient plus éloignées ou plus
» voisines du lieu principal de l'accident. Mais croyez-
» vous que la difformité se soit renfermée dans l'ovale ?
» Croyez-vous que le col en ait été tout à fait garanti ?
» Et les épaules ? Et la gorge ? Oui, bien pour vos yeux
» et les miens ; mais appelez la nature, présentez-lui ce
» cou, ces épaules, cette gorge, et la nature dira : cela,
» c'est le cou, ce sont les épaules, c'est la gorge d'une
» femme qui a perdu les yeux dans sa jeunesse. »

Il est évident que Diderot, en s'exprimant ainsi, a remanié avec esprit une idée qu'il avait empruntée à quelqu'artiste philosophe ou plutôt à quelque philosophe familier avec les beaux-arts.

« Tournez vos regards, dit-il ailleurs, sur cet homme,
» dont le dos et la poitrine ont pris une forme convexe ;
» tandis que les cartilages antérieurs du cou s'allon-
» geaient, les vertèbres postérieurs s'en affaissaient ; la

» tête s'est renversée; les mains se sont redressées à l'ar-
» ticulation du poignet ; les coudes se sont portés en
» arrière ; tous les membres ont cherché le centre de
» gravité commun qui convenait le mieux à ce système
» hétéroclite ; le visage en a pris un air de contrainte et
» de peine. Couvrez cette figure ; n'en montrez que les
» pieds à la nature, et la nature dira sans hésiter : ces
» pieds sont ceux d'un bossu. »

Appelerons-nous ces idées les finesses précieuses de la science ou les subtilités d'un homme d'esprit ? Prenons un milieu. L'enchaînement qui lie tous les organes, établit une telle correspondance entre les points qui constituent la figure humaine, que les altérations doivent très-certainement se communiquer à tous ces mêmes points ; mais à quel degré de pénétration dans ces secrets est obligé de parvenir l'artiste qui ne peut représenter que les dehors physiques des figures ? C'est ce que je crois indéterminé ; car si l'on pense à la perspicacité de l'auteur du Gladiateur, des Lutteurs, du groupe d'Ajax, du Thésée du Parthénon, etc., on conçoit jusqu'à quel haut degré ces artistes ont porté leurs observations, et l'on croit volontiers à ce que raconte de Phidias un ancien, qui nous apprend que ce statuaire n'eut besoin que de voir la griffe d'un lion, pour en connaître les proportions et le caractère. Si on ne considère au contraire que les productions vulgaires, même antiques, on est tenté d'appeler ces recherches des subtilités, des minuties inutiles. J'estime donc que ces études analytiques sur la nature font faire un pas de plus vers la perfection et qu'elles constituent la vraie méthode nécessaire pour conduire l'art jusqu'à son but.

Combien de règles et de productions, ajoute le même

auteur que je viens de citer, qui ne doivent notre assentiment qu'à notre paresse, notre inexpérience, notre insouciance et nos mauvais yeux ! Voilà pourquoi on a dit que pour Dieu il n'y aurait point de chef-d'œuvre de l'art, et que beaucoup de ces chefs-d'œuvre ne paraîtraient aux yeux de la nature que des balourdises.

On serait révolté à la vue d'un visage dont la partie supérieure peindrait l'âge fait, et la partie inférieure l'adolescence. Pourquoi donc serait-on moins choqué du défaut d'accord et d'harmonie entre d'autres parties ? Cette insensibilité proviendrait moins de ce que nous ne voyons presque toujours que des hommes enveloppés dans leurs vêtemens, qu'elle ne proviendrait de notre paresse, qui nous empêche de chercher réellement à pénétrer dans la nature. Cependant tous les hommes en général sont sensibles à la beauté ou à l'harmonie, à la laideur ou au défaut d'unité, car n'oublions point que le mot harmonie dérive du grec et signifie accord et union.

Un individu est choisi pour modèle ; mais, quelque équivoque que soit cet individu, il appartient toujours à un genre et à une espèce quelconque de la nature. Il faut donc faire cette reconnaissance, distinguer dans quelle classe la nature a placé ce modèle, malgré l'état d'annihilation auquel le croisement et la corruption des races ont pu le réduire; il faut ressaisir ce caractère, pour le développer dans toutes les parties et tous les points de la figure adoptée : or c'est ce qu'on doit appeler restituer l'unité.

Il y a plusieurs conjectures à faire sur la manière dont les anciens considéraient les individus par rapport à l'espèce. Nous savons que dans la représentation de l'espèce humaine les anciens caractérisaient les vertus physiques; que tel individu était représenté avec les traits propres à la course, tel autre avec ceux qui étaient propres à la lutte, tel autre enfin avec les deux caractères réunis. Les figures iconiques, ou les vainqueurs dans les jeux, les conduisirent, avons-nous dit, vers ces recherches : mais on se demande s'ils reconnaissaient aussi des espèces parmi les divers individus propres, par exemple, au même exercice, et si dans la foule des hommes en général, et sans les choisir exclusivement doués de telle ou telle faculté, ils n'avaient point établi des classifications qui avaient leurs dénominations ou leurs épithètes dans les ateliers et parmi les physiologistes. Ainsi, de même que nous distinguons l'homme svelte de l'homme trapu, ne peut-il pas se faire que les anciens aient rangé par classes des individus dont nous ne saurions pas aujourd'hui discerner et spécifier le caractère, quoique, d'après cette conjecture, ce caractère fût cependant vrai et primordial? Cette supposition nous engage dans des recherches qui paraissent un peu subtiles. Poursuivons-les néanmoins.

Les anciens, lorsqu'ils voulaient peindre ou sculpter, par exemple, un Pâris ou un Ganimède, avaient-ils déterminé d'abord l'espèce de ce Ganimède ou de ce Pâris d'après un archétype fixé dans leur imagination ou sur les tables de proportions fournies par les ouvrages des maîtres, et par les théories écrites? Ou bien, choisissant parmi plusieurs individus modèles celui dont le caractère leur paraissait le plus conforme à leur but, cherchaient-ils seulement à perfectionner dans l'imitation cet individu, ou, ce qui est la même chose, à en compléter l'unité dans ce caractère non prévu et offert par le hasard? Cette question intéressante sera en partie résolue par ce que nous allons bientôt dire sur la nécessité d'un canon, d'un archétype et d'un individu. Cependant ne nous lassons pas de réfléchir sur ce point. Presque toujours le caractère des figures antiques est franc et déterminé. Nous ignorons néanmoins ce qui a porté les anciens à choisir et à préférer les individus qui leur ont servi de modèles et qu'ils ont ensuite perfectionnés par l'unité. Nous savons bien que le caractère de cet individu choisi pour modèle convenait au sujet ; mais son caractère individuel et particulier à lui-même était-il pour l'artiste une chose qu'il importait peu d'examiner ? Enfin admettaient-ils toutes sortes d'individus, pour en répéter l'espèce de forme, l'espèce de tempérament, etc., ou bien n'en rejetaient-ils pas un grand nombre par cette raison qu'ils n'appartenaient à aucune espèce physique reconnue, et qu'ils étaient de ces êtres qui, comme on dit tous les jours, ne signifient rien ? Ce doute vaut la peine d'être considéré, et il est à présumer que les statuaires et les peintres ne s'en rapportaient pas en cela à leur caprice ou à leur goût seulement.

Quant à l'autre point, la nécessité de compléter par l'effet de l'unité le caractère de ce modèle adopté, nous ne saurions douter de leur doctrine. Un individu convenable pour le sujet étant une fois choisi, cet individu n'offrant même qu'un petit nombre d'indications distinctes de son caractère, et cela sur quelques parties seulement, l'artiste rétablissait, sur toutes les autres parties de cette figure, l'harmonie, ou, pour mieux dire, l'unité de ce caractère adopté, en sorte qu'il en résultait un tout tellement lié et accordé, que le spectateur rapportait par supposition ce tout à un caractère type et primordial de la nature. Ainsi ce que n'avait pas fait l'analyse scrutatrice de la physiologie, se trouvait opéré par la force de l'unité ou par l'effet de l'harmonie. Ils auraient donc consacré ce principe : tout caractère pour être bon doit être convenable, et c'est à l'art à en constituer l'unité.

Une fois donc que nous aurons saisi l'unité de ce caractère individuel, quel qu'il soit, mais convenable, nous devons nous efforcer d'y faire coïncider toutes les parties de l'individu, et c'est de cette manière, je crois, que certaines figures antiques, qui représentent des hommes, tels, par exemple, que le Gladiateur, le Silène, le Gladiateur mourant, le Germanicus et autres, semblent appartenir à une espèce qui aurait été connue et classée, quoique ces figures ne soient peut-être réellement que des résultats de l'unité rétablie sur un modèle quelconque une fois adopté et n'appartenant point à une classe physiologique déterminée ou consacrée dans des canons.

Par cette analyse nous confirmerons ce principe des Grecs, que l'unité seule peut produire toujours une bonne figure, si toutefois le choix de cette figure rendue une et caractérisée convient au sujet. Parmegiano faisait ses figures extrêmement longues, et quelquefois ces figures ont trouvé des partisans; ce n'est pas par d'autre cause que par l'unité rétablie dans cette espèce factice, qui alors semble un peu être naturelle. Paul Lomazzo donne neuf têtes aux Nymphes, comme étant des filles extraordinaires : cette proportion est fausse et extravagante; mais si le cou, les épaules, les jambes, le sein, si toutes les parties enfin de ces longues figures rentrent dans l'unité de cette espèce factice qu'on ne doit point cependant adopter, quoiqu'elle puisse exister parfois dans la nature, cette unité, dis-je, sauvera un peu l'invraisemblance du type. Enfin la plus grande faute dans une figure, c'est la faute contre l'unité, mais j'entends contre l'unité des os, des muscles, des chairs, des mouvemens et de tout le tempéramment; de même que la plus grande qualité, c'est l'unité ou l'harmonie dans tous ces caractères.

L'unité doit être considérée d'ailleurs, redisons-le ici, comme synonyme d'intégrité. Un cou, par exemple, quand il est ce qu'il doit être, n'offre point ces formes si souvent cahotées, incertaines et pauvres, qui proviennent ordinairement du désordre dans la forme ou dans le caractère des muscles des individus. Chez un bel homme, les muscles du cou sont en harmonie et ce qu'ils doivent être : il y a les dominans et les moindres. Si au contraire l'individu fait voir, par exemple, les muscles pauciers dominans, les cléïdo-sterno-mastoïdiens trop détachés, etc., c'est que cet individu n'est pas ce qu'il doit être. Que doit faire l'artiste? Il doit considérer et l'individu et l'archétype sous le rapport du mécanisme et de l'unité de disposition optique : ainsi il rendra triomphant ce qui doit être triomphant; il modifiera ce qui dominait trop; il soutiendra ce qui est trop apauvri; enfin il rétablira l'ordre mécanique et l'ordre optique. De même, si les clavicules sont trop visibles, c'est que la nature de la peau, de la graisse et des muscles est pauvre, et alors il faudra l'enrichir. Il en agira ainsi aux divisions du sternum, dont un joint doit, comme je l'ai dit, être plus saillant, et il l'est en effet sur les beaux individus. Voilà comme en faisant plus beau, l'artiste sera plus vrai, ou comme en faisant plus vrai, il fera plus beau, employant toujours le principe de l'unité.

Disons encore qu'un peintre ignorant regarde souvent bien des petites parties nécessaires, comme autant de pauvretés. Si donc, prenant le change en s'inspirant, par exemple, à la lecture de Winckelmann, il supprime ces petites parties indispensables, et que d'ailleurs il se fie à son souvenir et non à la nature, il fera, comme on dit, des figures de bois ou de carton, des figures compassées géométriquement, faites au tour et façonnées enfin comme d'après un poncis bannal et mal approprié.

Maintenant nous allons rechercher des données plus positives, et indiquer les moyens d'obtenir les changemens favorables à l'unité ou à l'harmonie dans les caractères. Mais finissons par un mot d'Horace. « J'aimerais mieux, » dit-il, paraître en public avec de beaux yeux, une belle » chevelure, et un nez ridicule, que de ressembler à ce » statuaire qui, ayant le malheur d'ignorer comment on » compose l'unité d'une figure, aurait tout le talent ima- » ginable pour imiter les ongles et les cheveux. »

On remarquera que tout ce que nous venons de dire sur l'unité de caractère pouvant se rapporter tout aussi bien au vrai qu'au beau, on aurait pu placer toutes les observations précédentes à la question du vrai ; mais, outre qu'il s'agit toujours ici de l'homme, on reconnaîtra que, si ce chapitre eût été transporté ailleurs, il n'eût pas été placé conformément à la méthode de notre traité.

On peut consulter sur l'unité appliquée à la figure humaine, le Moniteur du 29 mai 1813 ; — le Magasin Encyclop. 1re année, tom. 4, pag. 139 ; — le Mercure de janvier 1814, pag. 14, sur les types humains ; — Pallas, sur la race des Tartares Mongols ; — Blumemback ; — Meiner ; — Millin, etc., etc.

CHAPITRE 225.

CONSIDÉRATIONS SUR LA CONNAISSANCE ET LA PRATIQUE DES PROPORTIONS BELLES OU CARACTÉRISTIQUES DE LA FIGURE HUMAINE.

Quelle est la personne qui, étrangère à l'art de la peinture, n'est pas persuadée que nos peintres connaissent à fond la théorie et la pratique des proportions ? Combien serait grande sa surprise, si elle entendait dire à ces mêmes artistes que, la peinture n'étant pas, non plus que la sculpture, un art de mesures, c'est par le sentiment seul et par un tact fin et exercé que le peintre doit pratiquer l'art des mesures et les proportions ? Cette étrange proposition est cependant mise tous les jours en avant, et elle ne contribue pas peu à persuader les ignorans que la peinture est un art indépendant, libre et de caprice, et que, bien que les statuaires grecs aient été habiles dans les proportions, il n'en faut pas conclure qu'il en a été de même des peintres, puisque les anciens (beaucoup de livres modernes le répètent) ne savaient pas la perspective, sans laquelle on ne peut rien représenter avec justesse. Toutes ces assertions ridicules, la honte de nos écoles, concourent avec mille autres à nous différencier des anciens en fait de peinture, ce qui, je le sais, importe à un très-petit nombre de personnes ; mais ces fausses assertions concourent aussi, et un plus grand nombre de personnes feraient attention à ceci, concourent, dis-je, à nous différencier des Raphaël, des Léonard de Vinci, des

Michel-Ange, etc., tous artistes qui savaient appliquer à la peinture l'art des proportions, au moins tel qu'ils concevaient ces proportions dans leur philosophie. Ainsi ces mêmes maîtres du 16e siècle seraient fort surpris, eux qui étaient familiers avec les proportions en architecture et en sculpture, d'entendre aujourd'hui répéter que les peintres ne peuvent exprimer les mesures qu'au bout du pinceau, que par sentiment et inspiration, l'usage du compas leur devant être interdit et étant d'ailleurs impraticable pour eux.

Mais, si de cette première critique on passait à la seconde, qui s'offre aussi naturellement à l'esprit, je veux dire au peu d'idées fixes qu'ont les modernes sur les rapports proportionnels des parties du corps humain, quand il s'agit de tel ou tel caractère, de telle ou telle variété par l'âge, par le tempérament, par l'aptitude physique et morale enfin, on verrait encore dans quelle barbarie nous sommes restés stagnans comparativement à ces Grecs, qui avaient fait de l'étude de l'homme l'objet principal de leurs arts, comme de leur législation.

Cet état de choses laisse donc à supposer l'état de dénuement où est aujourd'hui notre théorie sur les belles questions des proportions. Quoique d'anciens écrits soient peut-être conservateurs de quelques documens échappés de l'antiquité, il faut néanmoins convenir que nos livres usuels ne nous apprennent rien de satisfaisant sur cette partie essentielle et fondamentale de l'art. Aussi les auteurs se croient-ils quittes en copiant les uns sur les autres les indications ou les tables qu'on trouve dans ces traités, où l'on parle de mesures par faces, par tant de longueurs de nez, tant de modules et de minutes, sans qu'il y ait rien de bien clair et de bien utile dans ces redites. Les écrivains en sont donc réduits à des exclamations sur les proportions des statues antiques, et à nous dire comme un auteur tout récent : « Voulez-vous avoir l'idée de la » beauté par rapport aux proportions ; allez en Italie, et » tombez aux pieds de la Vénus de Médicis et de l'Apollon » du Belvédère. »

« Ce serait, dit Watelet (Encyclopédie Méthodique), » un ouvrage infiniment utile que celui dans lequel un » auteur artiste aurait le courage d'examiner scrupuleuse- » ment les mesures générales et particulières de quelques » belles statues, de les faire graver comparativement sur » une grande échelle de la manière la plus méthodique » et la plus claire, d'examiner ensuite aussi scrupuleuse- » ment les détails diffus et presqu'inintelligibles d'Albert- » Durer, ensuite ce qu'a dit Léonard de Vinci, et de ré- » duire enfin à leur juste valeur, d'après les antiques, » tous les ouvrages didactiques de ce genre, ainsi que » celui de Paul Lomazzo, dont la prolixité est telle, que » les artistes les plus laborieux et les plus intelligens » doivent en être rebutés. » Ce passage explique la disette dans laquelle on laisse les élèves en ce point.

M. Dazara, éditeur des œuvres de Mengs, disait aussi à ce sujet « que ce travail ne pouvait être que le résultat » des grands efforts d'un jeune artiste éclairé et dégagé » de la pratique vicieuse des vieux professeurs. Mengs, » ajoute-t-il, se proposait d'écrire sur cette question, etc. »

Enfin, bien qu'il existe peut-être quelques anciens traités sur les proportions, il faut convenir qu'il resterait à les rédiger de nouveau et à les purger même de ce que la barbarie moderne peut y avoir laissé pénétrer. Paul

Lomazzo, par exemple, a effectivement dit des choses utiles dans son livre; il est certain néanmoins que ses idées répugnent souvent au lecteur, et qu'on aime mieux abandonner cet écrit que d'entreprendre de le perfectionner. Voici quelques-uns de ses passages :

« La proportion des guerriers veut des muscles *fra di* » *loro composte crudissime e spiccate*, et de plus, maigres » et tirés en haut, comme, par exemple, les gémeaux qui » doivent être placés très-haut et loin des talons. Les » épaules doivent être aussi tirées en haut, de sorte que » ces guerriers paraissent avoir je ne sais quoi de gros et » par conséquent quelque chose du bossu (*di grosso et* » *percio sembia che abbiano un pocco di gobbo*), comme » on le voit à l'Hercule Farnèse. Outre cela, il leur faut » quelque peu de long et de tortu, et les doigts des pieds » et des mains doivent être très-gros aux articulations, et » légers dans les intervalles, en sorte qu'ils soient longs et » dégagés : aussi Pluton est-il représenté avec les membres » et les muscles plus grossiers que Neptune. » Remarquez en passant qu'il eût été bien embarrassé pour citer ces Plutons et ces Neptunes antiques.

Mais ailleurs il nous conte de véritables rébus. « Michel- » Ange, dit-il, a donné à ses figures les proportions de » Saturne, Gaudenzio celles de Jupiter, Polydore celles » de Mars, Léonard celles du Soleil, Raphaël celles de » Vénus, Mantegna a adopté les proportions mercurielles, » et Tiziano a suivi les proportions humaines. » Ensuite il donne la longueur de dix têtes aux Nymphes, comme étant des filles extraordinaires. Après vient un salmigondis assez curieux, dans lequel il s'est plû à mêler et à confondre les mesures qu'il prête fort inconsidérément à plusieurs statues antiques, et dont il parle d'ailleurs à l'aventure, avec les figures de Moïse, de la Vierge, de Ste Magdeleine, etc.

Ces complimens faits assez plaisamment aux peintres qu'il vient de citer, donneraient à croire qu'ils n'usaient que d'une seule espèce de type pour tous les divers caractères. Au reste, je serais tenté de penser que cette distinction par divinités a été suggérée à Paul Lomazzo par quelques anciens livres qu'il n'a fait qu'apercevoir. Cependant ce qu'il ajoute ailleurs ne provient certainement pas de l'antiquité. « Les matrones graves, dit-il (*Ollimpate*), » et Vesta, ainsi que les femmes âgées, doivent avoir le » ventre tombant, ainsi que la partie qui lui est opposée; » le sein doit être très-abondamment fourni, etc. » Il donne mêmes agrémens aux Sibylles, aux Prophétesses, et à ces Marie, sœur de Moïse.

Le même Paul Lomazzo, après avoir déclaré (*Lib.* 6. *Cap.* 3) que la proportion de dix faces était la plus belle de toutes, et que c'est pour cela que les Grecs la donnèrent à Jupiter (quelle preuve en pouvait-il fournir?), avance que la proportion de neuf têtes est après celle-ci la plus belle : que les anciens la donnaient à Apollon et à Bacchus, et que nous pouvons la donner à St Georges, à St Michel, à St Sébastien et à d'autres. Puis il vient à la proportion de huit têtes, et veut que les Grecs l'aient adoptée pour les figures de Neptune, qui doivent être, dit-il, moins délicates que celles de Jupiter, etc., etc. Quant à celle de sept têtes, il la donne aux Hercules, et cite, comme exemple, l'Hercule Farnèse, dont la proportion cependant comporte plus de sept têtes, comme chacun le sait.

Mais en voilà assez pour démontrer que nous n'avons

rien dans les livres ou presque rien sur ces matières, et la cause en est dans le manque d'écoles; car si les écoles avaient été bien instituées et divisées par classes, il eût bien fallu traiter dans chacune de ces classes les questions propres à la constituer et à l'entretenir. Aussi toutes les fois que le zèle de quelqu'artiste lui a fait découvrir et communiquer quelques documens, quelques graphies utiles aux écoles, ces modèles, qui ne se rattachaient à aucun exercice consacré, ont été bientôt ignorés, et à la fin tout à fait anéantis.

A Paris on avait placé autrefois dans les salles de l'Académie des mesures prises sur l'antique. Sébastien Bourdon les avait choisies dans les dessins faits à Rome en 1660 par Ruosnière, son élève. Mais ces tables furent détruites peu à peu, en sorte que depuis il ne reste absolument rien dans ce genre à la disposition des étudians, si ce n'est ces livres où l'on n'a cessé de copier les mêmes nomenclatures insignifiantes.

Les anciens au contraire avaient beaucoup écrit sur cette matière, et Philostrate cite, dans la préface de ses Icones, plusieurs auteurs sur les proportions. On peut reconnaître ces auteurs dans les listes que j'ai placées à la fin de l'Histoire de l'Art chez les Grecs. L'excellente proportion de presque toutes, ou, pour mieux dire, de toutes les statues et figures antiques, est une preuve de l'universalité de leur doctrine sur ce point, et les artistes de ces tems (j'entends dire aussi les peintres, puisqu'ils doivent étudier le géométral des corps) en avaient fait une étude toute particulière.

Mais, va-t-on m'objecter, vous venez de dire que les peintres du 16e siècle, tels que Raphaël et autres, pratiquaient les proportions ; il faut en conclure que leur méthode ne saurait être perdue aujourd'hui, qu'elle a dû nous être transmise, et que nous n'en sommes pas, comme vous voulez bien le dire, à regretter sur ce point les documens de l'antiquité. — Je conviens qu'au tems de ces peintres qui ont illustré la renaissance de l'art, on usait de pratiques utiles et indispensables empruntées à la géométrie ; mais je nie que Raphaël ou autres aient connu la partie philosophique des proportions. Tant de figures pauvres, à jambes sèches, à dos maigres et sans caractères, prouvent que dans ces tems mêmes on se contentait du premier venu pour modèle, et qu'on en arrangeait les formes, en les embellissant de caprice et sans tant de soins. On ne doit pas en excepter Raphaël lui-même, qui cependant usa d'un grand nombre de modèles. Ainsi je pense que l'éloge que l'on fait en tous points de ce peintre, est plus funeste qu'utile. Il suffirait, selon moi, d'en exalter le haut talent, l'heureux génie ; mais les parties faibles de ce talent devraient toujours être considérées pour ce qu'elles sont en effet, et ne pas servir aux déclamations de ces louangeurs, que nos préjugés artistiques mettent si fort à l'aise, lorsqu'ils se plaisent, lorsqu'ils s'attachent à vanter ce grand peintre.

Un de nos plus habiles écrivains sur les arts vient de dire au sujet du plafond de la Farnésine : « Ces deux » grandes compositions nous montrent le plus haut point » auquel soit arrivée la poésie de la peinture, ou si on » l'aime mieux, la peinture de la poésie des Grecs. Certes » Homère n'a point eu de plus claire, de plus intime révé» lation de l'Olympe et de ses habitans......

» Certainement la tâche la plus difficile, l'entreprise la

» plus considérable du peintre, transporté dans les régions » du monde mythologique, doit être de retracer aux yeux » la suite de ces personnages si divers de nature, de phy- » sionomie, de caractère, de proportion, d'âge, de cos- » tumes, dont l'art des Grecs peupla le ciel, en emprun- » tant à l'humanité les diversités de formes par où se » peuvent rendre sensibles toutes les qualités morales, » toutes les idées intellectuelles.

» .....Voilà ce que Raphaël a traité d'une main sûre et » savante dans les deux compositions du Conseil et du » Banquet des dieux, depuis Jupiter, Neptune, Pluton, » Junon, Minerve et Diane, jusqu'à Bacchus, Apollon, » Hercule, les Grâces et les Muses, sans manquer de » donner à chacun de ces personnages sa physionomie » propre, le genre de formes, le degré d'idéal analogue » au rang de chacun, et, si on peut le dire, à la me- » sure de sa divinité.

» ...... Raphaël a touché au sommet, dans toutes les » sphères où son génie s'est exercé; également sublime » et inimitable, soit quand la poésie de son pinceau re- » créant l'antique Olympe, en rouvre encore à nos re- » gards les portes fabuleuses, soit, etc., etc. (Histoire de » Raphaël, pag. 272 et suiv.) »

Plus loin le même auteur ajoute (page 429) :

« Mais l'art des proportions ne peut pas être unique- » ment soumis à des connaissances techniques. Leur » beauté, leur variété et le charme indéfinissable qui en » résulte, dépendent de certaines lois que la théorie ne » peut fixer que comme des approximations. C'est au » génie, au sentiment, au goût à faire le reste. Or, ce » que le dessin, sous le rapport des proportions, doit à

» ces trois qualités, Raphaël l'a certainement possédé au » plus haut point. Le bel équilibre des lignes, l'harmonie » des contours, la justesse de l'ensemble, la précision des » formes, le juste rapport de leur caractère avec celui de » chaque figure, de chaque âge, de chaque sujet, cer- » tainement Raphaël ne dut rien de tout cela à Michel- » Ange. »

Il est à remarquer, au sujet de cet éloge, que son auteur convient, quelques pages plus haut, que « l'exécution » de toutes les peintures du palais de la Farnésine ayant » eu lieu dans un tems où Raphaël était distrait de toutes » sortes de manières, il dut l'abandonner en grande par- » tie à ses élèves. » Telle fut au reste l'opinion de Vasari et de quelques autres.

Il me semble donc très-raisonnable, très-convenable d'avertir au contraire que Raphaël n'était pas infaillible, que les modèles antiques qui ont éclairé ce peintre si justement célèbre, restent toujours supérieurs aux ouvrages de son pinceau, en quelques parties au moins, et il importe plutôt d'indiquer et d'observer les sources où a puisé ce maître, ainsi que le caractère de ces sources précieuses, que de préconiser sans retenue les résultats dus à l'étude de ces mêmes modèles qu'on affecte de délaisser, pour ne s'occuper que du mérite des artistes devenus habiles pour les avoir consultés.

Maintenant il nous faut parler de l'ouvrage tant de fois cité et si rarement étudié d'Albert-Durer. On lit presque partout que le livre d'Albert-Durer sur les proportions, ne contient que des images bizarres et contraires à la beauté, et que d'ailleurs il est inintelligible. Cette opinion est partagée par tous ceux qui ayant jeté un coup d'œil sur cet ouvrage, se rappellent l'impression désagréable qu'il a faite sur leurs yeux et sur leur esprit. Moi-même ayant préjugé aussi légèrement que bien d'autres lecteurs, je ne croyais pas qu'il y eût dans cet ouvrage rien à emprunter qui pût nous rapprocher des anciens et des bons documens. Mais plus tard, le désir de ne pas rester où les autres s'étaient arrêtés, et l'expérience, qui avertit qu'on trouve toujours en cherchant, me firent faire de nouvelles recherches. Mes études sur le géométral et sur le perspectif me disposèrent à préjuger favorablement du livre d'Albert-Durer. Enfin j'y eus recours, et j'y découvris une espèce de trésor. Je dis un trésor, car, si pour des Polyclètes ou des Euphranors cet écrit n'eût été que misérable, il est pour nous d'une richesse infinie, nous qui sommes en ce point si misérables nous-mêmes.

Je dis donc que le livre d'Albert-Durer (Des Proportions du corps humain) sera d'un grand fruit pour tous ceux qui, étudiant le géométral des objets, selon la vraie méthode et telle que nous l'avons exposée dans ce traité, sauront lire dans ces représentations et n'exigeront pas toujours des images perspectives, lorsqu'il s'agit de démonstrations, de mesures réelles et de vraies proportions. Ce livre, dis-je, sera d'un grand fruit, si on remarque que ce sont des variations et des changemens que donne Albert-Durer, pour démontrer ce que c'est que proportion, mais non pour prescrire un choix des meilleures proportions, et si l'on étudie enfin ce qui fait le fondement de son traité, je veux dire, le géométral et son analyse.

Quant à moi, je ne doute point qu'Albert-Durer n'ait consulté un manuscrit provenant de l'antiquité, et que ce qu'il nous donne à sa façon n'appartienne à ces antiques documens échappés à travers la barbarie, documens qui se retrouveraient encore dans les bibliothèques, où quelques autres manuscrits semblables doivent exister, si toutefois ils n'ont pas été détruits par la jalousie et la vanité dédaigneuse de ceux qui ont cherché à en tirer parti. D'Hancarville disait avoir vu un livre semblable dans une bibliothèque de Florence ; dans ce livre on traitait des proportions et on les appliquait à des vases.

Quant à l'intention de tous les écrivains modernes qui ont donné des proportions du corps humain, il est évident qu'ils ont voulu donner un modèle des meilleures proportions, et sans savoir qu'avant tout il fallait un canon, tandis qu'Albert-Durer n'a pas prétendu donner ce canon, voulant seulement apprendre ce que c'était qu'opérer proportionnellement sur la figure humaine.

Ces considérations générales étant exposées, nous allons passer à la question qui fait l'objet principal de cette partie du dessin. Mais que les élèves étrangers à la vraie perspective se rappellent bien que les mesures que l'on prend pour étudier les proportions, sont les mesures réelles et non les mesures perspectives ou scénographiques du corps humain, en sorte que, lorsqu'on a dessiné ces mesures réelles et géométrales, on les réduit ensuite en perspective, selon la vision adoptée pour le tableau.

CHAPITRE 226.

DU CANON. — CONJECTURES SUR LE CANON DE POLYCLÈTE.

Pour obtenir un résultat conforme aux bonnes proportions, il faut remplir trois conditions : 1° posséder le canon qui offre l'objet représenté dans son caractère général, selon le naturel, le possible et l'espèce; 2° avoir dans l'idée l'archétype auquel on tâchera d'approcher par le résultat; 3° employer un ou plusieurs individus servant de premières données. Le canon sert à faire respecter les lois du possible et du vrai dans les mesures, les formes et la construction, selon l'espèce générale de l'objet. L'archétype est l'idée de la perfection de l'objet ou du résultat général, perfection qui doit avoir lieu et par l'observation des mesures et des formes constituant le caractère, et par l'observation de la convenance exigée par l'art : le résultat sur le tableau sera donc plus ou moins conforme à cet archétype. Enfin l'individu ou les individus servent à commencer l'ouvrage, en offrant des données plus ou moins conformes à l'archétype, données premières qu'on modifiera ensuite et d'après le canon qui règle le possible et le naturel, et d'après cet archétype qui règle et détermine la convenance et l'excellence dans le caractère.

Quoique nous n'entendions parler ici que du canon de la figure humaine, nous pourrions considérer le canon par rapport à toutes sortes d'objets. Nous pourrions dire par exemple, qu'un vase, pour être possible, doit avoir une ouverture et un couvercle; qu'il doit pouvoir se tenir debout; qu'il doit avoir une certaine capacité, quelquefois des anses, etc.; et, d'après ces données, on pourrait établir le canon d'un vase quelconque, d'après lequel canon on ferait un autre vase, selon l'archétype ou l'idée de l'excellence dans un caractère voulu, en sorte qu'on le rendrait ou plus large ou plus allongé, on y modifierait, soit les anses, soit le couvercle ou le socle, on y ajouterait même des ornemens, le tout selon cette idée d'excellence dans le caractère, excellence déterminée par l'archétype idéal.

Ainsi le canon général ne doit être d'aucun caractère particulier. Le canon, pour la figure humaine, ne doit offrir que le modèle de l'homme en général, et non une variété de l'homme en particulier. Ce canon général de l'homme ne doit pas plus se rapprocher du caractère des Dieux que du caractère des Faunes ou d'autres variétés subalternes, pas plus de ce qu'on a appelé l'idéal qui serait au-dessus de l'espèce humaine, que de ce qu'on pourrait appeler idéal qui serait au-dessous de cette espèce, tels seraient, par exemple, les Égypans, les Orang-outangs, ou autres figures à moitié bêtes. Aussi apprenons-nous que ce canon, ouvrage de Polyclète, représentait seulement un homme : cet homme était debout, portait une lance, et n'était l'effigie d'aucune espèce particulière de guerrier, bien qu'il eût tous les caractères de l'homme.

Pline, en nous apprenant ce fait relatif à Polyclète, nous instruit sur un point important. Il nous autorise à reconnaître que les artistes grecs, n'ayant point encore trouvé de canon assez parfait dans les ouvrages des maîtres qui précédèrent ce statuaire, adoptèrent son Doriphore, comme étant très-propre à les fixer enfin sur ce point. Ils l'appelèrent donc la règle ou le canon (*canonem vocant*), et s'en emparant, ils rapportèrent par la suite à cette figure toutes leurs autres figures, en s'en écartant plus ou moins dans un sens ou dans un autre, selon les caractères voulus. Si Pline ne nous apprend pas quel était pour les figures de femmes le canon des statuaires ou des peintres (car pour les uns et pour les autres ce moyen était nécessaire et était le même), rappelons-nous que Pline ne s'est pas chargé de nous instruire de ces particularités, puisque c'est à propos de Polyclète seulement qu'il raconte ce fait en passant.

Nous avons vu que Lysippe prenait Polyclète pour modèle. On a voulu probablement dire qu'il continuait à se servir de ce même canon de Polyclète; car les mots des écrivains sur l'art offrent d'autant plus de sens différens qu'on saura envisager l'art sous un plus grand nombre de faces. Il est bon de dire que les figures de dieux et de héros représentés par Parrhasius, contemporain de Polyclète, servaient aux artistes de canons caractéristiques. (Voyez Denys d'Halicarnasse. *Cap.* 41. *In Demosth.*—Quintilien. *Inst. Tom.* 10 et 12. *Cap.* 10.—Pline. *Lib.* 35. *Cap.* 10). Enfin il faut aujourd'hui raisonner et procéder comme dans l'antiquité; il nous faut un canon général; il nous faut un point de comparaison neutre, moyen et excellent dans cette espèce (je dis excellent, je pourrais dire tel qu'a été l'homme primitif dans son espèce pure et primordiale); il nous faudrait de nouveau le canon de Polyclète, et ce canon une fois reconnu, il nous resterait à déterminer par quelles différences, par rapport à ce canon, doivent être exprimés tels ou tels caractères particuliers propres à telles ou telles mœurs ou variétés; il nous faudrait décider qu'un Jupiter, qu'un Apollon, qu'un Satyre, et de plus qu'un lutteur, qu'un coureur, etc., diffèrent du canon de tant de parties en tel ou tel point; il nous resterait à établir les différences par l'effet de l'âge, du climat, et même des mœurs; toutes ces différences, toutes ces variations relativement au canon, devraient être ensuite opérées proportionnellement sur la partie consultée dans l'individu servant de modèle, et plus ou moins éloignée ou différente de ce canon, lui-même modèle. Quand on dit un beau cheval, ou le cheval est un bel animal; quand Buffon décrivait si éloquemment le cheval, il avait dans son esprit l'idée du cheval en général : il ne pensait ni au cheval arabe, ni au cheval espagnol, ni au cheval normand. De même, quand on dit l'homme, on entend l'homme en général, et c'est cet homme qu'on entend, comme étant la mesure, la règle ou le canon; enfin c'est le Doriphore de Polyclète. Cette théorie dispense de disserter sur l'erreur de ceux qui ont semblé dire qu'il n'y avait qu'une seule belle proportion; il y en avait plusieurs; mais il ne doit y avoir qu'un canon général. J'espère que les artistes reconnaîtront la simplicité de cette doctrine.

Il me semble qu'on sentira immédiatement la conséquence suivante, c'est qu'il faut considérer ce canon en géomètre et en anatomiste. Il faut y voir les longueurs, les largeurs et les profondeurs; y discerner les courbes, les centres des courbes, les angles; y discerner le volume général, afin de le retrouver, s'il le faut, dans les altérations qu'on fera proportionnellement; enfin il faut savoir comment ce canon est, pour savoir comment sera ou de combien en différera la figure qu'on doit corriger, pour la rapprocher plus ou moins de ce canon.

Maintenant où est notre canon? Où faudra-t-il le trouver? Qui le formera? Où est le moderne Polyclète qui construira, établira ce modèle de comparaison, ce terme moyen et neutre, auquel tous les peintres, tous les sculpteurs rapporteront à l'avenir leurs figures? En attendant qu'il en ait été adopté un parmi les artistes, nous avons pensé qu'on ne regarderait pas comme téméraire d'en offrir ici au moins le projet. On reconnaîtra donc, j'espère, que c'est plutôt pour compléter notre théorie que par la prétention d'offrir un modèle de canon que nous avons offert celui-ci en ce traité.

Mais, de même qu'un canon général est nécessaire, de même chaque peintre pourra se faire des modèles particuliers ou des canons de caractères pour tel ou tel caractère distinct et essentiel qu'il aurait à représenter. On ne saurait douter que les Euphranor, les Parrhasius et tous ceux qui avaient écrit sur les proportions, n'aient composé de ces modèles particuliers pour ces caractères.

Il ne me semble pas difficile de concevoir qu'on peut, en respectant le canon général, produire des canons particuliers archétypes, selon les caractères. On peut établir des figures droites et mesurées d'après des individus, d'après le canon général, et d'après des figures d'art consacrées. C'est ainsi qu'un Mercure et un Apollon peuvent être représentés dans cet état droit et sans mouvement, pour être ensuite mis dans l'action demandée, et présentés, s'il s'agit de peinture, sous tel ou tel aspect. Pour cette opération, on emploie donc, comme pour le canon général, trois moyens : 1° l'archétype ou l'idée du caractère, 2° l'individu qui s'en rapproche, et 3° le canon général qui sert à maintenir dans la vérité. L'individu sert à faire naïf; le canon sert à faire vraisemblable; et l'idée dominante sert à produire ce canon archétype qu'on se propose et dont on a besoin pour le sujet. Nous avons déjà fait remarquer, en parlant de la forme et des proportions du nez, que celui des Jupiters que nous avons confrontés est aussi saillant qu'il est large à sa base. Nous pourrions rassembler plusieurs autres remarques que nous a fait faire quelquefois l'inspection des ouvrages antiques; mais nous ne nous chargerons pas d'indiquer ici des canons particuliers; c'est aux artistes à en composer selon leur génie, leur savoir et selon leurs besoins.

Il ne serait pas étonnant qu'avant qu'on ait adopté dans l'antiquité ce canon de Polyclète, comme classique, les artistes, ainsi que je l'ai fait entendre, aient cherché long-temps ce canon, qui était fort difficile à déterminer. En effet, cette figure canon ne doit être ni grosse, ni svelte (on le comprendra mieux maintenant) ; ni maigre, ni grasse; ni trop jeune, ni trop âgée; ni d'une espèce, ni d'une autre; elle ne doit pas être plutôt un Apollon qu'un Gladiateur, plutôt un Hercule qu'un Adonis, etc.

Finissons par une observation de Buffon. « Les statues » antiques, dit-il, qui n'étaient que des copies de l'homme, » sont devenues des originaux, parce que ces copies n'é- » taient pas faites d'après un seul individu, mais d'après » l'espèce humaine bien observée. On a mieux connu la na- » ture par la représentation que par la nature même, etc. » Parlons de l'archétype.

CHAPITRE 227.

DE L'ARCHÉTYPE.

L'ARCHÉTYPE est réellement le modèle. Il diffère donc essentiellement et de l'individu qui n'est qu'une donnée susceptible de modification, et du canon qui n'est qu'un régulateur et non un prototype. L'archétype n'est point à modifier; il est déterminé; il est le but vers lequel on doit tendre, sans outrepasser le naturel, le vraisemblable ou le canon, et sans copier l'imperfection de l'individu.

L'archétype est dans l'imagination; il naît du génie, bien qu'il ne doive et ne puisse prendre sa naissance que dans la nature. C'est cet archétype qui, aperçu par quelques théoriciens, a été appelé par eux l'*idéal*. C'est de cet archétype que sont partis quelques métaphysiciens modernes, pour signaler le *schéma*, qui est encore au-dessus de notre idée; c'est lui enfin qui est le beau absolu vers lequel l'ame cherche à s'élever et auquel elle tend à s'unir. Il serait superflu, je crois, d'en dire ici d'avantage.

CHAPITRE 228.

DE L'INDIVIDU SERVANT DE DONNÉE.

IL faut supposer que l'artiste a choisi l'individu le plus rapproché possible de l'archétype conçu dans son imagination. L'artiste empruntera donc à cet individu les données convenables qu'il offre; il adoptera et respectera les parties ou qualités propres à l'archétype, et il fera rentrer dans l'unité, par d'heureux changemens, celles qui en sont plus ou moins éloignées; enfin non-seulement il emprùntera à un seul, mais à plusieurs individus, ce qu'ils ont d'analogue à cet archétype, en sorte que, de même que, sans ce dernier ou sans l'idée fixe qui est le but, il agirait sans résultat, de même sans le secours des individus, il ne saurait rien créer de vrai et de naïf, n'ayant aucune donnée première à modifier et à régler sur le canon qui est la mesure du possible et du naturel dans l'espèce générale de l'objet.

Rien n'est si aisé à comprendre que cette différence qui distingue l'individu de l'archétype. L'archétype par le caractère un et déterminé qu'il renferme et dont il est inséparable, se distingue nécessairement de tout autre modèle particulier, individuel, imparfait et sans unité réelle. Ainsi un homme fort et grand, n'est qu'un homme fort et grand : on peut trouver ce type sur quelques individus. Mais Hercule dieu, voilà un caractère archétype déterminé; Hercule dieu représenté dans telle ou telle action, selon telle ou telle nuance de la mythologie, voilà un archétype complet. En effet, si cette action physique d'Hercule est le résultat particulier de la force de son bras ou de l'agilité de ses jambes, ou de telle autre faculté physique, l'art veut que l'archétype comporte l'un ou l'autre de ces caractères dominans. De plus, tantôt les formes extérieures peuvent appartenir à un système plus ou moins rond, plus ou moins droit, plus ou moins anguleux, etc. Enfin le caractère ou l'archétype doit être un et résolu par le sujet, par le naturel, le vraisemblable, le beau et par conséquent le convenable. Ce que nous avons dit sur les caractères physiques et moraux, rendrait superflue toute autre explication.

Maintenant que nous avons exposé ces choses générales, parlons de l'opération des changemens, et définissons en particulier et avant tout ce que c'est que proportion.

CHAPITRE 229.

DE CE QU'ON DOIT ENTENDRE PAR PROPORTIONS, PROPORTIONNÉ, PROPORTIONNEL. — DE LA DIVISION PROPORTIONNELLE D'UNE LIGNE.

On entend par proportions les rapports qu'ont les parties d'un tout, soit entr'elles, soit avec ce tout : par exemple, comme tous les solides offrent trois étendues, longueur, largeur et profondeur, il existe des rapports entre ces étendues, et ce sont ces rapports que l'on appelle proportions, de ces solides. De plus, comme un tout est composé de parties, toutes ces parties nécessairement sont toujours proportionnées entr'elles et avec le tout.

Il faut remarquer que, si dans le langage ordinaire on se permet de dire qu'il n'y a pas de proportions dans tel ou tel objet, pour dire qu'il n'y a pas de bonnes proportions, c'est à tort qu'on s'exprime ainsi. En effet, tout solide a des proportions, puisqu'on peut considérer ses étendues l'une par rapport à l'autre; on devrait donc dire qu'il est bien ou mal proportionné. Les proportions ne sont pas une qualité, mais simplement un rapport quelconque : aussi le mot disproportion ne signifie-t-il pas proportion vicieuse, mais proportion inégale, en sorte que, lorsqu'on considère les solides ou les parties des solides les unes par rapport aux autres, on appelle cela proportions, et que, lorsqu'on ne les considère que seules, on appelle cela mesures.

En mathématiques, on distingue deux espèces de proportions, l'une arithmétique, l'autre géométrique. Il n'y a point de grandeurs, soit nombre, étendue, mouvement, vitesse, etc. , entre lesquelles il n'y ait une raison géométrique et une raison arithmétique. (Ici raison est synonyme de rapport.) La raison arithmétique est le résultat de la comparaison de deux grandeurs, quand on considère la manière dont l'une des deux surpasse l'autre; la raison géométrique est le résultat de la comparaison de deux grandeurs, quand on considère la manière dont l'une des deux contient l'autre. Ainsi, par exemple, entre 12 et 3 il y a une raison géométrique, que l'on exprimera par 4; parce que le nombre 12 contient 4 fois le nombre 3; et entre ces mêmes nombres 12 et 3 il y a aussi une raison arithmétique que l'on marquerait par 9, parce que le nombre 12 surpasse 3 de 9. Ceci doit suffire pour faire voir la différence qui distingue la raison géométrique de la raison arithmétique.

Mais comme le peintre s'occupe particulièrement de l'étendue, nous allons faire une application de la proportion géométrique aux lignes qui sont le moyen du dessin.

La ligne AB (fig. 70) est divisée géométriquement, c'est-à-dire, d'abord en deux, puis en trois (fig. 71), en 4 (fig. 72); elle peut l'être en 5, en 6, en 7, et ainsi de suite. Mais la ligne CD (fig. 73) est divisée arithmétiquement, c'est-à-dire, en 1, 2, 3, 4, 5, 6, etc.; il résulte que la ligne AB (fig 70), divisée géométriquement, contient deux fois

AE; la même ligne (fig. 71) contient trois fois AF, et la même ligne (fig. 72) contient quatre fois AG; quant à la ligne CD, qui est divisée arithmétiquement (fig. 73), remarquez que C2 contient deux fois C1, que C3 contient trois fois C1, C4 contient quatre fois C1, C5 contient cinq fois C1, ainsi de suite.

C'est donc avec raison qu'au sujet de la proportion Paul Lomazzo disait (*lib.* 1, *cap.* 4) qu'elle n'est autre chose qu'une consonnance et une correspondance des mesures des parties d'un tout entr'elles et avec le tout. Cette consonnance est appelée par Vitruve *commodulatio*, parce que c'est avec un module ou un mètre quelconque que l'on mesure et les parties et le tout.

Voyons maintenant comment le peintre doit diviser proportionnellement une ligne. Il semble d'abord qu'il doive préférer la division géométrique à la division arithmétique. En effet, si nous divisons la ligne HI (fig. 74) en cent parties arithmétiquement, il nous faudra de plus subdiviser chaque centième en fractions, lesquelles fractions devront être encore subdivisées, jusqu'à ce qu'on obtienne un résultat mesuré dans la plus petite subdivision, tandis que si l'on emploie la division géométrique, chaque portion de cette ligne sera une partie proportionnelle et précisément relative au tout, laquelle ne produira aucune fraction. Voy. la ligne JK (fig. 75), divisée géométriquement par moitié, tiers, quart, etc.

Mais, ainsi que nous l'avons remarqué à l'article précédent, le moyen de la division arithmétique est le plus facile et le plus prompt, et d'ailleurs il est suffisamment rigoureux, même pour les besoins et les opérations des dessinateurs scrupuleux. Nous proposons ici la division par cent pour toutes les études quelconques, chaque centième étant subdivisé en moitié, quart, 8e, 16e, etc. Au chapitre 184 des mesures du corps humain, nous avons déjà adopté cette méthode par cent centièmes, et nous l'adopterons encore à la fin du chapitre 241, à propos des échelles de réduction. Je ferai remarquer au sujet de cette ligne subdivisée arithmétiquement (fig. 74) que, pour opérer avec promptitude, il faut d'abord diviser toute la ligne en moitié marquée 50, en moitié de moitié marquée 25 et 75, puis à une extrémité seulement la diviser en 5, en sorte qu'il n'est pas absolument nécessaire de la diviser totalement en 100, ce qui ferait perdre du tems. Un des centièmes seulement doit être divisé en moitié et en quart, pour offrir des fractions, et, afin de m'expliquer par un exemple, je dirai que, si le compas étant ouvert selon une mesure quelconque, tombe de A en *a* (fig. 74), on comptera seize centièmes un quart, etc.

CHAPITRE 230.

DU MOYEN DE CONSERVER LE VOLUME DE L'OBJET, MALGRÉ LES CHANGEMENS DES DIMENSIONS PARTICULIÈRES ET DES FORMES DE CET OBJET.

Il arrive souvent que, voulant modifier la forme et les mesures particulières d'un objet, on ne veut, et on ne doit altérer en rien son volume total : ce cas a lieu fréquemment, lorsqu'il s'agit d'embellir une tête qui, par exemple, bien qu'elle ne soit pas d'une forme convenable, est néanmoins d'une grosseur ou d'un volume bien proportionné au corps. Or comment pourrait opérer ce changement ou cette amélioration l'artiste qui, embellissant les traits ou les formes de cette tête, et ne voulant ni la diminuer ni la grossir, se contenterait du seul sentiment de la vue et ferait les changemens sans employer aucun des moyens assurés que fournit la géométrie? Ne serait-il pas à craindre qu'en conservant le volume, il n'obtînt pas l'embellissement particulier qu'il désire, puisqu'il a modifié à tâtons; ou ne serait-il pas à craindre qu'en arrangeant, en modifiant les formes, les distances et les volumes des parties de cette tête, il n'en altérât le volume total et ne la rendît ou trop petite ou trop forte? La science vient donc encore ici au secours de l'art, fournit au peintre le moyen d'opérer à coup sûr et selon les plus subtiles changemens qu'il désire.

Pour grossir un individu, il ne s'agit pas d'augmenter tout son volume général, mais il faut diminuer de hauteur ou de longueur cet individu, puisqu'on l'a augmenté en largeur; car, si on lui conservait sa hauteur ou sa longueur première, et si de plus on le grossissait, on en ferait un homme extraordinaire par rapport aux autres hommes, puisqu'on en aurait augmenté tout le volume général : or on sait que le volume général et moyen de l'homme est prescrit par son espèce. On ne doit donc pas entendre par ces mots grossir une figure, en augmenter tout le volume, mais bien l'accourcir en la grossissant, et par ce moyen conserver toujours son même volume.

La vraisemblance en peinture prescrit d'ailleurs ce précepte. Cependant il se trouve dans la nature de petits hommes minces et de gros hommes grands : mais dans un tableau on ferait une équivoque, si l'on représentait au troisième plan un homme gros sans être court, car ou il semblerait appartenir au premier plan, ce qui serait contraire à l'intention du peintre, ou bien il semblerait à ce troisième plan être un géant gros et grand à la fois.

Si donc on veut placer sur la même ligne de base Apollon, Hercule et Mercure, il faudra qu'Apollon soit long et haut, parce qu'il doit être un peu mince; Mercure sera moins haut, parce qu'il est moyen, c'est-à-dire, ni gros ni mince, et cependant Hercule sera aussi haut qu'Apollon, et cela, parce qu'Hercule dans son caractère est le dieu de la force et l'exemple du plus grand développement physique dans l'espèce humaine : si on le faisait plus petit qu'Apollon, il ne serait plus qu'un dieu court et gros, sans être supérieur aux autres en stature et en puissance.

Sans cette réserve proportionnelle, tous les hommes amincis par l'opération de l'allongement seraient longs et grands, et tous les hommes grossis par l'opération de l'accroissement seraient courts et petits, ce qui n'est pas ce qu'on se propose. Ainsi, pour ce qui est des hommes moyens, celui qui est court et gros, et celui qui est long et mince, doivent offrir autant de volume et de poids, pour ainsi dire, l'un que l'autre. Un peintre doit pouvoir enligner toutes les figures de son tableau, placées droites les unes à la file des autres, et dire de combien elles diffèrent toutes entr'elles. Un statuaire pourrait le dire, aidé même d'une balance, ou en cubant ses figures; et le peintre peut le faire, en enfermant le profil, la face et le plan de chaque figure dans des rectangles. Changeons donc la forme d'un rectangle quelconque, en conservant sa même étendue.

Soit la figure 76 à changer. Si l'on veut, en conservant son étendue, lui donner la forme de la figure 77, qui est plus haute et plus étroite, il faut d'abord déterminer par une ligne tracée à part le grand côté demandé, tel que AB (fig. 78); porter cette grandeur sur une ligne horizontale PQ (fig. 79), en AB; du point A (même fig.), élever une perpendiculaire indéfinie, et sur cette ligne porter en D la grandeur d'un des côtés de la première figure (fig. 76); puis placer une équerre (qu'on suppose juste) de manière que, son sommet touchant le point D, un de ses côtés passe par le point B : l'équerre restant dans cette position, tirez la ligne DC; elle sectionnera en C la ligne horizontale PQ, ce qui fera obtenir la grandeur CA, servant à l'opération suivante.

Traçant donc à part une autre ligne horizontale MN (fig. 80), portez sur cette ligne la grandeur AD de la fig. 79 en AD, plus la grandeur AC de la même figure 79 en AC; du point A, (figure 80), élevez une perpendiculaire indéfinie; puis prenez en F, sur cette ligne horizontale MN, le milieu de CD; de ce point F comme centre, et d'une ouverture de compas égale à FC ou FD, décrivez le demi-cercle CGD; ce demi-cercle sectionnera la perpendiculaire indéfinie en un point G, et la grandeur GA sera la mesure du petit côté proportionnel du nouveau quarré demandé. Puis, avec la grandeur AB (fig. 78), et cette grandeur GA (fig. 80), formez le rectangle, et tracez dans ce même rectangle les mêmes divisions que vous avez adoptées dans la première figure : ces divisions seront proportionnelles et l'étendue sera conservée, ce qui remplira l'objet qu'on s'était proposé. On conçoit que la même opération suffit pour faire trouver les lignes ou côtés proportionnels d'une figure qu'on veut élargir proportionnellement.

Ce moyen qu'on trouve dans le livre 3e d'Albert-Durer (De la proportion de l'homme) provient très-probablement de quelque manuscrit antique. Albert-Durer dit même, à la pag. 77, qu'on appelle communément cette opération *euromékochêmata,* mot qu'il n'a point été emprunter du grec par pure érudition, mais qu'il a copié tel que le lui offrait le passage qu'il consultait pour cette question [1].

CHAPITRE 231.

DES DIVERS CHANGEMENS PROPORTIONNELS.

Changer proportionnellement la grandeur d'une ligne contenant des divisions quelconques, et conserver l'ordre de ces divisions.

Si la ligne AB placée ici verticalement (fig. 81), doit être répétée, soit en grand, soit en petit, avec ses mêmes divisions conservées proportionnellement dans leur ordre, il faut avoir recours à une espèce d'échelle semblable et également divisée. Ce moyen devant être employé pour faire les changemens en mieux, c'est-à-dire, pour corriger, et non pour enlaidir, nous l'appellerons *correcteur.*

Ainsi, soit la ligne AF, fig. 81, contenant les divisions A, B, C, D, E, F. Pour la rendre également divisée en la diminuant, ainsi que l'est la ligne MN, il faut déterminer un

[1] Un moyen plus simple est employé par les géomètres aujourd'hui : le voici (figure 80 *bis*). Pour changer la figure ABCD en une autre qui ait pour hauteur MN, on prolonge AD et BC jusqu'en G et en E, pour les faire égales à MN ; on tire ED qui coupe AB en O, par lequel point O on élève la perpendiculaire HF, ce qui donne DGFH égale à ABCD.

point à volonté hors de cette ligne, tel que O, par exemple, et faire aboutir à ce sommet toutes les lignes partant et des points extrêmes et des points intermédiaires de cette ligne divisée. La ligne MN sera donc proportionnelle à la ligne AF, bien qu'elle soit accourcie. De même la ligne PQ, par ce moyen, est proportionnelle à la ligne AF ou à la ligne MN, bien qu'elle soit aggrandie. C'est ce moyen qu'Albert-Durer appelle *le variant*.

Pour appliquer à la figure humaine cette opération, supposons que l'individu servant de donnée soit assez bien proportionné, mais que toute sa personne soit trop svelte; il faut, après avoir pris l'orthographie ou l'élévation géométrale de cet individu (voy. le chap. 282), et après avoir déterminé de combien il doit être grossi, faire l'opération du correcteur, et changer proportionnellement le tout, quant à la hauteur, ce qui le fera paraître plus gros. Si au contraire il est trop gros, il faudra, à l'aide du correcteur, prendre pour mesure la dimension qui est dans le triangle, au-delà de la mesure de l'individu (voy. à la fig. 81, la ligne PQ), ce qui le fera paraître plus mince; et, comme il sera devenu plus grand, on le rapetissera ensuite selon la dimension naturelle et voulue, à l'aide d'une échelle de diminution (voy. pour cette échelle le chap. 241). Chacun remarquera que, bien que le correcteur puisse améliorer des ensembles sur des figures droites et sans action, il ne saurait servir pour améliorer des ensembles sur des figures en action, en sorte que, n'étant utile que pour des parties développées qu'on veut accourcir ou allonger, grossir ou rétrécir, il faut, pour s'en servir dans une figure en action, faire avant tout les changemens sur cette même figure posée, droite et sans action.

Il est presqu'inutile d'ajouter que ce même moyen peut être employé pour les largeurs, comme pour les hauteurs, puisqu'il ne s'agit que de placer autrement ou de renverser le triangle. Voy. la fig. 82, où ce même correcteur est appliqué à la ligne AB exprimant la largeur de l'objet.

Changer proportionnellement la grandeur d'une courbe contenant des divisions.

Si vous voulez apetisser ou agrandir la ligne courbe AA (fig. 83), employez le moyen du correcteur, cela vous procurera la courbe CC apetissée, et la courbe EE agrandie. Le centre de ces différentes courbes restant en B, l'ordre des divisions de la courbe AA est conservé, et les divisions se trouvent rapportées proportionnellement et sur la plus grande courbe et sur la plus petite.

Changer proportionnellement l'ordre des divisions d'une ligne.

La ligne AA (fig. 84) est la ligne dont on veut changer les divisions. On veut les changemens, soit en espaçant davantage les divisions du haut, soit en espaçant davantage les divisions du bas. Supposons que l'on veuille écarter ou espacer davantage la division du haut seulement, il faut pour cela avoir recours, comme précédemment, au correcteur. On place donc à volonté le point D, et on tire vers ce point des lignes partant de toutes les divisions de l'objet; puis faisant jouer à volonté le fil représenté ici pour une ligne fixée au point supérieur A, et en arrêtant, par exemple, ce fil en B, tous les points où les rayons partant de la ligne AA pour aller en D, sectionneront le fil, et seront les nouveaux points d'écartement ou d'espace proportionnellement changés.

Si on veut au contraire espacer davantage les divisions d'en-bas, il faut que le fil se place en C ou autrement, et les points où les lignes prolongées des divisions sectionneront le fil, seront les nouveaux points d'espace changés. On pourrait appeler ce moyen *correcteur des espacemens.*

On emploiera donc ce moyen, si on désire changer tout l'ordre des divisions des parties d'un objet, et cela simultanément. C'est ainsi qu'on peut désirer que tout l'ordre des moulures ou des ornemens d'un vase soit dérangé dans des rapports proportionnels. On comprend assez que cela peut aisément s'appliquer à la figure humaine.

Changer proportionnellement l'ordre des divisions d'une courbe, en rapportant ces divisions sur une courbe différente en grandeur.

Pour avoir une courbe différente en grandeur d'une autre courbe, il ne s'agit que de changer la circonférence ou le rayon du cercle dont cette courbe est l'arc. Ainsi, soit AA (fig. 85), la courbe divisée; la nouvelle courbe BB, qui a la même hauteur, étant le résultat d'un cercle plus petit, ou étant un arc plus développé d'un cercle plus petit, il ne s'agit que de retrouver le centre de l'un et de l'autre cercle, les points de division restant à la même hauteur sur l'une et sur l'autre courbe. On peut appeler ce moyen le *correcteur courbe des espacemens.*

Mais je ne suivrai pas plus loin sur cette question Albert-Durer, qui donne aussi le moyen de grossir du haut et d'amincir du bas, de renfler vers le milieu et d'amincir aux extrémités, etc., etc. Je laisse aux lecteurs studieux et persévérans à faire des recherches sur les moyens ingénieux qu'il prescrit, moyens que son traducteur français appelle l'*indice*, les *gemelles*, le *corrompeur*, etc., et qu'Albert-Durer applique à la figure humaine. Mais Albert-Durer aurait peut-être mieux fait d'appliquer ces moyens d'abord à des vases, à des ornemens, etc. Au reste son but était de se rencontrer avec les secrets de la nature, qui, lorsqu'elle allonge, ou accourcit, ou grossit, ou renfle, le fait graduellement et non par places seulement. Si l'on marque quelques points blancs sur un morceau de gomme élastique qu'on allonge, on aura une idée de ce que nous voulons faire sentir ici pour l'intelligence de cette question très-importante. Passons au moyen indispensable aussi de briser les lignes.

Changer la direction d'une ligne, ou briser quelques parties d'une ligne.

La ligne AA (fig. 86) est indiquée ici comme devant être brisée à sa partie inférieure, pour être dirigée autrement, c'est-à-dire, tel que l'offre la figure 87. Nous n'entrerons point ici dans l'explication de ce procédé très-simple, l'application de cette opération devant être faite, à l'égard de la tête humaine, à la fin du chapitre suivant.

Paul Lomazzo, dans son 29e chap. du premier livre, après avoir parlé d'un moyen de varier proportionnellement analogue à celui d'Albert-Durer, et qu'il appelle *le triangle*, ajoute : « Quant à ceux qui voudraient comprendre plus en détail les questions de proportions et de » variations, ils n'ont qu'à consulter les dessins faits de la » main de Léonard de Vinci, de Bramante, de Vincenzo-» Foppa et de Bernardo Zénale; et quant aux dessins » gravés et imprimés, ceux d'Albert-Durer, de Hisibil-

» Peum et d'autres, et même, ajoute-t-il, dans les miens » propres, où j'ai tâché de me conformer aux proportions » adoptées par les plus habiles artistes. »

Ce chapitre 29 de Paul Lomazzo, commence ainsi : « Les Grecs retrouvèrent, à l'exemple des plus anciens, » la vraie proportion de la beauté et de la grâce, et la » donnèrent dans le Miroir triangulaire à Vénus, déesse » du beau. Mais laissant là ce Miroir triangulaire, démon» trons le beau par le triangle isocèle.... »

L'histoire de ce Miroir triangulaire doit exciter notre curiosité. Paul Lomazzo n'indique jamais le titre ou le chapitre des ouvrages où il puise ses réflexions, en sorte qu'on est tenté quelquefois d'accuser cet auteur d'inexactitude ou de légèreté. Cependant il est possible que les anciens aient imaginé un miroir dans lequel les objets semblaient s'altérer proportionnellement, de même que nous en avons qui altèrent et qui déforment sans proportion par l'effet de leur propre irrégularité. Les artistes consultaient peut-être ces anamorphoses résultant des surfaces de miroirs d'acier façonnés à cet effet, et ils adoptaient les changemens proportionnels qu'ils croyaient être conformes à la beauté. Il est bien à regretter que tous ces antiques procédés pratiques et ces questions sur les proportions ne nous soient parvenus que par des indications aussi vagues. J'ai cru devoir mettre au moins sur la voie les amis de l'art, en recueillant ici ces indications.

Exemples de quelques changemens proportionnels obtenus sur des solides réguliers.

Voici des exemples suffisans, pour donner une idée de l'application des pratiques précédentes. Les vases (fig. 88

et 91) étaient à modifier. Le vase 91 a été allongé (voy. la fig. 92), et il a été accourci (voy. la fig. 93). Le vase 88 a subi les mêmes altérations. Mais dans cet exemple on a réduit à la même hauteur que l'original les deux changemens. Voyez les figures 89 et 90.

Ces exemples sont la source d'une démonstration fondamentale relative au dessin, car ils prouvent que proportionnel et naturel sont la même chose ; ils prouvent que la nature dans son décroissement ou son accroissement, ou bien dans l'augmentation ou la diminution qu'elle opère sur les êtres organisés, décroît ou accroît proportionnellement. Ses variétés sont donc conservatrices, pour ainsi dire, des proportions originelles ou de l'unité, bien que le caractère individuel ou le résultat accidentel en diffère. Quand on a grossi ou aminci un vase, et qu'on regarde un modèle herculéen et un modèle svelte, on comprend que toutes leurs parties doivent appartenir à l'unité du caractère dominant et concorder proportionnellement, en sorte qu'un cou long et des épaules basses sont monstrueuses sur un Hercule, de même que des épaules hautes et carrées et un cou court et épais sont des difformités insoutenables par leur fausseté et leur invraisemblance sur une figure svelte. Cette question est un beau sujet de méditation pour les artistes architectes, sculpteurs, peintres ou simples dessinateurs ; elle prouve aussi que le canon de l'homme, en tant qu'homme, est nécessaire et indispensable, puisque, quelle que soit la variété ou le changement obtenu, la figure doit toujours offrir l'unité dans l'espèce ou offrir l'espèce complète de l'homme.

CHAPITRE 232.

APPLICATION DES MOYENS PRÉCÉDENS A L'EMBELLISSEMENT DES PROPORTIONS ET DES FORMES DU CORPS HUMAIN. — EXEMPLE DE CHANGEMENS OBTENUS SUR UNE TÊTE.

L'ARCHÉTYPE, nous l'avons déjà dit, doit être exécuté provisoirement droit et sans action. Cet archétype, comparé au canon général, duquel il ne doit point trop différer, doit s'en distinguer néanmoins par les caractères nécessaires pour exprimer la figure voulue dans le tableau, et il doit, comparé à l'individu, être plus complet que lui dans ce caractère demandé. Ainsi il faut que le peintre ait sous les yeux le dessin de trois figures posées dans l'état droit : 1° l'individu, 2° le canon général, et 3° l'archétype. Je suppose donc ces trois figures placées l'une à côté de l'autre sur une grande toile, la figure canon étant au milieu. Il deviendra facile par ces trois comparaisons de reconnaître et les parties bonnes à conserver dans l'individu modèle, et celles qu'il faut corriger; de reconnaître dans le dessin provisoire de l'archétype les écarts résultant, soit de l'imagination, soit des incorrections, soit des exagérations. Quelle étude précieuse et attrayante! Quel soulagement! Quelle différence entre un pareil procédé et ce cahos où l'on se débat en confondant le sentiment, le perspectif, le géométrique et les souvenirs!

Il n'est guère raisonnable de supposer que l'individu modèle sera choisi très-disproportionné, et qu'on sera obligé de lui faire subir des changemens aussi considérables que ceux qu'Albert-Durer a cru devoir imaginer pour rendre sensible sa doctrine. Je suppose au contraire le modèle individu défectueux seulement en quelques parties, mais à un faible degré. Ainsi, voici les cas généraux et extrêmes auxquels peuvent se rapporter les imperfections de l'individu. Il peut être trop gros, c'est-à-dire, trop court; trop long, c'est-à-dire, trop mince; trop large du haut et trop mince du bas; trop mince du haut et trop large du bas; trop large ou trop étroit du centre; trop long ou trop court dans sa moitié supérieure; trop long ou trop court dans sa moitié inférieure, etc. De plus, il peut arriver qu'une partie ne soit pas égale et semblable à celle qui lui correspond, etc., et les parties peuvent offrir chacune un des défauts ici énoncés. Or, à l'aide du triangle correcteur, on peut obtenir tous les changemens ou toutes les améliorations nécessaires. L'essentiel est de bien comprendre et de bien poser la question. Car il ne faudrait pas décider qu'un individu offre la moitié supérieure du torse trop longue, lorsque c'est la moitié inférieure qui est trop courte; il ne faut pas décider que les hanches sont trop larges, lorsque cet effet ou cette illusion provient du manque de largeur de la poitrine. Le canon est donc là pour faire reconnaître les véritables défauts géométriques de l'individu, et l'archétype est dans l'imagination pour que l'on y conforme la figure archétype droite et provisoirement tracée sans action.

Pour donner mieux l'idée de cette théorie pratique, on a indiqué par quelques traits (fig. 94, 95 et 96), les trois figures dont nous venons de parler. Le canon général est au milieu (fig. 94), l'archétype cherché est celui d'Hercule (fig. 95), l'individu (fig. 96) est représenté avec les signes relatifs aux opérations de changemens proportionnels par le triangle. Il semble inutile de dire que, si la figure canon est représentée d'une plus grande ou d'une plus petite dimension que l'individu, il faut user des échelles de réduction ou d'augmentation, et, à chaque mesure qu'on prend, la réduire ou l'augmenter sur cette échelle avant de porter cette mesure sur la figure archétype.

Une observation importante doit être exposée ici. Si on rétrécit proportionnellement le rectangle (fig. 98), d'après le rectangle (fig. 97), en conservant les divisions horizontales *st* et *pq*, il arrivera que le rectangle *abts* ne sera plus en rapport proportionnel avec le rectangle *defg* (fig. 97); il faut donc, pour rétablir ces rapports, monter ligne *ts* en *hi* (fig. 99), ce qui remettra la partie *klih* en rapport de largeur et de longueur avec la partie *defg* de la figure 97. Remarquons que la longueur *mg* (fig. 97) est plus petite que dans la figure 99, mais qu'elle ne sort point des rapports pour cela, car ce changement est conforme au procédé de la nature. La figure 99 rétrécie est donc dans les rapports de la figure 97 et en conserve la forme. Un exemple analogue est offert par les deux figures 100 et 100 *bis*.

Maintenant appliquons cette observation à la figure humaine.

Si on allonge la figure 101 proportionnellement selon la figure 101 *bis*, le bas de la mamelle se trouvera marqué en *c*. Mais comme dans la nature les épaules sont toujours plus larges que la distance qui règne depuis les épaules jusqu'au bas des mamelles, il faut remonter cette partie, afin d'ailleurs que l'épaisseur ou distance des aisselles à l'épaule ne soit pas disproportionnée. C'est ainsi que la nature ne fait jamais long ce qu'elle a voulu rendre large, et cela, bien qu'elle manifeste toujours certaines exceptions dans les proportions individuelles, exceptions néanmoins qui ont lieu dans le même caractère.

Remarquons que dans ces exemples on a supposé, pour être mieux compris, des changemens extrêmes qu'on est très-rarement obligé de faire. Au reste, la figure canon est là, on l'imagine aisément, pour guider l'artiste dans ces réformes, et pour le ramener au naturel dans les modifications ou changemens quelconques qu'il opère à l'aide du triangle correcteur, lequel donne des mesures toujours proportionnelles.

Certes ces questions toutes nouvelles pour nos artistes sont bien faites pour les intéresser; mais je dois leur faire entrevoir plus encore. J'ajouterai donc que, par les moyens qui viennent d'être exposés, on peut caractériser les proportions de tous les âges qui séparent l'enfance de l'homme fait. Si donc la forme ou les proportions demandées sont celles de l'enfant qui a atteint, par exemple, l'âge de dix ans, comme dix est le tiers de trente, et qu'à trente ans l'homme est parfait dans son espèce; il ne s'agit que de modifier les formes d'un enfant de deux ans sur celle de l'homme de trente, en prenant le tiers pour proportion; ainsi, en augmentant d'un tiers ce qui est trop court dans le canon de l'enfant par rapport au canon de l'homme, ou en diminuant d'un tiers ce qui est trop gros, on obtiendra ce résultat, sauf la différence insensible qui résulte de deux ans, âge au-dessous duquel on ne peut guère mesurer un enfant.

Exemple de changemens proportionnels propres à l'embellissement d'une tête.

Le profil (fig. 102) est l'individu, le profil (fig. 103) est la copie embellie. La première opération nécessaire consiste à s'assurer des défectuosités de l'individu par rapport au canon. Ainsi, en tirant des horizontales en A, B, C, D, E, qui divisent la hauteur de la tête en quatre parties, on reconnaîtra combien les divisions de l'individu diffèrent des divisions du canon : et c'est au jugement et au savoir de l'artiste à déterminer jusqu'à quel degré on doit laisser subsister ces défectuosités caractéristiques de l'individu. Quant aux largeurs, en traçant sur la tête individuelle les mêmes carreaux ou divisions que sur la tête canon, on saura au juste de combien s'éloigne de la régularité en ce point cette même tête de l'individu. Occupons-nous donc de l'embellissement proportionnel de quelques parties, et observons, par exemple, le nez.

Après avoir arrêté le degré d'allongement que l'on a cru convenable et qui a fait descendre le point B de la tête individuelle en B sur la tête embellie, il s'agit de répéter la forme caractéristique du nez de l'individu, tout en se conformant à ce nouvel allongement ou embellissement. Or, ainsi que nous l'avons vu, c'est à l'aide du triangle correcteur qu'on obtiendra cet embellissement, de même que les autres analogues. Les points qu'on a cru nécessaire de choisir sur le nez sont marqués dans l'une et l'autre figure ; on a tracé aussi quelques-unes des lignes qui indiquent l'opération.

La bouche et le menton sont représentés ici avec le triangle correcteur complètement exprimé ; cette figure servira à faire comprendre les corrections faites au nez, au front, etc. Ce triangle *abc* indique par son ouverture *bc* et par la ligne *bc*, la hauteur ou grandeur de cette division inférieure de la tête individuelle : mais la ligne *de* indique la hauteur diminuée et telle qu'on l'adopte ici (fig. 103) pour l'embellissement. C'est sur cette ligne *de* que se trouvent reportés les points du menton et de la lèvre, points à corriger et donnés par la ligne *bc*. Ces nouveaux points de la ligne *de* sont donc ceux qu'on emploiera pour former le menton et la lèvre du profil embelli.

Cependant, comme il convenait non-seulement de diminuer ce menton et cette lèvre (la mâchoire supérieure a reçu aussi sa modification particulière), mais de leur donner une direction moins projetée du bas en avant, afin de détruire la laideur d'un profil concave, on a brisé les lignes verticales exprimant les divisions de largeur, et ce brisement commence sous le nez. C'est sur cette ligne ou sur ces lignes parallèles ainsi reculées qu'on placera le menton et la lèvre, modifiés d'ailleurs quant aux hauteurs, ainsi que nous venons de le voir.

Ce brisement de lignes, opération qu'on a seulement indiquée au chap. 231, pag. 113, est si facile à comprendre que la vue seule de la figure explicative suffit et dispense de tout raisonnement à ce sujet. On conçoit donc que le grand pli de la joue près du nez suivrait cette nouvelle direction, s'il existait sèchement marqué, comme cela a lieu chez les vieillards, et que tous les autres points ou formes ou signes se déplaceraient ainsi en arrière proportionnellement, ou, pour mieux dire, se replaceraient dans l'ordre de la nature et de la beauté. Aussi ai-je dit que la ressemblance d'une tête ainsi embellie, était plus grande que le calque même pris sur l'individu. Ce n'est pas sur les figures gravées ici et destinées seulement à des démonstrations, qu'on peut retrouver cette nouvelle et plus grande ressemblance dont je parle; l'observateur pénétrant saura néanmoins l'y entrevoir.

On remarquera de plus qu'on a soutenu en saillie la ligne du nez vers les os du nez, ce qui semble atténuer la bosse frontale. Quelques points pris sur le front ont de même été déplacés proportionnellement, non-seulement quant à la hauteur, mais quant à leur distance de la ligne verticale marquée ici par deux étoiles et servant de comparaison.

Pour peu qu'un élève ait le sentiment de la géométrie, il saisira ces leçons, et produira de lui-même mille applications pleines d'attraits de ce principe si nécessaire et si fécond.

CHAPITRE 233.

COMMENT ON PEUT MESURER LES STATUES ANTIQUES.

Ce qu'il faudrait faire avant tout, pour mesurer une statue antique, ce serait de mesurer toute sa hauteur. Pour cela, il faudrait la redresser, c'est-à-dire, tenir compte des courbes ou des raccourcissemens que produisent ces divers mouvemens. Les opérations nécessaires pour cela sont assez délicates. Aussi est-il fort douteux que Gérard-Audran, par exemple, ou autres, aient redressé exactement les antiques dont ils nous donnent les prétendues mesures. Au surplus, la représentation que Gérard-Audran donne de ces statues est autant perspective que géométrale, et on ne sait trop à quoi s'en tenir, quand on veut, le compas à la main, étudier son travail.

On a imaginé de prendre pour mesure des antiques leur nez ou leur face, contenant, a-t-on dit, trois nez; ou la tête même qui en doit contenir quatre. Mais outre l'inconvénient d'opérer ainsi, inconvénient que j'ai signalé plus haut, chap. 184, outre la rareté des nez antiques, presque tous ayant été mutilés, n'est-il pas à craindre que cette trop petite partie ne serve mal de module ou de règle? Je pense donc qu'il vaudrait mieux prendre une partie plus grande et moins variable; or il y a des os qui doivent être à très-peu de chose près les mêmes dans quelque variété de caractère que soit la figure, en sorte qu'il conviendrait, je crois, d'adopter un de ces os pour mesure. Nous savons, par exemple, que le tibia et l'humérus ont chacun tant de centièmes; si donc nous pouvons avoir sûrement la longueur de l'un ou de l'autre os, nous aurons l'unité ou les centièmes de toute la statue, et par conséquent le moyen de connaître les proportions de toutes ses parties. (Voy. ce qui a été dit sur les mesures des os au chap. 190.)

On ne peut donc prendre pour mesure ni le pied, ni la tête, ni la face; d'abord, parce que fort souvent ces parties manquent dans les statues antiques, et en second lieu, parce que ces parties variant selon les caractères, les proportions, et de plus, selon les mouvemens, elles ne pourraient servir que pour faire une figure exclusivement semblable à l'antique qu'on aurait mesurée. On objectera peut-être que cet os que je prends pour mesure fixe, est cependant susceptible de variété; que d'ailleurs, comme il n'est pas à découvert, on peut se tromper sur son commencement et sa fin. J'admets ces objections; mais je n'en propose pas moins ce moyen aux artistes ingénieux et corrects qui savent tenir compte de quelques exceptions, et qui peuvent au surplus prendre pour mesure l'os le plus convenable. On conçoit combien je grossirais cet ouvrage, si je plaçais ici des études faites de cette manière sur les antiques, en les redressant et en les enlignant à côté l'une de l'autre sur une seule ligne, afin d'en comparer le géométrique. Je laisse aux élèves studieux à faire ces belles et attrayantes études, et je suis persuadé que ceux qui auront compris les chapitres précédens auront le désir ardent de multiplier ces expériences.

CHAPITRE 234.

DE LA JUSTESSE D'OPÉRATIONS LINÉAIRES NÉCESSAIRES A LA JUSTESSE DE REPRÉSENTATION DES OBJETS SUR LE TABLEAU.

Il serait superflu de rassembler ici beaucoup de raisonnemens, pour prouver la nécessité d'opérer juste en fait de contours, de délinéations ou de dessin. Le dessin ou la graphie étant un langage, il doit être correct, juste et absolument conforme à l'idée ou au sujet qu'il est chargé de présenter. Or, comme l'idée de justesse de délinéation ne se sépare guère dans l'esprit de l'idée de perspective, je dois placer ici quelques réflexions sur l'importance et la nécessité de connaître la perspective, ou, autrement dit, les règles nécessaires pour opérer juste en fait de dessin, considéré ici comme représentation seulement, et non sous le rapport du choix ou du beau.

Si les peintres avaient toujours compris que l'art de la perspective est l'art d'être juste dans toutes les opérations relatives à la représentation des objets qu'ils veulent imiter; que de plus elle est l'art d'être juste dans l'expression de la mesure réelle et apparente des tons et des teintes, ainsi que dans la touche ou le pinceau, ils n'eussent pas été quelquefois incertains sur l'obligation de posséder cette science. Or toute cette étendue a été donnée par la plupart des écrivains à la perspective; mais, comme tous les peintres n'ont pas aperçu cette étendue, il en est résulté qu'ils n'ont pas compris le sens des paroles de tant de maîtres du 15e siècle, qui annonçaient que la perspective est un guide sans lequel on ne saurait faire aucun pas dans la carrière de la peinture.

Il suffisait pourtant de reconnaître que le dessin est une science qui a des règles, et que, si l'on dessine si souvent à vue d'œil, tout de sentiment et à tâtons, c'est ou pour expédier l'ouvrage, ou parce qu'on n'est pas accoutumé à procéder par principes, ou bien parce qu'on ignore même ces principes, ou encore parce qu'on les possède tout à fait, ou enfin même parce qu'on croit qu'ils ne sauraient exister. Il suffirait donc que le peintre reconnût ces vérités pour être convaincu que l'art de dessiner étant lui-même l'art de la perspective, il lui est de toute nécessité de posséder cette théorie et ces pratiques de la perspective. Mais pourquoi redoute-t-il même le plus souvent ces règles, quand il reconnaît qu'elles existent? C'est qu'il n'a aucune idée de la science qu'elles composent; c'est que ces règles lui paraissent inintelligibles; c'est enfin qu'il les croit si difficiles à comprendre, qu'il se résout à dessiner tout à vue, par approximation, et sans régulateur assuré.

Aussi on aurait beau répéter aux peintres que l'étude de la perspective leur est indispensable; on aurait beau leur dire avec chaleur, comme Paul Lomazzo, plutôt mourir que d'ignorer la perspective : toutes ces déclamations seraient vaines, si on ne leur a pas fait comprendre avant tout clairement et naïvement la définition et les élémens simples de cette science, et si on ne leur a pas donné au prime abord une idée de ses moyens et de sa fin. Or, tant qu'on manquera de théories bien faites sur cet art, peu importera aux peintres que tous les écrivains savans se soient expliqués unanimement sur l'importance et la nécessité de cette science; peu leur importera que Léonard de Vinci l'ait appelée le timon de la peinture, et qu'il ait ajouté : « Cette science sert de base à cet art, » elle lui fournit les règles les plus importantes, et à elle » seule elle est la raison universelle du dessin, raison sans » laquelle on ne saurait réussir en aucune chose dans la » peinture. » Hagedorn a dit aussi que la perspective rend autant de service au peintre que la boussole au pilote. Toutes ces vérités seront, je le redis, sans fruit pour l'artiste, si elles ne sont pas rendues sensibles par un traité clair et facile. Aussi Abraham Bosse, à propos de perspective, justifie-t-il les peintres, en disant qu'il y aurait eu à s'émerveiller, s'ils eussent eu le courage d'apprendre cette science, vu l'imperfection des écrits qui en traitent.

Je dis donc qu'il faut comprendre ce que c'est que la perspective, pour en faire le cas qu'il convient, et que tant qu'elle sera mal exposée, mal démontrée, tant qu'on en rendra la pratique difficile et que cette science sera par conséquent mal saisie, les peintres ne se persuaderont jamais qu'elle est pour eux ce que sont pour l'écrivain la grammaire et l'orthographe ; qu'elle est le seul moyen d'exprimer et de représenter facilement et avec justesse; qu'elle s'applique non-seulement aux objets réguliers, mais bien à la figure humaine; qu'étant un langage, plus on sait ce langage, plus on s'exprime avec clarté, avec précision, force et génie; que Raphaël, Léonard de Vinci, Poussin, Claude-Lorrain et tant d'habiles peintres hollandais et flamands lui doivent la moitié de leurs succès; et qu'enfin, sans sa direction, on ne peut donner presque aucun coup de pinceau. Mais, pour toucher davantage les élèves, je leur dirai de plus une nouvelle vérité : c'est que sans les secours tout-puissans de la perspective, telle qu'elle est proposée dans ce traité, il n'y a pour le peintre ni gloire assurée, ni bonheur à espérer dans l'exercice de son art, tous les célèbres peintres ayant d'ailleurs connu et pratiqué en secret des moyens analogues.

Des ignorans ont osé signaler des erreurs dans la perspective, mais c'est qu'ils n'en avaient qu'une fausse idée; autant vaudrait chercher des erreurs ou des piéges dans la vertu. Mais finissons par citer les deux hommes qui, parmi les modernes, ont le mieux connu la perspective et en ont le plus savamment écrit, je veux dire Desargues et Abraham Bosse. Ils s'expriment bien autrement que ces gens-là, car ils disent qu'une peinture exécutée selon toutes les règles de la perspective, doit faire par rapport l'œil le même effet absolument que ferait l'objet lui-même s'il était présent, en sorte que le spectateur, en regardant la représentation croit voir l'objet original. Bosse dans ses livres répète plusieurs fois en différens termes que la représentation faite perspectivement d'un objet doit laisser le spectateur embarrassé de distinguer la représentation de l'objet d'avec l'objet lui-même, et qu'elle doit faire croire au regardant qu'il voit toujours l'objet naturel, quoique ce soit une représentation qu'on a interposée entre son œil et cet objet.

Au surplus, en supposant que les élèves croient de bonne foi à l'importance et à l'étendue de cette science, la manière dont, je le répète, elle a été jusqu'ici exposée dans les livres, est faite pour rebuter les plus ardens, et il suffit qu'un commençant ait aperçu une seule fois la méthode compliquée dont usent la plupart des peintres, pour qu'il se figure au mot seul de perspective une foule d'opérations embarrassantes et difficiles, une étude enfin qui ne sympathise pas avec le caractère impatient de la jeunesse entraînée par l'imagination. Ce préjugé provient donc des mauvaises définitions qu'on a données de la perspective; il provient aussi de la méthode des écrivains qui, ayant trop souvent opéré pour des géomètres ou seulement en géomètres, n'ont réellement pas servi l'art de la peinture, mais bien l'art de la géométrie. Il en est résulté que, dans les livres sur la perspective des peintres, cette étude n'ayant point été assez dégagée des questions sévères de la haute géométrie et des mathématiques, elle a dû être envisagée par les artistes comme étant une science étrangère surajoutée au dessin, et comme nécessitant, pour être bien comprise, des dispositions d'esprit rares et particulières. De plus, la perspective écrite n'a jamais été considérée sous le rapport de la beauté de la peinture et par conséquent du plaisir de la vue, et il en est résulté que des critiques ont prévenu les peintres qu'ils devaient se méfier d'une science qui quelquefois s'accordait peu avec cette grâce et ce charme auxquels il est si nécessaire d'atteindre. Depiles, en voulant interpréter le poème de Dufresnoy, dans lequel il croit trouver ce même conseil, dit positivement que la plupart de ceux qui savent la perspective, voulant la pratiquer trop régulièrement, font bien souvent des choses qui choquent la vue, quoiqu'elles soient dans les règles. On peut donc, ajoute-t-il, établir, pour ainsi dire, des règles de bienséance, quand l'occasion s'en présente. C'est comme si l'on disait aux peintres : vous avez tous besoin de la perspective, mais vous ne devez pas vous en servir; elle vous est indispensable, mais vous ne devez pas la suivre; elle est d'un secours continuel, mais méfiez-vous-en souvent. Or la cause de tous ces malentendus vient, nous le répétons, de l'ignorance où l'on est de ce qu'on doit entendre par perspective : aussi Bosse n'a pas pardonné à Depiles et à Dufresnoy cette critique.

Une prévention aussi fâcheuse doit donc être entièrement détruite, et tous les élèves doivent savoir d'avance que la perspective du peintre ne s'opère que par des moyens très-simples, pour arriver à des résultats certains; qu'elle n'est point une science abstraite inséparable des hautes mathématiques; enfin qu'il ne faut pour la connaître et la bien pratiquer qu'un degré ordinaire d'intelligence et d'exercice.

Abraham Bosse écrivait : « Lorsque la plupart des peintres entendent prononcer ces mots de géométrie pratique, et moyens de prendre les plans géométraux des

» objets et leur élévation, tant des accessibles que des » inaccessibles, ils se figurent que ce sont de hauts mys- » tères, sans songer que plusieurs charpentiers, maçons » et menuisiers en savent la plus grande partie. »

Il me faut dire aussi deux mots sur une des causes de cette prévention ou du dégoût des élèves pour l'étude des livres de perspective, tels qu'on les a faits jusqu'ici, c'est que presque jamais les auteurs ne tiennent compte du bel aspect ni de la vision facile, en sorte que leur résultat perspectif, tout correct qu'il peut être, est désagréable et produit des invraisemblances par le choix qu'ils font d'un point de vue trop près ou trop haut. Par là ils ont dégoûté les peintres qui tous aspirent ou doivent aspirer à ce qui plaît et à ce qui est beau. Ils ont donc manqué le but et ont oublié qu'ils écrivaient pour servir un art noble et libéral dans lequel l'exactitude doit toujours être accompagnée de cette clarté, de cette facilité, de cette unité de perception, et de cette beauté enfin sans laquelle la science ne procure que des résultats incomplets. Finissons par une observation sur la puissance de la perspective.

La puissance de la perspective est si étendue, qu'on peut la dire indéfinie; car, si le dessinateur veut pousser très-loin l'emploi de tous les moyens de la perspective (moyens qui à la vérité n'ont point été donnés jusqu'ici dans les livres), il parviendra à imiter, outre l'apparence linéaire des principaux objets, l'apparence aussi des plus petits détails ou des plus petites formes des objets quelque composées qu'elles soient, ainsi qu'en offre la figure humaine, que jusqu'ici on a cru impossible de soumettre à la perspective; de même aussi il parviendra, à l'aide de la perspective, à répéter exactement l'apparence des tons et des teintes les plus délicates. Mais, comme les opérations nécessaires à cette recherche de tous les points géométraux ou perspectifs donnés par les plus petits contours, et à la recherche de tous les tons les plus délicats, sont multipliées, fastidieuses pour quelques-uns, et peut-être trop minutieuses pour être constamment praticables par les artistes peu sévères, il arrive trop souvent que l'artiste s'abandonne et s'en rapporte au seul sentiment de la vue dans l'imitation de ces petites parties composées elles-mêmes, mais très-mesurables perspectivement. La puissance de la perspective s'étend donc jusqu'à la représentation des plus petites finesses de la nature; et, lorsque le peintre bien instruit de la perspective et en connaissant d'avance les effets, néglige de poursuivre le compas à la main ces mesures délicates, il en résulte peut-être un avantage. En effet, le sentiment, guidé par la force de la géométrie, ajoute quelquefois à l'imitation plus de vraisemblance, plus de caractère et d'expression que n'en donnerait le seul moyen purement matériel des lignes perspectives obtenues au compas, mais dénuées de toute espèce de langage de sentiment. Nous parlerons au long et en particulier de cette faculté ou de ce moyen auxiliaire qu'on appelle sentiment des plans ou sentiment de perspective. (Voy. le chap. 306.)

CHAPITRE 235.

CONSIDÉRATIONS SUR LA NÉCESSITÉ DE PROCÉDER EN PEINTURE SELON LES RÈGLES DU DESSIN ET D'OPÉRER NON A VUE SEULEMENT, MAIS LE COMPAS A LA MAIN ET A L'AIDE DE LA GÉOMÉTRIE, EN DISTINGUANT LE GÉOMÉTRAL DU PERSPECTIF.

La première idée qui doit être mise en avant sur cette importante question, c'est que, pour représenter avec justesse les objets en peinture, il faut avoir une connaissance nette de leurs mesures, de leur construction ou forme, de leur position et de leur situation. Ainsi, savoir isoler l'objet de son fond, l'en bien détacher par l'artifice du coloris, ce n'est pas exprimer l'objet, c'est seulement faire fuir le fond sur lequel il apparaît; mais exprimer l'objet, c'est donner l'idée de ce qu'il est; or, pour donner cette idée, il faut la posséder soi-même. Ce n'est donc pas tout de regarder d'un point unique un objet pour réussir à le répéter graphiquement, car dans ce cas un instrument, tel qu'une vitre couverte de carreaux linéaires et semblables aux carreaux tracés sur la toile ou tableau, suffirait; or on sait que cela ne suffit pas. Ce n'est pas tout de tenter de modeler des petites figures, afin d'en répéter la vision à l'aide de ces carreaux, car il faudrait supposer que ces figurines fussent excellemment modelées ou construites d'après nature, et c'est précisément cette construction ou ce modelé des figures qui fait la difficulté de l'art et l'excellence que nous cherchons ici. Il faut donc obtenir avant tout la connaissance positive des objets qu'on aura choisis, selon le vrai, le vraisemblable et selon la convenance; il faut les mesurer, faire la graphie de ces mesures, construire enfin graphiquement ces objets et les posséder, pour ainsi dire, tels qu'ils sont, pour ensuite les faire voir sur le tableau tels qu'ils paraissent, en choisissant toutefois l'aspect le plus favorable lui-même.

On peut dire de suite ici que les peintres qui se servent de la routine ordinaire en dessinant à vue, ne représentent qu'à tâtons leurs figures, puisque leurs essais, qui sont des visions perspectives des corps qu'ils n'ont ni connus ni mesurés, étant eux-mêmes plus ou moins incorrects, ne les mettent pas dans la possibilité de juger si les corps ainsi représentés sont conformés convenablement dans cette imitation. Et, pour me rendre intelligible, je comparerai ici le peintre au sculpteur : ce dernier peut juger directement si sa figure est de telle ou telle façon ou construction, parce que ce n'est pas son aspect seul ou la vision perspective seule qui lui sert à la juger, mais bien la réalité et la figure sculptée elle-même qu'il peut toucher, remesurer au compas et autour de laquelle il peut tourner à volonté. Mais le peintre, en procédant par la routine ordinaire et en dessinant à vue seulement, ne peut juger sa figure que d'après le seul aspect graphique qu'il a tracé; or, si l'imitation sous cet aspect est fausse, ou par la perspective, ou par l'effet des mauvaises proportions, comment saura-t-il juger de la valeur de l'image ou de la fiction? N'arrivera-t-il pas qu'il attribuera souvent au vice de construction, de forme ou de proportion, ce qui est un vice de perspective; et à un vice de délinéation ou de perspective, ce qui est un vice de construction, de dimension ou de formes ?

Il me semble que je viens d'amener le lecteur à comprendre aisément que, si le peintre, pour juger de la bonté d'une figure dans son tableau, avait pour moyen la connaissance positive et certaine de la construction, des proportions et du caractère géométrique des formes de cette figure réelle qu'il a tenté d'imiter, au lieu de n'avoir pour moyen qu'une représentation douteuse et faite à vue, il parviendrait plus sûrement à ses fins, qui sont de déterminer si cette figure est bonne et convient telle qu'il l'a adoptée, et à déterminer si cette représentation est exacte et conforme à la nature.

Ainsi, pour connaître en peintre les objets naturels, je veux dire pour en posséder la connaissance, il ne suffit pas de les regarder en tous sens ou d'en prendre seulement quelques faces perspectivement et à vue; il ne suffit pas d'avoir en relief cet objet à sa disposition : mais connaître cet objet en peintre, c'est pouvoir le construire graphiquement selon son état géométrique; c'est avoir à sa disposition cette construction ou collective ou par pièces; c'est créer et composer cet objet, le modifier, le poser, le situer à volonté, le posséder enfin et en être entièrement le maître, car alors seulement le peintre pourra dire qu'il fait voir perspectivement dans ses tableaux les objets, et qu'il nous en offre une apparence exacte dans ses imitations.

Ce serait un bien faux raisonnement que celui d'un peintre qui dirait que sa représentation perspective sur le tableau est la seule naturelle, mais que les représentations géométrales qu'il doit faire provisoirement et comme moyens préparatoires, ne le sont pas : ce sont au contraire les représentations géométriques et géométrales seules qui sont essentiellement naturelles. Rien de plus naturel en effet que les dessins ou représentations qui donnent ces mesures mêmes des objets ; rien de plus naturel que l'élévation géométrale, ainsi qu'on l'appelle en architecture, puisqu'elle est la mesure des distances réelles des points de hauteur et de largeur d'une des faces de l'objet, soit externes, soit internes, et puisqu'on joint ordinairement à cette élévation, outre le profil ou la coupe, le plan offrant les mesures des enfoncemens ou profondeurs réelles prises sur l'objet, tandis que le dessin perspectif du peintre est une altération du géométral, altération qui est l'effet de la vision par lignes convergentes à l'œil. La représentation perspective est donc en quelque sorte moins naturelle, puisqu'elle n'offre que l'apparence de la mesure, et non la mesure elle-même ; aussi arrive-t-il souvent, quand on dessine à vue et sans règle, que ce l'on voit, empêche de représenter avec justesse ce qui est, en sorte que l'on ne donne pas l'idée de la chose, mais bien un aspect faux ou équivoque d'une autre chose. Mille preuves peuvent convaincre que notre faculté de percevoir perspectivement nous trompe à chaque instant dans l'étude que nous voulons faire des mesures véritables des objets. Mais, pour ne donner ici qu'une preuve offerte par une comparaison familière, nous dirons qu'il n'y a presque personne capable de tirer au crayon et sans règle une ligne parallèle au bord d'une feuille de papier, si cette feuille a seulement sept à huit pouces de long, et si la distance de la parallèle au bord est seulement de deux pouces. Cette difficulté provient du raccourcissement optique ou perspectif, en sorte qu'il faut, pour être moins déçu, se placer à plomb sur le papier, et que, pour opérer juste, il faut absolument se servir d'une règle et d'un compas. En général tous nos sens sont plus ou moins trompeurs, et les oppositions, soit des lignes, soit des couleurs, nous jettent dans de grandes erreurs, quand nous n'avons pas de régulateur ou de moyens certains pour juger et connaître la réalité.

C'est donc le géométrique qui est la chose, qui est le sujet, qui est la nature enfin ; c'est donc l'opération du dessin géométral qui est la première opération, celle qu'on peut aisément produire à l'aide du compas et de la règle, celle enfin qui ne diffère du perspectif ou, pour mieux dire, du scénographique, que par quelques déplacemens peu considérables de certains points, en sorte que ceux qui dessinent le mieux à vue sont ceux qui connaissent le mieux l'objet qu'ils veulent imiter, et qui connaissent le mieux par théorie les altérations visuelles et perspectives qui constituent son apparence.

Tous ces raisonnemens seraient des lieux communs, si nous avions des écoles, des institutions, et si nos livres étaient, comme dans l'antiquité, un dépôt sacré de préceptes et de dogmes, dépôt ou recueil fait pour des professeurs ; mais aujourd'hui il faut, ainsi que je l'ai dit, refaire la doctrine des arts à force de raisonnemens qui peut-être persuaderont quelques lecteurs, et les lecteurs persuadés disposeront sans doute avec le tems certains esprits à vouloir des écoles d'art dans lesquelles enfin les rudimens ne s'altérant plus serviront perpétuellement aux écoliers comme aux maîtres, ainsi que cela avait lieu chez les Grecs.

L'idée ou le souvenir que l'on conserve d'un homme, est l'idée d'un homme vu ou géométriquement ou orthographiquement, mais non perspectivement ; c'est ainsi que l'idée que nous avons d'un carrosse, est l'idée d'un carrosse lui-même, et non de l'apparence perspective de ce carrosse, car, bien que nous ayons perçu mille apparences différentes de ce carrosse, ces diverses apparences nous ont échappé, mais l'idée du carrosse nous est restée. Ainsi, quoiqu'un homme vu d'assez loin, pour que le terrein sur lequel il pose soit très-raccourci à l'œil, et pour que ses pieds, dont l'un est plus éloigné que l'autre par rapport au spectateur, semblent être cependant sur la même ligne, quoique cet homme, dis-je, paraisse très-petit à l'œil, l'esprit en conçoit la dimension grande, comme le naturel vu de près ; et l'idée qu'une graphie grande donnerait de cet homme, serait analogue à l'idée que nous avons pu avoir de ce même homme, lorsqu'il nous apparaissait petit. Aussi, plus on regarde de loin une représentation orthographique qui est de grandeur naturelle, plus elle redevient naturelle, bien que l'imitation vue de près semble colossale par rapport à cet aspect orthographique. Aussi, dans les livres qui traitent des proportions, tout est-il géométral et sans perspectif. Dans les images qui sont faites pour les ébénistes, les orfévres, etc., le dessin des meubles et des vases est géométral ou orthographique. La plupart des enseignes offrent des représentations orthographiques de toutes sortes d'objets, et ces images donnent mieux l'idée de l'objet que si le peintre avait voulu adopter un seul point de vue, pour représenter selon ce point de vue perspectif. Rien n'est donc ridicule comme de faire voir sur la façade d'un magasin de poëlier ou de tapissier des peintures placées fort haut, quoiqu'exécutées d'après un point de vue élevé, et représentant des poëles, des fauteuils, etc., qui sont censés vus de bas en haut, et par conséquent en dessous, par les passans. Il eût bien mieux valu les représenter orthographiquement, c'est-à-dire, sans point de vue en dessus ou en dessous. Une preuve que l'orthographique offre plutôt la nature que le perspectif, peut se trouver encore dans l'exemple suivant : approchez-vous fort près d'une figure de sept à huit pieds, vous ne la pourrez juger; reculez-vous fort loin, vous la verrez mieux et vous pourrez la juger quant au tout ensemble.

Si nous voulons tracer sur du papier une idée ou une pose, en ne nous aidant que du souvenir perspectif, il arrivera, si ce souvenir est effacé de notre esprit, comme cela a lieu presque toujours, que la représentation de cette pose rappelera faiblement et fort indirectement la nature. En effet, il eût fallu que ce perspectif fût conservé juste dans la mémoire; mais si, pour tracer cette pose, on en cherche seulement le géométrique, la construction, comme on le ferait avec un petit mannequin de cire, ou si au moins on en cherche la représentation géométrale ou orthographique, on verra que ce souvenir n'est pas évanoui, et on parviendra à le répéter à peu près par ces moyens. Dites à un maçon de vous tracer sur le mur le dessin d'une pierre de taille; il ne s'avisera pas de vous représenter une vue perspective de cette pierre, mais il vous en représentera à sa façon la mesure réelle, et il faudra vous contenter de ce signe, parce qu'il sera suffisant et naturel. Vous eussiez donc eu tort de préférer une représentation à vue et à peu près perspective : cela prouve que le géométrique ou le géométral est beaucoup, qu'il est, pour ainsi dire, tout, et que le scénographique, ou, comme on dit, le perspectif, n'est rien, surtout quand il n'est pas juste ; or, pour l'avoir juste, il faut d'abord posséder la représentation juste du géométrique ou du géométral.

Passons maintenant à quelques autres considérations sur le besoin d'une méthode sûre et infaillible. Il n'est pas de peintre qui ne se souvienne, pour peu qu'il fasse un retour sincère sur lui-même, que toutes les fois qu'il a voulu être très-correct et très-vrai dans son dessin fait à vue, il a éprouvé mille et mille incertitudes graphiques desquelles il a cherché en vain à sortir à l'aide du sentiment. Un peintre qui a voulu obtenir à vue le mouvement juste d'une figure, ainsi que cet aspect un et frappant qui rappelle la nature, a dû éprouver jusqu'à la fin un certain mécontentement qu'il n'a fait jamais cesser par des compensations, et dont la cause a subsisté tant qu'il a eu de la bonne foi et de justes scrupules. Et comment cela eût-il été autrement, puisqu'il n'a opéré qu'à l'aide du sens trompeur de la vue, sans employer le moyen infaillible de la géométrie, et qu'il n'a pas commencé par faire connaissance intime avec les plans, la construction ou les formes réelles du modèle qu'il voulait imiter perspectivement.

Pourquoi, soit dit en passant, les décorations de théâtres, les tableaux de vues intérieures, des édifices ; les panorama, les diorama, etc., et tout ce qu'on appelle en général peintures de perspective, offrent-elles tant de puissance d'imitation et tant d'illusion, quand elles sont exécutées selon les règles, si ce n'est parce que les peintres qui les ont faites se sont assujétis à une méthode infaillible qui leur a permis de mesurer avec exactitude les lignes, les enfoncemens, et de là par approximation les tons et les teintes ? Pourquoi donc ne pas employer de même une méthode infaillible pour représenter avec exactitude les lignes, les enfoncemens, et de là les tons et les teintes de la figure humaine et de tous les autres objets ? Il est évident que, si on ne l'a pas fait jusqu'ici, c'est qu'on n'avait pas trouvé de méthode rendue praticable. Cependant, de ce qu'on n'a pu le faire jusqu'à présent, il ne faut pas affecter d'en conclure que c'est en vain qu'on le cherchera désormais, et qu'il faut se contenter de la routine usitée jusqu'ici.

Il est absurde de penser que les chefs-d'œuvre de Zeuxis, de Polygnote, de Protogène ou d'Apelle aient été exécutés sans les règles infaillibles de la géométrie et de la perspective, et seulement à vue et de sentiment. Il n'y a que l'amour-propre blessé ou l'ignorance complète qui puisse avancer une semblable proposition. Les premiers maîtres du 15e siècle ont aussi employé la géométrie ; mais comment l'ont-ils employée ? Nous l'ignorons, malgré quelques mots d'Albert-Durer, de Léonard de Vinci, de Jean Cousin, qui prouvent incontestablement que de leurs tems on dessinait beaucoup le compas à la main ; et certes ces maîtres connaissaient et représentaient la souplesse et la vie, malgré ces pratiques. Peut-être chacun de ces maîtres en a-t-il agi en ceci à sa façon. Il est étonnant toutefois que leurs secrets soient restés cachés jusqu'ici. Or, que doit-on penser de la peinture des modernes, puisqu'il n'y a point eu d'institutions conservatrices de ces vrais et antiques documens, et que chaque peintre en agit maintenant selon ses yeux et sa routine ? Aujourd'hui le bruit court donc dans le monde que l'on n'est peintre que par le sentiment, et que l'on ne doit imiter la nature que par sentiment, n'y ayant point de règles démontrables pour la représenter et former un dessinateur : c'est avec cette malheureuse prévention qu'on prétend être ou se rendre aussi énergique, aussi vrai que les anciens !

Raphaël, Michel-Ange, Léonard de Vinci, ont mis une grande force dans leur dessin, en ne cherchant que la vérité ; et les parodistes de ces grands peintres, tout en ne cherchant que la force, n'ont obtenu que de la boursouflure et des lazzis insignifians. Pourquoi ? C'est que la force n'est que dans la vérité et non hors de la vérité ; c'est que, pour mieux dire, la force est la vérité elle-même. Or les lignes, les plans des images de Raphaël, de Léonard, étaient justes ou à peu près justes et conformes à la perspective, et par cette justesse relative ils paraissent produire de la force. Cette observation fondamentale s'applique aux sculptures classiques grecques : par exemple, le Thésée colossal du fronton du Parthénon n'est point chargé, il n'est que vrai, et il est plein de puissance et d'énergie. Si cette figure respire, si elle semble l'ouvrage du sentiment et de l'exaltation, c'est parce qu'elle est très-juste, très-naturelle et d'une exactitude indicible de plans ; or il n'est pas prouvé que la peinture ne saurait employer la géométrie à la même fin que la sculpture. Comment donc espérer d'obtenir des résultats aussi grands qu'en ont obtenu ces artistes, si nous n'employons pas d'aussi sûrs moyens qu'eux ? Et comment se flatter que par le seul sentiment que l'amour-propre ne manque pas de supposer vivifiant, chaleureux et exquis, nous pourrons animer et faire respirer nos figures, lorsque tant de beaux génies n'ont animé les leurs qu'à force de justesse et de correction géométrique et perspective? Quelle présomption et quel aveuglement! Faisons donc plus, ou procédons encore mieux que n'ont fait Michel-Ange et Raphaël; faisons comme ont fait les Grecs; ayons à notre disposition et rendons-nous très-familiers les moyens de la géométrie et de la perspective; assurons-nous de l'orthographie des objets; mesurons, compassons, cotons les longueurs, les largeurs, les enfoncemens; faisons le plan géométral de tous les rapports des parties de l'objet, relevons en perspective ces rapports à l'aide d'une échelle de réduction visuelle et sûre, mais n'employons que la vraie perspective artistique qui peut donner l'idée la plus forte, la plus intense, la plus belle de la nature, et non certaines visions particulières plus propres à la décomposer qu'à en exprimer la beauté.

On peut avancer que les anciens peintres modernes ont été plus vrais que ceux qui sont venus depuis Michel-Ange. Pierre-Perrugino, Ghirlandaio et autres de ces tems, en connaissant les formes des objets par leur géométrique et en se rendant bien compte des lignes géométriques de tous les corps qu'ils représentaient, ont mieux établi les bases de l'art de la représentation graphique, que tant de peintres de l'école des Carracci qui n'ont pris qu'à tâtons les lignes perspectives et qui n'ont point assez raisonné sur le géométrique, c'est-à-dire, sur la forme, la construction et l'existence géométrique des objets qu'ils ont voulu représenter. Aussi peut-on ajouter que si ces derniers peintres eussent su faire vrai, ils n'eussent pas cherché une certaine manière, en compensation de leur graphie mensongère, et ils n'eussent pas, avec l'intention de faire beau, commencé par faire faux, sans s'en douter. Aujourd'hui encore on commence par ne pas copier le modèle, tandis qu'il faudrait commencer par l'imiter scrupuleusement sur un carton, pour saisir et conserver au moins provisoirement tout ce qu'il a de bon et de naturel, et même tout ce qu'il a de défectueux, afin de pouvoir le corriger, le modifier ensuite, à l'aide de la nature et de l'art.

Quand je pense qu'au moment où j'écris, mille peintres en Europe sont en présence d'un individu modèle qu'ils ne peuvent pas dessiner, parce qu'ils procèdent mal et parce qu'ils ne se règlent que sur l'impression trompeuse de leur vue, sans avoir pris connaissance du naturel géométrique et sans connaître aucun moyen de mesurer ou de réduire perspectivement; quand je fais cette réflexion, dis-je, je ne suis pas embarrassé de répondre à ceux qui demandent pourquoi les arts se traînent et languissent, et pourquoi on ne voit que si rarement de ces dessinateurs extraordinaires qui illustrent les siècles. Ils existent ces génies et ces hommes capables de merveilleux résultats, mais ils opèrent et procèdent mal dans leur art; ils ont été mal élevés et mal endoctrinés; ils énervent leur génie, à force de tâtonner, de défaire et de refaire; ils s'enfoncent dans un vrai labyrinthe, et n'en sortent que par hasard et après de longs tourmens. Pourquoi la terre produit-elle toujours de beaux fruits dans tous les tems? Parce qu'on la cultive et qu'on l'ensemence bien. Pourquoi la peinture ne produit-elle plus de peintres aussi vifs, aussi forts que ceux qui illustrèrent le 16e siècle? C'est qu'on cultive mal cet art aujourd'hui, car ce fut dans les tems où on l'a bien cultivé, qu'il a produit ces maîtres que nous admirons et dont le savoir est plus admirable qu'eux-mêmes. En effet, s'ils revenaient parmi nous, ils riraient de nous entendre attribuer tous leurs succès à leur génie, et ils auraient pitié de nos misérables moyens.

Du génie et toujours du génie! Vous en aurez, quand vous voudrez, de ce même génie; il ne s'agit que de le chercher par la même route et de vous guider à l'aide des mêmes lumières. La peinture et la sculpture ne seront florissantes que quand les figures qu'elles représentent seront vraies, belles et naturelles. Soyez donc vrais par le dessin : or le dessin ou la perspective c'est la même chose, la perspective ou la représentation c'est la même chose. Apprenez donc à connaître ce que vous voulez imiter, et, pour le connaître, apprenez à le mesurer et à le comparer, sinon vous aurez des figures à la Pierre de Cortone, des fantômes nuls, des images faibles, des peintures sans naturel et sans vie, et l'art tombera avili et anéanti. Il est si vrai que cette qualité est la base de l'expression, que sans elle on ne peut rien exécuter de touchant, de vigoureux ou de gracieux : un grossier à peu près ou des idées heureuses n'en tiennent pas lieu. N'est-ce pas là la cause de ce désespoir des commençans, qui étrangers à la vraie perspective, ne peuvent rien communiquer?

Je puis citer ici un mot bien juste que David disait fréquemment dans son école. « On ne veut plus apprendre la perspective, nous répétait-il, parce qu'on croit » n'avoir plus besoin de rien, quand on a du sentiment. » Mais, de même qu'un instrument discord gâte les oreilles » du musicien, de même des lignes contraires à la perspective et un mauvais trait gâtent les yeux du peintre. »

Ici le lecteur sous-entendra j'espère que, quand je recommande la recherche et la pratique du positif et du géométrique, je suis loin d'exclure le sentiment qui vivifie le langage, le sentiment qui d'ailleurs fait discerner et choisir ce qui convient, ce qui touche, ce qui exprime et ce qui est gracieux. Je prétends au contraire que sans ce sentiment l'ouvrage sera froid quoique correct, inanimé quoique naturel, et c'est d'après cette idée que j'ai fait tous mes efforts pour que la méthode qui va être exposée serve le sentiment, ne le gêne en rien, mais le fortifie toujours, le mette à l'aise enfin, tout en le contenant dans le caractère de la nature et dans les bornes du possible et du convenable. Je ne crois pas que ce soit le moment de m'étendre sur le résultat du sentiment; j'aurai assez d'occasions de démontrer combien il est nécessaire, combien il influe sur les productions des beaux-arts, et combien il est essentiel de ne le jamais paralyser par le technique de l'art (voy. le chap. 306). Contentons-nous donc ici d'une observation. Josué Reynolds dit : « Toutes les fois que » j'ai dessiné de mémoire la figure que je venais de des- » siner d'après nature, mon croquis avait plus de vie, de » mouvement et d'expression que l'étude faite sur le mo- » dèle dessiné immédiatement. » Cette remarque est très-juste, mais elle pourrait être mal interprétée et devenir contradictoire avec le principe qui prescrit la justesse de représentation. En effet, ici Josué Reynolds voulait parler du choix de ce plus et de ce moins dans le mouvement, et de cette force de signification naissant sous le crayon d'un peintre qui a du sentiment. Mais l'élève ne conclura-t-il point de cette observation isolée qu'il ne doit jamais copier exactement le modèle, dans la crainte d'être froid, mais qu'il doit opérer de sentiment et d'inspiration? On aperçoit toute la conséquence d'un pareil système. Je dirai donc que dans la méthode qui va être offerte ici, le peintre est à même non-seulement de choisir en toute liberté, mais que, le modèle et la pose étant une fois choisis et représentés, il peut ensuite modifier, varier, animer enfin et rendre cette pose telle qu'il la conçoit quelquefois du premier jet, mais qu'il ne représente presque jamais avec justesse par un croquis ou une libre indication.

Comment se fait-il qu'on méconnaisse et qu'on ne recherche pas la perspective appliquée à la figure humaine, puisqu'au seul aspect d'un trait justement senti, nous sommes remués, étonnés et transportés ? Écoutez les sculpteurs, qui en général pensent différemment, c'est-à-dire, plus sévèrement que les peintres sur cette question. Presqu'aucun tableau moderne ne les satisfait; ils cherchent les plans, les constructions, les attaches et les mouvemens géométriques des parties, et ils ne trouvent presque toujours que des à peu près si vagues, que des ombres et des lumières fondues et confondues d'une manière si insignifiante, que selon eux l'idée précise des formes et de l'existence des parties ne peut être réveillée par ces spectacles plus ou moins inexacts et incertains.

Voici comment raisonne ordinairement un élève qui n'est pas instruit de ce secret que je cherche à dévoiler ici dans l'intérêt de l'art : si je répète strictement, se dit-il, l'effet que font les objets sur ma rétine, j'obtiendrai une imitation pleine de justesse et de vérité; il ne s'agit que de répéter ces traits optiques avec la plus scrupuleuse recherche. Ce raisonnement est faux : cette prétendue exactitude par le sens de la vue seulement n'est jamais suffisante pour l'art. D'ailleurs la connaissance géométrique des mouvemens du corps humain n'est-elle pas une partie du dessin ? La chaleur et le sentiment nécessaires pour l'expression sont-ils de ces choses qu'on a ou qu'on n'a pas sans que la science y soit pour beaucoup ? Enfin s'agit-il toujours de l'imitation d'un mannequin ou d'un meuble ? Non, ce n'est pas un mannequin qu'il s'agit de bien représenter en perspective, ce sont des figures humaines susceptibles de mille mouvemens divers qu'il faut analyser. On s'étonne de l'effet extraordinaire que produisent sur l'ame les ouvrages de Raphaël, de Léonard de Vinci et des grands dessinateurs du 16e siècle, et on est tenté d'attribuer cet effet à leur génie particulier, à leur façon naturelle de sentir et à des dispositions qu'eux seuls reçurent de la nature : quelle erreur ! Lucas de Leyde, Albert-Durer, le maréchal d'Anvers, Holbein, Classens et tant d'autres peintres du Nord ont donc aussi reçu ce génie particulier ? Non, ils ont connu le secret, c'est-à-dire, ils ont acquis une théorie et une pratique de perspective abandonnées depuis eux, et leurs figures, leurs têtes ayant été dessinées géométralement, puis perspectivement, sont devenues par cela même animées et pleines de vie. Cependant, dira-t-on, il y a certains dessinateurs qui, sans tant de précautions, font parfois vivre des têtes et des figures entières : j'en conviens ; mais il faudra convenir aussi que ces peintres savent la perspective à leur façon, et qu'ils l'ont dans l'esprit par l'effet de certaines méditations sur des questions qui en dépendent. Ces artistes, pénétrés de mille idées sur ce point, sont donc plus justes, plus corrects, plus animés que les autres dans leur dessin. Mais que n'eussent-ils pas fait encore s'ils eussent mieux pratiqué cette véritable perspective ?

Peut-être prenez-vous le change, m'objectera-t-on, et appelez-vous justesse de représentation l'expression linéaire résultant exclusivement des dispositions d'esprit particulières de ces peintres, en sorte que cette vie n'est au fait que le résultat de la justesse dans des idées passablement indiquées. Cette objection se rattache à une question très-importante, mais qu'il ne convient pas de développer ici. Au reste il importe de savoir que ce langage perspectif, que ce dessin qui est appelé juste, savant et énergique chez quelques peintres, n'est que le résultat de mille tentatives; que ce n'a été qu'à force de défaire et de refaire qu'ils ont à la fin obtenu par hasard cette expression et ce point auquel ils ont cru devoir s'arrêter, en sorte que, le plus souvent même, on est la dupe de l'exagération de leurs lignes, exagération qui détourne l'esprit du spectateur des comparaisons directes que pourrait lui suggérer la géométrie. Les belles têtes, les belles mains, etc., de la plupart des habiles dessinateurs, ont été décalquées, reprises sur la nature, puis redessinées et souvent décalquées de nouveau. Qui peut croire qu'au premier coup le peintre le plus habile, n'ayant pour moyen que le sentiment, puisse saisir la perfection graphique? En vérité on pourrait comparer les peintres qui ne dessinent passablement qu'à force de refaire et de défaire, de tâtonner, de faire mal et de recommencer ensuite, à ces aveugles qui voulant enfoncer un clou n'en viennent à bout qu'en frappant plus de cent coups à faux et souvent sur leurs doigts, et qui à la fin ont beaucoup torturé le clou et l'ont assez mal fiché.

On désirerait peut-être que j'exposasse plus particulièrement la différence que je dis être frappante entre une figure dessinée, comme on l'entend vulgairement, et une figure rendue excellente par la plus rigoureuse perspective; mais que puis-je dire à ce sujet? Je ne puis qu'affirmer que cette différence est immense, et qu'on ne s'en fera l'idée que quand on l'aura éprouvée : une figure ainsi imitée par cette vivifiante perspective, offre une force de naturel, un accent, un effet tout particulier; il semble qu'elle existe. L'unité d'apparence et l'unité de construction sont si complètes, les rapports des formes et des positions sont si bien les mêmes que dans la nature, c'est enfin tellement l'objet naturel même aperçu d'une seule et unique vision, que le spectateur ne saurait résister à la puissance de cet effet. L'aspect dans cette figure ressemble à un coup fortement frappé : l'idée d'une superficie plate se joint à l'idée d'un objet en tout relief, et, en se confondant dans l'esprit, elles y produisent l'étonnement et l'admiration. Enfin cette substance d'expression, si je puis parler ainsi, cette force d'existence optique ont quelque chose d'extraordinaire qui remue et qui excite vivement l'ame de tous les spectateurs. Ce furent, nous n'en pouvons douter, ces mêmes causes et ces mêmes effets qui ont comme soulevé l'admiration et la surprise des écrivains de l'antiquité en présence des belles peintures grecques; aussi nous ont-ils transmis cette admiration. De même les écrivains modernes n'ont tant admiré Raphaël, Léonard et autres, que parce que ces peintres avaient basé leur talent naturel sur ces pratiques de géométrie et sur ces règles certaines de la perspective.

Si les peintres conviennent qu'ils ne peuvent pas dessiner correctement à vue certains objets, tels qu'un escalier, un parapluie, des voûtes ou autres morceaux d'architecture, comment ne conviennent-ils pas qu'il est presqu'impossible de dessiner à vue le corps humain, qui par ses mouvemens est le plus composé de tous les objets naturels? Et n'est-ce pas ici l'occasion d'admirer les efforts et le coup-d'œil étonnant de tant de peintres qui ont passablement représenté leurs figures sans procédés géométriques? Les plus habiles dessinateurs de l'antiquité seraient, je n'en doute pas, fort émerveillés de ce qu'ont fait avec le seul coup-d'œil tant de peintres modernes qui ne se sont pas doutés des règles, mais qui eussent bien mieux imité, bien plus vivement exprimé, s'ils eussent connu et pratiqué ces mêmes règles.

Abraham Bosse dit quelque part que les artistes, qui ne dessinent que de loin leurs modèles, manquent d'expression et de vie, mais que les vrais dessinateurs s'approchent du modèle pour en connaître le géométrique, afin d'exciter par là leur imagination et de se pénétrer de ce qu'est la forme avant de répéter ce qu'elle paraît. Et à ce sujet je dois dire ici qu'aucun habile dessinateur moderne ne dessine comme il voit, mais que c'est l'idée de la chose qu'il veut donner, plutôt que la répétition de la sensation qu'il éprouve en voyant cette chose. Aussi les professeurs et les élèves ne peuvent-ils guère s'entendre, puisque leur précepte est tantôt qu'il faut copier juste, et tantôt qu'il faut animer, chauffer, forcer et voir, comme ils disent, en beau. Bosse ajoute à ce sujet que si les esquisses des peintres sont souvent expressives, c'est parce qu'elles donnent l'idée toujours significative du géométrique. Enfin, c'est à ce géométrique qu'il en faut revenir, et c'est à ce géométrique que je veux moi-même faire revenir les élèves. Aussi ne pourrait-on pas avancer qu'un aveugle né, qui connaîtrait bien un objet par le tact, le reconnaîtrait plutôt par le géométrique, s'il ouvrait les yeux et qu'il vît cet objet par l'effet d'une vision successive, telle que celle qui aurait lieu au travers d'un petit trou mobile, que s'il l'apercevait perspectivement. Les enfans le prouvent au reste tous les jours par l'incertitude de leur esprit affecté de certaines visions perspectives.

Il y a deux manières de percevoir ou de voir un objet, l'une en le considérant d'un seul et unique point et sans bouger, l'autre en le considérant de plusieurs points successivement et même en tournant tout au tour. L'une et l'autre manière sont nécessaires à l'homme; car, s'il ne voit que l'ensemble sous une face et d'une seule œillade, bien qu'alors il juge par l'ensemble les rapports et la beauté de cette face, cependant il ne connaîtra point encore l'objet. Connaître un objet, c'est d'abord connaître ses dimensions particulières, puis sentir leurs rapports entr'elles et avec la dimension générale. Aussi comment agit l'homme, lorsqu'il se trouve, par exemple, en présence d'une tête sculptée? Il la considère d'abord d'un seul point de vue, point qu'il croit être le plus favorable à la beauté du spectacle. Quand il a vu et considéré de ce point, qu'il a trouvé préférable, que fait-il encore? Il change de point et d'aspect, pour voir successivement et pour connaître mieux cette tête; puis il adopte encore une autre vision unique; il se recule plus ou moins, tantôt pour juger tout l'ensemble, tantôt pour juger seulement quelques grandes parties de l'ensemble. Dans toutes ces opérations visuelles ou optiques, que veut l'homme? Il veut juger. Et, comme pour juger il faut qu'il sente, il cherche à sentir et les rapports et les dimensions. Mais, l'acte de la vision étant plus ou moins trompeur, il n'arrête son jugement sur l'objet qu'il considère, que lorsqu'il s'est assuré que son œil ne l'a point trompé. Or, pour s'assurer que son œil ne l'a point trompé, il tourne et retourne autour de cet objet; il le regarde sous toutes les faces; il multiplie les points de vue et les distances de son œil dont il semble se méfier; enfin ce n'est qu'après plusieurs preuves qu'il compose une idée ou un jugement; et, comme il veut juger et par intellect et par vision, c'est à-dire, comme il veut juger l'objet en tant que forme, dimension et construction géométrique, et en tant que spectacle plus ou moins beau, il a autant besoin de la première manière de considérer que de la seconde. Ces observations prouveraient à elles seules la justesse de notre analyse de la peinture, qui, avons-nous dit, doit se composer du vrai et du beau.

Comment des professeurs, qu'on suppose éclairés, peuvent-ils donc aujourd'hui donner, comme un petit secret ou comme un conseil dont on fera le cas qu'on voudra, de regarder de tems en tems le profil de la tête qu'on représente de trois quarts, ou bien de regarder la face de la tête dont on dessine le profil? Ce conseil seul, dont tout élève sent la justesse et le profit, est suffisant pour convaincre qu'il faut faire plus encore et qu'il faut dessiner au compas ce profil ou cette face, afin de la connaître elle-même telle qu'elle est, soit orthographiquement ou géométralement, pour ensuite représenter la tête telle qu'elle paraît sous l'aspect qu'on veut répéter perspectivement, ce qui n'empêche pas les changemens proportionnels qu'on peut désirer d'y faire, mais qui doivent être opérés au compas sur ce même géométral préparatoire et destiné à être représenté en perspective.

Il ne faut donc pas dire à un élève de copier ce qu'il voit, puisqu'il arrive le plus souvent qu'il voit mal, parce qu'il ne connaît pas l'objet; mais il faut lui dire de donner par une juste représentation l'idée de ce qui est. Peut-on douter d'ailleurs que le dessinateur ne voie mal, quand on pense que s'il consulte seulement un fil d'aplomb pour fixer la place d'un objet, il est la dupe de ses deux yeux, et que l'un lui indique un point fort éloigné du point indiqué par l'autre œil? Lequel des deux points lui faudra-t-il donc adopter?

Ainsi convenons que l'art graphique n'a point été institué chez les modernes sur ses véritables bases, les géomètres s'étant arrêtés là où s'arrêtait le domaine de leur science, c'est-à-dire, là où devait commencer le domaine de la science du dessin. Les recherches ingénieuses de quelques peintres, tels qu'Albert-Durer et autres, prouvent même que cet art était à créer, bien que de son tems on usât de certaines pratiques antiques appartenant en effet à l'art graphique. Enfin ceux qui ont voulu s'aider des mesures et de la géométrie ont été arrêtés à tout moment; car aucune école, aucun livre ne leur apprenait à mesurer et à représenter par une méthode universelle et aisément praticable, en sorte que tout ce qu'ils apercevaient de bon et de nécessaire dans la géométrie leur échappait et les rendait semblables au malheureux Tantale, dont la soif brûlante, durant même au milieu des eaux, n'en était que plus cruelle. Je crois qu'il est permis de signaler cette lacune dans nos connaissances graphiques, bien que les ingénieurs, les mécaniciens, et quelques ébénistes et maçons, sachent obtenir les profils, faces, plans, élévations et constructions mêmes des objets qu'ils étudient ou veulent exécuter; mais il est de fait que pour les dessinateurs et les peintres, il n'existe point de procédé satisfaisant, aisément praticable et adopté dans les écoles élémentaires. Cette lacune a été reconnue aussi par plusieurs instituteurs modernes qui ont senti la nécessité de remonter à ces élémens de la graphie, aucun cependant ne l'a encore remplie. Ce que je publie ici sera donc reçu avec plaisir par les personnes qui introduisent aujourd'hui dans l'éducation les études de géométrie pratique; déjà ces écoles se multiplient au loin et sont en grand nombre [1].

Par la méthode accoutumée, les élèves n'apprennent donc rien qui puisse leur être utile dans le courant de la vie, si ce n'est de savoir s'occuper quelques heures à crayonner : l'expérience journalière en porte témoignage. « Telle jeune personne, dit M. Henrichs (Revue Encyclopédique), au sujet de la méthode de M. Boniface, » a obtenu plus d'un prix de dessin dans sa pension, et » ne saurait imiter, encore moins composer, un patron » de broderie; tel jeune homme qui a perdu un tems précieux pour apprendre à charbonner une tête d'après la » bosse, est tout étonné, quand il entre dans l'habitation » de ses pères, de ne pas savoir faire le croquis des changemens qu'il a l'intention d'exécuter dans son jardin ou » dans sa maison. »

Comment peut-on avancer que les écoles de dessin, telles que nous les connaissons parmi nous, peuvent offrir des élémens de graphie aux artisans, aux menuisiers, ser-

[1] La géométrie élémentaire fait partie aujourd'hui du cours d'études adopté dans l'établissement de Smolnoi en Russie, institut fondé pour les demoiselles nobles, et placé sous la direction de S. M. l'impératrice Marie.

ruriers, charpentiers, tapissiers, etc.? C'est cependant ce que croient les magistrats, d'après le dire des professeurs intéressés à ne pas changer de telles routines. Et, s'il est vrai que les élèves de l'institut Pestalozzi de Madrid surent dans un examen illustre former sans le secours du compas des figures de géométrie parfaitement exactes aux modèles (Mémoire de M. Amoros, Sur les avantages de la méthode d'éducation de Pestalozzi), cela ne prouve point qu'ils eussent aussi dessiné juste, sans compas et à vue seulement, des solides de relief, soit géométriquement ou géométralement, soit perspectivement.

On trouve dans l'Encyclopédie Méthodique, l'article suivant au mot Coup-d'œil.

« On appelle coup-d'œil l'habitude de saisir, à la simple » vue, la figure, la grandeur et les proportions avec tant » de précision qu'il s'en forme un tableau exact dans l'i- » magination. Le coup-d'œil est le premier et le plus in- » dispensable des talens que les arts du dessin exigent. » Ni la règle, ni le compas ne peuvent suppléer au défaut » du coup-d'œil (ils y suppléent certainement dans une » infinité de cas). Il faut, comme s'exprimait Michel- » Ange, que le dessinateur ait le compas dans les yeux, » et non dans la main; et l'un des plus grands peintres, » le célèbre Mengs, veut que la première tâche de l'élève » soit de se rendre l'œil juste au point de pouvoir tout » imiter. C'est, selon lui, au coup-d'œil que Raphaël » même devait une grande partie de ses succès. Le coup- » d'œil ne fait pas simplement qu'on puisse imiter chaque » objét, mais il met encore dans cette imitation un si » haut degré de vérité, que l'ouvrage en acquiert une » énergie frappante. » Cette opinion de Mengs semble détruite par ce qui suit. C'est ainsi qu'en lisant les contradictions de l'Encyclopédie, un élève est plus embarrassé que s'il n'interrogeait que son simple bon sens. « Il ne » suffit pas, ajoute le même enclyclopédiste, de dessiner » beaucoup pour acquérir la justesse du coup-d'œil. On » peut remplir exactement la devise d'Apelle, sans avoir le » coup-d'œil plus juste. Cette qualité dépend surtout de la » méthode que l'on suit en dessinant, et la méthode qui » seule pourrait conduire à la justesse du coup-d'œil, est » précisément celle qui depuis long-tems est abandonnée : » elle consiste à rendre avec la plus grande précision les » formes quelconques que l'on se propose d'imiter. Un » élève aujourd'hui, dès qu'il s'est fait quelqu'habitude de » manier le crayon, ne se met à dessiner la nature qu'avec » le projet de la corriger, c'est-à-dire, de l'altérer, de la » détruire. Au lieu de s'attacher à voir et à copier son modèle tel qu'il est, il se pique d'en faire disparaître les défectuosités; il n'entreprend de le copier que pour ne le » pas copier en effet ; et, comme il prend l'habitude de » copier la nature sans précision, ce sera de même sans » précision qu'il copiera l'antique, ou Raphaël, ou les formes les plus parfaites que lui offrira la nature vivante. » Toutes ses études porteront l'empreinte de la manière » qu'il a contractée ; d'ailleurs il a déjà la plus grande prétention à la facilité, et met plus d'orgueil à faire vite » qu'à bien faire. Il rougirait, s'il était long-tems à étudier » le contour de sa figure, à effacer un trait commencé » pour le remplacer par un trait plus conforme au modèle. » Il n'a que six heures, quelquefois que quatre pour dessiner une académie : c'est à peine assez pour en bien » arrêter le trait ; mais il fait ce trait dans la première

» demi-heure, et consacre le reste du tems à faire un » beau dessin, c'est-à-dire, à montrer un maniement » adroit d'estompe ou de crayon.

» Dans le tems de la renaissance des arts, les dessina- » teurs n'étaient pas adroits, mais ils voulaient être précis; » ils n'avaient pas une estompe large, un crayon moelleux, » mais ils cherchaient à faire un trait pur, à imiter avec la » plus exacte vérité le modèle qu'ils copiaient. Pour les éga- » ler par la justesse du coup-d'œil, il faut adopter leur mé- » thode : ce sera déjà avoir fait un grand progrès dans l'art » du dessin, que d'avoir appris à dessiner difficilement. »

Concluons que c'est par l'usage du compas qu'un élève doit commencer, parce que le compas ne rend pas timide et incertain. Ce qui rend l'élève timide, ce sont ses deux yeux isolés de tout régulateur et de toute donnée assurée et fondamentale. Aujourd'hui un peintre rougirait de faire voir un compas entre ses mains; ce sont des tours d'escamotage qu'on lui demande et qu'il promet. Aussi, rien dans ses mains qu'un crayon ou un pinceau, point d'équerre, point d'aplomb, point de règle, on dirait qu'il compte sur la pitié des spectateurs s'il échoue, comme un danseur sur corde qui rejette le balancier.

Une autre preuve assez convainquante de la nécessité du compas (puisque les beaux-arts ne sont pas des exercices d'improvistes et de subtilité), c'est que, quand il s'agit de corriger le modèle ou l'objet, c'est d'abord le vice de ce modèle qu'il faut connaître et noter avant de passer à la correction perspective ou au changement que doit éprouver la vision; car, si on ne connait pas la cause géométrique, comment y faire concorder dans cette correction l'effet visuel qui doit se rapporter à cette cause?

Mais laissons parler ici A. Bosse lui-même. « Quand » vous dessinez la figure humaine, ne vous demandez-» vous pas quels sont les rapports de hauteur et de lar-» geur, le volume respectif des parties ? Vous divisez » même toute la figure en un certain nombre de parties » égales, et chaque peintre s'est même fait sur ces me-» sures et proportions des règles particulières. Et si vous » travaillez sans ces mesures, ne vous apercevez-vous pas » que vous pourriez faire des fautes grossières ? Ne con-» venez-vous pas même que si, au lieu de vous contenter » de votre vision pour ces mesures, vons preniez un » compas ou une règle, vous iriez encore plus à coup sûr » et même plus vîte ? Eh bien, si vous vous donnez la » peine de connaître par un devis les proportions de tous » les corps que vous représentez, vous pourrez avec les » règles de la perspective le pourtraire à la fin et sans » instrumens, de même que vous dessinez les proportions » à la seule vision. Mais aussi, en vous servant du compas » pour les grandes divisions, vous serez soulagé et opé-» rerez plus vîte. Or la perspective vous apprend non-» seulement les mesures perspectives qui se trouvent sur » la hauteur d'un corps vu de son long, mais aussi les » raccourcis, en sorte que, si vous aviez au moins des » points perspectifs sûrs, donnés sur les jointures, les » angles et articulations principales du corps, vous seriez, » dis-je, bien avancés. Or la pratique de faire les figures » géométrales d'assiette, de profil et d'élévation, vous » apprendra à trouver ces points et tous les autres ; et » vous les trouverez même à la fin par le seul jugement » et sans les instrumens, mais dans le cas toujours que » vous connaîtrez auparavant le géométral des corps. »

Pendant cinq ou six ans, l'élève éprouve un combat entre le sens de la vue et son intelligence, et pendant tout ce tems il est persuadé que son œil doit être le maître, et que c'est à lui qu'il faut céder, tandis que c'est l'œil au contraire qui doit céder à l'intelligence ou aux mesures certaines de la perspective pratique. Aussi, quand il arrive que l'artiste à force de comparaisons s'est rencontré dans son ouvrage avec la nature ou avec l'apparence de la nature, ce qui est la même chose, il ne se doute pas qu'il a fort souvent désobéi à son œil, pour obéir aux règles. Cette remarque qu'on ne trouve guère dans les écrits sur le technique de la peinture, est importante; et je dirai, pour prouver de nouveau que c'est l'idée que les peintres ont de l'objet, et non de la vision de cet objet, qui les guide, que, si on chargeait un élève de dessiner une statue renversée la tête en bas, en consultant seulement ses yeux, et nullement ses idées ou son pressentiment des proportions et des formes, il ferait souvent un monstre dans la représentation qu'on renverserait ensuite pour la juger.

Enfin tous les arts mécaniques et les beaux-arts en général ont des règles. Est-ce donc parce qu'on appelle la peinture libérale, qu'on la laisse sans guide, sous le prétexte qu'il ne faut ni l'asservir ni l'enchaîner ?

Si nous prenons pour comparaison la musique, qui est aussi un art libéral, nous verrons qu'on ne saurait composer dans cet art avec l'oreille seulement et sans les règles ou les mathématiques. Qu'est-ce que l'homme en effet seul avec ses organes et sans la science qui fortifie et détermine son intelligence ? Mais, puisque nous en sommes à comparer les moyens du musicien à ceux du peintre, nous dirons que, quand un élève en musique chante un ton trop bas ou trop haut, on lui indique positivement sa faute; et ce n'est pas seulement en lui disant d'élever ou d'abaisser ce ton. On prend un autre moyen; car il faut lui faire connaître de combien il doit abaisser ou élever le ton, et ce moyen c'est un instrument sur lequel les tons sont fixés, en sorte qu'en empruntant pour comparaison ces tons fixes et justes, on fait connaître à l'élève de combien il déviait. De même, en dessin, on ne doit pas dire à un élève : ceci est un peu trop grand, un peu trop haut, etc.; il faut positivement lui dire de combien. Or les moyens, ce sont les instrumens ou les opérations géométriques, géométrales ou perspectives; les grands régulateurs, ce sont donc le compas, le niveau, l'aplomb, c'est le géométral enfin et l'échelle perspective.

Dans toutes les sciences on agit avant tout par raison, et non avant tout par sentiment. Un médecin ne guérit pas une fièvre maligne par sentiment. Un astronome ne prédit pas les éclipses par sentiment. Enfin peut-on faire une soustraction ou une addition de sentiment? Le perspectif est en effet une soustraction. Or le sentiment ne saurait suffire pour la faire juste, à moins qu'ayant été exercé long-tems et dans la jeunesse par les véritables règles, il se soit à la fin rendu juge infaillible. C'est ainsi que, sans la balance et avec la main seulement, on apprend à juger de la pesanteur des corps; mais toutefois on ne se fie jamais entièrement à ce seul moyen.

Les peintres donc qui croient se dégrader en employant les mesures et les instrumens, doivent savoir que c'est en dessinant à vue qu'ils se dégradent, puisqu'ils font connaître qu'ils n'ont que des yeux sujets à se tromper, et qu'ils ne possèdent aucune science sure pour se diriger.

Dans certaines écoles publiques on fait tout par sentiment, et le sentiment y est alors excité par l'émulation de toute l'école. Aussi voit-on des élèves qui, hors de l'atelier, ne font que des choses très-froides et sans vérité, parce que la cause excitatrice n'existait plus; mais s'ils eussent appris d'abord par les règles, les règles leur fussent restées, ils n'eussent pas épuisé ni tari leur sentiment, car l'intelligence, l'assistance des règles et l'observation de la nature font produire au peintre d'excellens fruits en toutes circonstances.

Le sentiment excité ou la chaleur conventionnelle et hardie ne dédommage point des fautes contre la perspective ou contre la nature. En effet, qu'est-ce que la hardiesse, sans justesse ou vérité? Qu'est-ce que ces prétendus dédommagemens de mille espèces, tels que des contours forcés, des lignes exagérées, une certaine manière ou tortillée, ou cassotée, ou un large anguleux, etc., etc.? Toutes ces manières de lazzis ne servent qu'à prouver que l'artiste ignore la perspective, c'est-à-dire, l'art graphique ou le dessin, car ces prétendus dédommagemens de l'ignorance et de la témérité sont presque tous de nouvelles faussetés mises en évidence avec le dépit que cause l'incertitude et la perplexité.

Convenons donc que, si les peintres dessinent dans toute l'Europe à vue et de sentiment, sans régulateur aucun, et que, s'ils diffèrent tant en cela des sculpteurs qui opèrent si souvent le compas à la main et sûrement, c'est que les moyens de le faire ne leur ont pas encore été donnés : mais n'attribuons pas cette marche tâtonneuse à un principe de l'art, ou à ce que, les peintres devant toujours être inspirés, indépendans et au-dessus des règles, il leur faut opérer magiquement par le seul sentiment et par volition.

Est-ce aux élèves seuls qu'il faut adresser ces raisonnemens, et les professeurs qui n'entretiennent que trop souvent les jeunes peintres dans cette idée trompeuse ne sont-ils pas compris ici dans notre critique ? Qui croirait que dans les écoles des académies de l'Europe, c'est presque toujours l'élève qui, son dessin à la main, va, pour être corrigé, trouver le maître placé hors de la vue du modèle, et que celui-ci, sans examiner le modèle du point où était placé l'élève, décide des fautes et des corrections, en traçant hardiment quelques changemens linéaires et fort arbitraires sur ce dessin.

Un géomètre étranger aux ateliers de peinture, disait un jour, en voyant cette pitoyable routine des professeurs : il faut que votre maître soit bien habile en perspective, pour préjuger et savoir par cœur les changemens que tel ou tel aspect produit sur vos modèles. Aussi Honbraken écrivait-il à ce sujet : « Si le meilleur chemin pour arriver » à la perfection du dessin était de beaucoup dessiner à » vue, ce seraient les plus laborieux en cette étude des » modèles posés dans les académies qui deviendraient les » plus habiles ; mais il en arrive tout autrement, car » souvent ceux qui au contraire dessinent sans suivre » précisément le modèle, font de meilleures choses au » résultat que ceux qui comptent tant sur leur vue. »

Quand je dis que celui qui voit à l'aide des instrumens, voit mieux que celui qui ne se sert que de ses yeux seulement, cela ne s'applique pas uniquement aux grandes parties ou aux grands ensembles, cela s'applique aux plus fines parties. Combien peu de peintres connaissent aujourd'hui comment sont formés les paupières, les lèvres, les yeux du modèle qu'ils ont la témérité de représenter sans employer le secours de la géométrie ou les mesures ! Aussi combien d'yeux, de bouches, de nez, qui dans leurs tableaux sont toujours les mêmes, c'est-à-dire, tels qu'ils les ont imaginés par leur seule fantaisie ou leur faux sentiment! Soyons assurés qu'André Verrochio, Léonard de Vinci, son élève, Albert-Durer, Holbein, pour ne pas en citer cinquante autres, en commençant par Giotto, et parmi lesquels on pourrait nommer ceux que cite si souvent Paul Lomazzo, tels que Bramante, Foppa, Zenale, Mantegna, etc. (j'ajoute même Sasso-Ferrato, peintre du 17e siècle, qui, j'en ai acquis la conviction, employa quelquefois les moyens de géométrie que je recommande ici), soyons assurés, dis-je, que ces artistes ne dessinaient qu'à l'aide de la perspective, et par conséquent du compas, avec lequel ils prenaient les mesures réelles et raccourcies avant de feindre les mesures scénographiques. Mais, depuis les Carracci jusqu'à nos jours, on a répété que le compas devait être banni de l'atelier du peintre; aussi l'art s'en est-il ressenti. Qui ne le reconnaît pas tous les jours? La justesse, la vivacité, la vie des traits et des délinéations est bannie de presque toutes les peintures; on ne copie plus, on ne donne qu'une répétition vague; on ne pénètre plus, on ne veut que l'écorce et le dessus; on ne cherche plus le plan, la forme, la vraie mesure, et l'on se croit suffisamment peintre avec le secours des effets incertains et souvent mensongers du clair-obscur, en prenant pour prétexte la nécessité d'obtenir des masses. Des masses, répète-t-on de toutes parts : mais qu'expriment ces masses, si elles ne sont point un résultat ou une réunion de vérités, ou si on n'en présente aux yeux la combinaison que pour déguiser l'incorrection, le manque de précision et de naturel dans les formes ?

Aidez-vous des compas, aidez-vous des instrumens, mesurez sur tous les sens ; vous vous rendrez l'œil juste par ce moyen ; vous connaîtrez mieux la nature que ces mille et mille peintres qui ne connaissent qu'une routine de dessin, laquelle ne produit que des à-peu-près qui n'intéressent personne, et ne reproduit jamais la nature qui intéresse tout le monde.

Michel-Ange, a-t-on répété, disait que le peintre doit avoir le compas dans l'œil ; mais a-t-on bien compris ce mot de Michel-Ange, et ne voulait-il pas dire que le compas devait passer de la main du peintre dans son œil, c'est-à-dire, que ce que le compas obtenait, devait s'obtenir aussi par le seul exercice et le seul sentiment de la vue ? Au surplus, ce mot ne prouverait point que les peintres n'usaient point de compas dans ce tems ; il prouve plutôt le contraire, tout en indiquant la nécessité de rendre l'œil aussi juste que s'il n'était point aidé par l'office de cet instrument. Comment n'a-t-on pas vu qu'on risquait de prêter à Michel-Ange une absurdité ? On doit au reste consulter le passage de Paul Lomazzo (*Lib.* 5. *Cap.* 7.), relativement à ce mot de Michel-Ange.

Tous les auteurs qui répètent les mêmes lieux communs ne devraient pas répéter que la première qualité d'un élève, c'est la justesse du coup-d'œil ; que, si Raphaël a été si habile, c'est qu'il avait le coup-d'œil extrêmement juste : il eût été plus raisonnable de dire que la première qualité d'un élève, c'est de sentir et de pratiquer avec plaisir, avec ardeur la perspective ou la géométrie de son art. Pour ce qui est de cette justesse de la vue, il est presque ridicule de mettre en avant, comme une remarque importante, qu'elle est une qualité précieuse, puisque c'est dire qu'un danseur doit être léger, un athlète robuste, ou qu'un musicien doit avoir l'oreille juste.

Mais, pour en revenir à Michel-Ange, qui, au dire de tant d'écrivains, prétendait que le peintre doit avoir le compas dans l'œil, comment concevoir qu'un pareil mot, s'il est sorti de la bouche de ce grand artiste, ait signifié que le peintre était dispensé de mesurer et de connaître le géométral des objets qu'il représente? Que faisait-il donc ce Michel-Ange, pendant que le pape Jules s'impatientait de ne point le trouver assis le pinceau à la main en face de la grande muraille de la chapelle Sextine, où il lui avait commandé de représenter le jugement universel, lui qui répondait toujours à Jules : j'y travaille? Que faisait-il, occupé qu'il était et travaillant avec ardeur dans ce tems même? Il est évident que non-seulement il était occupé à modeler ses figures, mais aussi à les dessiner géométriquement et perspectivement, penchées, renversées, en raccourci, disposées enfin ainsi qu'il les sentait et les voulait pour cet ouvrage. Il avait ses procédés de géométrie graphique et il en était fort jaloux, car s'il fut courroucé de ce que Raphaël avait pénétré sur l'échafaudage où il se plaçait pour peindre, c'était sûrement dans la crainte que Raphaël n'aperçût quelques applications de ses pratiques géométrales ou perspectives. Et Léonard de Vinci, à quoi donc était-il occupé, lorsque le prieur du couvent de Ste-Marie-des-Grâces de Milan se plaignait de sa lenteur et croyait qu'il n'avançait pas son tableau de la Cène, par cela qu'on ne le voyait point le pinceau à la main? Que faisait enfin Protogène qui mit tant de tems à peindre son Jalysus et qui en général était si appliqué à son travail, que pendant que Démétrius faisait le siége de la ville de Rhodes, où il travaillait, il ne se dérangea même pas? Rien ne m'ôtera de l'esprit que ces peintres étaient occupés à des dessins préparatoires, à des graphies géométrales nécessaires au résultat qu'ils se proposaient. Mais comment faire goûter ces suppositions? Aujourd'hui on ne trouve dans les portefeuilles des peintres rien que des dessins perspectifs, et, excepté le cas où ils représentent quelque morceau d'architecture ou quelque meuble, jamais ils n'ont recours dans leurs opérations à l'analyse que peut procurer la géométrie pratique.

Au surplus dans toute cette question n'y a-t-il pas du malentendu? Il est possible que les Léonard, les Francia, etc., ayant remarqué que leurs devanciers représentaient avec roideur les figures qu'ils construisaient trop souvent au compas et selon la manière indiquée, par exemple, dans le 4e livre d'Albert-Durer, sans répéter les mouvemens souples de la nature, aient redouté cette manière de composer ainsi les figures, et qu'ayant préféré l'usage, soit de la vitre, moyen décrit dans plusieurs livres de ce tems, soit de quelque moyen de prendre l'orthographie sur les modèles, ils aient dit à leurs élèves qu'il fallait saisir sur la nature les mouvemens, et non les construire par la géométrie et sans modèles; cela est possible : mais qu'ils aient avancé et qu'on ait fait dire à Michel-Ange que les peintres ne devaient recourir ni au compas ni aux mesures, et qu'ils devaient peindre à vue sur la toile la vie de la nature et par inspiration, c'est ce que je ne croirai jamais, à moins qu'on ne suppose tous ces maîtres de mauvaise foi.

Il ne sera pas de trop, je pense, d'émettre ici une autre conjecture, c'est que ceux qui se sont moqués de l'O que Giotto envoya au pape Benoît IX, comme une preuve de son talent graphique, pourraient bien être les seuls ridicules dans cette histoire. Le proverbe italien *tu sei piu tondo che l'O di Giotto*, tu es plus rond, plus obtus que l'O de Giotto, ne me persuade pas. Giotto voulut peut-être dire que, la géométrie lui étant familière et qu'étant assez exercé pour représenter avec justesse la figure régulière d'un cercle, il pouvait représenter de même sans l'aide du compas, et comme par sentiment seul, telle figure géométrique et même tel solide qu'on eût voulu lui demander : les peintures et les inventions de Giotto ne prouvent point au reste qu'il fut aussi obtus, aussi borné que son O. Son tableau de la Navicella, dont on voit la copie sous le portique de St-Pierre de Rome, ne donne guère prise aux sarcasmes des plaisans, et c'est peut-être l'esprit obtus de ses juges et non le sien qui est à remarquer en tout ceci.

Giotto n'était donc pas plus absurde, en faisant connaître son talent dans la représensation d'une figure géométrique (et, il faut le remarquer, d'une figure qui, en comprenant l'orthographique, comprenait le scénographique), que n'était absurde Jean Cousin, qui n'a donné aux peintres que des représentations orthographiques dans son livre de pourtraitures, livre si répandu et si peu étudié.

Celui-là ne peut pas se dire peintre, qui, ne nous donnant que des apparences fausses et faites de sentiment, est d'ailleurs incapable de donner à qui la lui demandera la représentation géométrique de l'objet qu'il a la prétention de nous faire connaître par sa peinture. Comment un peintre peut-il prétendre à nous communiquer, par exemple, l'idée d'un chapeau, s'il n'en a pas lui-même une idée nette et certaine ? Peut-il se dire peintre, s'il ne sait pas d'abord représenter les proportions réelles de ce chapeau, puis les représenter perspectivement ? Peut-il se dire peintre, parce qu'il dessine au bout du pinceau et à tâtons un chapeau, image qui en tout point est peu conforme à la proportion et à la construction véritable de cet objet ?

Quelle est enfin la personne qui, étrangère à la pratique des peintres, ne se figure pas qu'ils connaissent parfaitement les mesures et les proportions des objets ? Et quel étonnement ne serait pas celui de cette même personne, si on lui apprenait qu'aujourd'hui les peintres n'ont avec eux ni règle ni compas, qu'ils ne mesurent jamais, qu'ils ignorent les dimensions des objets qu'ils représentent, et qu'ils font tout à vue et à peu près, sans aucune connaissance positive du géométrique des objets, sans même savoir ce que c'est que la géométrie ? Mais d'un autre côté, cette même personne ne serait plus étonnée de ce que les peintres dédaignent si souvent les modèles et ne s'en servent que pour ne pas, comme ils disent, trop s'égarer. En quoi leur sont utiles en effet les modèles ou la nature, puisqu'ils ne savent pas la copier, et que, quand ils se sont bien appliqués à la copier à vue, ils ont souvent bien moins réussi que quand ils l'ont dessinée de pratique, d'idée et sans d'autre règle que leur instinct ? Cependant qu'on donne à ces mêmes peintres un moyen facile d'imiter exactement leurs modèles, quels qu'ils soient, ils changeront de discours, et on les verra employer ce moyen facile jusqu'au dernier coup de pinceau. Au reste, c'est lorsqu'on dessine à tâtons que l'on a besoin longuement et presque continuellement des modèles, tandis que les mesures une fois prises et l'objet étant par là connu, le peintre peut opérer seul, quoiqu'il ne soit plus en présence de l'original. Mais quoi ! lorsque le modèle est absent, le peintre doit-il être pour cela arrêté, paralysé, et ne doit-il plus continuer sa représentation ? S'il lui vient une nouvelle combinaison relative à la situation d'un objet, lui faudra-t-il donc attendre l'objet lui-même, pour le poser selon ce nouveau choix ? Ne pourrait-il enfin dessiner et colorer qu'à la distance requise, que sous le jour qu'il adopte pour le tableau, que dans ce site qu'il choisit pour sa peinture ? Eh ! où en serait réduit l'artiste, si seul et sans modèles il ne pouvait avancer son ouvrage !

Je sais qu'il n'est que trop de peintres qui travaillent sans la nature ; mais il est aisé d'entendre qu'ici je veux dire sans que le modèle soit là et toujours là sous les yeux ; je dis donc, et cela est à remarquer, que les opérations géométrales et le géométral enfin étant tracés avec exactitude et au compas, non-seulement ils tiennent lieu de la nature, mais ils sont plus utiles aux peintres que la nature elle-même, quoique sans elle ou sans son souvenir ils n'eussent pu rien entreprendre d'abord.

Je viens de m'étendre trop peut-être dans tout ce chapitre ; mais j'ai craint de n'en pas assez dire, pour prouver l'utilité d'une doctrine que je regarde comme étant propre à relever l'art. Et ce qui m'a déterminé pardessus tout à tâcher de ne rien omettre pour persuader, c'est que je ne parle pas toujours à des élèves neufs sur lesquels les fausses théories n'ont pas encore fait d'impression, et qui seront, j'en suis sûr, très-disposés à profiter d'une nouvelle doctrine et à se laisser convaincre par peu de mots, mais c'est que je parle aussi à des professeurs dont l'orgueil est rétif et dont la routine est tyrannique, sans oublier aussi combien est grande, à propos de ce qu'il convient de faire, l'insouciance de ceux qui, pratiquant les arts, ne cherchent pour la plupart qu'à en faire ou un objet de lucre ou un objet de vanité.

CHAPITRE 236.

DE LA SOURCE OU L'ON A PUISÉ CE TRAITÉ DE LA REPRÉSENTATION. — CONJECTURES SUR LA SIMILITUDE DE CETTE MÉTHODE AVEC CELLE DES ANCIENS.

L'AN 1648, Abraham Bosse, graveur, né à Tours, contemporain de Poussin, de Le Brun, de Séb. Bourdon, de Lahyre, de Dufresnoy, de Depiles, etc., publia un ouvrage remarquable sur la perspective. Cet ouvrage fut suivi de plusieurs autres, dans lesquels cet auteur développa les idées nouvelles qu'il possédait sur cette science, idées qu'il devait au célèbre géomètre Desargues de Lyon, auquel appartient la gloire de les avoir découvertes et de les avoir le premier exposées dans des manuscrits qu'il confia à Abr. Bosse, et dans la rédaction desquelles il le guida [1].

Je ne dirai point ici quelles furent les contrariétés qu'é-

[1] Gérard Desargues, né à Lyon en 1593, mort dans la même ville en 1661, a été un des plus excellens géomètres du 17e siècle. Il fut l'ami du célèbre Descartes; il excellait aussi dans la mécanique, et a été d'un grand secours aux ouvriers de Lyon, à qui il communiquait ses dessins et ses lumières, sans autre intérêt que celui d'être utile. Voy. la Vie de Descartes par Baillet, et les Lettres de ce philosophe. Voy. aussi l'Histoire littéraire de Lyon par le P. Colonia, jésuite, tom. 2. DICT. DE MORÉRI.

prouva Abr. Bosse au sujet de la nouvelle doctrine de Desargues; ce qui est certain, c'est que ses ennemis, les membres de l'académie dont il devint membre aussi, et de laquelle il crut devoir se séparer pour sa tranquillité, ses ennemis, dis-je, ou plutôt les ennemis de la lumière qu'il apportait dans la peinture, lumière qu'ils semblaient redouter, calculèrent bien mal en le persécutant, puisqu'ils le forcèrent à énoncer ses idées de mille façons, à multiplier ses écrits et à cumuler des preuves de la vérité de la doctrine nouvelle de Desargues, et en même tems des preuves de la droiture de ses intentions. La persécution qu'il éprouva et qu'il partagea avec Desargues, tourna donc au profit de l'art et au détriment de leurs détracteurs, car à la fin la vérité triompha dans cette lutte honteuse pour ceux qui s'obstinèrent à la prolonger [1]. Mais cet historique sort de mon sujet. Qu'il me suffise d'avoir cité Desargues et Abr. Bosse, son interprète, comme les

[1] Je ne chercherai pas à ce sujet une foule de particularités qui seraient cependant intéressantes; mais je crois devoir avertir, par exemple, que l'auteur du livre intitulé PERSPECTIVE PRATIQUE NÉCESSAIRE A TOUT PEINTRE, etc., par un parisien religieux de la Compagnie de Jésus, ouvrage mauvais d'ailleurs, que cet auteur, dis-je, a fait tous ses efforts pour nuire à la doctrine de Desargues, qu'il n'a cependant pas comprise, et que c'est par envie et pour complaire à d'autres envieux, qu'il a avancé que cette doctrine (que Desargues n'avait pas encore publiée alors en entier, mais qu'il avait eu l'imprudence d'annoncer comme une méthode propre à éclairer sur les défauts des dessinateurs), était fausse, trompeuse, inintelligible, et que d'ailleurs il n'en était pas l'auteur. Cette dernière assertion seule trahissait le détracteur, puisqu'il semble vouloir donner l'honneur de cette découverte à Vaulezard. Au surplus, ce livre fut publié à la hâte, pour prévenir le public contre ceux que Bosse devait faire paraître, lesquels, bien qu'un peu obscurs, ont été traduits en plusieurs langues, tandis que les misérables écrits qui furent faits contre Desargues, sont restés méprisés et dans l'oubli.

deux flambeaux qui dorénavant guideront ceux qui voudront parcourir la belle carrière qu'ils ont ouverte depuis si long-tems avec tant de talent et de bonne foi.

Cependant comment se fait-il que l'ouvrage de Desargues, qui a été répandu dans tant de pays et qui jette tant de lumière sur l'art, ait pu être délaissé depuis tant d'années, au point que l'on n'en parle presque plus aujourd'hui et que l'on en ignore, pour ainsi dire, l'existence? C'est que ce livre ou ces livres sont embarrassés, et manquent de méthode, mais c'est surtout parce que cette théorie n'a pas été poussée jusqu'à la pratique de la représentation de l'homme, et qu'indépendamment de cela elle est quelquefois très-difficile à comprendre : telle est entr'autre celle du clair-obscur, et dont nous parlerons à son lieu. Aussi les traducteurs de l'ouvrage de Bosse font-ils souvent dire à l'auteur tout le contraire de ce qu'il avait écrit : telle est la traduction hollandaise; et même plus d'une fois ces traducteurs ont abandonné certains passages qu'il leur était impossible d'entendre.

Dire que la découverte de Desargues, commentée par Abr. Bosse, a été d'une influence sensible sur la peinture, ce serait avancer une chose que bien des gens refuseraient d'admettre, après ce que je viens de dire du défaut de méthode de ce livre, et parce qu'on prouverait qu'avant lui on a pratiqué par des moyens quelconques les règles de la perspective. Cependant il paraît certain que tous les peintres ses contemporains en ont tiré un grand avantage. L'Encyclopédie, à l'article Perspective (partie pratique), dit que l'on sait par tradition que Le Sueur et Lahyre procédaient d'après sa méthode. Quant à Poussin, personne n'ignore qu'il correspondait avec Bosse, et qu'il avait connaissance de ses utiles découvertes. Pour ce qui est de sa perspective des tons et des teintes, il faut savoir que quelques années après sa publication, William Gorrée écrivait, dans son introduction à l'art de la peinture, que la nouvelle découverte de Desargues était d'une utilité, d'une clarté, d'une facilité et d'une importance bien remarquable, et qu'elle laissait derrière elle tout ce qui avait été publié jusqu'à lui sur cette matière. C'est ainsi, ajoute-t-il, que le peintre, opérant d'après des règles sûres, fondées sur la géométrie, fera des ouvrages savans pour les savans, et naturels pour l'œil de tout le monde. Plusieurs écrits sur la peinture, et entr'autres le traité de D. Bosboom, propagèrent ce moyen, en sorte qu'on ne peut nier que cette méthode du célèbre Desargues ne se soit répandue dans la Flandre et dans la Hollande. Aussi il est à remarquer que ce fut à cette époque que l'on vit naître les beaux tableaux si bien dégradés, et l'on peut dire dégradés par un calcul certain, de Claude Lorrain, de Gérardow, de Gonzalèz Cooques, et de tant d'autres, qui, on ne le saurait contester, ont donné les premiers exemples de la perspective aérienne rigoureuse. Une autre preuve encore pourrait être fournie ici, c'est que tous les peintres qui ont introduit des figures dans les paysages d'autres peintres ou qui ont orné de paysages leurs tableaux d'histoire, ont toujours su y accorder leur coloris, ce qui ne peut se faire sans les mêmes règles positives de la perspective trouvées par Desargues. Ce n'est donc pas avec le sentiment de leurs confrères qu'ils se sont identifiés, mais avec la méthode qui était alors pratiquée et répandue.

Il nous reste à dire que nous avons profité le mieux que nous avons pu des belles et utiles découvertes de Desargues; mais ce qui manquait pardessus tout à cette théorie de Desargues, étant la facile application à la figure humaine, et ce géomètre, ainsi que Abr. Bosse, ayant abandonné le peintre à ce point où il était si important de le diriger, nous avons fait de grands efforts pour arriver à trouver par des procédés simples le moyen de représenter avec justesse la figure humaine, en poursuivant la méthode ingénieuse de ces auteurs, et en rendant plus claires et facilement praticables une foule de questions qu'ils traitent en savans géomètres, mais qu'il eût été si à désirer qu'ils traitassent en savans peintres en même tems.

Quant à la théorie sur la perspective des couleurs et sur ce qu'ils ont appelé le fort et le faible, j'espère qu'on reconnaîtra la persévérance et les recherches qu'il a fallu pour convertir ce riche et précieux cahos en une méthode simple, claire et à jamais utile. Puissions-nous avoir au moins approché de ce but !

Enfin un obstacle bien grand entr'autres empêchait qu'on usât de l'ingénieuse application qu'il avait faite de son échelle perspective aux tons et aux teintes, c'était son silence sur l'art de diviser les tons et les teintes en moitié, tiers, quart, demi-quart, etc., pour les faire coïncider avec les diminutions désignées par l'échelle linéaire. On verra donc qu'il est assez étonnant qu'une condition aussi simple, et que Desargues regardait comme indispensable, n'ait pas été trouvée par lui. Mais en voilà assez sur ce point et sur la comparaison de ce qui a été fait et de ce qui restait à faire dans l'ouvrage savant de Desargues. Ceux qui auront le zèle bien profitable de recourir à cette source inépuisable, apprendront ce que nous sommes dispensés d'ajouter ici concernant notre travail, et les peintres instruits sauront distinguer ce que nous avons su éclaircir et simplifier, et ce que nous avons ou omis ou ajouté.

Conjectures sur la similitude de notre méthode avec celle des anciens.

Nous avons cherché à prouver dans l'histoire de la peinture chez les Grecs qu'ils connaissaient la perspective; voyons s'il serait possible de rendre probable ici la supposition qu'ils usaient d'une méthode analogue à la nôtre.

Toute personne qui voudra se donner la peine de faire des recherches techniques et d'érudition sur ce point, arrivera, je le pense, à convertir cette supposition en certitude. Je vais seulement émettre quelques aperçus : ils seront amenés par certains passages de Pline, relatifs aux inventions techniques des peintres grecs, inventions qu'ils durent probablement en bonne partie à l'Égypte. Pline dit donc que Cimon de Cléone peignit le premier des figures de profil appelées Catagrapha; que ce peintre représenta les têtes dans toutes les positions, et qu'il signifia le premier aussi les plis dans les draperies qui n'offraient auparavant que des circonscriptions, etc. Est-il raisonnable de croire qu'avant ce Cimon aucune image ne faisait voir des profils, et n'est-il pas bien probable que par Catagrapha, mot que Pline confondit peut-être, l'auteur, compilé par lui, entendait des traits orthographiques ou l'image exprimée géométralement. Quant à cette circonscription ou ce calque des contours des draperies, contours que Cimon sut remplir par des effets raisonnés du relief, cela ne vient-il pas encore à l'appui de cette conjecture? Ainsi, on peut répéter ici que ce n'a été que par allégorie que l'histoire de Dibutade a été inventée. En effet, la première opération du peintre, comme de l'inventeur de la peinture, c'est l'orthographie ou la circonscription géométrale des objets qu'il veut figurer. Quant aux diverses positions de la tête, si ce peintre fut cité pour les avoir exprimées, cela veut dire certainement qu'il les exprima le premier selon les règles de l'art : or c'est précisément l'acheminement naturel à l'orthographie complète qui conduit à la représentation des têtes penchées à volonté. En effet, dire que Cimon de Cléone fit le premier des têtes de profil, ou pencha le premier les têtes en dessinant à vue sans règles ni géométrie, c'eût été une observation ridicule.

Un passage remarquable et déjà cité de Diodore de Sicile vient encore à l'appui de notre conjecture (voyez ce qui est dit au sujet de Téléclès et de Théodore, statuaires). Il dit que les Égyptiens dessinèrent le compas à la main, mais que les Grecs eurent le compas dans l'œil. Cela ne veut-il pas dire que les Égyptiens dessinaient géométralement et par orthographie, et que les Grecs dessinèrent perspectivement ; ou bien qu'ils eurent dans l'œil le compas perspectif, tandis que les Égyptiens n'eurent jamais que le compas géométral ou orthographique, ce que quelques-uns appellent aujourd'hui faire des projections : les peintures étrusques et égyptiennes, les vases très-antiques viennent fortifier cette idée. Et de même que les Grecs ont cité parmi eux les inventeurs de la perspective, de même on a cité parmi les modernes le peintre Piétro della Francesca, qui florissait au commencement du 15e siècle, et qui, dit-on, inventa cette science. Comment procédait-on avant lui, ou plutôt avant les peintres qui connurent les vraies règles de la perspective? On procédait géométralement, c'est-à-dire, orthographiquement: les anciennes mosaïques et peintures chrétiennes du 10e et du 12e siècle le prouvent. Or, si avant cet inventeur on eût dessiné à vüe, c'est-à-dire, perspectivement, mais à tâtons, la perspective eût été pratiquée tant bien que mal, et il eût été inconvenant ou faux de dire que tel ou tel peintre fut l'inventeur de la perspective, puisqu'il eût fallu dire que le premier il la perfectionna ou la réduisit à des règles fixes. Il est peut-être bon de rappeler de nouveau ici en passant qu'une vision orthographique n'est pas si différente qu'on le pense d'une vision perspective. « M. Desargues, dit Bosse, croyait qu'autrefois la mesure » géométrale et la mesure perspective se pratiquaient en- » semble et aussi facilement l'une que l'autre; mais que, » depuis qu'on a cherché des méthodes particulières, on » ne fait qu'en quinze jours ce qu'on faisait autrefois en » un seul. »

Pour en revenir à Pline, je ne me fierais pas non plus au sens qu'il donne à un autre passage qui peut-être l'a induit en erreur. Il dit (*Lib.* 35. *Cap.* 10. Sect. 10, en parlant d'Apelle : *Cedebat Amphioni de dispositione, Asclepiodoro de mensuris, hoc est, quanto quid à quo distare deberet*) : « Apelle s'avouait inférieur à Amphion dans l'art » de disposer, et à Asclépiodore dans celui des mesures, » c'est-à-dire, dans l'art de connaître combien un objet » doit être distant d'un autre. » Voilà au moins comme il est permis de traduire ce passage. Or ce mot *mensuris* a été traduit tantôt par proportion, tantôt par beauté de formes ; mais Dazara l'a traduit par perspective (vie de

Mengs. Tom. 1er, pag. 39). Si donc Apelle s'avouait inférieur à Amphion dans l'art de la disposition, il devait s'avouer aussi inférieur à lui dans l'art d'espacer les objets, car cette qualité est toute comprise dans la disposition. Ainsi, quand Pline dit qu'Apelle s'avouait inférieur à Asclépiodore dans l'art des mesures, cela peut-être ne signifie pas dans l'art d'espacer les objets quant à l'eurythmie ou à la belle disposition ; et en effet, comment Apelle, qui se reconnaissait supérieur à tous ses rivaux quant à la grâce, aurait-il ignoré la science des espaces ou écartemens propres au beau optique de l'ordonnance ? Mais supposons qu'Amphion l'emporta sur la disposition et même sur l'art d'espacer heureusement les objets, qui empêche d'interpréter le talent supérieur d'Asclépiodore, en disant qu'il excellait dans l'art des distances perspectives et des enfoncemens que la peinture doit représenter ? Ainsi Pline a peut-être pris le change de l'auteur qu'il copiait, celui-ci ayant eu l'intention de dire que les distances perspectives ou réduites étaient mieux rendues par le peintre Asclépiodore que par Apelle, d'après l'aveu modeste de ce dernier.

Puisse un hasard heureux offrir aux modernes, par quelques passages positifs des écrivains de l'antiquité ou par la découverte de quelques monumens antiques, la preuve que les Grecs ne procédaient pas autrement ! Mais qui sait si ces preuves ne sont pas déjà à notre disposition, et si ce n'est pas notre ignorance et notre misérable routine qui nous empêchent de les distinguer et d'en profiter ? Au reste, le tems qui soulève si lentement le voile couvrant la vérité, mettra au jour tôt ou tard ce secret antique. Déjà une conjecture vague semble devoir fixer les esprits sur cette question, au sujet d'une bande de couleurs placée sous la belle peinture antique des Noces Aldobrandines. M. Mayer, qui a considéré cette bande de couleurs, comme une échelle chromatique, nous met déjà sur la voie; il ne s'agit donc que d'étudier et de poursuivre. « En examinant attentivement cette peinture, dit ce savant, pag. 184 de sa Dissertation, on découvre une bande » placée en bas, qui est assez bien conservée en quel- » ques places et qui peut-être entourait tout le tableau. » Cette bande, qui est à peu près semblable aux couleurs » de l'arc-en-ciel, semble être un ornement de caprice, » sans effet particulier, n'étant autre chose que des teintes » rangées régulièrement les unes à côté des autres. Cepen- » dant, quand on réfléchit à la manière expéditive et libre » avec laquelle le tableau a été exécuté, on est surpris de » voir avec quelle peine et quel soin cette bande a été » peinte, et on est porté à penser que cet ornement sur- » ajouté au tableau n'a pas été fait sans une intention » particulière. On se demande donc s'il n'est pas vrai- » semblable qu'elle a quelque rapport avec l'harmonie » du coloris du tableau. Dans ce cas, en prenant pour » comparaison la musique, on pourrait dire que le maître » a voulu déterminer le ton dans lequel devait être exé- » cutée sa peinture. Mais ce que j'en dis n'est qu'une sim- » ple conjecture, et j'abandonne cette question, laissant » à d'autres à s'exercer sur ce point. »

En voilà assez pour indiquer le rapprochement qu'il serait intéressant de faire entre notre procédé graphique et celui des anciens.

CHAPITRE 237.

DE CE QU'ON ENTEND PAR REPRÉSENTATIONS LINÉAIRES, SOIT GÉOMÈTRALES, SOIT PERSPECTIVES. — DISTINCTION ENTRE LE DESSIN STÉRÉOGRAPHIQUE, LE DESSIN ORTHOGRAPHIQUE ET LE DESSIN SCÉNOGRAPHIQUE.

REPRÉSENTER signifie présenter aux yeux. Or les images que l'art de la graphie ou du dessin peut présenter aux yeux sont de plusieurs espèces : ils peuvent être ou des signes plus ou moins conventionnels et ingénieux qui expriment par des traits les mesures réelles des objets et même les assemblages de leurs parties, leur position, leur situation, etc. ; ou ils peuvent être des images orthographiques appelées élévations géométrales ; ou ils peuvent encore être des images perspectives qui aient une similitude parfaite avec l'effet visuel de ces mêmes objets considérés d'une certaine distance et hauteur. Représenter est donc un terme général qui toujours a besoin d'un terme auxiliaire. Sans cette idée première, certaines personnes étrangères à l'art graphique ou du dessin pourraient croire que par le mot représentation, on entend toujours la représentation de l'effet perspectif ou scénographique, ce qui n'est, comme on vient de le dire, qu'une espèce particulière de représentation. Nous distinguerons donc ces trois espèces d'images, faisant d'ailleurs remarquer ici que dans l'ancien langage on disait pourtraiture plate, pour dire représentation quelconque sur une superficie plate, en sorte que Jean Cousin et autres appelèrent livre de pourtraiture, des livres où il n'était question que de représentations géométrales, et où il n'était nullement question de représentations perspectives ou scénographiques : on disait donc pourtraire en géométral et pourtraire en perspectif. Si nous substituons le mot dessiner au mot pourtraire, il nous faudra dire aussi dessiner géométralement et dessiner perspectivement. Mais nous allons nous expliquer plus en particulier sur ces différentes sortes de dessins.

Distinction entre le dessin stéréographique, le dessin orthographique et le dessin scénographique.

Les livres modernes ne nous offrent pas de termes précis pour spécifier une de ces manières de procéder en graphie.

Il est assez probable que les Grecs possédaient à ce sujet des termes propres et précis. Le mot stéréographie signifiait dessin ou graphie des solides, comme stéréométrie signifiait science qui traite de la mesure des solides, et stéréotomie, science de la coupe des solides. Nos ingénieurs dessinent les fortifications d'une certaine façon qu'on a appelée quelquefois perspective cavalière. On dit aussi dessiner par développement, dessiner à vue d'oiseau [1]. Les architectes disent sciographie, pour dire la représentation géométrale de l'intérieur d'un bâtiment ; ils disent aussi élévation, coupe, etc.

[1] Dans la perspective cavalière on élève par rayons verticaux, au lieu que dans le plan à vue d'oiseau on suppose un point de vue très-haut, et on représente par des lignes convergentes à ce point. Autrefois on appelait cavalier en terme de fortification une élévation de terre pratiquée dans le terre-plein d'un rempart ou vers le haut d'un glacis, pour y établir des batteries de canons.

Il ne nous serait pas facile de donner une explication juste ou une étymologie raisonnée de ces termes dont l'acception peut devenir la source de recherches assez épineuses; mais il nous suffit de bien nous entendre et de bien nous faire entendre sur les mots que nous sommes absolument obligés d'employer ici. Nous adoptons donc trois expressions bien distinctes et qui nous semblent propres à caractériser les trois espèces de dessin qu'est obligé d'employer le peintre.

La première est le dessin stéréographique : par cette espèce de dessin on exprime les mesures, les cotes, les assemblages et la construction de l'objet. C'est, proprement dit, l'art de représenter les solides sur un plan tels qu'ils sont, et non tels qu'ils paraissent. Cette graphie, étant propre à la connaissance de l'objet, à celle de ses proportions et de toutes ses mesures, est absolument nécessaire au peintre. Je prouverai qu'elle a été pratiquée dans les tems antiques et jusqu'à Raphaël, n'en déplaise aux routiniers d'aujourd'hui, qui la plupart n'en ont jamais entendu parler.

La seconde est le dessin orthographique; c'est ce que les artistes appellent l'élévation géométrale. Par le dessin orthographique on représente, ainsi que nous l'expliquerons bientôt, les objets, non par une projection de rayons convergens en un seul point, mais par une projection de rayons parallèles.

La troisième est le dessin scénographique; c'est ce qu'on entend vulgairement par dessin perspectif, ou par projection de rayons convergens et telle que la reçoit l'œil, lorsqu'il aperçoit tous les endroits de la superficie qu'il peut atteindre d'une seule œillade.

Les mots *prospettiva* en italien, *prospect* en anglais, *perspective* en français, etc., semblent tous dériver du mot latin *prospicere* (voir), en sorte qu'on a voulu par ce mot perspective signifier l'effet de la vision humaine. Quand on a voulu signifier la science ou l'art d'obtenir les représentations des objets selon la vision humaine, on a encore employé le mot perspective. Cependant il y a, comme nous venons de le voir, trois choses distinctes dans l'art de dessiner ou de pourtraire : l'une est relative au devis, à l'analyse ou construction de l'objet; la seconde est relative à son élévation, et l'autre est relative à la vision perspective de cet objet qui doit être aperçu d'une seule œillade de haut ou de bas, de plus ou de moins loin, etc. Or le seul mot perspective exprimant cette dernière condition ne peut pas en même tems exprimer les deux premières conditions, je veux dire le géométral et le stéréographique. Cependant, selon les auteurs qui ont traité amplement de ce qu'ils ont appelé la perspective, cette science comprendrait aussi le géométral, et par conséquent les proportions ou le géométrique. Selon eux, la perspective serait la moitié de la peinture, puisqu'elle comprendrait aussi le coloris et le clair-obscur. N'y a-t-il donc pas quelque chose d'impropre dans ce mot perspective, ainsi conçu ou ainsi employé ?

Ainsi pour éviter cette confusion, nous n'emploierons les mots perspective ou perspectif que pour exprimer cette troisième condition, c'est-à-dire, cet effet ou opération relative à la vision qui réunit tous les rayons convergens vers l'œil et y forme ce qu'on a appelé un cône optique dont l'œil est le sommet, et nous emploierons les mots géométral, représentation géométrale, représentation stéréographique, pour exprimer les deux autres conditions désignées ci-dessus.

Cependant, comme nous trouvons dans la langue des anciens un terme tout à fait particulier et propre à signifier ce que nous entendons ici par perspectif, nous l'emploierons volontiers : ce mot est scénographie. Par ce mot les anciens entendaient l'art de mettre en scène ou en aspect unique les objets. Un passage de Pline, au sujet de Pamphile, maître d'Apelle, nous prouve que les peintres Grecs distinguaient la scénographie du géométral, et ces deux expressions distinctes nous font connaître que les anciens entendaient par géométral les mesures des choses ou l'art de représenter les objets selon leurs mesures géométrales, art qui comprenait la stéréographie, et que par scénographie ils entendaient la représentation de l'altération visuelle de ces choses. Quant au terme général dessin ou pourtraiture, disons en passant que les Grecs l'appelaient *graphidos gnosis* (science graphique). Ils se servaient du terme *logos opticos*, pour signifier les questions générales d'optique.

Ainsi, quand on dit à quelqu'un que tel bras dans un tableau est bien en perspective, ce quelqu'un ne comprend pas trop ce qu'on veut lui dire, car il sait que le peintre qui a représenté ce bras n'en a pas représenté d'abord sur ses cartons le géométral, puisque cette méthode, qui était celle des Grecs, n'est plus celle des modernes. Cette personne croit donc plutôt qu'on veut lui dire que l'opération scénographique est bonne sur ce bras. Mais comment concevoir un bon perspectif ou scénographique sans un bon géométral? Cela ne se peut, si on conserve l'acception double du mot perspectif, tandis que, si l'on disait qu'un bras est bien représenté en scénographie, on s'entendrait beaucoup mieux, car ce bras pourrait être d'ailleurs mal conformé, sans que cela nuisît à la justesse scénographique.

J'ai cru ces éclaircissemens nécessaires, car la peinture étant de toutes les connaissances humaines celle dont le langage est le moins arrêté, et cela parce que sa théorie ne l'est pas elle-même, on est forcé de dire en vingt pages ce qu'on eût dit en vingt mots; d'ailleurs il y a des préjugés à éloigner, des équivoques à détruire et des idées toutes nouvelles à fixer; enfin on manque d'écoles ou de rudimens classiques.

CHAPITRE 238.

IDÉE GÉNÉRALE QUE LE PEINTRE PEUT AISÉMENT SE FAIRE DE LA PERSPECTIVE PAR LE SEUL EXPOSÉ DE NOTRE THÉORIE.

MAINTENANT que nous avons restreint la perspective à une question fixe et déterminée, en la séparant de la question du géométral, tâchons, pour soulager l'esprit de ceux qui s'imaginent qu'ils vont, en entreprenant la perspective, parcourir une carrière mystérieuse, tâchons, dis-je, de donner brièvement l'idée que l'on doit avoir de cette science prétendue abstraite et compliquée. Cette idée deviendrait, il est vrai, plus nette dans l'esprit du lecteur, s'il avait étudié les diverses démonstrations de ce traité; mais je veux essayer de faire voir, sans leur secours et par quelques mots seulement, combien la perspective linéaire est une chose simple, naturelle et facile.

Ce qui embrouille les idées avant tout, c'est l'impression que fait sur l'esprit la vision illimitée par laquelle on voit en même tems et un chapiteau élevé dont la direction visuelle semble plonger vers l'horizon, et son socle posé par terre et dont cependant les lignes semblent s'élever ; et le rétrécissement apparent d'une porte située de face, mais loin de nous à droite ou à gauche : tous ces effets, dis-je, qui se compliquent avec les changemens que font éprouver à la vue les diverses distances et les diverses élévations de l'œil, laissent dans l'esprit l'idée que la science de la perspective est très-compliquée, et on se le persuade encore bien plus, quand on voit la foule innombrable de lignes que trace ordinairement le peintre pour arriver à la représentation graphique, lignes qu'on suppose toutes nécessaires absolument.

Laissons donc là toutes ces idées confuses, et sachons une fois pour toutes que la peinture ne doit et ne peut représenter que l'effet d'une vision limitée dans l'espace seulement qui peut être embrassé aisément par une seule œillade. Ainsi, quoique dans la nature ce qui est au-dessus du point de hauteur de notre œil, semble diminuer de hauteur ; quoique ce qui est au-dessous, semble diminuer aussi de hauteur, parce qu'il s'éloigne de notre œil ; comme encore ce qui est au-delà de côté, soit à droite, soit à gauche, semble diminuer de même en largeur ; quoiqu'il soit encore vrai que cette diminution ait lieu non-seulement sur les dimensions, mais aussi sur les tons et sur les teintes qui s'affaiblissent selon ces cas, il ne faut point répéter ces diminutions sur le tableau. Cela paraît étrange ; mais voici la raison qui l'explique, c'est que les mêmes diminutions ont lieu proportionnellement sur le tableau plat par rapport à celui qui le regarde, en sorte que ce serait faire une double diminution que d'en exprimer une sur le tableau.

Ceci réduit de beaucoup le nombre d'effets perspectifs qui concernent le peintre de tableaux, car il n'a plus qu'à considérer uniquement dans un cadre prescrit les divers enfoncemens qui resserrent et diminuent les objets en raison de la distance plus ou moins grande où ils sont enfoncés dans ce cadre ou tableau, en sorte que, si l'objet naturel qu'il a à représenter était sans épaisseur, tel qu'une figure en papier découpé, par exemple, et qu'il fût placé bien parallèlement à cette figure, il n'aurait qu'à la calquer, pour la représenter. Mais, si cette figure a de l'épaisseur et du relief, il s'y trouve alors des enfoncemens, c'est-à-dire, des points enfoncés dans le tableau, et c'est là la seule cause de la différence ou de l'altération perspective ou scénographique dont il doit tenir compte, la perspective n'étant autre chose, ainsi qu'on le verra, qu'un géométral inégal et un peu déformé. Si donc cette figure en carton, au lieu d'être placée parallèlement au dessinateur, était située de biais, il y aurait alors enfoncement par rapport à sa vue, et par conséquent diminution apparente sur les points enfoncés.

Maintenant que toute la perspective linéaire peut se définir en ces deux mots, l'art des réductions linéaires des objets selon les enfoncemens, et que rien au monde n'est si intelligible, ajoutons seulement, pour terminer l'exposé de l'idée qu'on doit se faire de la perspective, qu'il ne s'agit plus que d'avoir une échelle de réduction qui fasse connaître de combien doivent être resserrées les parties ou points enfoncés des objets dont on aura auparavant mesuré et obtenu la dimension géométrale ou orthographique; or, comme cette échelle est très-facile à faire et à employer pour toutes sortes de distances et de hauteurs, et comme les mesures des dimensions réelles et raccourcies orthographiquement des objets peuvent être connues, cotées et désignées avec certitude par le moyen du compas et autres instrumens, il est aisé de comprendre ce que c'est que la perspective et sa pratique, science, comme on le voit, aussi sûre que facile. On apercevra de plus qu'on peut et qu'on doit comprendre dans cette science les réductions optiques des couleurs tout aussi bien que celles des lignes.

Voilà pour ce qui est de l'idée générale que le peintre doit se faire de la perspective, idée qui s'étendra et se complétera par l'étude des questions que nous allons bientôt traiter.

Définition des diverses espèces de représentations perspectives.

Maintenant, afin de ne pas laisser incomplète cette définition, je vais expliquer aussi ce qu'on veut dire aujourd'hui par les différens genres de représentations auxquelles on a donné assez inconsidérément le nom de perspectives.

On distingue donc parmi les perspectives régulières, c'est-à-dire, exécutées sur des surfaces planes et parallèles au spectateur, les peintures que l'on place au fond des allées ou des galeries, pour prolonger l'apparence de leur longueur et pour les percer par des vues qui paraissent très-éloignées : ces sortes de peintures font quelquefois une illusion passagère. On appelle encore du nom de perspectives, certains tableaux ou certaines estampes qui représentent des places, des rues, des temples, lesquels produisent l'effet optique d'une grande profondeur. Aussi H. Steenwick, Peter-Neefs et autres ont-ils été désignés sous le nom de peintres de perspectives.

La perspective irrégulière est celle qu'on emploie sur les surfaces irrégulières, telles que les murs qui offrent des saillies ou des rentrées accidentelles, et dont les formes sont sans régularité : telle est la perspective des plafonds ou des voûtes, perspective par laquelle on dessine sous un point de vue déterminé les peintures qu'on applique sur les plans variés et plus ou moins courbes ou irréguliers de ces plafonds et de ces voûtes, soit qu'on veuille dissimuler par ces artifices optiques la forme de ces plafonds et de ces voûtes et sauver l'effet des prolongemens occasionnés par les surfaces courbes ou verticales, soit qu'on veuille représenter en dessous les figures et tous les objets vus, tels qu'ils apparaîtraient réellement s'ils étaient ainsi élevés.

Il convient de dire ici que ces sortes de peintures, qui ont été si fort en vogue chez les modernes, doivent être considérées plutôt comme des résultats récréatifs, propres à attacher un instant les regardans, que comme des moyens convenables à la peinture noble et philosophique. Cette duplicité ou ce double but d'étonner l'œil par des déceptions particulières, et d'intéresser à la fois le cœur par des scènes religieuses et historiques, doit être appelée une véritable barbarie ; mais ces considérations nous rameneraient aux questions qui ont fait l'objet du chapitre 103.

On appelle perspective scénique, celle qui est propre au théâtre. Elle a ses moyens particuliers, et quoique le but du peintre scénique soit le même que celui du peintre ordinaire, quant à l'imitation optique, la méthode qu'il emploie lui est particulière, et elle se trouve déterminée par la structure et la dimension de la scène et de tout le théâtre, et par la nature des corps isolés qui doivent tous paraître réunis sur la scène. (Voy. le chapitre des décorations.)

Disons un mot de la perspective appelée curieuse et divertissante. Les combinaisons résultant de l'optique étant variées à l'infini, on s'est amusé souvent à produire des effets qui avaient quelque chose de bisarre et qui pouvaient surprendre les gens étrangers à cette science. Pour cet effet, il fallait rechercher certains calculs de perspective; or la petite difficulté d'opérer ces calculs excita la curiosité de quelques amateurs qui s'efforcèrent de tracer perspectivement les formes les plus bizarres et les moins naturelles, lesquelles devaient cependant offrir par l'effet des raccourcissemens et des altérations optiques un spectacle naturel. C'est ainsi qu'on a représenté sur de grands corridors et souvent sur les cloîtres une série de paysages ou d'objets assez confus, lesquels étant aperçus d'un seul point de vue offraient par l'effet d'un très-grand raccourcissement l'image correcte d'une grande figure seule et débrouillée. C'est ainsi que des miroirs cylindriques répètent verticalement des objets peints avec une irrégularité monstrueuse, mais calculée. Toute cette perspective curieuse et divertissante, mais qu'on pourrait appeler quelquefois épouvantable, n'a rien de commun avec la vraie perspective du peintre, et il est autorisé à appeler ces jeux d'optique ou ces anamorphoses, qu'on fait souvent trop valoir, de véritables enfantillages.

Les géomètres donnent encore le nom de perspective des ombres, soit aux ombres géométriques qui ont lieu sur les corps, soit aux ombrages ou ombres portées sur les corps. Néanmoins quelques géomètres ont compris aussi dans ce mot perspective des ombres les dégradations ou affaiblissemens des tons par l'effet des situations obliques des surfaces et même par l'effet de l'air. En ceci leur langage manque de précision, car il fallait appeler cette dernière science perspective des tons. En effet, perspective des ombres et des ombrages, et perspective des tons, sont deux choses fort différentes, puisque les tons n'ont pas de rapports avec la forme des ombres, tandis que les tons expriment les degrés d'intensité des ombres. Ceci sera rendu plus intelligible dans certains chapitres du clair-obscur.

Quant à l'expression perspective aérienne, on l'a appliquée assez vaguement à l'art de dégrader les couleurs. Ce terme est peu précis, puisqu'on l'applique indifféremment aux teintes ou aux tons; on devrait donc distinguer au moins la perspective aérienne des tons, et la perspective aérienne des teintes, et il suffirait de dire perspective des tons et perspective des teintes. (Voy. encore les chapitres relatifs au clair-obscur.)

De la simplicité et des avantages de la théorie de perspective adoptée en ce traité.

Tout ce que je dirais par avance sur les avantages attachés à notre nouvelle théorie, ne pourrait jamais, je le sais, persuader qu'à demi, et ce ne sera que quand les peintres auront pratiqué la méthode que nous tâchons d'expliquer dans ce traité, qu'ils seront entièrement convaincus et qu'ils se passionneront enfin pour défendre les vérités qui dans notre exposé ne leur sembleront encore que des conjectures. Néanmoins nous allons tâcher de faire ressortir ici quelques-uns de ses plus grands avantages.

Disons donc de suite qu'au moyen de l'échelle perspective, on peut remettre en géométral toute esquisse faite d'imagination, et par conséquent la juger et l'analyser, tant sous le rapport des formes, des proportions, constructions, positions relatives et situation des objets qu'elle tend à représenter, que sous le rapport de la représentation elle-même, en sorte qu'après cette épreuve le peintre peut corriger, soit l'objet imaginé, soit la représentation fautive qu'il en a faite par sentiment.

Ce qui vient d'être dit prévient l'objection suivante, faite par ceux qui ne perdent pas de vue les besoins et l'obligation où est le peintre; il faut, disent-ils, que l'artiste juge d'abord le perspectif et non le géométrique, puisqu'il lui faut discerner si ce perspectif ou cet aspect perspectif lui convient pour le bon effet optique de son tableau. Cette observation est fondée; en effet, c'est par là qu'il doit commencer, le choix du sujet et des objets étant fixé. C'est après ce choix du sujet qu'il lui faut déterminer le choix optique ou l'aspect des lignes, des masses, etc. Cependant la théorie des écrivains s'est peu accommodée à ce besoin premier des peintres. Dans tous les livres on

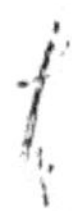

leur dit : ayez un plan, puis vous aurez à l'aide de telle ou telle opération un résultat perspectif. Il fallait leur dire : adoptez un scénographique ou bien un aspect convenable et pittoresque de tel ou tel objet qui vous convienne, puis rendez cette image ou ce choix optique vrai, tant en représentant avec justesse et exactitude l'apparence scénographique de cet objet, une fois choisi et adopté, qu'en le mesurant et en vérifiant la vraisemblance et le possible de sa construction par une graphie géométrale ou géométrique : or c'est là précisément ce que nous voulons enseigner ici. Nous disons donc : prenez un modèle, adoptez une pose et un aspect de cette pose, puis faites-en une représentation géométrale; car celle-ci étant obtenue, la représentation scénographique que vous aurez à en faire ne sera rien quant à la difficulté, grâce à l'échelle de réduction dont nous avons parlé. Mais, pourrait-on objecter, une pose donnée par un modèle est rarement telle que la pose que nous avons dans l'idée. Ailleurs j'aurai soin d'examiner cette objection et j'y répondrai avec étendue; mais je dirai en passant que dans bien des cas elle est nulle, et qu'elle provient souvent de l'erreur des modernes qui, ne pouvant pas représenter la nature, ne trouvent pas assez animées, assez vivifiées les images qu'ils prétendent en faire, mais qu'ils rendent fausses et maniérées par espoir de dédommagement.

Cependant, va-t-on me demander encore, comment obtenir ce géométral d'une figure vivante et mobile, géométral qui doit être une espèce de calque de la pose ou du modèle. Je répondrai ici en passant que c'est en en prenant la silhouette. Or silhouette n'est pas le mot : je l'emploie provisoirement pour me faire comprendre; ce mot, c'est l'orthographie, c'est-à-dire, le contour de l'objet sans vision perspective et sans les diminutions scénographiques d'éloignement ou d'enfoncement, mais seulement avec les raccourcis orthographiques, lesquels peuvent être mesurés très-facilement. Si l'on a compris ceci et que l'on ait aussi compris que l'on peut rendre perspective cette orthographie, en employant une échelle perspective proportionnelle aux enfoncemens, on ne manquera pas de concevoir de suite que tout modèle vivant peut être sûrement représenté en perspective, si on en peut avoir l'orthographie. Et, il faut le dire encore ici, une représentation géométrale ou orthographique n'est point si différente qu'on pourrait l'imaginer d'une représentation perspective ou scénographique, puisque cette première représentation, qu'on appelle élévation géométrale, n'est autre, ainsi que je l'ai déjà dit, que l'image d'un objet aperçu par un œil aussi grand que lui. Cependant l'orthographie par la silhouette n'est pas un moyen universel, puisqu'il est impraticable quand il s'agit de poses fugitives que le modèle ne saurait donner; je parlerai donc à son lieu du moyen de représenter ces poses par lignes articulées et toujours géométralement.

On sent par cet exposé que les opérations relatives à la représentation sur le tableau ne peuvent pas manquer d'être simples, directes et assurées dans notre doctrine dont le fond est emprunté à Desarguès, inventeur trop longtems délaissé. On sent que l'usage d'une échelle perspective dégage le dessinateur de ces mille et mille opérations nécessitées par ce qu'il appelle le point de vue accidentel, point qui n'est en rien à considérer ici, parce qu'il est nul selon cette nouvelle méthode. On sent aussi qu'un semblable procédé est réellement celui qui est propre au peintre, en ce que celui-ci peut, je le répète, commencer par faire l'esquisse de son objet, et qu'il peut vérifier et la scénographie et la construction de cet objet dont il a tenté la représentation par cette esquisse. Enfin toute sa représentation repose sur des opérations certaines, dirigées par le compas et la règle, et nullement par des tâtonnemens à vue et de sentiment.

Je n'ajoute pas que c'est encore à l'aide de cette échelle de réductions qu'on peut mesurer les tons et les teintes, et les déterminer géométriquement et scénographiquement, puisqu'on peut déterminer les obliquités et les enfoncemens, et de plus l'espèce d'air et de luminaire qui exercent optiquement leur influence sur l'apparence de ces obliquités. Cette belle application de la perspective au coloris est encore due à Desargues, ainsi que nous l'avons déjà dit; mais il n'a pas su la rendre praticable, n'ayant pas imaginé le moyen de diviser les tons et les teintes.

Par cette méthode le peintre n'est pas dans la nécessité fatiguante de juger à chaque instant par sentiment de son ouvrage, ni de se reculer à tous momens à la distance d'où le spectateur doit voir son tableau et de laquelle il cherche à juger si ce qu'il a fait à tâtons et au hasard produit un effet juste et conforme à la nature. Il peut au contraire ne s'embarrasser que très-peu de ce soin, ayant par ses calculs disposé toutes ses opérations de manière qu'elles sont infaillibles, et n'étant tenu à juger ainsi de loin que quand il en est à ce moyen du sentiment, et quand il veut, soit apercevoir ses négligences, soit fortifier par un certain accent les vérités qu'il a déjà produites.

Cet avantage semblera incroyable à bien des lecteurs; mais je dois dire plus, c'est que dans les exercices et les tableaux que l'on fera par ce procédé, que je n'ai au reste complété que très-récemment, on aura plus à redouter le sentiment de la vue qu'à le consulter, car lorsque le peintre est près de la toile en dessinant, il croit faux ce qui est juste, ou juste ce qui est faux par rapport à la distance vraie qu'il s'est prescrite lui-même.

De plus, on peut travailler par parties, parce qu'on s'assure du rapport juste de ces parties avec les autres ou avec l'ensemble, en sorte que le peintre n'est pas obligé d'aller à la distance, pour juger par sentiment ces rapports sur de vastes ensembles qu'il a cru devoir ébaucher.

Indépendamment de cela, les fautes sont locales et frappent la vue et l'esprit, parce que le plus grand nombre des parties ou des points pris sont justes. D'ailleurs le peintre ne s'inquiète pas de l'apparence bizarre de certaines lignes, puisqu'il a opéré par les règles, et il ne change pas continuellement ses lignes ou ses points, puisqu'ils sont justes, et qu'ils ne résultent pas des illusions et de l'erreur de son sentiment visuel.

Un dernier avantage enfin, c'est de pouvoir rectifier les erreurs des autres, comme on rectifiera les siennes, et cela sans aucune altercation entre les juges, puisque tous les moyens de cette théorie sont des moyens sûrs et régulateurs qui doivent être les mêmes pour tous les peintres. Avec cette théorie, les discussions des artistes en présence d'un tableau ne seraient plus interminables, car rien ne serait douteux quant au dessin ou à la graphie, ainsi qu'il arrive aujourd'hui. Si donc les élèves étaient instruits dans la géométrie et dans la perspective, telle que nous l'entendons ici, toutes les discussions deviendraient au contraire aussi divertissantes qu'instructives; toutes les fautes des tableaux quant à la partie graphique deviendraient démontrables et pourraient être mises aisément à découvert : cela, il est vrai, ne plairait pas à bien des gens, de même que cela ne plaisait guère, ainsi que je l'ai dit, aux confrères de Bosse, qui n'en publia pas moins ses livres, livres qui eussent changé toute la théorie de la peinture, s'ils eussent été traités plus méthodiquement, et s'il eût pu appliquer la savante doctrine de Desargues à la représentation de la figure humaine.

Cette nouvelle théorie n'a donc rien qui prévienne contre elle, si ce n'est qu'elle donne à croire, vu sa différence avec la routine ordinaire, qu'on ne l'a pas employée, étant impraticable et défectueuse, et que les modernes qui s'occupent de peinture depuis quatre cents ans l'eussent certainement déjà inventée; mais il faut savoir au contraire qu'elle a été indiquée et tentée par un grand nombre de peintres géomètres. Albert-Durer et Jean Cousin parlent du géométral de la figure humaine comme d'un moyen usité généralement de leur tems. Paul Lomazzo est tout rempli de citations et de passages qui prouvent la même chose, surtout lorsqu'il indique les livres de Daniel Barbaro, de Bernardo-Zénale, de Vincenzo-Foppa, les manuscrits et dessins de Mantegna, et ceux d'autres habiles dessinateurs des anciennes écoles, dessinateurs appelés par Paul Lomazzo *nos anciens,* et qui tous regardaient la géométrie ou la perspective comme la grande science fondamentale de leur art. (Voy. au reste, dans P. Lomazzo, les chap. 16 et 20, liv. 5. Voy. encore au chapitre des proportions ce qu'il dit sur le livre d'Albert-Durer, livre qui, selon nous, provient de l'antiquité.) Ainsi, si cette théorie particulière n'a pas encore été pratiquée universellement, cela vient et de l'état incertain où a été jusqu'ici la théorie générale de la peinture, et du manque d'écoles complètes pour cet art; si cette méthode n'a pas encore été classique, c'est parce qu'on n'était pas parvenu à la rendre simple, une, facile et bien adaptée à l'art libéral de la peinture, art qui exige certains choix, vu les convenances dans les apparences optiques. Mais il est une autre cause fort ancienne de ce retard, c'est la vanité des hommes intéressés à la repousser et à la condamner comme chimérique.

Si donc nous recherchons avec constance la véritable méthode, et si nous jetons de côté les préjugés qui nous gênent, qui nous retardent dans le chemin de la vérité, un jour viendra, il n'en faut pas douter, où nous pourrons dire avec un noble orgueil : et nous aussi nous peignons comme dans la belle antiquité.

CHAPITRE 239.

ÉLÉMENS DE GÉOMÉTRIE PRATIQUE, NÉCESSAIRES AU PEINTRE.

Je n'entreprendrai point de démontrer ici combien la géométrie peut être nécessaire à la peinture. Les artistes qui voudront étudier ce traité, seront convaincus par avance de cette nécessité; mais ceux qui ne voudront pas l'étudier, ne feraient aucun profit des raisonnemens que je m'efforcerais de leur exposer ici dans l'espoir de les persuader. Qu'il me suffise donc de dire que la géométrie est la base du dessin, ainsi que de la peinture, et que c'est à la géométrie qu'on doit emprunter tous les moyens de parvenir à la justesse de représentation.

On définit la géométrie en disant qu'elle est une science qui a pour objet l'étendue, sa mesure et ses rapports.

La géométrie est une partie des mathématiques, et il faut savoir aussi qu'on rapporte aux mathématiques toutes les sciences qui traitent des grandeurs. Or les mathématiques pures se divisent en trois parties, savoir : l'arithmétique, l'algèbre et la géométrie.

L'arithmétique traite des grandeurs exprimées par des chiffres.

L'algèbre traite des grandeurs en général exprimées par des signes dont la signification n'est pas déterminée par leur nature : ces signes sont les lettres de l'alphabet.

La géométrie considère les trois espèces d'étendue, les lignes, les surfaces et les solides ; son véritable objet est l'étendue considérée en tant qu'elle a trois dimensions, longueur, largeur et hauteur.

L'étendue en longueur, considérée sans largeur et sans hauteur, se nomme ligne.

L'étendue en longueur et largeur, considérée ensemble indépendamment de la hauteur, se nomme surface ou superficie.

L'étendue en longueur, en largeur et en hauteur, considérées ensemble, se nomme solide ou corps et quelquefois volume.

Remarquez que, bien qu'il n'y ait point d'étendue qui ne réunisse les trois dimensions, longueur, largeur et hauteur, et qu'il n'y ait pas de point sans étendue, cela n'empêche pas qu'on ne puisse considérer quelques-unes de ces dimensions sans les autres. Ainsi, on peut considérer la longueur sans la largeur et la hauteur, et de même on peut considérer la longueur et la largeur sans faire attention à la hauteur ; enfin on peut considérer le point sans aucune dimension.

Faisons remarquer ici que quelques géomètres emploient le mot profondeur comme synonyme de hauteur; mais nous considérons ici le mot profondeur comme devant exprimer les enfoncemens dans le cadre ou le tableau : c'est ainsi qu'il est permis de dire la profondeur d'un four, d'une galerie ou d'une allée (peut-être serait-il mieux d'admettre pour synonyme de hauteur le mot épaisseur). On remarque donc aisément que le mot profondeur a quelque chose d'équivoque, puisqu'il peut s'appliquer à tous les espaces horizontaux enfoncés et s'éloignant du spectateur, et à tous les espaces verticaux et souterrains : tels sont ceux des grands trous, des puits ou abîmes.

Nous avons dit qu'il y avait trois espèces d'étendue : la ligne, la surface et le solide ou corps. Parlons de ces choses en particulier, et commençons avant tout par définir le point.

Du point.

Le point mathématique n'ayant aucune partie ne peut être divisé, mais on le représente par un point sensible (voy. fig. 104). Physiqnement parlant, un point, quelque petit qu'il soit, contient toujours plusieurs autres points plus petits. Mais il suffit ici de supposer que le point mathématique se trouve dans le point sensible, et qu'on le considère comme ne devant pas être divisé.

De la ligne.

La ligne mathématique a de la longueur sans largeur : on la représente par une ligne sensible, telle que AB (fig. 105). Il y a deux sortes de lignes : des droites, telles que la précédente AB, et des courbes, telles que les figures 108, 121, 124 ou autres.

Il n'y a qu'une seule espèce de ligne droite, mais les lignes courbes sont d'espèces sans nombre.

La ligne droite est donc celle dont toutes les parties ont la même direction ; c'est le plus court chemin d'un point à un autre : et la ligne courbe est celle qui, n'ayant jamais deux parties égales dans la même direction, s'approche plus ou moins de la forme de l'arc.

Une ligne est perpendiculaire sur une autre, lorsqu'elle la rencontre sans pencher plus d'un côté que de l'autre ; la perpendiculaire est donc le plus court chemin d'un point à une ligne (voy. la fig. 106).

La ligne horizontale est celle qui est parallèle à l'horizon et qui ne s'abaisse ni ne s'élève dans aucun sens (voy. plus bas ce qu'on entend par parallèle). Le mot horizon vient du grec, et signifie limite, borne ou point évanouissant. La ligne verticale est celle qui ne penchant ni d'un côté ni d'un autre, est par conséquent perpendiculaire à la ligne horizontale (voy. la même fig. 106), c'est ce qui la différencie de la ligne oblique, ainsi appelée, lorsqu'elle est seulement inclinée ou de biais, et que sa direction n'est ni verticale ni horizontale.

Une ligne est appelée diagonale, quand elle va d'un angle d'une figure rectiligne (ou terminée par des lignes droites) à un autre angle non adjacent (voy. la ligne AB indiquée fig. 113, et la ligne CD, fig. 114).

Deux lignes sont parallèles, lorsqu'elles sont également distantes l'une de l'autre dans toute leur étendue et qu'elles ne peuvent se rencontrer (voy. les fig. 107 et 108).

Des angles.

Un angle est l'espace indéterminé qui se trouve entre deux lignes ou deux plans qui se coupent ou qui se joignent en un point. On nomme côtés les deux lignes qui forment l'angle : on nomme sommet de l'angle le point où ces côtés se réunissent. La grandeur de l'angle dépend donc du plus ou du moins d'ouverture qui résulte des deux lignes ou côtés.

Les angles composés de lignes droites sont appelés rectilignes (voy. les fig. 110, 111, 112, etc.).

Les angles composés de lignes courbes sont appelés curvilignes (voy. les fig. 122, 123 et 124).

Les angles composés de lignes droites et de lignes courbes sont appelés mixtilignes (voy. les fig. 125 et 126).

Les angles composés de lignes droites sont de trois sortes, qui sont :

L'angle droit qui est l'ouverture de deux lignes perpendiculaires l'une sur l'autre ou qui ne penchent nullement (voy. fig. 109, EAC);

L'angle obtus qui est plus ouvert et par conséquent plus grand que l'angle droit (voy. même fig. l'angle DAC),

Et l'angle aigu qui est plus fermé et par conséquent plus petit que l'angle droit (voy. même fig. BAC).

Des figures.

La ligne terminée par des points n'est pas nommée figure; mais tout ce qui est compris et environné par un ou plusieurs termes, est nommé figure.

Par le mot terme on doit entendre l'extrémité d'une

chose. Ainsi des points sont l'extrémité ou le terme des lignes; des lignes sont l'extrémité ou le terme des surfaces, et des surfaces sont l'extrémité ou le terme des corps ou solides.

Les figures sont composées ou de lignes droites, ou de lignes courbes, ou de lignes droites et courbes.

On ne peut pas construire une figure avec deux lignes droites seulement, car deux lignes droites n'enferment pas un espace, et il en faut nécessairement une troisième.

Des figures, qui, étant composées de trois lignes droites, sont appelées triangles.

Un triangle est une figure qui a trois côtés et trois angles. Il y en a de plusieurs espèces.

On appelle triangle équilatéral, celui qui a ses trois côtés égaux (voy. fig. 110).

On appelle triangle isocèle, celui qui a seulement deux côtés égaux (fig. 111).

On appelle triangle scalène, celui dont les trois côtés sont inégaux (fig. 112).

On appelle triangle rectangle, celui dont un des angles est droit.

On appelle encore triangle amblygone, celui dont un des angles est obtus, c'est-à-dire, plus grand qu'un angle droit; triangle oxigone, celui dont tous les angles sont aigus.

Des figures composées de quatre lignes droites.

Les figures composées de quatre lignes droites sont le carré, qui est composé de quatre cotés égaux et de quatre angles droits (voy. la fig. 113).

Le parallélogramme, qui est une figure à quatre côtés parallèles deux à deux. Quand ses quatre angles sont droits, on l'appelle communément carré long ou parallélogramme rectangle (voy. fig. 114); quand les angles opposés seulement sont égaux entr'eux, on l'appelle rhombe ou parallélogramme obliquangle (fig. 115).

Le lozange, qui est composé de quatre côtés égaux, mais dont les angles ne sont pas droits (fig. 116).

Le trapèze, qui est un quadrilatère ou figure à quatre côtés inégaux et dont deux seulement sont parallèles (fig. 117).

Et le quadrilatère, proprement dit, qui n'a aucun de ses côtés parallèles.

Des figures composées de plusieurs lignes droites.

Ces figures sont d'espèces sans nombre (voy. les fig. 112, 117, 118, etc.).

On a donné en général le nom de polygones à des figures rectilignes composées de plus de deux lignes, et ayant par conséquent plusieurs angles et plusieurs côtés (voy. la fig. 118).

Le polygone équilatéral est celui dont tous les côtés sont égaux.

On a donné le nom de pentagone au polygone à cinq côtés; on a donné le nom d'hexagone à celui de six côtés, d'heptagone à celui de sept, d'octogone à celui de huit, d'ennéagone à celui de neuf, de décagone à celui de dix, d'endécagone à celui de onze, de dodécagone à celui de douze, etc., etc.

Des figures composées de lignes courbes.

Les figures composées de lignes courbes peuvent être construites par une ou par plusieurs lignes.

Les figures composées d'une seule ligne courbe, sont le cercle, l'ovale ou l'ellipse, et plusieurs autres figures irrégulières.

Du cercle (*fig.* 119).

Dans le cercle, on distingue la circonférence, c'est-à-dire, le pourtour ou la ligne qui le circonscrit.

Le centre *o*, qui est le point également distant de tous ceux de la circonférence.

Le diamètre AD, ligne droite qui passant par le centre et aboutissant à deux points opposés de la circonférence, partage le cercle en deux parties égales; tout diamètre est composé de deux rayons.

Le rayon *om* ou la ligne avec laquelle on décrit le cercle, et qu'on peut définir en disant qu'il est une ligne droite qui part du centre et touche à un des points de la circonférence (les rayons *on*, *or*, se rapportent à des cercles plus petits). Tous les rayons d'un même cercle sont égaux.

Un arc de cercle est une portion quelconque de la circonférence.

On appelle corde la ligne droite tirée d'une extrémité de l'arc à l'autre (voy. CF).

Une tangente est une ligne droite qui touche en un point la circonférence ou l'arc d'un cercle (voy. AB).

Le segment est la partie du cercle comprise entre un arc et sa corde.

Le secteur est la partie du cercle comprise entre deux rayons et l'arc qu'ils interceptent.

La sécante est une ligne qui rencontre la circonférence en deux points et qui est en partie en dehors (voy. DE).

Quoique nous ne considérions ici le cercle que comme figure, nous ajouterons que les géomètres divisent sa circonférence en trois cent soixante parties égales, qu'ils ont appelées degrés, le degré en 60 minutes, la minute en 60 secondes, etc. (voy. la fig. 120).

De nouveaux savans ont pensé que ce mode, qui présentait quelques facilités dans la pratique, à cause du grand nombre de diviseurs de 60 et de 360, était cependant sujet à l'inconvénient des nombres complexes, et nuisait par conséquent à la rapidité du calcul; ils ont donc cru qu'il y aurait un grand avantage à introduire la division décimale dans la mesure des angles, en conséquence ils ont regardé comme unité principale le quart de la circonférence ou le quadrant, mesure de l'angle droit, et ils ont divisé cette unité en 100 parties égales appelées degrés, le degré en 100 minutes, et la minute en 100 secondes. Les degrés, minutes et secondes se désignent respectivement, comme dans l'ancienne division, ensorte que l'expression 16° 6' 75" représente ou un arc, ou un angle de 16 degrés 6 minutes 75 secondes. Malgré l'avantage de cette nouvelle division en 100 degrés, l'ancienne division est toujours en usage.

De l'ellipse ou ovale, et de la spirale.

L'ovale ou ellipse est de plusieurs espèces (voy. les fig. 162, 163 et 164).

On peut indiquer ici la spirale, qui est une courbe faisant sur un plan plusieurs révolutions autour d'un point dont elle s'éloigne toujours de plus en plus (voy. la fig. 121).

Des figures curvilignes ou composées de plusieurs lignes courbes.

Ces figures sont sans nombre (voyez entr'autres les fig. 122, 123 et 124).

Des figures mixtilignes ou composées de lignes droites et courbes.

Voy. entr'autres les fig. 125 et 126.

De ce qu'on entend par figures semblables.

Une figure est dite semblable à une autre, quand les angles de l'une sont respectivement égaux à ceux de l'autre, lors même que les deux figures ne seraient pas d'égale grandeur : la figure 127 est semblable, mais non égale à la figure 128.

De ce qu'on entend par figures semblables et égales.

Une figure est dite semblable et égale à une autre, quand non-seulement ses angles sont semblables entr'eux, mais aussi quand les deux figures sont de la même grandeur (voy. la fig. 128 qui est égale et semblable à la fig. 129).

Des surfaces ou superficies.

La superficie mathématique a de la largeur et de la longueur, mais point d'épaisseur. AB (fig. 126) est la longueur : AC, est la largeur. Il y a des surfaces planes ; il y en a de non planes ; les premières sont bornées par des lignes droites (voy. fig. 128) ; les autres sont bornées par des lignes courbes, comme BDE (fig. 126). Il n'y a qu'une espèce de superficie plane, mais les superficies non planes sont d'espèces sans nombre : celles-ci sont pour le peintre celles qu'il importe le plus d'étudier.

Des solides.

Un solide est un corps considéré comme ayant les trois dimensions, longueur, largeur et hauteur. De même que les figures sont bornées par des lignes, de même les solides sont bornés par des superficies.

Nous allons indiquer un certain nombre de solides.

Le parallélépipède (fig. 130), qui est un solide composé de surfaces perpendiculaires l'une sur l'autre.

Le cube (fig. 131), qui est un parallélépipède dont les six faces sont des carrés égaux, c'est-à-dire, que la longueur y est égale à la largeur et à la profondeur.

La pyramide (fig. 132), qui est un solide composé de plusieurs plans triangulaires, qui se rencontrent sur un même point appelé le sommet, et qui a un autre plan quelconque pour base.

Le prisme (fig. 133), qui est un solide dont les deux bases sont des figures parfaitement égales : il est triangulaire lorsque sa base est un triangle, quadrangulaire lorsque sa base est un polygone de quatre côtés, en un mot le prisme prend son nom du polygone qui lui sert de base.

Le cylindre (fig. 134), qui est un prisme dont la base est un cercle.

Le cône (fig. 135), qui est aussi une pyramide dont la base est un cercle.

La sphère ou boule (fig. 136).

Et le sphéroïde (fig. 137).

On appelle axe une ligne droite qui passe par le centre d'une sphère, et dont le plan la divise en deux parties égales et semblables.

Nous ne donnerons pas un plus grand nombre de définitions; les élèves consulteront avec fruit le Dictionnaire des mathématiques de Saverien, 2 vol. in-4°. Quant aux traités de géométrie qui sont les plus estimés, on peut citer ceux de Lacaille, Bossut, Bezout, Lacroix, Legendre, Francœur, etc.

CHAPITRE 240.

MOYENS DE CONSTRUIRE LES FIGURES DE GÉOMÉTRIE NÉCESSAIRES A L'ÉTUDE DU DESSIN, EN EMPLOYANT LA RÈGLE ET LE COMPAS.

Tracer une ligne droite (fig. 138).

Bien qu'une ligne droite ne soit pas une figure, disons que deux points AB étant donnés, ils déterminent la situation de la règle, et qu'en la suivant avec le crayon on obtient la ligne droite.

Tracer un cercle (fig. 139).

Le centre étant déterminé, tel que A, ainsi que la grandeur du rayon, telle que AB, on ouvre le compas selon cette grandeur et l'on fixe une des pointes au centre; puis, à l'aide de l'autre pointe, on trace la courbe qui ayant toutes ses parties à égale distance du centre formera un cercle parfait.

Couper une ligne horizontale par une ligne perpendiculaire (fig. 140).

Soit la ligne horizontale AB : des points A et B pris à volonté sur cette ligne, et d'une ouverture de compas plus grande que la moitié de AB, tracez les portions de cercle indiquées en C et D : les intersections de ces courbes donneront les deux points par lesquels devra passer la perpendiculaire demandée.

Élever une perpendiculaire sur une ligne vers un point donné hors de cette ligne (fig. 141).

A est le point vers lequel on veut élever une perpendiculaire sur la ligne BD. De ce point et d'une ouverture de compas plus grande que la plus courte distance de A à la ligne horizontale, décrivez l'arc BCD qui coupe la ligne horizontale aux points B et D. De ces points comme centre et d'une ouverture de compas prise à volonté, décrivez les deux portions de cercle qui se coupent au point E. Puis par les points E et A menez une ligne droite; elle sera perpendiculaire à la ligne BD. (On peut abaisser par le même procédé une ligne perpendiculaire sur une horizontale vers un point qui serait sur cette ligne.)

A l'extrémité d'une ligne droite élever une perpendiculaire (fig. 142).

Soit la ligne droite AD, et A le point duquel on veut élever la perpendiculaire. Placez une pointe du compas au point A, l'autre pointe étant placée à volonté comme en B. De ce point B pris pour centre, tracez le demi-cercle CAD. Du point C, où le demi-cercle coupe la ligne horizontale AC, tirez une ligne indéfinie passant par le point B, cette ligne donnera sur le demi-cercle le point D. Tirez une droite par ce point D et par le point A ; elle sera la perpendiculaire demandée. (On comprend que le même moyen peut être employé pour abaisser une perpendiculaire à l'extrémité d'une droite quelconque).

D'un point hors d'une ligne droite mener une parallèle à cette ligne droite (fig. 143).

Soit AB la droite, C le point par lequel doit passer la ligne parallèle à AB. Du point C comme centre, et d'une ouverture de compas égale au rayon CD, décrivez l'arc de cercle GDH, puis avec la même ouverture de compas et d'un point E pris à volonté sur la droite AB, décrivez l'arc de cercle IFJ. Tirez une droite par le point F et par le point C; elle sera parallèle à la droite AB.

Construire un carré (fig. 144).

Le côté AB étant donné, ou élèvera au point A (par le procédé de la fig. 142) la ligne AC perpendiculaire et égale à AB. On fera ensuite le côté BD égale à AC, et on obtiendra les droites AC et BD; on reportera la même grandeur de C en D, ce qui donnera les points de section où doivent se joindre les lignes qui terminent le carré.

Construire un carré long ou parallélogramme, les deux côtés étant donnés (fig. 145).

AB est la mesure du grand côté, et AC la mesure du petit. Au point A, élevez la perpendiculaire AC (par le procédé employé à la figure 142), et tirez les lignes CD et DB, comme pour la figure 144; cela formera le parallélogramme.

Construire un lozange, la longueur et la hauteur étant données (fig. 146).

Soit AB la longueur, et CD la hauteur. Sur le milieu

de la ligne AB, élevez une perpendiculaire indéfinie (voy. fig. 140), ce qui donnera le centre E; portez ensuite sur cette même ligne indéfinie à partir du point E la moitié de CD, vous aurez alors les quatre points extérieurs ABCD que vous joindrez ensemble par des lignes droites, et le lozange sera construit.

Moyen de trouver le centre perdu d'un cercle (fig. 147).

La circonférence étant connue, on tracera à volonté deux cordes AB et BC. Sur le milieu de chacune d'elles, et par le procédé de la figure 140, on élèvera les perpendiculaires indéfinies DE, FG : leur rencontre aura lieu en un point H, et ce point sera le centre cherché.

La même opération sert également pour trouver le centre d'une portion de cercle (fig. 148).

Elle sert aussi à faire passer une portion de cercle par trois points donnés, pourvu qu'ils ne soient pas en ligne droite.

Construire un triangle équilatéral, un côté étant donné (fig. 149).

AB est le côté donné; de chacune de ses extrémités, et d'une ouverture de compas égale à la distance de A en B, décrivez les arcs AC, BC : l'intersection de ces arcs en C sera le sommet du triangle équilatéral.

Construire un triangle équilatéral dans un cercle (fig. 150).

Le cercle étant construit, tracez le diamètre AB, puis d'une ouverture de compas égale à BC rayon du cercle, et une pointe étant fixée au point B, décrivez l'arc DCE, ce qui donnera DE, base du triangle. Joignez ensuite par des droites les extrémités D et E au sommet A, vous aurez inscrit le triangle équilatéral demandé.

Inscrire un cercle dans un triangle équilatéral (fig. 151).

Le triangle ABC étant construit (par le procédé employé fig. 149), d'une ouverture de compas plus grande que la moitié de AC et BC, et une pointe étant fixée en A, décrivez l'arc D et l'arc E ; puis une pointe du compas étant fixée en C, et la même ouverture du compas étant conservée, décrivez l'autre arc D et l'autre arc E, ce qui donnera les deux points de section DE. Ensuite d'une ouverture de compas plus grande que la moitié de BC, et une pointe étant fixée en B, faites une opération semblable à la précédente, ce qui donnera les points d'intersection GF. Tirez alors les lignes ponctuées DE, FG, elles se couperont en un point H qui sera le centre du cercle. Ensuite d'une ouverture de compas égale à HI rayon, décrivez le cercle.

Inscrire un carré dans un cercle (fig. 152).

Le cercle étant décrit, et le diamètre AB tracé, d'une ouverture de compas plus grande que la moitié de AB, et une des pointes étant placée successivement en A et en B, décrivez les arcs en C, puis par leur intersection et par le centre D, tirez une droite indéfinie qui coupera la circonférence au point E, vous aurez alors sur cette circonférence les points A, E, B, I, que vous joindrez par les droites AE, EB, BI et IA : le carré sera inscrit dans le cercle.

Inscrire un cercle dans un carré (fig. 153).

Le carré étant tracé par le procédé indiqué à la figure 144, et les diagonales AB, CD, étant indiquées, du point E comme centre, et d'une ouverture de compas égale à la ligne EF rayon, décrivez le cercle qui touchera le carré aux points F, G, H, I : ce cercle sera inscrit dans un carré.

Moyen de partager une ligne droite en plusieurs parties égales, la dimension de cette ligne étant prescrite (fig. 153 bis).

Pour partager AB en cinq parties égales, on tire une ligne indéfinie AX, en formant en A un angle quelconque; on porte sur AX cinq ouvertures égales de compas et arbitraires, telles que AC, CD, DE, EF et FG ; on joint ce dernier point de division G avec le point B, et l'on tire par les autres points F, E, D, C des parallèles à BG, lesquelles divisent AB en cinq parties égales.

Moyen de diviser la circonférence en cinq parties égales (fig. 154).

Le cercle étant décrit, et son diamètre AB, ainsi que son rayon DE, étant tracé, divisez le demi-diamètre en deux parties égales CA, CD; puis d'une ouverture de compas de la grandeur CE, et une des pointes étant fixée en C, décrivez l'arc EF : la grandeur de l'arc EF sera la cinquième partie de la circonférence. En portant cinq fois autour du cercle cette grandeur, on aura obtenu la division du cercle en cinq parties égales. Si de ces points on tire des droites, on obtiendra un pentagone régulier inscrit dans le cercle.

Moyen de diviser la circonférence en six parties égales (fig. 155).

Le cercle et son diamètre AB étant tracés, prenez le demi-diamètre, et portez cette grandeur six fois sur la circonférence; par ce moyen le cercle sera divisé en six parties égales, et si de ces points on tire des droites, on obtiendra un hexagone régulier inscrit dans le cercle.

Moyen de diviser la circonférence en sept parties égales (fig. 156).

Inscrivez dans le cercle un triangle équilatéral, puis prenez la moitié d'un des côtés du triangle, cette moitié sera la septième partie de la circonférence. Ainsi, en posant sept fois cette grandeur sur la circonférence, on aura les points de division, desquels on pourra tirer des droites qui formeront un eptagone ou figure à sept côtés.

Moyen de diviser la circonférence en huit parties égales (fig. 157).

Le cercle étant décrit, et les deux diamètres AB et CD étant tracés, d'une ouverture de compas plus grande que la moitié de la corde AC, décrivez des points B et C les arcs en E. Par leur intersection et par le centre F tirez la droite FE, cette droite sectionnera l'arc CB en G; la grandeur de G en C ou en B sera la huitième division du cercle. On peut par ce moyen obtenir un octogone.

Moyen de diviser la circonférence en neuf parties égales (fig. 158).

Divisez d'abord le cercle en trois parties égales (voy. la fig. 150), puis subdivisez chaque arc en trois parties. On peut obtenir ainsi un ennéagone ou figure à neuf côtés.

Moyen de diviser la circonfér. en dix parties égales (fig. 159).

Le cercle et son diamètre AB est tracé ainsi que le rayon CD. Divisez le demi-diamètre AC en deux parties égales AE, EC : du point E comme centre, et d'une ouverture de compas égale à ED, décrivez l'arc DF, la grandeur CF sera la dixième partie de la circonférence. On peut par ce moyen former un décagone ou figure à dix côtés.

Moyen de diviser la circonfér. en onze parties égales (fig. 160).

Pour obtenir cette division, opérez comme pour la figure 156; mais au lieu de prendre pour mesure de division la moitié d'un des côtés du triangle, prenez-en le tiers. Par ce moyen on peut former un endécagone ou figure à onze côtés.

Moyen de diviser la circonfér. en douze parties égales (fig. 161).

On emploie d'abord pour cette division de la circonférence en douze parties, le moyen indiqué pour la division en six (voy. fig. 155). Ensuite il ne s'agit que de prendre la moitié de chaque corde, en faisant passer par le centre la ligne partant de cette moitié.

On ne poursuit pas ici les autres divisions du cercle, parce que les livres de géométrie s'arrêtent aussi à ce point, et parce que les personnes parvenues aux divisions précédentes trouveront aisément les moyens d'obtenir les autres.

Moyen de former l'ellipse (fig. 162).

Le grand et le petit diamètre étant déterminés, tirez

des quatre points A, D, B, C des droites, ce qui formera d'abord un lozange. Pour obtenir le degré de renflement voulu, élevez sur le milieu de chacune de ces droites une perpendiculaire indéfinie, sur laquelle vous fixerez le point de renflement. De ces points E, F, G, H, tirez les droites AE, ED, DF, FB, BG, GC, CH et HA, ce qui formera un polygone ellyptique. Pour tracer régulièrement toute la courbe, on emploie si l'on veut le même procédé, c'est-à-dire, que du point A au point E une ligne droite étant tracée, on élèvera, à partir de son milieu, une ligne de renflement, ce qui donnera un nouveau point *a*, qu'on reportera aux trois autres côtés. Si au contraire on croit pouvoir tracer à vue cette nouvelle courbe, on se contentera de ce moyen de sentiment. Cette manière de former l'ellipse est très-utile aux peintres, parce qu'ils peuvent en modifier à volonté la courbe; condition fort importante et que ne remplit pas le moyen ordinaire, qui ne donne jamais qu'une même sorte de courbe (voy. les chap. 159, 542 et 606).

Moyen pratique de tracer une ellipse (fig. 163).

Les deux diamètres étant donnés, AC le grand, BD le petit, et les deux lignes étant tracées, prenez avec un cordeau la grandeur de la moitié du grand axe, AG ou GC; portez cette longueur de D en E et F : ces points seront les foyers de l'ellipse. Attachez à ces points un cordeau dont la longueur soit égale au grand axe ou diamètre AC, dont le milieu passera par D; mettez dans l'angle I que fait le cordeau un piquet que vous ferez mouvoir de D autour des points A, B, C, en revenant au point D : la trace du piquet déterminera l'ellipse demandée. On appelle aussi cette ellipse l'ovale des jardiniers.

Autre moyen de tracer une ellipse (fig. 164).

La ligne AB est donnée pour grandeur de l'ellipse. Divisez cette ligne en trois parties AH, HK, KB. Faites sur la partie HK les triangles équilatéraux HEK, HDK; ensuite des points H et K comme centres, décrivez les arcs LAC, IBG, jusqu'aux côtés des triangles prolongés; et des points E et D et d'un rayon égal à EL, décrivez du point D l'arc CI, et du point E l'arc LG.

Tenons-nous-en à ce nombre d'exercices. Les livres de de géométrie offrent toutes sortes de questions qui, très-bonnes pour la géométrie, nous semblent superflues pour un traité de peinture. Nous ne parlerons donc ni du moyen de tirer une ligne qui touche un cercle à un point donné, ni de celui de trouver les lignes tangentes sur deux cercles égaux et distans l'un de l'autre, ni de tant d'autres exercices que chaque élève studieux ne manquera pas de varier selon son intelligence et son activité. Au surplus, nous avons annoncé que nous ne nous chargions nullement d'instruire de la géométrie, science si nécessaire au peintre, ainsi que les mathématiques, mais bien de communiquer quelques moyens de géométrie pratique à l'usage des artistes.

Observations sur l'usage de la règle et de l'équerre.

Jusqu'ici nous avons supposé que l'élève obtient ses parallèles et ses perpendiculaires par la méthode indiquée précédemment. Mais, comme il existe des instrumens inventés pour abréger les opérations linéaires, il convient d'en dire ici quelque chose, afin d'aider le dessinateur qui va prendre l'habitude d'en faire usage.

On a imaginé, pour tracer des parallèles, l'assemblage de deux règles de cuivre qui s'écartent parallèlement à volonté. Mais un moyen fort usité, c'est la règle qui a la forme d'un T (voy. la fig. 167). Ce T étant construit avec justesse, et en bois qui ne se tourmente pas, se place sur le bord, supposé très-droit lui-même, d'une planchette sur laquelle on a fixé provisoirement, par les bords seulement, la feuille de papier sur laquelle on doit dessiner. En faisant glisser ce T, on est sûr d'obtenir des parallèles à tel écartement que ce soit. La mesure de cette planchette est ordinairement de dix-huit pouces sur quinze. Son épaisseur est d'un demi-pouce. Le T doit porter la même longueur et avoir un pouce et demi de large et deux lignes d'épaisseur. La pièce faisant la tête du T a huit pouces, même largeur que la règle, et neuf lignes d'épaisseur. Cette différence d'épaisseur forme l'espèce de feuillure, à l'aide de laquelle la longue règle glisse en s'appliquant toujours carrément sur la planche.

Pour reconnaître si une règle AB est bien dressée, menez avec elle une ligne AB (fig. 165); puis retournez la règle sens dessus dessous, et approchez-en le bord contre la ligne que vous avez tracée; si le bord de la règle convient sur tous les points, c'est une preuve qu'elle est bien dressée.

Pour reconnaître si une équerre est juste, menez la ligne AD (fig. 166) et élevez avec beaucoup de précision une perpendiculaire BC sur le milieu de AD. Présentez l'angle droit de l'équerre sur l'angle CAB, et voyez si ces deux angles se conviennent; ou bien tracez avec l'équerre la perpendiculaire BC sur DA; tournez l'équerre de l'autre côté de la perpendiculaire, et reconnaissez si cet angle droit de l'équerre convient parfaitement sur l'angle CBD.

CHAPITRE 241.

MOYENS DE COPIER DES DESSINS SEMBLABLES ET ÉGAUX, AINSI QUE DES DESSINS INÉGAUX ET SEMBLABLES. — USAGE DE LA CROIX D'ÉCARTEMENS. — EMPLOI DES ÉCHELLES DE RÉDUCTION ET D'AUGMENTATION.

Pour répéter des dessins égaux et semblables, on emploie ordinairement les calques. Nous parlerons de ce moyen (voy. le chap. 614). Mais, pour répéter des dessins inégaux et semblables, il a fallu imaginer un autre procédé, et on trouva bon l'emploi des carreaux ou treillis (voy. fig. 168 et 169; voy. aussi le mot Graticuler dans le Dictionnaire, et le chap. 614). L'usage des carreaux est généralement usité, parce qu'il est assez commode et qu'on l'emploie souvent pour répéter les objets en relief: Les Égyptiens en faisaient usage, comme nous l'avons dit, vol. 2, pag. 120. Mais bien qu'il soit expéditif et passablement sûr pour copier des dessins en plus grand ou en plus petit, on peut néanmoins en indiquer un autre infiniment plus simple et plus certain. Le voici :

De l'usage de la croix d'écartemens.

Tracez une croix parfaitement d'équerre au milieu et à travers les deux dessins, original et copie (voy. fig. 170 et 171) : un fil tendu en croix produit le même résultat. Puis ayant fixé sur le modèle (fig. 170) le point 1 que vous voulez répéter dans la copie en petit, prenez au compas la distance qu'il y a premièrement de ce point 1 à la ligne horizontale, et reportez cette distance (après qu'elle aura été réduite sur l'échelle) sur la copie, en tirant provisoirement une petite ligne horizontale 3, pour indiquer cette distance ou hauteur. Secondement, prenez la distance qu'il y a de ce même point 1 demandé à la ligne verticale de l'original, et reportez cet écartement ou cette largeur (réduite) à partir de la ligne verticale de votre copie jusque sur et vis-à-vis la petite ligne provisoire 3 que vous y avez tracée. Là où le compas stationnera cette petite ligne sera le point 4 demandé. Par ce procédé on prend autant de points que l'on veut, et on arrive par conséquent à une exacte copie linéaire. Mais, comme il s'agit de réduire ou d'augmenter la répétition, on a deux échelles, dont une est aussi grande que le modèle, et l'autre différente selon le changement voulu. Ces échelles sont divisées par centièmes, en sorte qu'ayant reconnu sur la première que l'ouverture du compas est de tant de centièmes, on va prendre sur l'autre cette même quantité de centièmes, plus les fractions s'il y en a eu. Nous allons parler de ces échelles de réduction dans la section suivante.

Si le tableau est très-grand et le compas trop petit, même avec les allonges qui auront été enfilées au bout des branches, il faut avoir recours à deux ou trois carrés particuliers tracés exactement sur les deux toiles, en sorte qu'il y a trois ou quatre croix au lieu d'une dans chacun des dessins.

On conçoit que, sans tracer de croix sur une estampe, on peut, si l'impression que laisse le bord de la planche sur le papier est d'équerre, ou bien la partie gravée seulement, partir de la ligne de côté et de la ligne de dessus et de dessous, pour mesurer les centièmes en largeur et en hauteur du dessin original, et les reporter sur un papier semblable et inégal. Remarquez que par cette pratique très-simple, vous ne pouvez errer que sur quelques points seulement, ce qu'il est bien facile cependant d'éviter, mais que par le moyen des carreaux vous courez bien plus de chances contre la correction, puisque pour peu que vos carreaux ne soient pas d'une exactitude rigoureuse, vous êtes jeté dans des différences qu'il est impossible de corriger sans refaire en entier l'opération. Un autre avantage de notre procédé, c'est qu'il se rapporte à une opération fondamentale de la géométrie, je veux dire l'observation ou la cote des largeurs et des hauteurs, ou à la similitude des angles. Ces deux lignes croisées peuvent être considérées aussi comme deux surfaces planes, sans épaisseur et indéfinies, qui traverseraient tous les solides qu'on veut mesurer, et dont on veut connaître les points de hauteur, de largeur et de profondeur. Au chap. 614 il sera fait mention du pantographe.

Des échelles de réduction et d'augmentation.

Les échelles de réduction sont très-faciles à faire. Nous en avons parlé au sujet des proportions; il ne s'agit donc que de les rendre inégales. Ainsi, divisez en cent parties les deux lignes servant d'échelle : l'une telle que le modèle quant à la dimension, l'autre telle que la copie réduite ou augmentée; puis prenez au compas sur l'une et sur l'autre échelle la quantité de centièmes que comporte l'espace que vous voulez réduire ou augmenter (voy. les fig. 172 et 173). Mais ajoutons qu'on peut employer aussi avec succès et plus de sûreté encore un triangle (fig. 174) auquel on ajoute un fil (voy. le chap. 231). Lorsqu'on dessine en grand, ce triangle est, il est vrai, moins commode, puisque sa base doit être aussi grande que l'objet naturel ou le modèle vivant, et qu'il faut un aide, soit pour maintenir le fil, soit pour manier le grand compas nécessaire dans ce cas. Toutefois ce moyen est si sûr et si commode, qu'il est surprenant que les peintres ne l'emploient pas tous les jours. On peut, ainsi qu'on l'imagine aisément, avoir ce triangle tracé par avance, pour s'en servir au besoin.

CHAPITRE 242.

THÉORIE ET PRATIQUE DE LA PERSPECTIVE EN GÉNÉRAL, OU MÉTHODE UNIVERSELLE POUR DESSINER EN PERSPECTIVE LES OBJETS QUELCONQUES, MOBILES OU IMMOBILES, RÉGULIERS OU IRRÉGULIERS.

Dans l'art de dessiner en perspective les objets, nous distinguons trois conditions ou opérations principales :

1° La graphie des superficies et de la construction de l'objet (nous appellerons cette graphie dessin stéréographique) ;

2° L'élévation ou représentation orthographique de l'objet (nous l'appellerons dessin orthographique) ;

3° La graphie scénographique de l'objet, c'est-à-dire, sa représentation orthographique réduite et convertie en perspective ou scénographie (nous l'appellerons dessin scénographique).

Par le dessin stéréographique (on peut employer de plus la description ou devis par écrit), nous obtenons graphiquement la connaissance des mesures, dimensions, proportions, assemblages ou construction, soit des surfaces de l'objet, soit de tout l'objet lui-même. Ce dessin offrant les cotes sert donc à nous faire connaître positivement, et comme par analyse, l'objet que nous nous proposons de représenter en perspective ; et bien que, quand nous le dessinons ensuite orthographiquement, il nous faille user de moyens qui nous le fassent à la vérité connaître par une espèce d'analyse, on peut dire que le dessin stéréographique est le moyen principal d'analyser les superficies, leur assemblage, la construction enfin des formes naturelles, et par conséquent des solides ou objets qu'on se propose de représenter sur le tableau.

Par l'élévation ou dessin orthographique, nous obtenons une espèce de tableau déjà fort semblable au tableau scénographique (dit perspectif) et à l'objet naturel, puisqu'il ne diffère du tableau perspectif que parce que les rayons que nous tirons de chaque point de l'objet sur ce tableau se conservent parallèles au lieu de converger en un seul point, ainsi que cela a lieu dans la vision ordinaire. Nous allons expliquer particulièrement tout à l'heure ce que c'est qu'orthographie et scénographie.

Enfin par cette représentation orthographique, qui peut se faire à coup sûr à l'aide de différens moyens pratiques, tels que le compas, les aplombs et autres instrumens, nous représentons effectivement l'objet, quelle que soit sa position ou inclinaison, et dans quelque situation, c'est-à-dire, sous quelque aspect que nous voulons et avec ses raccourcis orthographiques, en sorte qu'il ne nous reste plus qu'à modifier l'effet de la vision scénographique, ce qui constitue la troisième condition.

Mais disons de suite ici que l'orthographie pour certains objets s'obtient en faisant d'abord le profil, puis la face, et ensuite le plan de ces objets, plan que l'on tourne à volonté, selon l'aspect voulu. On emploie aussi pour moyen deux lignes de repère analogues à la croix d'écartemens. La situation plus ou moins de biais de ces lignes déterminant la situation des objets par rapport au tableau et au spectateur, dispense de tourner le plan. Pour dessiner orthographiquement quelques autres objets, tels que le corps humain, on emploie un moyen pratique à l'aide d'une baguette qui, mirant sur une toile noire, trace en blanc les points de projection orthographique ou les contours; puis avec ce dessin et les mesures des enfoncemens on fait le plan de la figure. Pour des statues ou autres solides immobiles, on peut user d'une équerre ou de tout autre moyen qui fasse obtenir la projection ou le tableau orthographique de l'objet, selon l'aspect ou le côté adopté. C'est l'intelligence du peintre qui lui fait avoir recours à tels ou tels moyens : tous sont bons, s'ils atteignent le but qui est la représentation orthographique. Enfin, par l'opération ou la modification scénographique, on complète l'image linéaire, puisqu'on détermine la réduction perspective que doit éprouver l'orthographie, selon la distance et la hauteur de l'œil du spectateur qui considère l'objet, ce qui se fait à l'aide d'une échelle de réduction, que nous appelons échelle perspective, et que l'on construit selon cette distance et cette hauteur adoptée de l'œil.

Telles sont les opérations qui complètent la méthode théorique et pratique de la technie du dessin.

CHAPITRE 243.

THÉORIE ET PRATIQUE DU DESSIN STÉRÉOGRAPHIQUE PROPRE A LA CONNAISSANCE DES MESURES ET DES FORMES DES OBJETS.

Nous n'avons cessé de répéter que la connaissance géométrique des objets était la base du dessin. Nous avons fait comprendre que la perspective n'était qu'une altération visuelle indépendante de l'objet lui-même, mais que l'étude de tout ce qui constitue le géométral des objets était l'étude fondamentale, la grande étude, longue, profonde et presqu'interminable, qui doit occuper sans cesse le peintre, comme le sculpteur, puisque l'un et l'autre ont à étudier la nature. Maintenant nous allons tâcher d'instruire l'élève dans cette science fondamentale du géométral ou du dessin propre à la connaissance, à l'analyse des formes et de la construction des objets. Je dois avertir avant tout que, s'il est difficile de faire sentir l'importance de cette science, il est aussi fort difficile de la développer, bien que la pratique en soit simple et aisée. Mais quel est l'artiste qui refuserait une attention et une application soutenue à l'étude d'une science qui peut former seule le grand dessinateur? Tout ce que nous dirons donc dans les chapitres suivans au sujet des moyens pratiques d'obtenir l'orthographie, le plan des objets et leur réduction visuelle, à l'aide d'une échelle perspective, ne fera pas encore parvenir au but, qui est la justesse de représentation, si l'on n'a pas pénétré très-avant dans cette étude préparatoire appelée stéréographie, espèce de graphie qui indubitablement a été possédée par les peintres grecs, ainsi qu'elle l'a été à un certain degré par Michel-Ange, Raphaël, etc., et surtout par Albert-Durer, qui en a traité fort savamment.

Cependant les lecteurs empressés d'avoir une idée de la méthode générale que nous avons adoptée pour la perspective, peuvent passer rapidement cette partie-ci, à laquelle ils seront néanmoins forcés de revenir plus tard; et ils peuvent sans grand inconvénient prendre de suite connaissance des chapitres suivans, où il est question de l'orthographie et de la scénographie.

Le dessin stéréographique procure la connaissance entière et l'analyse des objets, sous le rapport de leur étendue et de leur forme, c'est-à-dire, qu'il fait connaître la dimension des superficies, leur caractère, leurs assemblages, ce qui constitue enfin la construction des solides. Par cette espèce de représentation géométrique, on fait voir les positions et situations de chaque superficie, ainsi que la position, la situation de l'objet ou du solide, et, si on veut, la place des jours, ombres et ombrages de l'objet. Enfin on le fait connaître tel qu'il est, et c'est l'objet lui-même que l'on possède, en possédant ce dessin qui peut très-bien servir ensuite pour la représentation perspective de l'objet sous quelque aspect que ce soit. Remarquons encore que par ce moyen on peut corriger et perfectionner l'objet, qu'on peut le créer par l'imagination et en réunir tous les détails, enfin que ce dessin peut suppléer à toute description écrite, attendu qu'il est applicable à tous les corps matériels, et vu la facilité qu'on a de les traiter par parties ou par coupes, s'ils sont trop composés.

La géométrie, je le répète, étant la source intarissable dans laquelle tous les arts vont puiser leurs élémens ou leurs lois premières, celui qui en possède les principes et la pratique, connaîtra mieux que ceux qui les ignorent, tout ce qui est relatif aux formes. Il comprendra mieux les rapports des étendues ; il pourra mieux enfin tracer et exprimer les mesures et les positions des superficies, et par conséquent les contours et les plans si variés de la figure humaine, que celui qui, faute des élémens de géométrie, ignore toujours et ne sent jamais ces rapports et ces positions. Mais, comme nous ne nous sommes pas engagés à instruire le peintre dans cette science de la géométrie, nous lui emprunterons seulement ce dont nous avons besoin pour les questions dont il s'agit ici. Quant à l'expression dessin stéréographique que nous allons employer, voyez le Dictionnaire explicatif. Stéréographie signifie graphie ou dessin des solides sur un plan.

Commençons par la manière d'exprimer dans le dessin stéréographique les superficies.

Nous croyons devoir engager les élèves à exécuter les figures suivantes, ou d'autres analogues, s'ils en veulent imaginer. Il est vrai qu'un coup-d'œil donné sur ces figures suffit pour l'intelligence de la question dont il s'agit ici; mais ces exercices faisant suite à ceux de la géométrie pratique, les élèves ne peuvent guère se dispenser de les dessiner eux-mêmes, puisque cela les conduira aux autres opérations du dessin et les familiarisera avec la pratique manuelle de cet art. (On a tenu exprès ces figures un peu grandes sur les planches, afin que les élèves pussent s'exercer sur ces modèles mêmes.)

CHAPITRE 244.

COMMENT ON REPRÉSENTE LES SUPERFICIES DANS LE DESSIN STÉRÉOGRAPHIQUE.

Pour se former une idée des objets et pour les bien représenter, il faut avoir l'idée de leurs superficies. Nous avons vu aux élémens de géométrie que les superficies peuvent être bornées par des lignes droites ou courbes, qu'elles sont ou en petit nombre ou en grand nombre, qu'elles sont planes ou courbes, ou planes et courbes à la fois. Or, selon que ces superficies sont ou en grand nombre ou en petit nombre, ou simples ou mixtes, elles se représentent par plus ou moins d'opérations. Le peintre doit donc mettre beaucoup d'importance à cette connaissance et à cette analyse graphique des superficies, sans laquelle il ne saurait comprendre, ni, je le répète, représenter avec expression l'objet. En effet, la connaissance des superficies conduit l'artiste à l'imitation des lignes composant ces superficies et constituant le dessin. Voici quelques exemples de superficies composant des objets simples.

Représentation des superficies d'une boîte [1].

La figure 175 représente le fond de la boîte portant deux pouces de long sur un pouce et demi de large. La figure 176 représente le couvercle, qui a les mêmes di-

[1] On peut voir cette même boîte construite stéréographiquement (fig. 196), et plus loin représentée orthographiquement. On a fait exprès figurer les mêmes objets dans ces divers exemples.

mensions et qui est distingué par un ovale. La figure 177 représente la face portant deux pouces de long sur neuf lignes de haut, et qui est distinguée par un lozange. La figure 178 représente le derrière de la boîte; les figures 179, les côtés portant chacun un pouce et demi de long sur neuf lignes de haut. (La figure 191, qui représente les mêmes superficies assemblées, sera expliquée plus tard).

Représentation des superficies d'un cylindre.

Ce cylindre est composé de trois superficies. La figure 180 représente la superficie supérieure; elle est distinguée par une rosace; son diamètre est d'un pouce deux lignes. La fig. 181 représente la superficie inférieure où la base portant la même mesure. La figure 182 représente le pourtour qu'on suppose déroulé, et ayant de circonférence déroulée trois fois le diamètre du cylindre. Cette figure indique la hauteur de cette superficie ou du cylindre qui porte deux pouces six lignes. Cette superficie est ornée d'un lozange. Les figures 192, qui représentent les mêmes superficies assemblées, seront expliquées plus tard.

Représentation des superficies d'un cône.

La figure 183 fait voir la base du cône; son diamètre est d'un pouce et demi. La figure 184 exprime le pourtour de ce cône qu'on suppose ici déroulé, et ayant de développement trois fois le diamètre de sa base : la hauteur de cette superficie est de deux pouces dix lignes. Remarquez que les côtés droits de cette figure donnent la vraie longueur de cette superficie deux pouces dix lignes, et non la vraie hauteur du cône deux pouces neuf lignes (cette superficie étant inclinée), observation qui s'applique à la figure suivante représentant une pyramide. La figure 193 sera expliquée plus tard. Quant au moyen de connaître le rapport de la hauteur d'un solide avec celle de ses superficies inclinées, nous en traiterons incessamment.

Représentation des superficies d'une pyramide.

La figure 185 est la base de la pyramide ; sa dimension est de un pouce six lignes de longueur, sur un pouce deux lignes de large. La figure 186 représente l'une ou l'autre face du côté large : ces faces portent de haut deux pouces sept lignes ; elles portent par les côtés deux pouces huit lignes, et par la base un pouce six lignes.

La figure 187 représente l'une des deux autres faces portant de haut deux pouces sept lignes et demie, par les côtés deux pouces huit lignes et demie, et par la base un pouce deux lignes. Ne parlons pas encore de la figure 194 qui exprime l'assemblage de ces superficies.

Nous nous contenterons de ces quatre exemples, puisqu'à ces différentes espèces de superficies se rapportent les superficies de tous les objets quelconques.

Nous voilà conduits à désirer un dessin collectif, qui non-seulement réunisse les pièces, mais qui exprime leur position respective, leur situation, enfin qui donne l'idée de la construction réelle de l'objet. Nous allons donc passer au dessin stéréographique des solides qui sont un composé de superficies. Mais auparavant quelques explications sont nécessaires.

CHAPITRE 245.

DES POSITIONS ET SITUATIONS, SOIT DES PARTIES, SOIT DE L'ENSEMBLE DES SOLIDES.

Pour exprimer en stéréographie la manière d'être d'un solide, il faut non-seulement concevoir l'idée de ses mesures et de sa construction, mais il faut aussi concevoir l'idée de toute sa position et de sa situation. Nous allons donc expliquer avant tout ce qu'il faut entendre ici par position et situation.

CHAPITRE 246.

DE CE QU'ON ENTEND PAR POSITION ET SITUATION.

Ces deux mots position et situation expriment ici des idées et des choses fort différentes.

Par position on entend donc la manière d'être d'un objet par rapport à lui-même, et sans aucun rapport avec d'autres objets ou avec le spectateur qui regarderait cet objet.

Par situation il faut entendre tout autre chose. La situation est la manière d'être d'un objet par rapport à un autre objet, ou par rapport à la place où se trouve celui qui le regarde, en sorte que la position peut changer sans que la situation change, de même que la situation peut changer sans qu'il y ait de changemens dans la position. La tour de Pise a une position inclinée, mais le côté ou le dessous penché est situé par rapport au spectateur, soit de front, soit de côté, soit en arrière, selon la place que ce spectateur occupe en la regardant.

Cet exemple peut suffire pour démontrer qu'on ne doit point confondre la position et la situation. Aussi, pour dire que la tour de Pise penche, il ne faut pas dire qu'elle est située de telle ou telle manière, mais bien qu'elle est posée de telle ou telle manière. Par sa position elle penche ou incline de tant de pieds, mais par sa situation elle se présente à nous et à d'autres, ou de front, ou fuyant, ou venant en avant. Or, bien qu'il y ait toujours des situations et des positions dans la nature, puisque les objets sont par rapport à eux-mêmes posés ou droits ou penchés, et que, par rapport à d'autres objets ou par rapport au regardant, ils sont toujours situés ou de front, ou ayant leur sommet fuyant, ou venant en avant, il nous faut cependant dans l'art graphique distinguer ces choses et convenir de la manière par laquelle on doit les exprimer.

La position peut varier depuis la verticale, telle que le bâton AB (fig. 188), jusqu'à la position horizontale, telle que AF (même fig.), ce qui comprend le quart du cercle, c'est-à-dire, que ce bâton peut se pencher à partir de l'état vertical jusqu'à ce qu'il soit couché sur le terrein, ce qui comprend toutes les diverses positions dont les objets sont susceptibles; de même la situation peut varier depuis le front jusqu'au fuyant, c'est-à-dire, que ce bâton peut se présenter en face devant le spectateur dans tout son développement ou vu dans toute sa longueur, puis petit à petit se raccourcir, jusqu'à ce qu'on ne voye plus qu'un de ses bouts. De cette manière il peut décrire sur le terrein le quart du cercle, ce qui comprend aussi les diverses situations qu'on peut affecter aux objets.

Passons maintenant aux moyens d'exprimer ces positions et situations.

CHAPITRE 247.

COMMENT ON EXPRIME PAR LE DESSIN STÉRÉOGRAPHIQUE LES POSITIONS DES OBJETS.

Pour expliquer comment on exprime la position des objets, nous nous servirons pour exemple du même bâton. Il faut distinguer trois positions principales : position verticale, position horizontale, et position oblique ou inclinée. Ainsi le bâton AB (fig. 188) a une position verticale ; le bâton AD a une position oblique ou inclinée, et le bâton AF a une position horizontale ou couchée.

Nous venons de dire que ces trois positions comprennent toutes les autres. En effet, si un objet n'est ni droit ni couché, il faut qu'il soit plus ou moins incliné. Maintenant il est évident que, pour qu'on puisse dire que le bâton AB a une position verticale, il faut supposer que la superficie, sur laquelle il est dessiné (c'est ici le papier ou l'estampe), a elle-même une position verticale : telle est la position ordinaire d'un tableau. Ce papier étant donc supposé vertical, il est certain que toutes les lignes qui y seront tracées, ou verticales, ou couchées, ou inclinées, exprimeront en effet et naturellement une position ou verticale, ou couchée, ou inclinée, sans que nous ayons besoin pour cela d'aucun secours d'art, ni d'aucune convention pour exprimer et saisir ces diverses positions. Mais, dira-t-on, cela est bon pour la position d'une ligne; cependant il faut savoir exprimer aussi les différentes positions des objets. On répondra à cette objection que les objets étant un composé de surfaces, et les surfaces ou superficies un composé de lignes, quand on saura exprimer la position des lignes, on saura aussi, en les multipliant, exprimer la position d'un solide ou d'un objet.

Cependant, poursuivra-t-on, si par ce moyen on peut bien exprimer la position d'une ligne qui est vue dans toute sa longueur réelle, il ne s'ensuit pas qu'on puisse exprimer une ligne qui est vue en raccourci. Nous répondrons que cette observation se rapporte à la situation, et non à la position des objets.

Passons donc à la situation des objets.

CHAPITRE 248.

COMMENT ON EXPRIME PAR LE DESSIN STÉRÉOGRAPHIQUE LA SITUATION DES OBJETS.

PRENONS pour exemple le même bâton posé horizontalement. On doit y distinguer trois situations principales : de front MN (fig. 189), fuyante en entier MO (même figure), et de biais ou demi-fuyante MP (même fig.).

Remarquez que, pour comprendre cette représentation, il n'y a aucune convention difficile à suivre, puisque le papier est réellement le plan sur lequel sont déterminées ces situations, tandis que dans la figure 188, qui représente les positions, il a fallu se figurer les lignes s'élevant hors du papier. La seule convention, c'est qu'ici ce bâton est représenté conservant sa vraie longueur, quoiqu'il fuie plus ou moins à la vue du spectateur.

Appliquons ces trois cas ou ces trois situations aux trois positions précédemment indiquées.

La situation de front dans ces trois positions s'exprime aussi naturellement et en même tems que ces positions. Les trois bâtons AB, AD, AF (fig. 188) ont donc une situation de front. Ainsi il n'y a aucune difficulté dans le moyen d'exprimer cette situation, puisqu'elle est donnée par le papier, qui est lui-même situé devant nous de front. Mais il n'en est pas de même, si on veut exprimer une situation fuyante ou de biais, telle, par exemple, que celle du bâton AD, ou celle du bâton AF, dont la position est absolument couchée. Dans ce cas il faut le secours de l'art. On doit donc se servir pour cela du plan et de l'élévation des objets; ainsi il faut avoir pris connaissance de ce que c'est que plan et élévation (v. le Dict.). Si donc on veut représenter le bâton AD incliné jusque sur la ligne AF, il faut tirer une ligne DH perpendiculaire sur cette ligne AF. Cette ligne DH sera l'élévation du bâton AD, et l'espace entre A et H sera son plan : ces plans et ces élévations ne peuvent donc s'obtenir sans qu'on ait la véritable dimension des objets exprimés par des lignes vues de front, soit que ces lignes soient verticales, inclinées ou couchées. Au moyen des plans et des élévations, on exprimera telle situation qu'on voudra donner aux objets. Remarquez que dans cette espèce de graphie, comme on joint toujours les élévations aux plans, cela la distingue particulièrement du géométral orthographique, qui est une élévation séparée du plan.

Maintenant (le procédé pour obtenir une situation de front ayant été expliqué plus haut) voyons comment on doit procéder pour exprimer une situation de biais ou fuyante. Supposons qu'on veuille exprimer (fig. 190) dans une situation de biais le bâton AD (fig. 188), en sorte que le bout D soit plus éloigné de nous que le bout A ; il faudra donc prendre au compas le plan AH de ce bâton AD posé de front et vu dans sa véritable grandeur, puis tourner ce plan obliquement de A en H (fig. 190). Or, en supposant maintenant le papier posé à plat sur une table, en sorte que la ligne RS soit pour nous de front, ce point H sera pour lors plus éloigné de nous que le point A, et par conséquent nous aurons exprimé ce plan dans une situation de biais. C'est ainsi qu'on peut exprimer toute autre situation fuyante ou plus ou moins de biais, en tournant plus ou moins le plan.

La première chose à faire pour montrer que l'objet est situé fuyant, c'est donc de placer son plan de biais sur le papier, en sorte que, si nous supposons qu'il s'agisse de l'ombre portée par la tour de Pise sur le terrein, le soleil étant à pic, et que nous voulions indiquer que la situation de cette tour penchante est fuyante par rapport à nous, il faut tracer de biais sur le papier cette ombre portée sur le terrein, et autant de biais qu'elle est située fuyante. Mais ce plan, placé de biais sur le papier, n'exprimera encore que la situation ; il faut donner de plus l'idée de la hauteur de l'objet, et pour cela on élève cette hauteur sur le plan. Passons donc à cette question.

CHAPITRE 249.

COMMENT ON JOINT L'ÉLÉVATION AU PLAN DANS LA SITUATION DE BIAIS OU FUYANTE.

Il faut maintenant joindre l'élévation DH (fig. 188) au bout H du plan AH de la figure 190. Si ces élévations étaient réellement en relief, il faudrait (le papier étant toujours à plat sur la table) qu'elles s'élevassent hors du papier, tel qu'une plante s'élève hors de la terre. Mais, au lieu de cela, nous figurons cette élévation verticale sur le papier de H en D, et nous convenons de la considérer comme étant réellement verticale. Au moyen de cette convention nous exprimerons graphiquement et avec justesse les trois dimensions géométrales, ce qui sans cela eût été impossible ; je dis avec justesse, car remarquez que, soit que cette élévation s'élève réellement, soit que nous l'exprimions ainsi sur le papier, nous conservons toujours la véritable hauteur de l'objet. Or, comme nous ne nous proposons par ce géométral que de connaître les dimensions véritables des élévations et des plans (et non les longueurs des superficies, puisque nous les avons obtenues par des dessins préparatoires), afin de connaître et d'obtenir par ces plans et ces élévations les places exactes des différens points qui se trouvent dans un objet, nous avons atteint notre but, comme si nous eussions construit ces choses réellement et en tout relief.

Mais, dira-t-on, si vous dessinez le bâton AD, en sorte (comme cela doit être) qu'il touche par ses extrémités les points A du plan et D de l'élévation (fig. 190), ce bâton se trouvera dans ce dessin beaucoup plus long qu'il n'est réellement. Il faut répondre 1° que ce géométral a déjà fait connaître la véritable longueur du bâton par un autre dessin (fig. 188), car sans sa véritable grandeur on n'aurait pu avoir ni le plan, ni l'élévation ou hauteur de ce bâton ainsi incliné; 2° que la même convention qui a fait admettre que l'on considère les élévations comme étant élevées en effet, et le plan comme étant en effet horizontal, fait aussi admettre cette altération dans certains cas; 3° que la destination de ce géométral n'est pas de donner une idée de la vision des objets, mais de donner les véritables dimensions des hauteurs, longueurs et profondeurs géométrales, dimensions qui produisent souvent un aspect étrange dans cette espèce de dessin propre seulement aux cotes et à l'analyse des superficies et de leur assemblage.

On pourra faire une autre objection, c'est que les véritables dimensions des superficies se perdant par leurs situations déclinantes, on ne possédera plus la mesure des objets : mais le dessinateur qui aurait fait le géométral déclinant, possède déjà les dimensions véritables des superficies, puisque sans ces dimensions il ne pourrait exprimer les superficies dans une situation déclinante; et celui qui n'aurait pas fait ce géométral, mais qui connaît la manière de le faire, pourrait aisément retrouver les dimensions véritables, en retournant les superficies dans une situation de front. Ainsi, pour expliquer ici de quelle manière on peut retrouver ces mesures réelles, soit le bâton AD dans la situation de biais (fig. 190); prenez au compas son plan, et posez ce plan (fig. 190) de A en Q; prenez ensuite la hauteur de HD (fig. 188) et reportez-la de Q en K (fig. 190); et, pour avoir la véritable longueur du bâton, tirez la ligne KQ (fig. 190). Enfin on peut avancer que l'on possède toujours les dimensions des objets, en possédant les longueurs réelles des plans, ainsi que les hauteurs qui sont les véritables mesures géométrales des objets.

Mais plus tard l'élève comprendra parfaitement ces questions, parce qu'il sera plus familiarisé avec cette espèce de graphie, vrai fondement du dessin à vue et tel qu'on le pratique généralement et par routine aujourd'hui.

CHAPITRE 250.

COMMENT ON DOIT CONCEVOIR L'ASSEMBLAGE ET LE DÉVELOPPEMENT DES SUPERFICIES DES SOLIDES.

PRENONS pour exemple la boîte dont nous avons donné précédemment toutes les superficies séparées.

On peut concevoir toutes les superficies comme étant abaissées à plat sur le terrein, chacune du côté du fond ou de la base, c'est-à-dire, à l'endroit du fond où elles devront être élevées. Ainsi dans la figure 191 la superficie 177 se trouve sur le devant, la superficie 179 du côté droit, l'autre 179 du côté gauche, et la quatrième (figure 175) pardessus; il reste le couvercle qui occupera le dessus de la boîte.

Pour concevoir plus aisément ceci, dessinez sur une feuille de papier la figure 191, telle qu'elle est ici tracée; découpez cette figure, et pliez-en les quatre superficies latérales, en les relevant, en sorte qu'elles se trouvent réellement posées et dressées verticalement, le fond ou superficie (fig. 175) étant resté à plat sur la table. Alors vous aurez obtenu et formé cette boîte en tout relief; il ne s'agit que de la fermer par le couvercle (fig. 176). On conçoit donc que, si ensuite on rabattait de nouveau les superficies de cette même boîte, on en aurait de nouveau les superficies développées ou abattues, ou la figure qui offre ce développement. Il en pourra être fait autant au sujet de la pyramide (fig. 194), en relevant ses quatre triangles ou superficies latérales inclinées, de manière à les réunir en pointe.

Quant au cylindre (fig. 192) et au cône (fig. 193), on peut les concevoir comme étant coupés ou sciés en quatre pièces abattues sur le terrein, ainsi qu'on les voit représentées ici, mais sans que leur superficie courbe soit aplatie ou déroulée.

CHAPITRE 251.

EXEMPLE SERVANT A FAIRE SENTIR COMBIEN LE DESSIN STÉRÉOGRAPHIQUE EST PROPRE A FACILITER LA CONNAISSANCE ANALYTIQUE DES OBJETS.

On peut prendre pour exemple le développement et les élévations successives et partielles des superficies du cylindre représenté figures 192 et 192 *bis*.

Si l'on a conçu le développement, soit d'un cylindre, soit de tout autre objet composé de superficies courbes, on reconnaîtra aisément, par l'élévation successive de chacune de ses pièces, que le dessin stéréographique enseigné ici donne une idée très-claire et très-positive de la construction de tous les objets qui sont susceptibles d'être représentés par son moyen. Ainsi, dans le dessin du cylindre (fig. 192 *bis*), dont les superficies sont relevées et assemblées, à l'exception d'une seule qui reste abaissée, on reconnaît jusqu'à la moindre épaisseur de ses pièces, soit par leur plan, soit par leur élévation. On reconnaît aussi leurs formes véritables dans quelque position et dans quelque situation qu'elles soient représentées, et cela, malgré leur aspect conventionnel différent de l'aspect perspectif. Nous voyons par cette espèce de représentation les pièces en dedans, en dehors, dessus et dessous, comme si notre œil se promenait autour de toutes ces faces, et comme si l'objet était réellement de relief, avec cette différence, à l'avantage de cette espèce de dessin, que, si l'objet était en tout relief réellement, nous serions obligés de tourner l'objet ou de tourner nous-mêmes autour de lui pour en bien distinguer les diverses étendues, lesquelles d'ailleurs nous ne jugerions que par la vision perspective, ce qui altère ou déforme plus ou moins en apparence le géométrique, à moins toutefois que notre œil ne soit aussi grand que l'objet. Par cette image stéréographique au contraire toutes les faces sont ou ont été tournées vers notre œil, qui, étant resté immobile, a pu en découvrir à la fois et comparer immédiatement entr'elles les véritables dimensions et par conséquent les véritables formes. Il faut conclure qu'aucune autre espèce de dessin ne procure aussi positivement que celui-ci la connaissance entière et analytique des objets.

CHAPITRE 252.

DES OPÉRATIONS NÉCESSAIRES POUR OBTENIR LA CONSTRUCTION DES SOLIDES DANS LE DESSIN STÉRÉOGRAPHIQUE.

Nous commencerons dans l'indication de ces opérations par les exemples les plus simples.

Il faut dire d'abord que ces opérations doivent être précédées d'une espèce de travail préparatoire (c'est le même dont nous venons de donner la méthode). Il consiste 1° à connaître par des cotes les superficies dont les solides sont composés, c'est-à-dire, les formes, dimensions et positions respectives de ces superficies, ou bien comment elles se tiennent entr'elles; 2° à déterminer la position et la situation du solide qui est à représenter; 3° à déterminer si on le représentera dans sa véritable dimension, ou réduit, et dans ce dernier cas, à faire deux échelles de réduction proportionnelles; 4° enfin à faire, selon l'échelle de réduction ou d'augmentation adoptée, le plan de ce solide et à en produire les élévations.

CHAPITRE 253.

DESSIN STÉRÉOGRAPHIQUE D'UNE BOITE POSÉE DROIT ET SITUÉE DE FRONT (FIG. 195).

Les superficies de cette boîte sont les mêmes qui ont été indiquées figure 175 et suivantes. Quant au plan, il a la même forme et la même dimension que la base ou le fond de la boîte.

Dans cet exemple-ci il n'est pas nécessaire de faire de travail préparatoire pour obtenir le plan de la boîte, puisque, selon la définition de ce qu'on entend par plan (voy. ce mot au Dictionnaire), toutes les superficies plates, qui sont posées horizontalement, ont les mêmes formes et dimensions que leur plan. Or ici le fond de la boîte est une superficie plate et est posé horizontalement, en sorte qu'ayant cette superficie (voy. fig. 175), on se trouve avoir les formes et la dimension du plan.

Il s'agit donc de situer ce plan selon la proposition adoptée en ce chapitre, c'est-à-dire, de front.

Pour cela tirez d'abord la ligne horisontale *ab* (fig. 195), laquelle ligne aura de longueur deux pouces. Pour avoir tout le plan, faites l'espèce de carré *abcd* donnant aux côtés *bd* et *ac* un pouce six lignes. Ainsi le plan est compris dans les quatre points *abcd*. Maintenant, pour dessiner cette boîte, il faut quatre autres points, et ces points seront dessinés par les élévations : or la mesure de ces élévations est de neuf lignes. Il faut remarquer qu'il n'y a point dans cet exemple de travail préparatoire à faire pour obtenir ces élévations, puisque par la définition de ce qu'on entend par élévation (voy. le Dict.), toutes les superficies qui sont posées verticalement et qui partent du terrein, ont les mêmes hauteurs que leur élévation : or les superficies ou côtés de la boîte sont posées verticalement et s'élèvent ou, si l'on veut, partent du terrein. Il s'ensuit que, puisqu'on possède leur mesure de hauteur qui est de neuf lignes, on possède aussi la mesure de leur élévation. Pour joindre les élévations au plan, prenez au compas neuf lignes; portez cette mesure de *a* en *c*, de *b* en *d*, de *c* en *g*, et de *d* en *h*, ce qui donnera les quatre autres points *e*, *f*, *g* et *h*. Ayant obtenu ces huit points, tracez les lignes *ef*, *eg*, *gh*, *fh*, qui formeront le couvercle; tracez ensuite les lignes *ab*, *ae* et *bf*, ce qui donnera la face de devant distinguée par un lozange: ainsi la boîte sera formée.

Il faut avoir soin de n'indiquer les plans et les élévations que par des lignes ponctuées, afin que par cette précaution, et en traçant ensuite en plein les lignes qui forment les superficies du solide, on distingue facilement ces lignes ponctuées que cachent et croisent souvent les lignes pleines indiquant la connexion des superficies. Dans ces exemples, ces lignes ponctuées se trouvent cachées par les lignes pleines, ce qui n'aura pas lieu dans d'autres exemples.

Remarquons bien que ce sont les plans et les élévations qui sont réellement propres à exprimer les objets, puisqu'ils indiquent et donnent les points par où les lignes qui forment l'objet doivent nécessairement passer, en sorte que c'est avoir l'essentiel que de posséder ces points. Les lignes formant les superficies ne servant, répétons-le, qu'à faire mieux comprendre les liaisons et rapports que ces superficies ont entr'elles, et comment elles forment et composent un tout, ces lignes de construction ajoutent donc à l'idée qu'on veut donner de l'objet.

Remarquons encore qu'on aurait tort d'objecter que, puisqu'il ne s'agit que d'indiquer ces points des extrémités des superficies, on pourrait se contenter de donner par écrit les dimensions; mais il est évident que dans plusieurs cas la graphie est indispensable pour donner ces dimensions des plans et des élévations, ainsi que les connexions et liaisons des superficies, ce qui prouve de nouveau la nécessité et l'utilité de ce procédé.

Redisons ici qu'on doit bien se garder d'envisager la figure résultant de ces lignes, comme offrant une apparence ou une image visuelle de l'objet, mais qu'il faut bien concevoir que cette graphie n'est qu'un moyen pour en analyser les mesures et la construction.

CHAPITRE 254.

DESSIN STÉRÉOGRAPHIQUE DE LA MÊME BOITE POSÉE DROIT ET SITUÉE DE BIAIS (FIG. 196).

Les opérations nécessaires pour obtenir ce dessin sont exactement les mêmes que celles de la représentation précédente, à l'exception de la situation du plan qui est ici tourné de biais.

Comme les changemens de situation n'apportent aucun changement dans le plan, ni dans les élévations, le même plan et les mêmes élévations obtenues dans le dessin précédent servent pour celui-ci.

CHAPITRE 255.

DESSIN STÉRÉOGRAPHIQUE D'UNE PYRAMIDE POSÉE DROIT ET SITUÉE DE FRONT (FIG. 197).

Les superficies de cette pyramide sont indiquées aux figures 186 et suivantes.

Le plan en est donné par sa base, mais l'élévation exige un travail préparatoire, à cause de l'inclinaison des superficies.

Pour obtenir cette élévation, prenez donc au compas la moitié de la largeur de la base de la pyramide, et portez de E en F (fig. 197 *bis*) cette mesure contenant sept lignes; tracez la perpendiculaire EG indéfiniment; prenez ensuite la hauteur de la superficie indiquée fig. 186 et contenant deux pouces sept lignes; puis, conservant cette ouverture de compas, posez une des pointes au point F, et l'autre sur la ligne EG en H : la ligne EH sera l'élévation de la pyramide.

Pour dessiner ensuite le géométral, il faut obtenir six points, dont cinq seront donnés par le plan et le sixième par l'élévation. Ainsi, ayant situé le plan par le procédé indiqué précédemment et obtenu les quatre points A, B, C, D, tirez les diagonales, qui en se sectionnant donnent le point K où tombe l'axe; portez l'élévation de K en I perpendiculairement, le point I sera le sixième point; enfin tirez les lignes AI, BI, DI et CI, cela finira la pyramide.

La vue de ce dessin donnerait le change à tout spectateur non averti. Mais ce que nous avons dit doit suffire pour expliquer que si les lignes BI, AI sont beaucoup plus longues que n'est la superficie de la pyramide, et que si les lignes DI, CI sont beaucoup plus courtes, cela importe peu, puisqu'elles sont des lignes de construction de conduite, imaginées pour lier entr'eux les points des surfaces. Il n'y a donc de mesure vraie dans ce dessin que l'axe KI et le plan. Nous avons par cet axe la hauteur de tout l'objet, et par le plan sa longueur et sa largeur. Dans la figure suivante ce même objet va être situé non de front, mais de biais.

CHAPITRE 256.

DESSIN STÉRÉOGRAPHIQUE DE LA MÊME PYRAMIDE POSÉE DROIT ET SITUÉE DE BIAIS (FIG. 198).

Les opérations dans cet exemple (fig. 198) sont en tout les mêmes que dans le précédent, excepté que le plan doit être tourné de biais plus ou moins, selon qu'on se propose de représenter la pyramide plus ou moins tournée de biais elle-même.

CHAPITRE 257.

DESSIN STÉRÉOGRAPHIQUE D'UN CONE POSÉ DROIT (FIG. 199).

La superficie inclinée du cône (fig. 199) étant la même en tout son pourtour, nous n'avons indiqué ici aucune situation particulière.

La superficie de ce cône a été exprimée fig. 184 et suiv.

Dans cet exemple le plan est encore de la même dimension que la base, qui est posée horizontalement; mais l'élévation n'est plus de la même dimension que la hauteur ou longueur de la superficie, ainsi qu'on peut le voir dans la figure 199 *bis*, et cela parce que cette superficie n'est plus posée verticalement dans la construction du cône, mais bien se rétrécissant en pointe et s'inclinant par conséquent vers le sommet. Or, pour obtenir l'élévation, il faut faire une opération à part, que voici : prenez au compas (fig. 199 *bis*) le demi-diamètre de la base du cône (9 lignes); portez cette mesure de A en B; tirez du point A la perpendiculaire AC indéfinie. Prenez au compas la hauteur de la superficie du cône, qui est de deux pouces dix lignes; posez une des pointes du compas au point B, et, sans en changer l'ouverture, sectionnez avec l'autre pointe la ligne indéfinie AC en D : l'élévation du cône sera AD, c'est-à-dire, qu'elle aura deux pouces neuf lignes, tandis que la superficie a deux pouces dix lignes : voilà pour ce qui est de cette opération particulière.

Maintenant, pour dessiner le cône, tracez un cercle dont le diamètre ait un pouce six lignes : ce diamètre sera le plan du cône. Prenez ensuite l'élévation AD donnée à part, et portez cette mesure de F centre du cercle en H; tracez les lignes GH, IH, et le cône sera dessiné.

Pour en dessiner l'ornement, tracez un cercle ponctué par divisions égales K, et tirez de chacun de ces points des lignes au sommet de l'angle, ce qui en rétrécira les espaces graduellement.

CHAPITRE 258.

DESSIN STÉRÉOGRAPHIQUE D'UN CYLINDRE POSÉ DROIT, LA PARTIE ANTÉRIEURE ÉTANT SITUÉE DE FRONT (FIG. 200).

Les superficies de ce cylindre ont été indiquées (fig. 180 et suivantes). Les dimensions du plan de ce cylindre étant les mêmes que celles de son fond, prenez au compas, sur l'échelle, sept lignes pour demi-diamètre, et décrivez un cercle, vous aurez obtenu par cette opération le plan A du cylindre portant un pouce deux lignes de diamètre.

La dimension de l'élévation étant la même que la hauteur du cylindre, prenez au compas deux pouces six lignes; portez cette mesure de B centre du cercle en C; tracez du point C comme centre le cercle D, cela exprimera le dessus.

Pour terminer le dessin de ce cylindre, tracez les lignes EF et GH, en les faisant toucher aux cercles.

CHAPITRE 259.

DESSIN STÉRÉOGRAPHIQUE D'UN PIÉDESTAL POSÉ DROIT ET SITUÉ DE FRONT (FIG. 201).

Voici un exemple plus compliqué, parce qu'il s'agit d'un solide composé de vingt-neuf superficies : la dimension du piédestal est de trois pieds de haut. Il faut donc user ici d'une échelle (voy. fig. 202 *bis*). Le plan ou la base a deux pieds six pouces sur deux pieds deux pouces. Nous avons vu précédemment qu'il faut toujours commencer par dessiner le plan dans la situation proposée. Ainsi le plan ABCD ayant été obtenu, tracez les diagonales AD, BC qui indiquent le centre E. Faites passer par ce point E une ligne verticale indéfinie : portez l'élévation du piédestal (3 pieds) de E en F; formez le dessus GHIK, dont F est le centre, et dont les dimensions sont de un pied neuf pouces sur un pied six pouces, et vous aurez obtenu la disposition générale de ce piédestal.

Quant aux détails, donnez à la plinthe environ cinq pouces de A en M, de B en L, de C en O, et de D en N. Tirez les lignes ML, LN, NO et OA, cela terminera le haut de la plinthe. Donnez ensuite à l'épaisseur ou au dessus de la plinthe indiqué par *q*, un pouce et demi tout autour : c'est ainsi qu'en formant les autres détails, l'élève avec un peu d'application parviendra à compléter le dessin de l'objet. Enfin il tracera à volonté les quatre superficies courbes des angles.

Nous aurions placé dans cet exemple des ornemens sur le piédestal, si nous n'eussions pas craint de trop charger cette image; mais ils eussent fait comprendre qu'on peut concevoir et exprimer avec précision et facilité jusqu'aux plus petits détails dans cette espèce de graphie, lorsqu'on s'en est rendu la pratique familière. Je dis avec facilité, parce qu'il faut remarquer ici qu'une chose peut être fort difficile à expliquer et à concevoir, bien qu'elle soit fort facile à pratiquer aussitôt qu'on l'a conçue, et ce géométral est dans ce cas; d'autres choses au contraire sont très-difficiles et même impossibles à pratiquer, bien qu'on les explique très-aisément : telle est la manière de dessiner à vue, car autant est grand le nombre des professeurs qui enseignent cette manière, autant est petit le nombre des élèves qui y réussissent.

CHAPITRE 260.

DESSIN STÉRÉOGRAPHIQUE DU MÊME PIÉDESTAL POSÉ DROIT ET SITUÉ DE BIAIS (FIG. 202).

Le plan étant situé de biais, les autres opérations sont exactement les mêmes que lorsque le solide était de front.

Remarquons de nouveau que, si l'œil délicat des peintres est choqué de ce que ces représentations ont de bizarre et d'inaccoutumé, leur intelligence doit leur rappeler qu'il n'est nullement question de l'aspect ou de l'apparence optique de l'objet, mais que ce dessin sert à faire connaître la véritable place géométrique de chaque point que contient l'objet en effet et non en apparence, points qui sont nécessaires à connaître et à coter, soit pour analyser l'objet, soit pour le représenter sur le tableau perspectif.

CHAPITRE 261.

DESSIN STÉRÉOGRAPHIQUE D'UNE BOITE INCLINÉE, SA BASE OU SON FOND ÉTANT ÉLEVÉ D'UN COTÉ DE SIX LIGNES ET DEMIE, ET DE L'AUTRE POSANT SUR LE SOL, CE QUI LUI DONNE UNE POSITION INCLINÉE, SA SITUATION ÉTANT DE BIAIS (FIG. 203).

Dans les exemples précédens nous avons représenté les objets dans une position droite; maintenant donnons un exemple dans lequel l'objet est incliné ou penché.

Les dimensions de la boîte sont données par la figure 175 et par les suivantes.

Remarquons avant tout, pour faciliter l'intelligence de cette représentation, 1° que le même plan et les mêmes élévations servent pour toutes les différentes situations qu'on voudrait donner aux objets, mais que, la position déterminant la nature ou mesure des plans et des élévations, il y a autant de plans et d'élévations différentes que l'on donne de positions différentes aux objets; 2° que dans ce dessin stéréographique chaque superficie a son plan et ses élévations, et qu'ainsi, quand on dit le plan de l'objet, on entend le plan formé et composé de tous les plans particuliers de chaque superficie qui composent l'objet.

Les superficies de cette boîte dans cette proposition n'étant ni horizontales ni verticales, cela nécessite un travail à part.

Pour obtenir donc les plans et les élévations de cette boîte inclinée, observez la méthode suivante : tracez la ligne AB (fig. 204); tirez la perpendiculaire AC longue de six lignes et demie, laquelle indique de combien est élevée d'un côté la boîte par rapport au terrein; prenez ensuite la longueur de la boîte, c'est-à-dire, deux pouces; portez cette mesure de C en D, en traçant la ligne CD; tirez aux extrémités de cette ligne les perpendiculaires CE et DF que vous tiendrez longues de neuf lignes, profondeur de la boîte; puis tirez la ligne EF, et vous aurez formé la superficie de la boîte ou la face distinguée par un lozange. Pour obtenir ensuite les élévations et le plan, tirez les perpendiculaires EG et FB sur la ligne AB; ces lignes EG et FB seront les élévations de la superficie supérieure, et la ligne AC sera l'élévation de la superficie inférieure de la boîte : AD sera la mesure du plan de la superficie inférieure oblique, et GB la mesure du plan de la superficie supérieure ayant la même obliquité.

Maintenant nous allons, au moyen de ce travail préparatoire, faire le plan situé de biais, afin d'obtenir les points nécessaires pour dessiner la boîte selon la position convenue. Tracez (fig. 203) la ligne indéfinie HL dans une situation de biais à volonté; portez sur cette ligne les dimensions AD et GB qui donneront HI et KL. Faites sur cette ligne les carrés longs LMNK, IOPH, ce qui vous donnera huit points, dont les quatre indiqués par H, I, O, P forment le plan de la superficie ou fond de la boîte, et les quatre autres indiqués par K, L, M, N forment le plan de la superficie du couvercle. Maintenant il faut encore avoir six points au moyen des élévations. Prenez donc l'élévation AC (fig. 204), et portez-la de H en Q et de P en R (fig. 203). Prenez l'élévation GE, et portez-la de K en S et de N en T; prenez enfin l'élévation BF, et portez-la de L en U et de M en V. Ainsi Q, R, S, T, U, V seront les six autres points demandés. Pour figurer la boîte, tracez les lignes SU, UV, VT et TS, cela formera le couvercle; tracez ensuite les lignes SQ, QI et IU, cela formera la face de devant; enfin tracez les lignes IO, OV de côté, cela formera la superficie 6. En traçant la ligne QR et RO on aura le fond, et pour finir l'autre côté de la boîte, on tirera la ligne RT.

Remarquez que dans tout changement de position et de situation, chaque point change ou varie; il faut donc connaître (un point, par exemple, étant changé) combien doivent changer par conséquent les autres points par rapport à celui-là.

Ces études stéréographiques sont donc propres à faire comprendre à fond les variations géométrales des objets, variations qui s'opèrent, soit par les formes des objets, soit par leur construction, soit par leur position, soit enfin par leur situation, etc., etc.

Nous en donnerons tout à l'heure un exemple pris sur une partie du corps humain.

Nous nous arrêtons ici, bien qu'on puisse fournir toutes sortes d'exemples d'objets inclinés, quelqu'irréguliers qu'ils paraissent par ce moyen. Mais, comme il y a des objets dont la construction obligerait dans cette espèce de dessin à des graphies préparatoires très-compliquées et à des coupes de plans, comme d'ailleurs il faut toujours avoir recours à un plan qu'on n'obtient qu'en connaissant et la forme réelle et l'inclinaison des superficies de cet objet, il est plus naturel de recourir au moyen du procédé orthographique que nous donnerons tout à l'heure, et qui fait obtenir le profil, la face, le plan et l'élévation. Il est vrai que par un seul dessin stéréographique on a la construction, les cotes, la position, la situation, et, si l'on veut, les ombres et ombrages de l'objet, en sorte que cette graphie collective est très-utile; mais, comme je l'ai dit, ce dessin pourrait être trop compliqué à l'égard de certains objets. Je l'ai donc introduit dans ce traité pour l'instruction surtout des dessinateurs, bien que je l'aie fait aussi pour l'utilité; car dans certains cas, et pour les artisans principalement, on peut dire qu'il est indispensable.

CHAPITRE 262.

DESSIN STÉRÉOGRAPHIQUE D'UN BRAS CONSIDÉRÉ DANS DEUX MOUVEMENS DIFFÉRENS, EXEMPLE TIRÉ DU 4me LIVRE D'ALBERT-DURER, OU IL RENFERME LES MEMBRES DANS DES CUBES.

L'EXEMPLE que nous offrons ici a été choisi pour donner un aperçu des études qu'on peut faire à l'aide du dessin stéréographique sur les formes et mouvemens de tout le corps humain.

On doit donc concevoir les principales parties du bras (fig. 205 et 206), comme étant renfermées dans des cubes, ce qui donnera la facilité de représenter les divers plans ou coupes de ce bras, telles que le plan *a, b, c, d* et l'autre plan *efghi* (même figure).

Dans cette figure 205 on a représenté l'avant-bras vu pardevant, et la main tournée en dehors ou de face.

Si donc on veut donner un autre mouvement à cet avant-bras, en tournant, par exemple, la main de profil, sans changer ni la position ni la situation de l'épaule et du bras, il faut d'abord tourner le plan ou le cube *abcd* selon le mécanisme et l'anatomie (connaissances qu'on suppose ici acquises), en sorte que ce plan ou ce cube se présente par son petit côté, ainsi que cela est indiqué (fig. 206); puis on donnera à l'axe de l'avant-bras une autre direction un peu en dedans. Le plan *e, f, g, h* se trouvera donc tourné de manière que le côté *h* se présente de front, ce qui fera voir la main de profil. Or, connaissant la place et le jeu des os et des muscles de la figure 205, où tout le bras est exposé dans sa plus grande simplicité, le peintre pourra indiquer par le changement des plans *abcd* et *efgh* les changemens de position de ces os et de ces muscles.

On voit donc que, par ce moyen et d'autres analogues dont Albert-Durer a rempli son 4e livre, on pourra s'instruire de tous les mouvemens du corps humain : or cette méthode est sans contredit la plus propre à faire comprendre les opérations et les secrets de la nature dans cette admirable construction, dans cette mobilité et cette souplesse de la figure humaine.

Arrêtons-nous ici, et ne poursuivons pas davantage les applications. Les principes que nous venons d'exposer sont suffisans pour les élèves amis de l'étude et convaincus de l'influence du dessin, car avec cette méthode et de la persévérance ils pourront pousser très-loin ces exercices, et par conséquent cette connaissance fondamentale et positive de la peinture.

Répétons ici que l'analyse dessinée des objets qui sont composés, irréguliers, mobiles, souples, tordus ou entrelassés, est plus utile à l'artiste que l'objet lui-même, bien qu'il puisse toucher et retourner cet objet.

Au surplus, Albert-Durer a bien prévu l'insouciance ou les railleries des ignorans et des esprits superficiels incapables de comprendre les précieux documens qu'il transmettait d'après des écrits échappés de l'antiquité. Cette insouciance n'a arrêté ni son savoir ni son courage, et les planches finales de son 4e livre sont la preuve de son excellente théorie, théorie que les Grecs eux-mêmes eussent certainement fort bien comprise et beaucoup admirée.

CHAPITRE 263.

DU DESSIN ORTHOGRAPHIQUE DE L'OBJET.—DÉFINITION DE L'ORTHOGRAPHIE.

Orthographie vient du mot grec *orthos* (droit), et du mot *graphein* (tracer). Orthographie signifie donc graphie d'après des rayons droits et perpendiculaires à la surface du tableau qui reçoit la projection de ces rayons.

De tout tems on a employé le mot orthographie, parce que de tout tems on a distingué l'orthographie de la scénographie. Dans le 15e siècle on appelait ligne orthogonale celle qui était droite ou perpendiculaire sur une autre ou sur un plan, c'est-à-dire, d'équerre. Vitruve et d'autres anciens ont employé les deux mots orthographie et scénographie. L'orthographie est donc l'image ou l'apparence d'une des faces de l'objet, obtenue sur une superficie plane par les coupes des rayons parallèles ou orthographiques. Je viens de dire sur une superficie plane, parce que telle est celle qui reçoit ordinairement la peinture, car, bien qu'il y ait des tableaux courbes et inclinés, qui peuvent recevoir la projection des rayons orthographiques, nous supposerons toujours le tableau plat et vertical.

On se contente le plus souvent, pour désigner cette espèce de représentation, de l'expression élévation géométrale; mais il nous fallait adopter exclusivement ici l'autre expression dessin ou représentation orthographique de l'objet, pour mieux signifier le point de question qui nous occupe ici.

De même que le soleil, dont les rayons sont parallèles par rapport à nous, vu son immense distance, donne sur une surface plane et placée en face de lui ou perpendiculairement à ses rayons, l'ombrage géométrique ou orthographique du corps interposé devant cette surface (Jean Cousin s'est servi particulièrement de ce moyen dans ses démonstrations), de même, si on trace sur une surface située en face du dessinateur, des points obtenus par des rayons droits, c'est-à-dire, horizontaux, parallèles entr'eux et perpendiculaires sur cette surface, et que ces points suivent les formes ou circonscriptions de l'objet qu'on veut représenter, on obtiendra un résultat analogue à cet ombrage, et on produira aussi une projection orthographique. Or l'ombrage ne donne que les points de contours, mais par le dessin orthographique complet on obtient de plus, à l'aide du compas, les points de milieu.

La lune, vu sa grande distance de la terre, ainsi que les vastes luminaires, tels que les incendies, produisent aussi, par leur énergie et leur grandeur, des ombrages orthographiques ou des silhouettes ombrées des corps, ce qui les différencie des luminaires petits et fort proches. On peut par un clair de lune mesurer sur le terrain la largeur des édifices, celle des tours, des girouettes, des réverbères, etc., par la largeur de leur ombrage. De même au soleil couchant, si l'on se place entre ce luminaire et une muraille située en face du soleil, on verra et on pourra faire tracer son propre portrait dans tous les mouvemens et proportions réelles, il n'y manquera que la petite différence perspective ou scénographique.

Un objet vu orthographiquement et n'offrant que les raccourcis résultant de la position et situation, mais non les raccourcis perspectifs par les enfoncemens, un tel objet, dis-je, ainsi aperçu fait sur la rétine la même vision que s'il était vu d'une distance infinie. Aussi remarque-t-on tous les jours que les personnes qu'on aperçoit de très-loin sur des terreins plats, n'offrent que l'orthographie et presque point de scénographie, en sorte que leurs deux pieds, bien qu'il y en ait un fuyant, semblent être sur une même ligne sur le terrein, et que le dessus de la tête est autant vu que le dessous, si toutefois ces personnes portent la tête verticalement. Aussi, pour représenter des figures très-enfoncées dans un tableau, faut-il les dessiner presque orthographiquement. . . . .

Mais, pour faire encore entendre par un exemple et à l'aide d'une figure explicative ce que c'est que l'orthographie, supposons que, pour dessiner orthographiquement une statue, telle que le Faune indiqué par la figure 207, on fixe des fils sur quelques principaux points de cette statue, et qu'on les tende tous horizontalement et parallèlement jusqu'à ce qu'ils aillent toucher un tableau placé en face de cette statue; les points donnés sur le tableau par les fils là où ils le touchent ou le sectionnent, ne seront-ils pas aux mêmes hauteurs, aux mêmes écartemens que les points d'où partent ces fils sur l'objet? Le dessin orthographique sera donc exactement la répétition ou le calque de cette statue, telle qu'elle se présente sous la face ou le côté choisi, mais non telle qu'elle paraît d'une seule vision [1]. . . . .

Maintenant, pour l'avoir telle qu'elle paraît d'une seule vision par rayons convergens à l'œil, ou telle qu'on veut

[1] On a indiqué par des points les rayons qu'on ferait converger vers l'œil supposé ici au-delà de l'estampe. On a tourné exprès de face l'image.

qu'elle paraisse (car il y a mille points d'éloignement et de hauteur pour la considérer, bien qu'on reste toujours situé du même côté par rapport à elle), supposons que nous prenions en main chaque bout de tous ces fils bien tendus, que nous les réunissions en un point de manière à former un cône (voy. la figure 208, qui représente ces fils convergens et partant de la même statue), et que, les choses restant dans cet état, nous puissions faire traverser tous ces fils ainsi posés dans une gaze placée aussi en face de la figure ou même dans plusieurs gazes parallèlement situées et plus petites les unes que les autres, n'aurons-nous pas sur toutes ces gazes des points qui donneront le contour perspectif ou scénographique, ou bien l'apparence de la figure, ou, si l'on veut, qui donneront le changement ou déplacement qu'éprouvent par l'effet de ce cône optique ou scénographique les points de contour orthographique ?

Ainsi qu'on place loin ou près de la statue ce tableau ou ces tableaux supposés de gaze, et que les fils du cône scénographique restent sans être déplacés, autant il y aura de coupes sur ce cône par les gazes, autant il y aura de tableaux perspectifs plus ou moins grands, en sorte que, pour l'œil qui est au sommet du cône, le premier petit tableau près de cet œil doit produire, ainsi que les intermédiaires, la même sensation que le dernier qui est aussi grand que nature et qui touche l'objet.

Dans le tableau orthographique on suppose donc que l'objet est placé à une distance si grande que les rayons ou fils partant de l'objet restent parallèles à cause de leur longueur infinie, comme sont ceux du soleil par rapport à nous, et cela bien que cette image orthographique soit grande comme l'objet; ou bien on suppose l'œil aussi grand que l'objet et éprouvant la sensation de la vision dans toute cette étendue de l'objet.

Cette explication prépare suffisamment, je crois, à saisir le sens de plusieurs passages qu'on lit dans certains livres de perspective. Par exemple, on sent clairement la proposition suivante, qu'on trouve dans G. Lairesse, tom. 1er, pag. 476 : « Quand on voit, dit-il, la lune et d'autres objets » à travers une fenêtre, si l'on approche de cette fenêtre, » les objets occupent plus de place sur le carreau, mais » non la lune. » Ailleurs il dit, pag. 454, même volume : « Quand le soleil se couche, la tête d'une statue placée » en haut d'une colonne n'est pas éclairée plus en dessous » que celle qui serait en bas de la colonne, car cet effet » serait celui d'un flambeau situé proche de l'une et de » l'autre tête. » On comprendra aussi pourquoi il importe de faire observer que, quand on prend pour modèle un camée antique, pour le représenter grand dans un tableau, il faut y ajouter le perspectif. En effet, ces camées, ainsi que tous les bas-reliefs antiques, sont toujours orthographiques, et ne sont jamais scénographiques ou perspectifs.

On peut donc appeler vision orthographique la vision successive qui aurait lieu, si l'œil se portait vis-à-vis chaque point d'un objet, et s'il le considérait par un très-petit trou. Voir orthographiquement, c'est voir par des rayons visuels, droits à l'œil, parallèles entr'eux, et ne formant aucun angle, aucun cône par rapport à l'œil qui se transporterait toujours au bout de chaque rayon, lequel rayon ne ferait que l'impression d'un point, étant raccourci parfaitement à la vue.

Comme cette espèce de représentation est utile et nécessaire, comme moyen d'arriver au résultat de la perspective, ainsi que nous le verrons au sujet de l'imitation graphique de l'homme, on peut (et souvent cela suffit) faire provisoirement et comme moyen préparatoire, un tableau orthographique ou une représentation orthographique des objets réels que l'on veut imiter.

Je viens de dire que cette vision est fictive et qu'on peut supposer dans ce cas que l'œil est réellement plus grand ou aussi grand que l'objet; mais il ne m'a pas semblé nécessaire d'offrir exprès ici une figure qui représentât un œil plus gros qu'un insecte ou qu'un grain de millet, et qui indiquât toute l'étendue de la surface sensible de l'œil. Ainsi cette espèce de vision n'est pas si étrange, ni si hors de la nature qu'on ne puisse l'admettre comme un effet optique compréhensible, bon à répéter, et auquel l'esprit se prête assez volontiers. Je sais que l'image d'une figure humaine, ainsi dessinée ou tracée, est d'autant plus compréhensible que l'on s'en éloigne pour la considérer; mais on verra que dans bien des cas cette vision orthographique est fort satisfaisante. Quant à l'art du dessin en peinture, mieux vaut une représentation ainsi exécutée, et prise par conséquent au compas, ou avec tout autre instrument, qu'une vision prétendue perspective, qui n'est ni juste par rapport à l'objet, ni juste par rapport à la scénographie : c'est ainsi cependant que sont dessinées dans les tableaux à vue et à tâtons presque toutes les figures.

Maintenant on doit concevoir qu'il faut distinguer deux conditions pour représenter en peinture, et qu'il faut les observer séparément : la première consiste à obtenir l'image orthographique (par plusieurs moyens on y parvient aisément); la seconde consiste à déplacer les points orthographiques selon l'effet du cône perspectif, ce qui se fait facilement aussi à l'aide d'une échelle de réduction que l'on construit selon la distance et la hauteur de l'œil. Or ce déplacement des points est si peu de chose dans certains cas qu'il est inutile d'en tenir compte.

Quels moyens doit-on employer pour obtenir par ces rayons droits cette projection sous quelqu'aspect que ce soit? Il y en a plusieurs, ainsi que je l'ai dit; on emploie les uns ou les autres selon les différens cas : le moyen ordinaire consiste à dessiner orthographiquement le profil, puis la face, puis le plan de l'objet, pour obtenir avec ces élémens l'élévation orthographique du géométral. Par ces moyens on représente les objets sous leurs trois dimensions : hauteur, elle est donnée par le profil; largeur, elle est donnée par la face; épaisseur, elle est donnée par le plan. (Voyez ces mêmes mots expliqués dans le Dictionnaire, vol. 1er.)

Je crois devoir terminer ce chapitre par une démonstration que facilitera une figure explicative.

Démonstration de la différence qui distingue les points orthographiques des points scénographiques (fig. 209).

AA est le tableau, BB est l'objet. Si des extrémités CC de l'objet (on pourrait prendre tout autre point sur ce même objet) on tire une ligne orthographique à travers le tableau ou la gaze tableau, cette ligne le sectionnera en un point D aussi haut et aussi distant du centre que l'est réellement le point C, extrémité de l'objet. De plus, si on tire de ce même point C de l'objet une ligne scénographique, c'est-à-dire, convergente vers l'œil E, le point

F où cette ligne sectionnera le tableau, occupera encore la même place que le précédent, et ne sera pas plus rapproché vers le centre, et cela, parce que le tableau touche l'objet et est sur le même point que la vitre ou le cadre, si on veut parler ainsi. Mais, si l'objet est éloigné du tableau, ou est représenté enfoncé dans le tableau, ce qui exprime la même idée, tel serait GG, la convergence de la ligne scénographique donnera sur le tableau (dit dans ce cas scénographique lui-même) un autre point G plus rapproché du centre; ainsi les mêmes points CC provenant de l'objet BB se déplaceront sur le tableau, en raison de l'éloignement de cet objet et en raison de l'éloignement de l'œil E. Au contraire, dans le cas de projection orthographique, l'éloignement ne change en rien la place des points fictifs ou orthographiques CC, ou de tous autres points qu'on mesurerait sur l'objet et dont la mesure resterait la même sur l'image orthographique. On conçoit qu'en retournant et en considérant de côté cette même figure démonstrative, et en prenant CC pour hauteur de l'objet, on remarquera la même différence dans la place respective des points orthographiques et scénographiques, le principe étant le même, dans cet exemple retourné; en sorte que l'image perspective de CC laisse voir du terrein sous le point inférieur C, et de l'espace au-dessus du point supérieur C.

CHAPITRE 264.

DU DESSIN OU DE LA REPRÉSENTATION SCÉNOGRAPHIQUE DES OBJETS, C'EST-A-DIRE, DU CHANGEMENT DE L'ORTHOGRAPHIQUE EN PERSPECTIF OU EN SCÉNOGRAPHIQUE.

Il s'agit de démontrer ici par quel moyen certain on peut rendre scénographiques ou perspectifs les points orthographiques. Ce moyen consiste à employer une échelle de réduction scénographique, en sorte qu'un point de hauteur ou de largeur étant pris au compas sur l'orthographie (ou sur l'objet lui-même, si on le voulait), on aille voir sur cette échelle de combien ce point, selon son enfoncement dans le tableau, doit être replacé ou plus haut, ou plus bas, ou plus de côté dans l'image scénographique. Nous allons donc traiter de la pratique de cette échelle. Mais auparavant il est nécessaire de parler de l'usage des deux surfaces croisées ou de la croix de distances.

CHAPITRE 265.

DE L'EMPLOI DE LA CROIX D'ÉCARTEMENS CONSIDÉRÉE COMME ÉTANT COMPOSÉE DE DEUX SURFACES CROISÉES.

Nous avons indiqué dans les élémens de géométrie (fig. 170 et 171) un moyen bien simple de copier des figures semblables, inégales ou égales. Ce moyen consiste dans l'emploi de deux lignes croisées perpendiculairement l'une sur l'autre, et tracées à travers le dessin original et à travers la copie, desquelles lignes chaque point de la figure ou du dessin est plus ou moins distant, ce qui se mesure au compas. Si ce moyen est bon pour des figures tracées sur du papier, il doit être bon aussi pour des objets naturels situés dans un lieu quelconque. Il ne s'agirait que de convertir la ligne horizontale en surface horizontale, c'est-à-dire, s'étendant indéfiniment le long de l'horizon, et la ligne verticale en surface verticale, c'est-à-dire, coupant et traversant verticalement la première, ainsi que tout l'espace qui se trouve en dessus et en dessous de l'horizon. Ces deux lignes, supposées des surfaces illimitées, sont supposées aussi sans épaisseur, et doivent disparaître après l'opération.

Employons un exemple pour faire bien concevoir ce moyen ingénieux et simple, espèce de découverte qu'on trouve dans Dirick-Bosboom, à qui on doit, je crois, en attribuer l'invention, bien que ce moyen ne soit point étranger aux géomètres qui ne l'ont point encore appliqué à la graphie.

Si, des livres ou autres objets étant placés sur une table plane et horizontale (voy. la fig. 210, qui représente le plan de cette table), vous voulez connaître l'emplacement relatif de ces objets, ainsi que leur hauteur relative, vous n'avez, pour plus simple moyen, qu'à placer debout au milieu de cette table et sur cette table un carton bien plat et bien perpendiculaire à la table, et aussi long qu'elle; puis vous prendrez au compas l'écartement qu'il y aura de ces objets situés, à droite ou à gauche, au carton.

Plus vous multiplierez les points pris de ces objets, plus vous aurez leur exact emplacement ou situation. Quant à leur hauteur, placez un autre carton aussi large que la table, horizontalement et perpendiculairement au premier carton, et par conséquent parallèle à la table (voy. la fig. 211, qui représente cette même table orthographiquement) ; puis prenez au compas sur les objets les points d'élévation ou de hauteur, et par conséquent leur distance jusqu'à ce carton horizontal : par ce moyen vous connaîtrez les élévations des objets. Mais, comme on ne peut pratiquer en réalité ce moyen sans difficulté, et qu'il faudrait des surfaces aussi étendues que les sites, on opère par fiction et en représentant ces deux surfaces par deux lignes qui se coupent.

On peut de même se figurer ces deux cloisons croisées et sans épaisseur, établies dans une chambre, et on comprendra qu'il est fort aisé de mesurer par leur moyen la place et la dimension de tous les meubles contenus dans cette chambre, ainsi que les corniches, portes, etc., etc. On aurait donc pour cette opération un grand compas, et on prendrait toutes les distances qu'il y a de ces objets à l'une ou à l'autre des cloisons ou surfaces croisées. Ce moyen est infaillible pour procurer une représentation orthographique et exacte de cette chambre et des objets qu'elle renferme, un aspect étant adopté. Si on adopte pour côtés et limites du tableau les deux côtés de la chambre, ces deux côtés seront vus en raccourci ; mais si l'on veut un aspect de trois quarts, il faut supposer un encadrement autrement dirigé et situé, et mesurer à partir de cet encadrement jusqu'aux surfaces croisées, qui dans ce cas-ci sont obliquement situées.

Ce qui vient d'être dit, fait déjà concevoir que tout dessinateur d'après nature ne devrait jamais manquer de tracer par terre, soit en y fixant une corde, soit à la craie, cette ligne fuyante; de même il doit fixer, soit par un bâton, soit par un point quelconque, la hauteur de son œil. Sans cela il risque en se déplaçant d'éprouver des visions différentes, ce qui est l'opposé du but qu'il se propose, et ce qui ne peut manquer de le gêner et de lui nuire. Mais, pour reprendre l'exemple précédent, disons que, voulant dessiner à vue et en perspective sous un aspect quelconque des livres placés sur une table, le meilleur moyen à employer est de tracer une ligne sur cette table même, et de replacer toujours l'œil dans la direction de cette ligne fuyante qui servira de point de repère. Mais, comme l'œil placé dans cette même direction peut s'élever et s'abaisser, tout en voyant toujours dans la même direction les objets, il faut, pour déterminer une vision fixe et unique, déterminer aussi la hauteur de l'œil qui regarde l'objet. Or cette hauteur s'indique sur le tableau par une ligne horizontale qui coupe à angle droit la ligne fuyante. Cette ligne qui représente l'horizon où tous les objets vont s'évanouir, est appelée ligne d'horizon; et le point de section de ces deux lignes indicatives, point qui indique la place de l'œil, est appelé point de vue.

Au chapitre 303 (Des procédés qu'il convient d'employer pour dessiner à vue) nous nous étendrons sur cette question.

CHAPITRE 266.

DE L'ÉCHELLE PERSPECTIVE OU SCÉNOGRAPHIQUE, DE SA CONSTRUCTION ET DE SON EMPLOI.

L'ÉCHELLE perspective est une échelle de réduction proportionnelle du volume, ainsi que des distances réciproques des objets qui ont été représentés ou exposés orthographiquement, laquelle réduction proportionnelle varie selon les enfoncemens des objets dans le tableau. La distance et la hauteur de l'œil du spectateur sont déterminées par cette échelle même.

Il résulte de cette définition qu'une échelle perspective complète doit exprimer par degrés les réductions de tout l'espace compris entre le point évanouissant ou la ligne d'horizon, et la ligne de base du tableau, point le plus en avant dans le tableau.

Dans le cas où l'on aurait à représenter les objets hors et en avant du cadre ou tableau, cette échelle devrait être elle-même prolongée en avant de cette ligne de base du tableau. Ceci se comprendra aisément, quand on aura construit quelques-unes de ces diverses échelles perspectives.

Pour construire cette échelle, la première opération consiste à déterminer la grandeur ou dimension du tableau, ainsi que la place du point de vue et du point de distance du regardant. Au chapitre suivant et principalement aux deux autres 268 et 269, nous expliquerons ce que c'est que ces points, et à la fin de ce chapitre-ci, nous donnerons des exemples de l'effet des points de vue, soit plus hauts, soit plus bas, soit plus proches, soit plus éloignés. Ici (fig. 212), nous allons nous occuper de la construction et de la pratique de cette échelle.

Placez donc le point de vue en E. De ce point E qui indique la hauteur de l'horizon, tirez une ligne parallèle à la base du tableau, et sur cette ligne placez le point de distance D. Ces deux points essentiels étant déterminés, divisez la base AB de votre tableau en pieds ou en pouces, ou en toute autre mesure, telle que 1, 2, 3, 4, 5, 6, etc.; puis prenant au compas le premier pied AF, par exemple, tirez de ce point F une ligne au point de vue E; puis du point A, tirez une autre ligne au point de distance D : la section formée par les lignes FE, AD donnera le point G, qui exprimera la réduction du premier pied dans le tableau; tirez alors de ce point G une horizontale parallèle à la base. Quant au second pied enfoncé au-dessus du premier dans le tableau, il faut procéder comme pour le premier, c'est-à-dire, que du point H, point où la nouvelle ligne horizontale indiquant la réduction des premiers pieds touche la ligne AE, il faut tirer une ligne au point de distance D, ce qui sectionnera la ligne FE en I. Ce point I exprime la réduction du second pied, et on tirera une autre horizontale, etc. En suivant cette méthode on obtiendra autant de pieds réduits qu'on en aura besoin.

Pour user de cette échelle, on emploiera le moyen pratique suivant. Il consiste à attacher au point de vue E un fil assez long pour arriver à l'extrémité la plus éloignée de la ligne de base du tableau. Ce fil mobile servira à indiquer, lorsqu'on le placera sur un point quelconque de la base de l'échelle, combien ce même espace indiqué à la place où pose le fil est réduit à tel ou tel enfoncement (un carton ou une toile à tableau est préférable à un papier trop souple). Si donc ce fil est arrêté en L, parce que l'objet dont vous voulez connaître la réduction porte quatre pieds et demi, et que vous vouliez connaître combien cette dimension de quatre pieds et demi diminue perspectivement à l'enfoncement de six pieds, par exemple, vous cherchez le sixième pied d'enfoncement sur la verticale AE, là où passe le fil : ici M, point indiquant l'enfoncement, est le terme de réduction que vous prenez avec le compas pour être porté sur le tableau scénographique. Par ce moyen toutes les mesures géométriques, ou géométrales et orthographiques, deviendront scénographiques ou perspectives.

Rien n'est si facile que la pratique ou l'emploi de cette échelle, que les peintres se rendront familière avec grand plaisir et profit. Plus tard le lecteur en reconnaîtra mieux l'utilité, surtout quand il comprendra que tous les enfoncemens doivent être indiqués d'avance dans le dessin orthographique ou dans le dessin du plan, dessins qui précèdent l'opération scénographique.

Il semble inutile d'ajouter que les mesures de hauteur se réduisent par le même moyen.

Ces choses étant exposées, il s'agit de donner un exemple d'objet orthographique réduit à l'état perspectif. Prenons donc la boîte entr'ouverte qui se trouve représentée (fig. 232), et adoptons l'échelle que nous venons de construire (je suppose que l'élève sait construire et représenter orthographiquement cette boîte). Commençons par tracer (fig. 213) l'encadrement du tableau dans lequel figurera cette boîte. On fera ce cadre plus ou moins grand, à volonté : ici il ne s'agit pas de la grâce de disposition. Ce cadre étant donc tracé, nous placerons l'œil du spectateur ou le point de vue au milieu en V (nous parlerons bientôt du choix du point de vue). Maintenant voici comment il faut suivre l'opération. Nous établissons sur le tableau perspectif (fig. 213) et sur le tableau orthographique (fig. 232 *bis*) la croix de distance ou les deux surfaces croisées ; leur section aura lieu en V. Et comme sur le plan de cette boîte (fig. 214) nous avons tracé cette même croix ZZ servant à diriger la vision, il ne s'agira, pour opérer l'image perspective (fig. 213), que d'y reporter les points du plan, en les écartant de la ligne verticale figurée sur cette élévation perspective autant qu'ils sont écartés de la fuyante sur le plan. Mais, comme il s'agit d'obtenir la réduction des largeurs et des hauteurs, et que les enfoncemens des points pris sur le plan sont connus par ce plan même, au moyen de la ligne fuyante contenant des divisions, il faudra, à chaque point qu'on voudra transporter du dessin orthographique sur le dessin scénographique, consulter l'échelle perspective et porter ces mesures de largeur et de hauteur sur la ligne de base de l'échelle, base ou ligne sur laquelle on placera le fil. La place du fil, il faut le répéter ici, est indiquée par la pointe du compas ouvert, selon la mesure qu'on vient de prendre sur le plan, l'autre pointe devant toujours se fixer en A ou le long de la ligne AE, selon que l'on enfonce plus ou moins avant dans le tableau. On transportera donc cette ouverture de compas au point d'enfoncement déterminé sur l'échelle par le plan. Ainsi, le fil restant toujours fixé sur la ligne de base, on resserrera le compas vis-à-vis le point d'enfoncement ou de réduction que détermine la direction du fil. Dans cet exemple-ci (fig. 232 *bis*), le point B, angle le plus proche du spectateur, touche le cadre ; il est donc sans enfoncement, et on le replacera sur le dessin perspectif en B, au même écartement de la verticale fuyante. Mais le point A, autre angle de la boîte, est enfoncé, d'après la situation du plan, de 3 ½ pouces (faibles), si ce sont des pouces que désignent les divisions de la fuyante et de l'échelle. Nous chercherons donc sur la ligne AE de l'échelle le quatrième carré fuyant, et nous porterons la pointe du compas (en conservant sa même ouverture) en *a*, moitié faible de ce carré ; puis nous rapprocherons l'autre pointe jusqu'à ce qu'elle couvre le fil ici en *b*. C'est cette nouvelle mesure ainsi réduite qui nous servira pour fixer sur l'image perspective de la boîte l'angle A enfoncé. Voilà pour ce qui est de l'écartement ou de la distance en largeur de ce point A. Quant à la hauteur de ce même point A, il faut la prendre à partir de la ligne horizontale de la croix tracée sur l'image orthographique, et réduire de même, sur l'échelle, de 3 ½ pouces (faibles) cette distance de hauteurs, ce qui rapprochera le point A de la ligne d'horizon, et le fixera en A (fig. 213). Ce point A sera par conséquent plus élevé dans ce dessin perspectif, que ne l'est le point B qui touche le cadre et qui n'est point enfoncé dans le tableau [1].

Il importe, pour que les élèves reconnaissent l'avantage de ce moyen, qu'ils s'exercent, en employant des échelles

[1] Comme on a voulu que dans cette planche et dans cette figure fût contenu le point de distance D, il résulte qu'il se trouve un peu proche et que la boîte apparaît un peu déformée. En employant une échelle perspective construite d'après une distance plus longue, les dimensions des superficies fuyantes seraient moins diminuées dans l'image, et l'idée du géométrique de l'objet serait mieux conservée.

diverses, c'est-à-dire, exécutées d'après une distance plus longue ou plus courte, et d'après un point de vue plus haut et plus bas. Nous en avons représenté une (fig. 215) qui offre une distance plus courte et un point de vue plus élevé, et nous avons aussi représenté perspectivement d'après cette même échelle la boîte orthographique figurée sous le n° 248 et ici sous le n° 216. Rien n'apprendra la perspective aussi facilement que l'usage de ces exercices, qui feront comprendre aux moins intelligens les différens résultats de points de vue différens, et par conséquent les causes de toutes les altérations ou déformations visuelles et (pour nous énoncer conformément à notre méthode) les causes des déplacemens des points orthographiques. On concevra qu'on peut de même représenter scénographiquement, à l'aide d'une échelle, les solides scénographiques naturels eux-mêmes. Ainsi prenons pour exemple une chaise. Il s'agira de tracer par terre le plan de cette chaise, ce qui donnera les largeurs et les enfoncemens; puis de tracer par terre la ligne fuyante selon l'aspect, et sur laquelle on marquera les pieds et les pouces d'enfoncement. Quant aux hauteurs, posez un bâton debout, et sur son extrémité une règle ou tringle horizontale et tournante, en sorte qu'on pourra obtenir une image exactement perspective de cette chaise, de telle dimension qu'on voudra.

On doit apercevoir maintenant que toute la perspective vient d'être expliquée. Mais, comme nous avons adopté pour système de prouver notre théorie par des raisonnemens, nous allons examiner les principes sur lesquels repose toute la théorie de l'échelle perspective.

CHAPITRE 267.

DÉMONSTRATION DES PRINCIPES SUR LESQUELS EST FONDÉE LA THÉORIE DE L'ÉCHELLE PERSPECTIVE. — EMPLOI D'UNE ÉCHELLE PERSPECTIVE ABRÉGÉE.

Nous allons employer pour cette démonstration des images d'objets matériels, afin que, si les figures que nous donnons ici ne suffisent pas pour convaincre le peintre, il puisse opérer sur la nature même, c'est-à-dire, en employant et en observant des objets réels. Commencez par tracer au cordeau une ligne sur le terrein, qu'on suppose plan et horizontal, telle que AG (fig. 217), aussi longue que le permettra le local, ce qui au reste est à volonté ; fixez en D sur cette ligne un bâton, que l'on considère ici comme objet à représenter, et posez ce bâton verticalement.

Ayez un châssis STUV sur lequel sera tendue une gaze transparente. Placez ce tableau perpendiculairement sur la ligne AG en J. Si un spectateur, dont l'œil serait placé en C, regarde le bâton à travers cette gaze, les deux extrémités de ce bâton arriveront à son œil par des rayons qui traverseront ou sectionneront la gaze ou tableau en *b* et en *d*, et ces points de section détermineront sur le tableau l'apparence de la longueur du bâton.

Pour avoir une idée plus sensible de cet effet, substituons aux rayons visuels des ficelles.

Pour faire cette opération, le spectateur, dont l'œil est fixé en C, ayant reconnu sur la gaze les points de section de ces rayons, y marquera ces points par un moyen quelconque, et ayant mis à la place de laquelle il regarde, un autre bâton MC, il prendra le haut C du bâton pour la place de l'œil. Après cela on attache une ficelle à chaque extrémité du bâton DB; ces ficelles traverseront la gaze aux points indiqués, et on les réunira en les faisant converger vers l'œil en C. Répétez la même chose, c'est-à-dire, attachez des ficelles aux deux autres bâtons KL et OP : le bâton KL sera donc autant éloigné du tableau que le bâton DB, mais plus en delà de la ligne AG, et sur la ligne DK, qui est parallèle à la base ST du tableau. Quant à l'autre bâton OP, il se trouve plus éloigné du tableau, mais plus en deçà et sur la ligne OQ, parallèle aussi à la ligne ST, base du tableau. L'œil placé en C verra donc sur la gaze l'apparence du bâton KL en *kl*, et celle du bâton OP en *op*. Pour mieux comprendre cette question, examinons toute la disposition de ces lignes et de ces fils.

Premièrement nous reconnaîtrons que chacun de ces fils se trouve exactement au-dessus de la ligne ou du fil auquel ils correspondent sur le terrein, ce qui se comprend aisément, puisque les bâtons sont posés verticalement. Il s'ensuit que, si on attache dans un endroit quelconque de ces trois fils supérieurs, par exemple, en E, un fil à plomb EZ, il arrivera que cet aplomb touchera d'abord la diagonale DC en X, et tombera ensuite en Z sur la ligne AG. Cela étant, si l'on fixe sur la base du tableau des fils verticalement en R, J, N, placés là où les lignes tracées par terre sectionnent cette base, et fixés en haut du cadre en *r*, *j*, *n*, le fil R*r* touchera d'abord le fil ou rayon OC en *o*, puis le fil ou rayon PC en *p*. De même le fil J*j* touchera le rayon DC en *d*, et ensuite le fil ou rayon BC en *b*. De même le fil N*n* touchera le rayon KC en *k*, puis le fil ou rayon LC en *l*. Or, comme l'œil voit entièrement en raccourci et en un seul point tous ces rayons ou fils qui vont à lui, il ne verra par conséquent le point où les fils verticaux sectionnent et touchent sur la gaze les rayons, qu'au même endroit par où il voit l'extrémité des bâtons : donc toutes les lignes provenant des bâtons et apparaissant à l'œil C se trouvent figurées sur la gaze aux points de section *op*, *db* et *kl*.

Nous venons, par l'examen précédent, de comprendre comment l'œil voit sur le tableau les points d'apparence, et nous avons compris aussi comment on les obtient au moyen de rayons visuels et de lignes qui se sectionnent. Maintenant, puisqu'il s'agit dans cette question générale d'expliquer sur quels fondemens est basée l'échelle perspective, il est nécessaire de connaître comment a lieu l'apparence des trois espèces de lignes horizontales, essentielles à l'intelligence du moyen pratique de cette échelle (on choisit ces trois lignes, parce que leur apparence étant toujours déterminée et n'obligeant à aucune opération particulière, comme nous le verrons par la suite, elles servent à faire connaître l'apparence de toutes les autres lignes) : premièrement des lignes qui sont sur le terrein, dirigées au point M; secondement des lignes qui sur le terrein sont parallèles à la base du tableau ; et troisièmement de celles qui sont perpendiculaires à cette base.

Quant aux premières, le peintre reconnaîtra aisément que tous les points qu'on poserait sur les lignes OM, DM et KM auront tous leur apparence dans une ligne verticale correspondant à la ligne où l'on aurait placé ces points. Exemple. Si l'on pose quelques points sur la ligne OM, ces points auront leur apparence sur la gaze dans la ligne R*r*.

Pour que le lecteur conçoive facilement ceci, aidons-le d'une supposition. S'il se figure que le parallélogramme P*p*RO est une surface dirigée en raccourci vers le spectateur, et verticale, il reconnaîtra que le spectateur ne peut voir de cette surface que la ligne R*p*, puisqu'elle couvre la base et l'autre côté de la surface, le côté supérieur étant entièrement raccourci. Donc tous les points que l'on placerait sur quelque côté que ce soit de cette surface, auront leur apparence sur le tableau par une ligne verticale, puisque les rayons qui de ces points vont à l'œil, passeront tous par la ligne R*p* sur le tableau. Cette expérience peut être pratiquée matériellement, à l'aide ou d'un châssis, ou de tout autre objet propre à cet effet.

On peut encore répéter une expérience analogue, en projetant sur une table l'ombre d'un bâton éclairé par une chandelle, l'œil étant dans la même direction que cette chandelle et ce bâton. Car cette ombre, qui est en effet horizontale, est couverte par le bâton vertical, et n'apparaît à l'œil que par une ligne verticale elle-même.

Secondement, quant aux lignes parallèles à la base du tableau, il faut savoir (et les peintres le trouveront par l'expérience matérielle, si besoin en est) que l'apparence de ces lignes est toujours parallèle elle-même à la base du tableau : elles paraissent donc toujours sous ce rapport de situation telles qu'elles sont en effet. Ainsi (fig. 218), la ligne DB sur le terrein, et parallèle au tableau, aura son apparence aux points *d* et *b*, au moyen des lignes DM et BM, et des rayons DC et BC, qui seront sectionnés par les verticales Rd et Nb. Donc en traçant la ligne db, elle sera l'apparence de la ligne du terrein DB, et sera parallèle à la base du tableau.

Troisièmement les lignes du terrein qui sont perpendiculaires au tableau, ont toujours leur apparence dirigée au point de vue. Ainsi soient les lignes EF, HP (fig. 218), perpendiculaires au tableau : pour trouver leur apparence, tirez les lignes EM, HM; élevez les verticales Qe, Sh; tirez les rayons EC, HC; ces rayons couperont les verticales en e et en h, points d'apparence des points E et H, qui sont les extrémités des deux lignes HP et EF.

Maintenant, comme les deux autres points extrêmes de ces lignes E et H touchent la base du tableau, ils se trouvent par cela même être des points d'apparence. Ainsi, tirez de ces points F et P (même fig. 218) les lignes Fe et Ph, ces lignes seront l'apparence des lignes FE et PH. Si donc nous prolongeons ces lignes d'apparence Fe, Ph, elles iront aboutir au point de vue c.

On observera que O, D, K (fig. 217) indiquent le plan des bâtons P, B, L : que la ligne OR est le plan des fils Oo et Pp; que la ligne DJ est le plan des fils Dd et Bb; que la ligno KN est le plan des fils Kk et Ll.

De tout ce qui précède il résulte que, si d'un point pris sur le plan de l'objet on tire une ligne au pied du spectateur, et qu'on élève une verticale sur le tableau à l'endroit où cette ligne coupe sa base; que si du même point pris sur le plan on amène un rayon à l'œil, ce sera à l'endroit où le rayon coupe la ligne verticale que sera le point apparent d'un point réel de l'objet. C'est ainsi qu'on aura l'apparence de tout l'objet en opérant de même pour chacun de ses points. On appelle cela opérer par les principes réels et fondamentaux de la perspective. En effet, dans la nature les choses se passent ainsi que nous venons de l'indiquer : rien n'est plus positif, puisque ce sont les choses elles-mêmes. L'élève ne saurait trop s'identifier avec ces vérités, et malgré l'aridité de ces démonstrations, il doit les regarder comme le développement du plus grand secret technique de son art.

Mais, dira le peintre, cette démonstration, qui est très-sensible, ne me donne pas encore le moyen d'opérer sur ma toile, qui n'est point une gaze et à travers laquelle je ne puis apercevoir les objets ni marquer leurs points d'apparence. Il faut donc ici le satisfaire et lui prouver que le moyen de pratiquer sur le tableau d'après ces mêmes principes est déjà entre ses mains, et qu'il suffit qu'il fasse retourner cette gaze de côté ou qu'il la suppose retournée, pour qu'il puisse conserver dans le procédé les mêmes principes. Ainsi, faites pivoter sur son axe J*j* la gaze, en sorte que la base du châssis au lieu de couper perpendiculairement la ligne AG, lui soit parallèle, comme on le voit (fig. 219). Il arrivera, tout restant dans le même état, que les fils BC et DC, qui traversaient la gaze, raseront la toile, puisque nous avons substitué une toile ou un panneau à la gaze, l'axe J*j* étant le même et n'ayant pas bougé. Les rayons ou fils BC et DC toucheront toujours la toile en *d* et *b*, et par conséquent donneront toujours les points d'apparence du bâton DB. Ainsi par les moyens précédens on pourrait trouver l'apparence de tous les points situés sur la ligne AG. Maintenant, pour avoir les points qui se trouvent en-deçà ou en-delà de cette ligne AG, il nous faut employer d'autres moyens, puisque le tableau dans sa nouvelle situation n'a plus de communication avec les autres points, ni avec les rayons qui de ces points arrivent à l'œil. Or ces moyens nouveaux consistent à faire usage de lignes horizontales parallèles et perpendiculaires à la base du tableau dans sa nouvelle situation. En conséquence, voulant avoir l'apparence des points du bâton KL (fig. 219), menez sur le terrein une perpendiculaire du point K à la ligne AG en M; portez l'intervalle KD sur la base du tableau de J en *g*; tirez la ligne *gb*; le point *k* doit se trouver dans cette ligne, puisque cette ligne perspective représente une ligne géométrique perpendiculaire au tableau. Pour trouver ce point *k*, menez un rayon de D en C; il coupera la ligne J*j* en *d*; de ce point *d*, menez une parallèle à la base, laquelle parallèle coupera la ligne *gb* en *k* : ce point *k* sera l'apparence du point K du bâton. Quant au point *l* du bâton, dans cet exemple, comme il se trouve situé à la hauteur de l'œil, son apparence est toujours dans la ligne BC, ligne horizontale du tableau. On obtiendra l'apparence du bâton OP par le même moyen.

Parlons de la nécessité où est le peintre de réduire la véritable distance dans les opérations.

Comme il arriverait que, si le peintre n'avait d'autre moyen que le principe fondamental que nous venons d'exposer et qui est pris sur la nature elle-même, comme il arriverait, dis-je, qu'il se trouverait souvent dans l'impossibilité d'opérer, vu la grandeur véritable des distances dans certains cas, il s'agit de lui donner un moyen d'opérer dans son tableau, et ce moyen, c'est une réduction proportionnelle, ainsi que nous allons l'expliquer.

Supposons donc un tableau qui exige une distance de vingt pieds, et que l'objet à représenter soit enfoncé derrière ce tableau à vingt ou trente pieds ; il est évident que dans ce cas l'espace de quarante à cinquante pieds nécessiterait pour l'opération un local que le peintre n'a pas toujours à sa disposition. Comment donc opérera-t-il ? Ce sera en employant, au lieu de cette distance totale, une partie de cette distance. Ainsi (fig. 220), si on partage par la ligne BC le carré long, et que l'on tire la diagonale AD, il arrivera que cette diagonale coupera la verticale BC au point G. Si maintenant, au lieu de prendre l'intervalle AB ou CD, on ne prend que la moitié de cet intervalle, tel que BF ou CE, et que l'on tire la ligne FE, elle coupera également la verticale BC en G ; il en arriverait ainsi pour tout autre intervalle proportionnel.

Appliquons maintenant ceci à notre question. Si (fig. 219), au lieu de se servir de la distance totale *b*C, on ne prend qu'une partie de cette distance, telle que *bc* qui en est le quart, et que par conséquent on ne prenne aussi que le quart de la distance DJ, telle que *y*J ; et si on tire un rayon de *y* en *c*, ce rayon coupera J*j* au même point *d* que le coupait le rayon véritable DC. Ainsi, selon les cas, on pourra opérer sur le tableau, soit en prenant le quatrième, soit le huitième, soit toute autre portion de la distance totale, pourvu que l'on opère proportionnellement quant à l'enfoncement des objets derrière le tableau.

Faisons l'application des principes précédens à l'échelle perspective.

Comme on appelle échelle une mesure ou un mètre quelconque, on peut appeler échelle perspective cette mesure représentée perspectivement.

Nous allons employer dans cette démonstration les

mêmes moyens sensibles et matériels qui nous ont servi dans les exemples précédens. Ainsi, soit STUV le tableau ou la gaze (fig. 221), soit AG la ligne du terrein perpendiculaire au tableau, soit CM le spectateur, et le point *c* le point de vue fictif; si on divise la ligne AG derrière le tableau en un certain nombre de pieds, tels que 1 2 3 4 5 6, et qu'on veuille former sur le terrein des carreaux d'un pied, on fixera des fils à ces points 1 2 3 4 5 6, etc., lesquels fils aboutiront à l'œil au point C. Par cette opération on a obtenu sur le bord latéral du tableau les sections 1 2 3 4 5 6, etc., qui sont les points d'apparence des espaces fuyant des carreaux.

Maintenant, pour avoir l'apparence de toutes les lignes 1 1, 2 2, 3 3, 4 4, 5 5, 6 6, etc., qui sont parallèles à la base du tableau, on tirera des lignes parallèles à la base, à partir des points de section des rayons 1*c* 2*c* 3*c* 4*c*, etc.

Il faut ensuite trouver l'apparence des intervalles des carreaux vus de front. Or, comme toutes les lignes perpendiculaires à la base du tableau ont leur apparence dirigée au point de vue, il faut tirer de ces intervalles B, D, E des lignes au point de vue *c* : ces lignes termineront l'apparence des carreaux. Par ce moyen nous aurons représenté perspectivement les carreaux situés sur le terrein, et ces carreaux doivent être considérés comme une mesure ou échelle. Nous en expliquerons l'usage.

Opérons à présent sur le tableau. Soit le tableau STUV (fig. 222), soit *c* le point de vue. Au lieu de prendre la distance totale *c*C (fig. 221), prenons-en la moitié, telle que *c o* (fig. 222), et par conséquent, au lieu de prendre la grandeur totale d'un pied SB (fig. 221), prenons-en la moitié, telle que S*b* (fig. 222). Pour obtenir un pied d'enfoncement, menez le rayon S*o* qui coupera la ligne *bc* en F : ce point F représentera l'enfoncement d'un pied. Tirez ensuite la parallèle GH; vous aurez l'apparence des premiers carreaux. Pour obtenir le second pied d'enfoncement, menez le rayon GO qui coupera la ligne *bc* en K; tirez la parallèle LM ou apparence de l'enfoncement des seconds carreaux, et faites de même, pour avoir l'apparence de tous les autres. Quant aux trois autres carreaux, tirez des lignes des points B, D, E au point de vue, cela formera l'échelle perspective.

De l'usage d'une échelle perspective abrégée propre aux esquisses ou à l'examen critique des tableaux quelconques quant aux traits ou aux couleurs.

Les principes précédens étant établis et reconnus certains, il est fort naturel d'imaginer un moyen abréviateur qui consisterait en une ligne que le peintre placerait sur le bord latéral de son tableau, et telle que AB (fig. 223). Sur cette ligne seraient indiqués les degrés de diminution, en sorte que d'un coup-d'œil le peintre apercevrait et reconnaîtrait de combien doivent être diminués les objets et leurs couleurs selon les principales distances ou enfoncemens, et de loin en loin. Il pourrait aussi placer à côté de cette ligne une bande de couleurs dégradées selon ces mêmes degrés de diminution, les tons et les teintes devant suivre les rapports linéaires perspectifs; CD serait cette bande de couleurs.

Quant à cette bande de couleurs, je dirai seulement (devant en parler en traitant du coloris) que les échantillons perspectifs étant placés vis-à-vis de ces points que nous venons d'adopter, il ne s'agira que de fondre ces couleurs les unes dans les autres, ainsi que leurs intermédiaires, pour avoir tous les échantillons prescrits par l'effet de toutes les distances. (Voy. les chap. 510 et 520, qui traitent de la manière d'obtenir des échantillons.)

Je n'ajoute pas que la même échelle abrégée est propre aussi à diriger le peintre dans les différens degrés de force ou d'affaiblissement qu'il doit donner à sa touche.

Voici ces rapports principaux de diminution. En prenant au compas la moitié de la distance totale, depuis le point de vue ou point évanouissant jusqu'à la base du tableau, ce point milieu indiqué ici par E, est celui ou la diminution est de moitié; ainsi le bâton F, dont la mesure géométrique est de deux pieds, sera réduit à moitié, lorsqu'il sera transporté sur la ligne EE, où est la moitié de l'espace total visuel derrière le tableau. Si ce bâton n'est enfoncé qu'au quart de la distance totale, il ne diminue que du quart; s'il est enfoncé de trois quarts, il diminue de trois quarts, etc. Ainsi, en se contentant de placer à côté du tableau ces réductions principales, il en résultera un grand secours pour la composition des esquisses, puisqu'on saura par avance quelles sont les correspondances des dimensions et des couleurs avec ces degrés d'enfoncement du point du terrein ou de l'espace où est situé tel ou tel objet.

On concevra aisément que, pour vérifier la justesse ou, si l'on veut, la vérité de dessin de certains tableaux, il suffirait de reconnaître le point de distance choisi par l'auteur du tableau, et le point de vue ou point de hauteur qu'il a adopté, puis de construire une échelle selon ces deux points. A l'aide de cette échelle on convertirait toutes les mesures perspectives en mesures orthographiques, et l'on pourrait ensuite soumettre ces mesures orthographiques à un plan qui démontrerait, soit la justesse, soit la fausseté des mesures géométriques et réelles. Il est inutile d'en dire davantage sur ce point intéressant aux personnes qui ont suivi attentivement les leçons précédentes. Voyez au reste ce qui sera dit au chapitre 291.

Quant au profit que l'élève retirerait de semblables exercices, il est évident et on peut assurer qu'un dessinateur auquel on aurait donné pendant quelque tems des problêmes à résoudre sur cette question, ne serait point embârrassé pour remarquer par l'effet seul de son sentiment les diverses fautes, soit contre la justesse linéaire, soit contre la justesse chromatique.

CHAPITRE 268.

DE LA DISTANCE CONVENABLE DE L'ŒIL AUX OBJETS.

Si vous interposez une vitre entre votre œil et des objets quelconques, peu importe à quel éloignement de votre œil vous placerez cette vitre, vous verrez toujours les objets comme s'il n'y avait point de vitre. En effet, vous pourrez lever les yeux, baisser et lever la tête, et les aspects seront pour votre œil les mêmes que dans l'état ordinaire de la vision. Mais, si la vitre devient un tableau, ou si vous fixez réellement sur cette vitre les lignes apparentes, vous aurez beau baisser, lever ou éloigner votre œil, vous n'aurez sur ce tableau ou sur ce verre que le résultat d'une seule vision. Or en peinture ce résultat ou cet effet devra paraître non-seulement naturel et vraisemblable, mais agréable et en tout convenable.

Si donc prenant une vitre à votre main, vous l'inclinez de manière à pouvoir, en vous inclinant avec elle, apercevoir une chaise et le terrein sur lequel pose cette chaise, il est sûr que les points de la vitre qui recevront les lignes données par cette chaise et par les autres objets adjacens, il est certain, dis-je, que ces points produiront sur ce verre des lignes dont le résultat sera perspectif ou scénographique. Mais quel sera l'effet de cet aspect ou de ce perspectif, si vous le copiez sur un tableau réel ? Il sera insupportable, étrange et contraire à l'idée du géométrique, car les corps auront l'air sur ce tableau de monter et d'être placés non horizontalement, mais verticalement. Vous les représenteriez donc dans ce cas vus premièrement de trop haut, parce que les lignes montantes, propres à représenter des corps horizontaux, seraient trop différentes en peinture des lignes horizontales naturelles, et secondement vus de trop près, parce que le raccourcissement des corps étant très-précipité, un tabouret carré paraîtrait extrêmement large en dessus et extrêmement étroit à ses pieds. Si un pareil tableau était placé très-bas dans un cabinet de tableaux, et de manière à n'être aperçu que conformément à cette imitation, c'est-à-dire, de très-haut et de très-près, l'effet serait moins choquant; mais ce cas n'a pas lieu : un tableau est suspendu à une hauteur indéterminée; tantôt plus haut, tantôt plus bas, selon la nécessité exigée par le lieu. Il en est de même si vous élevez cette vitre très-haut et si vous la renversez en renversant votre tête en arrière, car l'image, par exemple, d'une corniche horizontale et fuyante par rapport à votre œil, se trouvera tracée presque verticalement sur la vitre, et l'inclinaison optique des lignes sera tellement sensible qu'il semblera que dans de semblables représentations l'on ait renversé et culbuté les fenêtres et les portes.

Si par un autre excès on adopte une distance extrême pour regarder l'objet à travers cette vitre, il en résultera une telle diminution que l'on ne distinguera plus assez cet objet. Il convient de dire ici que l'on a reconnu que tous les objets en s'éloignant paraissent diminuer jusqu'au point évanouissant, où ils paraissent si petits qu'on ne peut plus les distinguer : or ce point, appelé horizon, est éloigné de l'œil de douze cents fois la grandeur des objets aperçus. Mais le point où ils ne sont plus vus du tout, est bien plus éloigné encore. « On sait, dit Sonnini (dans ses notes sur » Buffon, au sujet du Discours sur les oiseaux), qu'un » objet éclairé par la lumière du jour ne disparaît à nos » yeux qu'à la distance de trois mille quatre cent trente- » six fois son diamètre, et que par conséquent si l'on sup- » pose un oiseau placé perpendiculairement au-dessus de » l'homme qui le regarde, et que le diamètre du vol ou » l'envergure de cet oiseau soit de cinq pieds, il ne peut » disparaître qu'à la distance de dix-sept mille cent quatre- » vingts pieds ou deux mille huit cent soixante-trois toises, » ce qui fait une hauteur bien plus grande que celle des » nuages, surtout de ceux que produisent les orages. »

Quant aux petites figures des petits tableaux, il faut se rappeler qu'elles ne représentent pas des figures très-éloignées de l'œil, mais que, bien qu'elles soient considérées de plus près que celles des grands tableaux, elles semblent grandir, parce qu'elles sont feintes très-enfoncées loin du cadre, en sorte qu'elles font (quand d'ailleurs le coloris et la touche en sont bien entendus) les mêmes sensations que les grandes images vues de beaucoup plus loin qu'elles, ou que les objets naturels vus à une distance ordinaire.

D'après ces premières considérations on conçoit déjà mieux l'importance attachée à la règle relative au point de distance ou à l'éloignement du regardant qui voudrait adopter pour un tableau les mêmes lignes qui transparaissent sur la vitre. Ainsi la perspective pittoresque étant la seule qui convient au peintre, la perspective des géomètres, quoiqu'exacte en effet, pourrait lui donner des résultats extrêmement ridicules quant à la sensation et à l'idée des objets. Le point où est supposé le dessinateur ne doit donc point être en peinture trop près ou trop loin. A quelle distance doit-il être ? Il faut, pour le déterminer, remonter d'abord à la nature de la vision humaine, et bien comprendre les besoins de l'art, qui se propose toujours le vraisemblable et le beau.

Un tableau doit être la représentation d'objets vus d'une seule vision. Si l'on est trop près d'une surface quelconque, d'un cercle, par exemple, on n'en voit pas le tout d'une seule vision, il faut se reculer jusqu'à ce qu'il y ait unité de perception, et l'expérience a démontré que cette unité de perception, avait lieu pour les vues moyennes à la distance triple du rayon du cercle aperçu. Ainsi, pour voir un cercle d'une seule vision, c'est-à-dire, pour en voir et le centre et la circonférence simultanément, il faut être distant au moins de trois fois la grandeur de son demi-diamètre, car plus près l'œil ne le voit que par deux ou trois perceptions successives, plus près encore par quatre, cinq et six perceptions successives, etc., etc. Si donc l'on représente dans un tableau de grands objets vus de trop près, tels que de hautes colonnes, par exemple, les lignes horizontales des chapitaux de ces colonnes, en tendant au point de vue du tableau, y paraissent trop plongeantes, car, pour les voir dans la nature, nous eussions levé la tête afin d'obtenir une seconde perception, et nous eussions eu en conséquence un second point de vue différent de celui que nous avions en regardant plus bas. Ces tableaux à hauts édifices offrent deux visions, dont celle du bas peut être bien rendue, il est vrai, mais dont celle du haut est fausse. Aussi est-ce une règle indispensable pour l'imitation, que celle qui éloigne le regardant au moins de trois fois la grandeur du demi-diamètre du cercle qu'on décrirait autour du plus grand objet representé, en prenant pour centre sur cet objet un point de vue quelconque.

Mais cette distance ne suffit point pour éviter de grandes déformations dans l'image, il la faut beaucoup plus grande encore, et les expériences réitérées avec l'échelle perspective le démontreront aisément. Une très-petite distance produit un fort grand inconvénient, celui d'une invraisemblance qui n'est sentie que par les personnes familières avec l'optique; mais une distance trop courte produit les plus mauvais effets, car elle détruit l'idée de la forme réelle et géométrique des objets, et produit par des déformations une apparence trop différente de la réalité. Cette vérité relative à la beauté exigée par l'art a été fort délaissée de la plupart des auteurs sur la perspective : il semble qu'il leur ait suffi que leurs opérations aient été justes, et ils ont cru servir la peinture, lorsqu'ils ne servaient en effet que la géométrie.

Cependant, pour en revenir au point de distance éloigné de trois fois le rayon d'un cercle à représenter, disons qu'en prenant le point de vue graphique pour centre du cercle, de ce point de vue à l'angle le plus éloigné du tableau, nous aurons une fois ce rayon, et qu'en le reportant trois fois sur la ligne horizontale prolongée hors du tableau, nous aurons la distance égale à trois fois le rayon. Peu importe où aura été placé le point de vue, il sera toujours centre du cercle, et l'angle du tableau le plus éloigné de ce point central sera l'extrémité du rayon ou du demi-diamètre de ce cercle.

Il y aurait une foule d'observations à faire au sujet des variations ou déformations produites par la scénographie établie d'après de trop courtes distances; mais une fois que l'on aura conçu les principes de la perspective, toutes ces observations se présenteront à l'esprit. Les recueillir ici, ce serait, je crois, fatiguer inutilement l'élève : il comprendra aisément de lui-même, en voyant des carrelages dessinés en perspective, que les carreaux deviennent des parallélogrammes tantôt tournés dans un sens, tantôt dans un autre, selon la distance adoptée; de même les pieds des figures semblent monter au lieu d'être à plat sur terre, etc. Enfin il reconnaîtra que certaines représentations perspectives appellent l'œil beaucoup trop près de la toile, et produisent par cet effet plus ou moins de fausseté.

Ajoutons à ce sujet qu'une raison qui prouve entr'autres que le regardant ne doit jamais rester fixé trop près de la surface peinte, c'est que, l'artiste n'ayant pas calculé d'après ce peu d'éloignement, il arriverait que les couleurs placées en avant, si l'on peut s'exprimer ainsi, donneraient au spectateur une sensation plus vive que le peintre n'a eu l'intention de le faire, puisqu'il est parti du point le plus proche, qui est la bordure, pour affaiblir ses effets au fur et à mesure que les surfaces des objets s'enfoncent ou sont situées plus ou moins obliquement sur le tableau.

Concluons que les peintres devraient écrire sur quelque endroit de leur tableau à quelle distance doit se placer le spectateur, et que les artistes qui contemplent des peintures, devraient être assez exercés pour se placer d'eux-mêmes et sans hésiter à la distance pour laquelle le tableau a été disposé. Concluons que Paul Lomazzo s'exprimait en artiste, lorsqu'il disait aux peintres : plutôt mourir que d'ignorer la perspective.

Nous savons que Rimbrandt était fort contrarié, lorsque l'on considérait ses peintures d'un point de distance trop proche. Aussi disait-il quelquefois aux indiscrets qui semblaient venir flairer ses tableaux : Reculez-vous, l'odeur de la peinture n'est pas saine. Il paraît que cet habile coloriste mettait une barrière qui empêchait les spectateurs d'approcher de la superficie peinte. On voit dans un dessin de ce tems la représentation de l'atelier de Rimbrandt, avec cette barrière, qui d'après cette image peut être supposée distante de douze pieds d'un tableau représentant un homme grand comme nature.

Au chapitre des sites trop rétrécis pour le spectateur, je parlerai du moyen de procéder dans ce cas.

Je dois terminer ce chapitre par une remarque importante. On serait peut-être tenté de croire que le spectateur doit absolument rester enchaîné à cette barrière et qu'il n'a aucun droit de se rapprocher de la superficie plate sur laquelle le peintre a déposé les couleurs magiques dont l'effet ne doit avoir lieu qu'au point de vue ou, si l'on veut, au point unique de distance. Mais, ce qui prouve que l'illusion n'est point le vrai but de cet art libéral, c'est que le spectateur aime et est autorisé à s'approcher d'une peinture, non pour juger de son effet optique, puisqu'en s'approchant toute illusion cesse et toutes les tromperies sont en évidence, mais pour mieux voir et mieux sentir, pour mieux comprendre enfin le peintre et se pénétrer de sa chaleur et de son expression, enfin pour jouir du travail du pinceau et pour mieux admirer tant d'ingénieuses déceptions. Cette remarque, qui trouve ici sa véritable place, mais qui se reproduira lorsque nous traiterons de la touche, est propre à faire cesser toute incertitude dans l'esprit des personnes qui, ne voyant dans la peinture qu'un art d'optique, semblent justifier les peintres lorsqu'ils se contentent d'ébauches, souvent mal entendues, et lorsqu'ils semblent vouloir renoncer aux finesses et à la magie de la touche, ainsi qu'aux délicatesses de leur art.

CHAPITRE 269.

DE LA HAUTEUR CONVENABLE DE L'ŒIL POUR CONSIDÉRER LES OBJETS.

Il faut parler maintenant du choix de la hauteur qu'il convient d'adopter pour considérer les objets et pour que leur aspect soit propre à l'imitation. On conçoit que le point d'élévation est déterminé par le sujet, car, ou l'on désire un grand développement dans les plans qui composent le dessus des objets, et alors on place ce point un peu haut, ou bien on veut voir les objets en dessous, et alors on le place bas; mais, comme les résultats de ce point doivent se rapporter à la vraisemblance, à la beauté ou au bon effet du tableau, il suffit ici de dire qu'on ne doit le placer ni trop haut ni trop bas, et qu'il doit, lorsqu'il s'agit de figures humaines, être supposé ordinairement placé à la hauteur de la poitrine. Cependant cela dépend de la distance qu'on a adoptée et de la règle qui veut que l'on conserve autant que possible le géométrique sur les objets ou les superficies qu'il importe le plus d'exposer. Ainsi, lorsque la scène n'exige pas un développement particulier, ou que le site représenté n'est pas censé vu d'en haut, comme le serait un précipice, ou vu d'en bas, comme le serait une sommité de montagne, on le place à peu près vers le milieu de l'objet; mais c'est l'effet de tout le tableau qui doit prescrire cette hauteur convenable, en sorte que c'est l'expérience et le jugement de l'artiste qui le déterminent dans ce choix.

CHAPITRE 270.

DE LA PLACE DE L'ŒIL DU SPECTATEUR VIS-A-VIS ET EN FACE DU TABLEAU.

Une convenance sur laquelle on est assez d'accord, c'est qu'il faut, puisque le spectateur se place naturellement au milieu du tableau pour en considérer la représentation, placer aussi le point de vue fictif au milieu du tableau. Quelques théoriciens cependant contestent ce principe et prétendent que là où est fixé le plus grand intérêt de la scène, doit être fixé aussi le point de vue, parce qu'alors, toutes les lignes arrivant vers ce point, la vision y est dirigée, et qu'il en résulte une unité efficace. Mais la démonstration suivante fixera probablement les idées sur cette question : cette démonstration nous est offerte par l'échelle perspective. Si donc nous considérons l'échelle (fig. 215) comme étant la représentation d'un carrelage ou d'un tableau représentant des carreaux, nous remarquerons que le carreau indiqué n° 1 dans cette figure 215, comme étant l'image perspective d'un carré régulier posé à terre et de la dimension d'un pied, se présente à la vue sans une déformation trop sensible, parce que le point de vue E se trouve situé vis-à-vis. Le spectateur n'hésite pas à reconnaître dans cette image la forme d'un carré vu d'assez loin. Mais le carré n° 15 de cette même échelle apparaît ayant ses angles de travers, et donne plutôt l'idée d'un lozange que d'un carré, parce que le point de vue est situé trop de côté par rapport à lui. Si donc il s'agit d'éviter cet aspect déformé des objets, il est assez naturel de partager cette difficulté, afin de l'atténuer et de placer le point de vue au milieu du tableau, là où le spectateur se place ordinairement lui-même.

Si cependant des cas particuliers déterminent le choix du point de vue de côté, c'est encore à l'artiste à peser dans son jugement ces considérations et ces convenances. Au surplus l'expérience seule peut lui faire adopter un principe fixe à ce sujet.

CHAPITRE 271.

CONCLUSION OU OBSERVATIONS RELATIVES A L'ŒIL, AU TABLEAU ET A L'OBJET.

Nous n'avons point parlé de la construction physique ou anatomique de l'œil, parce que cela n'était pas nécessaire à l'intelligence des principes que nous venons d'exposer ici. Nous croyons même que nous devons nous dispenser d'occuper le lecteur de cette question, qui est du domaine de la physiologie, et non de la peinture, bien qu'elle se lie à l'optique. A quoi servirait en effet au peintre de lui parler de la manière dont on suppose que les rayons arrivent à la rétine qui est l'expansion du nerf optique, et qui éprouve par conséquent la sensation visuelle? A quoi lui servirait l'exposé des conjectures ordinaires au sujet du renversement de l'image au fond de cette rétine, et au sujet de l'habitude qui redresse ou neutralise ce renversement? Toutes ces questions, ainsi que celles qui concernant l'humeur vitrée et la crystalline traversées par les rayons, sont relatives par conséquent aux vues myopes et presbytes, ainsi qu'à l'influence des verres concaves et lenticulaires, ces questions, dis-je, doivent être étudiées dans les auteurs qui ont traité spécialement de ces particularités. Nous renvoyons donc les élèves à ces livres. Les jeunes gens qui ont de l'inclination pour l'étude de l'optique et de la géométrie, ne manqueront pas, sans qu'on les y invite, d'y recourir et d'y puiser l'instruction qu'ils désirent [1]. Reprenons les principales questions relatives à la perception de l'objet, c'est-à-dire, relatives à l'objet qu'on veut représenter, au tableau qui doit répéter cette apparence, et à l'œil qui la perçoit.

Si l'on suppose que le bâton vertical AB (fig. 225) est aperçu par l'ouverture de l'angle AOB, il est certain que son apparence dans l'œil aura lieu en A'B'; mais, si on transporte ce bâton AB en CD, l'angle AOB se transformera en un moindre COD, et son apparence en C'D' sera moindre que son apparence A'B' et occupera moins de place sur la rétine. On doit en conclure que les objets nous paraissent plus ou moins grands, selon qu'ils sont plus proches ou plus éloignés de notre œil. Voilà pour ce qui est de la grandeur apparente de l'objet.

Démontrons maintenant que l'interposition du tableau ne change en rien l'apparence dans l'œil. Supposons donc que le tableau L (même figure) soit interposé entre l'œil et le bâton vertical AB, et que ce bâton soit représenté sur ce tableau en A'B'; il est évident que, puisque l'angle n'a pas changé, la sensation est restée la même pour l'œil quant à la dimension du baton, et cela, bien que les dimensions sur les tableaux L ou M aient changé. Autre chose donc est la grandeur apparente dans l'œil, autre chose la grandeur apparente sur le tableau.

A ces questions importantes se rattache une autre question qui ne l'est pas moins : je veux parler du sentiment et de l'idée qui nous restent de la grandeur réelle ou du

[1] Voyez entr'autres écrits sur cette question, l'article de M. Hauchecorne, dans le tom. 2 de son ANATOMIE PHILOSOPHIQUE. Paris, chez Delaplace, rue de la Sorbonne. — Lecat. *Description de l'œil dans son* TRAITÉ DES SENS. — Mallebranche, etc. — Home, etc.

géométrique de l'objet, sentiment qui nous fait toujours distinguer la différence qu'il y a entre la dimension ou la mesure apparente et diminuée de l'objet sur le tableau ou l'image (qui matériellement est moindre que l'objet) et la dimension véritable de l'objet. Si on place une tête derrière le tableau, en sorte que le nez touche à sa superficie, comme cela a lieu au point B (fig. 226), ce point, ainsi que les points A et G, se trouvant joint, pour ainsi dire, au tableau, doit y être représenté dans sa grandeur et avec sa force réelle et géométrique. Mais les points I, E, F n'étant plus à ce même plan ou sur cette même coupe, puisqu'ils se trouvent être enfoncés derrière le tableau, perdent un peu de leur grandeur et de leur force naturelle, et sont représentés sur le tableau par les points *i*, *e*, *f*. Il faut concevoir que ces points I, F et autres sur l'original, renvoient à l'œil chacun un rayon qui va se peindre dans cet œil même, et que là où ce rayon sectionne le tableau est la vraie place de la représentation. Ainsi les points I et *i* sont les mêmes pour cet œil, puisque le point I est caché par le point *i*. Malgré cette diminution, cette tête sur le tableau ne sera que de très-peu moins grande que celle du relief véritable. Mais si, au lieu de quatre pieds, distance du spectateur à l'objet, on prenait six pieds, comme dans la figure 227, en laissant la distance du spectateur au tableau de quatre pieds, la diminution serait beaucoup plus forte, puisque les rayons sectionneraient le tableau à des points beaucoup plus rapprochés. Cependant tous ces points cachent les points originaux, c'est-à-dire, que le point *i* cache à l'œil du spectateur le point I; le point *g* cache le point G; le point *a* cache le point A, et ainsi des autres.

Qui ne concevra pas que tous les traits de la petite tête doivent cacher à l'œil du spectateur les mêmes traits originaux de la grande, et que pour cet œil c'est une seule et même chose de voir, soit les traits de l'une, soit les traits de l'autre ? Cependant, comme en transportant le point naturel I en l'autre point du tableau *i*, on a rapproché ce point I de deux pieds vers le spectateur, ce point, ainsi rapproché, doit avoir augmenté de force sensible à l'égard de son œil, en sorte que, pour rétablir la même sensation que l'œil éprouvait lorsqu'il voyait le point original I, il est nécessaire d'affaiblir ce point *i* du tableau en raison de deux pieds de rapprochement, afin de faire paraître ce point à la place I, et ainsi des autres. On voit par cette explication que la force et la faiblesse des couleurs et du travail expriment positivement la place de chaque chose, puisque cette tête, en ne considérant que ses traits, peut tout aussi bien sembler être proche, c'est-à-dire, distante seulement de quatre pieds du spectateur, au lieu de six, et être supposée d'un géométrique plus petit qu'il n'est en effet; or elle paraîtrait réellement telle, si on n'avait pas affaibli la force de ses effets.

Passons à un autre cas (fig. 228). L'angle optique n'a point changé, et la distance du spectateur au tableau est toujours de quatre pieds; mais la tête originale ou naturelle a été placée en avant du tableau, de sorte que les traits du tableau, au lieu de cacher l'original, sont au contraire cachés par l'original interposé devant eux. Le point I est donc transporté dans le tableau en *i*, le point G est transporté en *g*; le point A en *a*, etc., etc. Il est évident cependant que l'œil n'éprouve aucune différence en voyant l'un ou l'autre de ces points correspondans, et que, si après avoir établi tous les points de l'original dans le tableau, on ôtait l'original, ce tableau ne changerait en rien quant aux traits, puisque l'angle de vision n'a point changé. Mais, puisqu'en transportant ce point I en *i*. Ce point s'est affaibli par rapport à l'œil, il devient nécessaire de le fortifier, en raison de son éloignement ou de sa perte optique, afin que l'œil éprouve toujours la même sensation qu'il éprouvait, lorsque ce point *i* ou cette superficie feinte était réelle en I.

Quelle conséquence doit-on tirer de ce qui précède? C'est que les couleurs du tableau, grand comme nature, doivent être assez fortes pour ressembler, vues de loin, aux couleurs du modèle; que les couleurs du petit tableau doivent être moins fortes, pour ne pas outrepasser celles du modèle qui est bien plus loin qu'elles de la vue du regardant; enfin, c'est que les couleurs d'une miniature doivent répéter par leur affaiblissement et leur transparence, puisqu'elles sont vues de près et qu'elles sont par conséquent très-sensibles, les couleurs vues de loin du modèle, en sorte qu'elles produisent sur l'œil la même sensation que produirait le grand tableau.

Un petit tableau, dont les figures du premier plan sont petites, ne représente donc pas, je l'ai déjà dit, des figures éloignées en raison de leur petitesse, mais bien des figures de grandeur naturelle, feintes sur une surface rapprochée de la vue, rapprochement que l'art est censé détruire. Aussi cette surface proche doit-elle être peinte avec des couleurs bien transparentes, pour exprimer les enfoncemens, puisque cette surface doit donner, quoiqu'elle reste près de l'œil, et malgré la toile et les couleurs qui subsistent près de lui, l'idée de toute l'étendue ou espace aérien qui sépare le modèle d'avec le tableau. Dans le tableau qui au contraire est grand comme le modèle ou comme nature, les couleurs doivent être assez transparentes, pour imiter seulement l'espace qu'il y a entre le cadre et les parties qui s'en éloignent peu à peu. Une miniature doit donc être plus transparente que toute autre peinture. Mais n'anticipons pas sur ce qu'il y aura à dire au chapitre du coloris. Voici encore quelques démonstrations propres à faire comprendre cette question.

L'objet est placé, le regardant ou le peintre est aussi placé. Si l'image ou le tableau est grand comme le modèle, cette image, qui est supposée une vitre, doit être placée tout contre le modèle, et il faut, pour voir et juger ce tableau, être placé où était placé le peintre qui a considéré ce modèle. Si le tableau est plus petit que nature, il faut l'approcher de sa vue, se mettre toujours à la place où était le peintre, et placer le tableau de manière qu'il couvre exactement l'espace occupé par tous les objets modèles, qu'il conviendrait d'entourer eux-mêmes d'un cadre, pour mieux faire cette comparaison. Si le tableau est plus petit encore, c'est qu'il est plus proche de la vue du regardant; il doit donc être rapproché jusqu'à ce que son cadre couvre exactement le cadre éloigné et mis exprès autour du modèle. Il en est de même d'une miniature : on l'approche de la vue jusqu'à ce qu'elle paraisse grande, comme l'objet naturel vu de loin.

Il y aurait cent autres remarques à faire sur ces questions, mais c'est à l'artiste à les imaginer pendant le cours des études qu'il doit poursuivre sur l'optique et la perspective. Je dirai cependant un mot au sujet de l'observation que font assez souvent les géomètres au sujet de la vision par deux yeux, vision qui, disent-ils, fait apercevoir au-delà du contour ou circonscription perspective, et cela en raison de l'écartement de chaque œil qui peut percevoir le côté d'un cube, par exemple, l'autre côté étant perçu aussi par l'autre œil. Mais on comprend qu'il faut dans cette observation établir la supposition d'un point optique de distance très-court, ou celle d'une petitesse extrême de l'objet aperçu de près. En effet, à une distance moyenne, les deux yeux ne forment qu'un point unique, sommet unique aussi du cône optique. Il en est de cette observation, comme de celle qui a trait à la forme ovale du dessin d'une boule parfaitement ronde; un tel dessin ovale ne serait admissible que dans le cas où l'œil toucherait le papier ou l'image, en sorte que, pour un myope, la feuille de papier se raccourcissant de droite et de gauche, il recevrait la sensation d'un dessin rond, ce qui n'aurait pas lieu, si le dessin ne s'élargissait de côté et n'affectait la forme d'un ovale couché.

Je finis par une dernière réflexion, qui est la conséquence importante de ce qui précède : elle est relative à l'illusion. Il faut bien comprendre que faire illusion ou faire que l'œil éprouve par le résultat d'une représentation la même sensation que celle qu'il éprouve en voyant l'objet même, sont deux choses fort différentes. En effet, tromper l'œil ne serait pas assez, il faut tromper l'esprit. Or le spectateur, en reconnaissant la proximité matérielle de ces superficies ou tableaux et de ce cadre qui les enferme, reconnaît très-bien l'artifice ou la supercherie, ce qui n'empêche pas que la sensation oculaire qu'il éprouve en présence de l'image ne soit tout à fait semblable à celle qu'il éprouve en présence de l'objet. Les magiques diorama que de très-habiles peintres produisent aujourd'hui, sont des miroirs fidèles de la nature; cependant chaque spectateur sait qu'il est en présence d'une peinture ou d'une surface matérielle rendue plus ou moins diaphane et plus ou moins opaque, selon les besoins de l'imitation.

Voyez à ce sujet le chapitre 100, vol. 3, pag. 274.

CHAPITRE 272.

EXERCICES OU EXEMPLES DE REPRÉSENTATIONS OBTENUES PAR LA MÉTHODE PRÉCÉDENTE.

Comme il convient de commencer par représenter des objets immobiles et réguliers, nous avons choisi pour exemple, une boîte, une table, une maison, une pyramide, un cercle, un anneau, un tronc de colonne cannelée, un vase et un char que les élèves pourront faire voir dans quelque position et sous quelqu'aspect qu'ils voudront. Ce ne sera qu'après ces exercices que nous passerons au dessin de la figure humaine.

Dans les exemples qui vont suivre, nous ne nous proposons pas encore d'opérer selon un aspect voulu perspectivement et tel que l'aurait donné par approximation l'idée ou l'esquisse; plus tard nous verrons comment on procède pour se conformer à l'esquisse ou au choix pittoresque, et cela en convertissant cette esquisse en géométral et même en géométrique, pour ensuite la corriger ou la perfectionner. Ici donc il ne s'agit que de la méthode propre à la représentation simplement orthographique ou géométrale, et nullement de l'aspect perspectif du du choix d'un aspect pittoresque, car on doit concevoir déjà que le géométral est tout, et que le perspectif n'est qu'un effet surajouté, quoi qu'il soit naturel.

Il suffira de bien comprendre les premières opérations ou les premiers exercices, pour parvenir à dessiner sans difficulté la figure humaine et tous les objets de la nature. Or, pour comprendre ces opérations, il est nécessaire d'avoir une idée nette de ce que nous entendons par profil, face, plan, élévation, position, situation, etc., termes que nous avons brièvement expliqués dans notre dictionnaire.

Représentation d'une boîte entr'ouverte et posée d'aplomb (fig. 232).

Prenons pour cet exemple la même boîte qui nous a servi pour la démonstration du dessin stéréographique, et adoptons-en les mesures. Commençons donc par le profil de cette boîte, puis nous en ferons la face, ensuite le plan, et enfin le relevé orthographique ou l'élévation géométrale prise d'un côté quelconque à volonté, laquelle élévation pourra ensuite être mise en perspective, à l'aide de l'échelle et de telle distance et hauteur de l'œil qu'on voudra, ce qui alors remplira toutes les conditions.

Comment on obtient le profil.

La figure 229 représente le profil de la boîte posée d'aplomb et entr'ouverte.

Il s'obtient en prenant sur les cotes ou sur l'objet lui-même les mesures ou superficies, et en les assemblant selon sa construction. Les points A, B, C, D, E sont les angles de ce profil.

Le profil nous donne donc, outre la hauteur de tout l'objet et de ses parties, ses épaisseurs, que dans ce cas-ci nous appellerons enfoncemens. Quand nous en serons au plan, nous verrons quel est l'usage de la ligne *zz* et de la ligne ponctuée, ainsi que de la lettre italique *a*, indiquant l'épaisseur ou enfoncement par rapport au spectateur. Le lozange marque le devant de la boîte. On peut se dispenser de le représenter dans les premières leçons. (Bientôt nous dirons comment on prend les mesures du profil et de la face sur les objets naturels eux-mêmes.)

Comment on obtient la face.

Pour obtenir la face (fig. 230), qui est composée de la longueur et de la hauteur de la boîte, il faut d'abord déterminer les hauteurs, en tirant, à partir des points de hauteur du profil, des lignes horizontales et parallèles. Ainsi la ligne CC fixe la hauteur du couvercle soulevé. Les lignes AA, DD fixent la hauteur de la boîte et de la charnière, et les lignes BB, EE indiquent sa base. Pour déterminer la longueur, prenez-la sur l'objet ou sur les mesures cotées, et portez-la sur cette face qu'on a distinguée ici par un lozange.

Il est très-essentiel de bien placer et de bien former les chiffres et les lettres, afin d'opérer plus commodément, plus vîte et avec une intelligence plus nette de ces opérations, idée nette qu'il importe de posséder, pour faire des progrès et avoir du plaisir dans ces études graphiques.

Les lignes AA, DD, BB, EE et CC expriment la longueur de la face de la boîte, et en même tems la longueur du derrière de cette boîte, les lignes de devant masquant dans cet exemple celles de derrière.

Comment on obtient le plan.

Pour obtenir le plan de cette boîte entr'ouverte (fig. 231), il faut avant tout tracer la croix d'écartemens *zz* dans le profil et *zz* dans la face : ces lignes sectionnant la ligne de base BB, EE forment la croix. Remarquez que nous placerons toujours dans le profil cette croix sur le bord ou côté, parce que cela conviendra mieux pour les têtes, ainsi que nous le verrons bientôt; mais nous les plaçons autrement dans la face aussi par rapport aux têtes. Au reste peu importe où soient placées ces lignes ou cette croix.

Il s'agit donc de reporter ces deux lignes sur le plan. Ainsi la ligne horizontale, ou si l'on veut, la ligne *zz* du plan, se trouve être la ligne ou la surface verticale *zz* du profil, de laquelle ligne ou surface doivent partir tous les enfoncemens ou largeurs; et l'autre ligne ou surface *xx* qui est perpendiculaire à celle-ci, se trouve être la ligne ou surface *xx* de la face, de laquelle ligne ou surface partiront tous les écartemens à droite et à gauche ou les moitiés ou portions de longueur répétées de chaque côté de cette ligne ou surface dont ils sont plus ou moins distans, si cette ligne ou surface n'est pas située au milieu. On conçoit que c'est à l'aide de ces deux lignes ou de ces deux surfaces croisées, si on veut les imaginer comme étant des surfaces, que nous pourrons mesurer les enfoncemens ou largeurs, les hauteurs et les longueurs. Ainsi, pour faire le plan qui ne donne que l'expression des épaisseurs et des largeurs, considérons d'abord sur le profil l'ordre des enfoncemens. A et B, qui expriment le devant de la boite, sont sans enfoncement, ou, si l'on veut, sont placés sur le bord du tableau et touchent le cadre. Le premier point enfoncé est donc *c*, angle du couvercle soulevé. Prenons au compas cet enfoncement, et portons-le sur le plan depuis la ligne de front *xx* jusqu'en *c*. Mais, comme nous n'avons point encore pris ce point *c* sur la largeur de la face, traçons une petite courbe provisoire là à peu près où doit arriver ce point *c* : telle est la ligne ponctuée qu'on a indiquée vers *c*, pour l'intelligence de l'opération. Cherchons maintenant ce point *c* sur la face, en prenant son écartement de la ligne ou surface de repère *zz*; puis portons sur le plan cette même mesure d'écartement sur notre ligne provisoire, à partir de la ligne verticale de repère. Les points *c* et *c'* expriment donc sur le plan et l'enfoncement et la largeur. Pour obtenir la largeur complète de ce couvercle sur le plan, prenons-la sur la face en *c*, autre coin du couvercle, et portons cette largeur en *c'c'* sur le plan, l'enfoncement du point *c* ayant été indiqué : voilà que la ligne *cc* exprime sur le plan le devant du couvercle. Pour avoir la fin du couvercle vers la charnière exprimée par DD, prenons sur le profil la largeur AD', et portons sur le plan cette largeur par une courbe provisoire, telle qu'elle est ici ponctuée en D, puis ajoutons la mesure de profondeur prise sur le profil, et portons-la sur cette ligne provisoire tangente des courbes ponctuées ; D sera le point. Le couvercle étant exprimé par le plan, on a joint par des lignes ces quatre points C', C', D', D'; il ne s'agit plus que de lier C avec A sur le plan par une droite, et ce plan sera terminé.

Voilà donc cette boîte entr'ouverte mesurée et connue sous toutes ses faces, puisqu'elles sont régulières, c'est-à-dire, semblables, les deux côtés, le dessous et le dessus, le devant et le derrière étant égaux. Mais ces mesures ne donnent point encore l'aspect déterminé ou le trois quarts sous lequel on désirerait voir toute cette boîte élevée ; il s'agit de procéder, pour obtenir cet aspect appelé élévation géométrale ou orthographique, laquelle peut devenir ensuite perspective ou scénographique, comme nous l'avons dit, en usant de l'échelle de réduction perspective.

Comment on obtient l'élévation orthographique, selon un aspect adopté.

Pour obtenir l'élévation ou l'orthographie selon l'aspect adopté, il faut traverser le plan par une ligne; au bout de laquelle on supposera placé l'œil du regardant. Pour bien comprendre ce moyen ou ce procédé fort simple, il faut supposer cet œil aussi grand que l'objet, ou bien supposer qu'il est placé à une distance infinie au bout de cette ligne elle-même indéfinie, et cela, parce que nous ne voulons pas encore, dans l'élévation que nous allons dessiner, obtenir l'effet d'une vision perspective, mais seulement l'effet d'une projection ou vision orthographique, c'est-à-dire, par rayons parallèles ; ainsi la ligne *zz* (fig. 231) sera cette ligne ou cette surface dirigée à travers le plan. Il n'est pas difficile de concevoir que, si on suppose que le plan (fig. 231) est l'objet lui-même ou la boîte, le spectateur qui se placerait dans la direction de cette ligne et qui aurait en effet son œil en N, par exemple, mais à une distance infinie, verrait en raccourci et la face et le profil de cette boîte, et cela à quelque distance qu'il s'en trouverait être dans cette même direction. C'est donc la situation plus ou moins de biais de cette ligne traversant le plan, qui détermine l'aspect plus ou moins de côté ou de trois quarts.

Ainsi, commençons par tracer verticalement sur l'élévation cette même ligne *zz* de repère ou surface, et de plus l'autre ligne horizontale *xx*; celle-ci peut s'appeler ligne de front, et l'autre ligne fuyante, puisqu'elle fuit à la vue et s'enfonce dans le tableau. A l'aide de ces deux lignes, nous obtiendrons l'élévation géométrale ou orthographique, selon l'aspect ou le trois quarts voulu. On comprend que ces lignes de front et fuyantes étant perpendiculaires l'une sur l'autre, tous les points plus ou moins écartés de ces lignes ou surfaces de repère seront par conséquent orthographiques et parallèles, ce qui les différencie des points perspectifs qui iraient converger à l'œil. Nous allons donc, par exemple, prendre sur le plan de la boîte le coin A' qui est le plus proche de l'œil, et mesurer au compas son écartement de la ligne fuyante *zz*, écartement qu'il faut toujours par conséquent considérer comme devant être pris à angle droit. (Pour faire comprendre ceci, on a tracé dans le plan quelques lignes ponctuées perpendiculaires sur la fuyante.) Ainsi une des pointes du compas étant fixée sur le point A demandé, on fera décrire à l'autre pointe un arc de cercle touchant la ligne fuyante (on a aussi indiqué ce quart de cercle), et le point où le compas touchera cette ligne sera le point fixant l'écartement. Reportons donc ce point en A sur l'élévation (toujours par une ligne provisoire). Il s'agit maintenant de déterminer la hauteur de ce point A. Pour cela on la prend sur la face, et on la reporte sur l'élévation, à partir de la ligne de front *xx*. Ainsi on reportera cette hauteur sur la ligne provisoire, ce qui la sectionnera en A. Faisons une opération analogue, pour avoir l'autre coin A. Nous voyons sur le plan quel est son écartement de la fuyante : portons sur l'élévation cette mesure d'écartement de l'autre côté de la même ligne et provisoirement; puis, prenant de nouveau la hauteur sur la face, sectionnons cette ligne provisoire en A qui sera le second coin demandé; tirons une droite pour lier ces deux coins. Pour les autres points ou coins de la boîte, il faut suivre la même marche. Une fois qu'on l'aura comprise, ce qui est fort facile, on réussira dans tous les exercices qu'on se proposera.

La figure 233 offre un autre aspect de la même boîte; il est le résultat de la situation de la seconde ligne qui est figurée fuyante sur le plan.

Cet exemple doit faire comprendre aux peintres qu'il y a des raccourcis orthographiques indépendans des raccourcis perspectifs, et qu'il faut dans l'analyse bien distinguer ces deux choses : la première est relative à la situation de l'objet ou de son plan, et la seconde est relative à l'éloignement, à la hauteur du regardant et à l'enfoncement de l'objet dans ce tableau.

Je crois devoir ajouter quelques observations devant être utiles aux élèves qui auraient quelque peine à comprendre les opérations précédentes. Au reste, nous engageons ceux-ci à ne représenter que des solides très-simples, tels que des parallélipipèdes, par exemple, et à ne passer aux exemples subséquens qu'après avoir très-bien compris et pratiqué les antécédens.

Puisque le plan d'un objet ou son ichnographie n'est autre chose que la place de divers points qui tomberaient par terre aplomb de divers points de l'objet lui-même, posséder le plan, c'est posséder l'objet, sauf ses hauteurs. Je suppose donc qu'on se souvient de ce qui a été dit au chap. 246 et suiv., au sujet de la situation et de la position ; je suppose que l'on comprend que le plan qu'on obtient est toujours placé de front et vis-à-vis de celui qui le dessine et le forme ; que ce plan est et indique le résultat de la position de l'objet, quelle qu'elle soit, c'est-à-dire, quelles que soient les inclinaisons du profil et de la face de cet objet, et que, si le plan est ensuite tourné obliquement par rapport au dessinateur, c'est alors la situation de l'objet qui change et nullement sa position, cette situation plus ou moins oblique du plan faisant seulement qu'on voit l'objet plus ou moins de trois quarts et comme si le spectateur avait tourné lui-même autour de l'objet. A cette explication il faut ajouter que le plan qui offre et exprime la face et le profil (peu importe l'espèce d'inclinaison de cette face et de ce profil) représente la véritable largeur, non de l'objet, s'il est incliné, mais de son apparence ichnographique ou de son raccourci vu d'en haut et d'une distance infinie. En effet, si la face n'est point inclinée sur le terrein, elle conserve dans le plan sa véritable longueur, ainsi qu'il arrive dans les plans d'architecture toujours aplomb. Il en est de même de la largeur ou du profil ; le plan l'offre ou raccourci ou tel qu'il est dans l'objet, selon qu'il penche ou qu'il est d'aplomb. Cette définition du plan étant ainsi complétée, on comprendra que, pour faire le plan d'un objet, il faut en mesurer la face ou la longueur, et que, si cette face penche de côté, il ne faut pas prendre sa longueur réelle, mais bien la longueur que donneraient des fils aplomb tombant par terre des points de cette face penchée. Or, c'est ce que nous ferons voir dans l'exemple où va être représentée la face d'une boîte inclinée en arrière (fig. 245 et 249). On y voit sur la ligne de base (dans le dessin du profil) les points de longueur indiqués par avance, afin d'en user de suite pour opérer dans le plan.

Il est bon de dire encore que le spectateur est censé vis-à-vis la face de l'objet, en sorte que nous devons le supposer à notre gauche par rapport au profil (fig. 229). Le spectateur, qui est censé voir ce profil, découvre donc des superficies qui ne sont point à découvert dans notre dessin de ce profil (fig. 229). En effet, il voit le dessous du couvercle et la face de devant ornée d'un lozange, et nous ne voyons qu'une ligne; mais ce même aspect que perçoit le spectateur, nous le percevons par la figure 230 de la face de la boîte.

D'autres explications seraient superflues.

Observations sur la réduction perspective de cette même élévation.

On désirera peut-être, puisque nous appelons ces études du nom d'exercices de perspective, que nous disions quelque chose des opérations relatives à la réduction perspective de cette boîte à l'aide de l'échelle. Mais, comme nous avons déjà fait voir, en parlant de l'échelle perspective, cette même boîte dessinée perspectivement, nous n'avons presque rien à dire ici sur ce point.

Rappelons donc seulement que si la ligne fuyante, passant par le plan, est divisée par des espaces quelconques numérotés, on verra aisément sur ce plan à quel numéro correspond tel ou tel point pris sur l'objet parallèlement à cette ligne, et que par conséquent on connaîtra les enfoncemens ou éloignemens successifs de ces points. Or, comme l'échelle perspective qu'on aura faite pour la représentation sur le tableau est composée des mêmes divisions ou mesures numérotées, et que la réduction des espaces à tel ou tel enfoncement est donnée par cette échelle, il ne s'agit que de prendre au compas les points orthographiques, pour les réduire sur cette échelle perspective et les reporter ensuite sur le tableau. On conçoit que, pour abréger l'opération, les personnes familières avec cette pratique, pourront au besoin passer de suite à la mesure ou à l'élévation perspective, sans faire l'élévation orthographique. Cela au reste se pratiquera pour le dessin des têtes.

Indication d'un autre procédé pratique pour obtenir les résultats précédens.

Le procédé que nous venons d'employer est beaucoup plus commode que les procédés employés ordinairement par les géomètres dessinateurs, en ce que l'usage de la croix d'écartemens ou des deux surfaces de repère dispense de tourner le plan selon l'aspect et d'élever sur le plan des lignes qui, si elles ne sont pas tracées parallèles et très-justes, altèrent l'élévation. Nous allons, pour établir la comparaison de ces deux moyens, représenter cette même boîte par ce dernier procédé moins commode.

Le prôfil, la face et le plan étant obtenus par le procédé employé pour les précédentes figures, la situation plus ou moins de biais du plan sur le papier détermine la situation plus ou moins de côté de l'objet. Ainsi la situation du plan étant déterminée, telle qu'on la voit dans cet exemple (fig. 236 et 237), il faut, pour obtenir l'élévation, élever de tous les points de ce plan des verticales indéfinies, puis tracer une ligne horizontale pour base AB (fig. 238), et à partir de cette base porter ou élever sur les lignes verticales toutes les hauteurs qu'on aura prises sur le profil (les lettres indiquent les points correspondans).

La figure 239 fait voir une autre élévation. Dans cet exemple on a donc situé le plan différemment, afin d'obtenir le résultat d'un aspect ou d'un trois quarts différent.

Représentation de la même boîte inclinée en avant (fig. 244).

Avant de passer à un exemple d'une boîte inclinée en avant, il convient de nous expliquer sur le choix des diverses positions adoptées dans ces exercices. Nous en reconnaissons donc quatre différentes, sans compter la position droite ou d'aplomb, ou la position sens dessus dessous, et il n'y a dans la nature que ces six positions : elles constituent les mouvemens les plus composés. Prenez à la main une boîte ou un livre pour mieux suivre cet exposé.

Dans cette première position d'inclinaison en avant, comme dans les trois autres, les trois côtés opposés du solide, son profil, sa face, sa base ou son plan, éprouvent des raccourcis par rapport à deux lignes croisées, la verticale et l'horizontale. Ainsi, comme nous opérons toujours en dessinant le profil, nous pencherons le profil de la boîte selon le degré d'inclinaison voulu et en avant. La face qui s'incline avec lui sera par conséquent moins haute, vu la perte que cause cette inclinaison. (Rappelons-nous bien que, par hauteur, largeur et profondeur ou épaisseur, nous n'entendons que les mesures de l'espace qu'occupent les superficies, et non les mesures des superficies elles-mêmes.)

Quant à la position de penchement en arrière, cette seconde position est expliquée par ce que nous venons de dire de la position de penchement en avant.

La troisième position est l'inclinaison de la face à droite ou à gauche. La quatrième position est composée : c'est l'inclinaison ou en avant et du côté droit ou gauche, ou en arrière et du côté droit ou gauche. (Voy. la fig. 248, qui exprime non-seulement l'inclinaison de la boîte à gauche, mais son inclinaison à gauche et en arrière; voy. aussi les figures qui représentent des pyramides inclinées).

Procédons à la représentation de la boîte inclinée en avant (1re position, fig. 244 et 243). Concevons toujours que dans cette espèce d'inclinaison, soit en avant, soit en arrière, c'est le profil seulement qui est incliné, mais que la face, bien que raccourcie en hauteur, reste horizontale : il faut se familiariser avec cette idée. Ainsi, commençons par incliner en avant le profil (fig. 240), ce qui donnera sur la face, ainsi qu'on le voit (fig. 241), les hauteurs moindres que si le solide fût resté posé aplomb. Tirez ensuite, comme dans l'opération relative à la boîte posée aplomb, des lignes horizontales à partir des points A, B, C, D, E du profil, cela donnera les hauteurs sur la face. Ajoutez les largeurs de la face prises d'après nature ou d'après les cotes dessinées, et faites le plan et l'élévation, ce sera la conséquence de ces premières mesures, plus de la ligne fuyante et de la ligne de front. Vous aurez donc l'image orthographique de la boîte inclinée en avant et vue conformément au trois quarts adopté par la fuyante (la ligne D du fond étant cachée dans l'élévation, on l'a représentée ici ponctuée, ainsi que celles qui se trouvent cachées).

Représentation de la même boîte inclinée en avant et du côté gauche[1] (*fig*. 248).

La seule différence qui distingue de la précédente l'opération nécessaire dans cette quatrième position, c'est que les hauteurs du profil ne doivent plus se rapporter sur la face par des lignes horizontales partant des points du profil, mais qu'il faut prendre ces hauteurs au compas et les rapporter l'une après l'autre sur la face (inclinée ici du côté gauche). En effet, dans cet exemple non-seulement le profil penche, mais la face penche aussi.

Ayant donc déterminé le profil penché (fig. 245) et ayant déterminé aussi le degré d'inclinaison de la face (fig. 246), penchemens sensibles par rapport à la ligne de base EE, prenez, par exemple, au compas la hauteur du point C, coin supérieur de la boîte (fig. 245) : cette hauteur (prise en décrivant un arc, afin d'avoir le point de tangente sur la ligne de base EE) sera donc rapportée sur la face de E en C. Quant à la largeur, prenez-la sur la nature ou sur les cotes, et continuez l'opération, pour finir la face, c'est-à-dire, prenez la hauteur de B, de D, de A, et portez-là sur la face, à partir toujours de la ligne de base EE ou du fond.

Quant au plan, il offrira deux raccourcis, c'est-à-dire, dans les profondeurs et dans les largeurs, puisque le profil qui donne la profondeur est incliné, et que la face qui

[1] J'entends par côté gauche ou droit, le côté gauche ou droit par rapport à celui qui regarde ces figures explicatives.

donne les largeurs l'est aussi. Ainsi, pour faire ce plan, prenez, par exemple, le point du couvercle A qui touche la ligne de front; puis prenez la largeur de ce couvercle AA, largeur donnée par la face, mais raccourcie, et portez cette largeur sur le plan, toujours en prenant l'un et l'autre écartement de la ligne fuyante, etc., etc.

Si on indique légèrement les ombres dans le profil, dans la face et le plan, cela joint à la force respective des traits, servira mieux à faire comprendre la représentation.

Mais le meilleur moyen pour ne pas faire ces exercices sans les comprendre, c'est d'avoir sous les yeux l'objet lui-même. Ainsi l'élève aura une boîte ou un livre d'une forme analogue, et posant ce livre selon le cas voulu dans cet exemple, et plaçant son œil à la hauteur de chaque point, il reconnaîtra aisément que le profil est incliné de tant par rapport à la table ou surface ou ligne de terrein sur laquelle il pose; que la face est inclinée de tant; que le plan, qui n'est autre chose que le résultat de points tombant aplomb de haut en bas à travers ce livre penché, lesquels points se rapprochent et se resserrent selon ce renversement, que le plan, dis-je, donnera sur le terrein ou sur le papier l'image exacte de cette position, et qu'enfin la fuyante à travers le plan est la direction de la vue ou le choix d'aspect.

Il ne resterait donc plus qu'à altérer perspectivement les points enfoncés de cette image; mais il comprendra aisément cette condition dont on ne s'occupe point dans ces dessins, tant elle est facile à remplir.

Quelques exercices suffiront pour rendre très-intelligible cette opération, qui, paraissant compliquée à ceux qui ne la conçoivent pas, est au fait très-simple et très-naturelle pour ceux qui, l'ayant une fois conçue, la concevront certainement toujours.

Remarquez que, lorsqu'au sujet des têtes nous inclinerons la face de côté, nous n'inclinerons pas pour cela la face dessinée, mais que nous la laisserons droite, afin qu'à l'aide des lignes horizontales partant du profil, nous la construisions aisément ; ainsi, pour indiquer l'inclinaison ou le penchement, nous inclinerons seulement les lignes ou surfaces croisées, ce qui produira le même effet. Et, pour en donner un exemple, supposons (voy. la fig. 250) que la face penchée de la boîte que nous venons de dessiner soit posée aplomb sur le papier, si nous tirons une ligne de front inclinée, et une verticale ou fuyante inclinée et perpendiculaire sur cette ligne de front, la face sera elle-même inclinée par rapport à ces nouvelles lignes de repère ou à cette croix, qui elle-même est inclinée. (Voy. aussi les fig. 251 et 252, placées ici exprès pour cette démonstration.)

Représentation d'une table posée aplomb ou droit (voy. fig. 257).

Les mesures de cette table sont connues ou par la nature et par des dessins cotés. C'est ici le cas de rappeler l'utilité du dessin stéréographique, à l'aide duquel on fait connaître et la mesure géométrique des surfaces ou des objets, et leur assemblage. Nous avons cru devoir offrir ici le dessin stéréographique de cette table, et nous y avons ajouté l'indication écrite de ses mesures, indication qui eût peut-être embrouillé ou trop chargé les dessins stéréographiques précédens.

Comme il n'y a rien de particulier à communiquer au

sujet des moyens d'obtenir le dessin de cette table posée droit, ces moyens étant les mêmes que ceux qui viennent d'être donnés pour la représentation de la boîte, nous allons passer à l'exemple suivant.

Représentation de la même table inclinée en arrière (*fig.* 262).

Nous avons placé dans cet exemple de renversement en arrière, les pieds de la table en avant, afin que dans le dessin de l'élévation ces pieds soient très-apparens.

On pourra comparer, le compas à la main, toutes les faces raccourcies orthographiquement avec les mêmes faces représentées selon leurs mesures véritables dans le dessin stéréographique : ces rapprochemens accoutumeront l'élève à sentir les diminutions graphiques produites par les inclinaisons.

Représentation de la même table inclinée en avant et de côté (*fig.* 266).

Ici nous présentons au spectateur le dessus de la table renversée en avant et inclinée de côté; le profil penche donc en avant, et la face penche sur son côté gauche.

Les élèves commettront peut-être quelques erreurs; mais, outre que la correspondance des lettres et des numéros suffit pour faire rectifier ses erreurs, ce ne sera que l'intelligence de ce procédé graphique, et par conséquent l'expérience, qui les empêchera de s'embrouiller dans ces opérations qui certainement sont très-simples, et qu'ils seront étonnés, après quelques jours d'exercices, de n'avoir pas parfaitement comprises dès le commencement.

Représentation d'une maison vue sous différens aspects (fig. 271).

Ce dernier exemple d'un solide quadrangulaire à faces parallèles, est offert ici, tant pour faire apercevoir de nouveau la simplicité du moyen de la ligne fuyante à travers le plan (moyen préférable à l'usage des lignes élevées parallèlement et très-multipliées, et à l'usage de retourner le plan), que pour faire apercevoir aussi combien la seule représentation orthographique est satisfaisante, sans la modification ou réduction qu'apporte la scénographie. Les élèves en peinture feront un excellent exercice en représentant par ce procédé divers édifices plus ou moins composés, et dont le choix sera en même tems propre à leur donner des idées sur les belles proportions en architecture.

Représentation d'une pyramide renversée en avant et du côté droit (fig. 276).

Pour représenter cette pyramide ainsi posée, il est nécessaire de la bien savoir représenter stéréographiquement, afin de sentir les inclinaisons particulières des surfaces qui se rapprochent toutes au sommet, et de distinguer ce penchement géométrique, inhérent à l'objet, d'avec le penchement résultant de la position inclinée de tout l'objet. Les lettres exactement répétées feront d'ailleurs éviter toute confusion, et les traits indiqués soit forts et sensibles, lorsqu'ils appartiennent aux parties les plus proches de l'œil, soit moins rudes et plus fuyans, lorsqu'ils indiquent les surfaces éloignées, contribueront beaucoup, ainsi que les lignes ponctuées exprimant celles qui sont supposées transparaissant, à ôter toute équivoque et à présenter constamment au dessinateur même l'objet dans sa vraie position et situation.

Représentation d'un cercle (fig. 281).

La figure 278 est le profil, et la figure 279 est la face. Ce cercle est divisé en seize parties, et ces divisions ou ces points doivent se retrouver dans l'élévation. Ayant donc tiré des parallèles horizontales de tous ces points du profil, on les obtiendra sur la face qui offre les raccourcissemens qu'éprouvent ces divisions ou espaces réguliers là où ils se présentent à l'œil en raccourci. Les espaces d'en-haut et d'en-bas sur la face sont donc plus étroits que ceux du milieu de cette face. Quant au plan, il se trouve nécessairement construit et divisé, comme la face l'est, sur les élévations. On a exprimé par un trait plus sensible la partie du cercle qui se présente en avant, et la partie fuyante a été dessinée moins rudement. Ces exercices sont excellens et indispensables pour tous les élèves en dessin. Par cette étude, ils acquierront le sentiment juste des courbes plus ou moins raccourcies, et par conséquent le sentiment des formes rondes ou arrondies dont ils ne concevraient pas sans cela le principe.

Représentation d'un anneau renversé en arrière (fig. 287).

Pour faire mieux sentir le renversement de côté de cet anneau, on l'a fait traverser par une aiguille. On y a aussi marqué un certain nombre de points, qui, se retrouvant sur les divers aspects de cette figure, serviront à exprimer la position ou, autrement dit, le mouvement de l'objet.

Pour obtenir sur le profil (fig. 283) la place des points, il faut l'opération préparatoire du cercle. Nous n'avons pas pensé nécessaire de la répéter ici. Voy. l'exemple précédent. On a cru devoir de plus exprimer par transparence les lignes qui joindraient les quatre points exprimés chacun sur les arrêtes de cet anneau.

Représentation d'une portion de colonne cannelée (fig. 292).

La figure 288 est l'opération préparatoire pour obtenir le profil. Dans cet exemple, qui représente un penchement en arrière et du côté droit, on n'a point renversé la face, mais on a renversé la ligne croisée ou la croix de distances.

Représentation d'un vase posé aplomb (fig. 295).

La figure 294 est le profil : la figure 295 est la face, et la figure 293 est le plan.

Comme l'élévation géométrale ou orthographique donne une image toute semblable à la face, on n'a point cru devoir répéter cette image, pour représenter particulièrement cette élévation.

On a rempli la planche par le dessin d'un autre vase plus composé (fig. 296), offert ici pour varier les exercices des élèves. Le plan de cet autre vase est représenté (fig. 297).

Chacun imaginera à volonté, soit des numéros, soit des lettres, qui serviront de lignes de repère.

Représentation du même vase renversé en arrière et du côté gauche (fig. 301).

La figure 302 offre l'élévation résultant d'un aspect différent du même vase.

Il importe de multiplier les points, pour représenter avec justesse le raccourci des anses.

Cet exemple engagera l'élève à se donner lui-même pour exercices des solides composés et aperçus sous toutes sortes d'aspects raccourcis. Ces études graphiques le prépareront à celle de la figure humaine, qui est la plus compliquée de toutes, vu la grande variété qu'elle offre dans les positions de ses superficies.

Représentation d'un char (fig. 306).

Cet exemple prouve assez qu'on peut, par notre procédé, représenter les solides les plus compliqués. Si le dessinateur croit utile, pour mieux se retrouver dans les lignes d'objets très-composés, de détailler les parties, il peut le faire, puis les superposer par coupes, ou bien tracer avec une couleur rouge ou verte certaines parties qui se distingueront plus aisément. On remarquera que dans cet exemple, qui n'est qu'orthographique, on désirerait que le timon du char fût plus gros à son extrémité antérieure, comparativement au derrière de ce char qui s'en éloigne de plusieurs pieds. L'emploi de l'échelle perspective fera en un instant connaître cette différence. Cependant, si ce char figure à un plan fort éloigné, dans un paysage, par exemple, il faudra le dessiner tel qu'il est représenté sur cette figure orthographique.

Il est entendu que les élèves s'exerceront alternativement, en dessinant à vue et d'après nature ces mêmes solides, soit orthographiquement, soit perspectivement, et en se plaçant convenablement par rapport au modèle selon les cas. Ce que nous avons dit au chapitre 116, des diverses classes d'une école complète de peinture, fait assez comprendre que les professeurs alterneront ces exercices selon les progrès, l'intelligence et le besoin des élèves...

CHAPITRE 273.

APPLICATION DE LA MÉTHODE PRÉCÉDENTE A LA REPRÉSENTATION DE LA FIGURE HUMAINE.

Le but auquel nous nous sommes proposé de parvenir, en passant par les leçons précédentes, a été de représenter la figure humaine par la même méthode employée pour la représentation des solides : or il est très-aisé d'obtenir ce résultat. Mais, va-t-on objecter, la mobilité d'une figure vivante doit empêcher tout succès à cet égard, et d'ailleurs, en supposant qu'on peut mesurer et calquer même une figure vivante en mouvement, comment fera-t-on pour lui donner cette aisance, cette animation, cette souplesse enfin qui paraît incompatible avec la rigueur du compas ou des mesures et avec la stricte exactitude optique. J'aurai soin de reprendre cette objection et de la rendre nulle. Bientôt nous verrons que l'orthographie, prise sur une figure en mouvement, peut être elle-même modifiée, remuée, et, s'il le fallait, forcée et exagérée..... Mais occupons-nous d'abord de la représentation de la tête.

CHAPITRE 274.

REPRÉSENTATION GÉOMÉTRALE ET PERSPECTIVE DE LA TÊTE.

On conçoit que, si l'on pouvait attacher horizontalement des fils, soit au bout du nez, soit aux coins des yeux, aux oreilles, à la bouche, etc. du modèle vivant, et qu'on pût tenir ces fils bien parallèles, on aurait une projection orthographique sur le tableau qu'on aurait placé vis-à-vis de cette tête, du côté ou sous l'aspect demandé, et cela, quelqu'inclinaison qu'ait cette tête : mais ce moyen est impraticable. On pourrait cependant, la tête touchant par derrière à un mur ou à une toile, placer d'abord une tringle ou une planche en saillie et faisant équerre avec ce mur, puis faire toucher le côté de la tête à cette planche, pour prendre au compas les écartemens des points ou parties de la figure à cette planche, ce qui donnerait les largeurs. On pourrait ensuite, à l'aide d'une autre planche placée au-dessus de la tête, prendre les hauteurs de ces mêmes points, puis, à l'aide d'une autre planche ou surface placée en face de la tête, prendre les profondeurs, en sorte que cette tête serait comme enfermée successivement dans un cube. Mais, si cela est fesable pour une tête en plâtre, ce moyen n'est pas praticable au moins sans de grandes difficultés sur une tête vivante et mobile ; ainsi il faut recourir à un moyen facile et certain, pour obtenir cette orthographie correcte de la tête. Nous opérerons donc, comme dans les leçons précédentes, c'est-à-dire, que nous obtiendrons d'abord le profil, puis la face, ensuite le plan, et enfin le relevé orthographique ou géométral de la tête, et, si l'on veut, de suite le relevé perspectif, qui est ce même relevé géométral réduit à l'aide de l'échelle scénographique.

CHAPITRE 275.

PROCÉDÉ MÉCANIQUE POUR OBTENIR LE PROFIL DE LA TÊTE.

Pour obtenir le profil orthographique d'une tête, il est nécessaire d'avoir recours à un moyen pratique particulier. Je donne ici (fig. 307) l'image de l'instrument qui m'a semblé le plus propre à abréger et à assurer cette opération, soit sur une tête sculptée, soit sur celle d'un modèle vivant. Les peintres en sentiront l'avantage, même pour s'aider dans leur procédé ordinaire de dessiner à vue et sans règle, car tous les points donnés par le profil orthographique étant justes, ceux de ces points qui sont au niveau du premier plan, ou qui touchent le cadre ou la vitre, n'éprouvent aucun déplacement et restent orthographiques, en sorte que c'est déjà beaucoup que d'avoir ces points. Cette observation suffira, je l'espère, pour persuader qu'aucun peintre ne devrait dessiner une tête sans l'avoir au moins mesurée orthographiquement, ou, comme ils disent, géométralement. Mais la plupart du tems ils croient à tort qu'il n'y a rien à conserver dans les mesures de hauteur et de largeur géométrale ou orthographique, et ils se figurent que la perspective ou le perspectif dérange tout, sans exception. Les plus indifférens, au sujet des mesures prises au compas, doivent au moins tenir compte de cette remarque, qui les avertit que l'ignorance, source de leur dédain, les prive d'un secours, qui, ne leur coûtant aucune peine, les exempterait de bien des repentirs.

Description et emploi d'un instrument orthographique propre à prendre le profil et même la face des solides, et particulièrement de la tête.

Une description de l'instrument que je propose ici (fig. 307), et qui m'a paru remplir son objet, n'est pas très-nécessaire, puisque chaque artiste sera libre d'imaginer tel moyen qu'il jugera à propos pour cette même fin. Il suffit donc de dire en deux mots que la condition qu'il s'agit de remplir dans la construction de cet instrument, c'est que les broches puissent baisser et monter, s'avancer ou se retirer parallèlement au gré du dessinateur. En effet, il ne s'agit dans cette opération pratique, que de savoir combien les points qu'on veut prendre, diffèrent en hauteur et en profondeur les uns par rapport aux autres.

Comme le dessinateur n'a qu'une main de libre, puisque de l'une il tient et pose l'instrument sur la face, et que de l'autre il fait mouvoir et place avec justesse les broches, il conviendrait peut-être d'adapter l'instrument à un pied, et de l'enfoncer ou de l'élever à volonté dans ce pied qui pourrait être semblable à celui des mannequins. Voyez la fig. 308, qui représente un modèle aidant lui-même à maintenir l'instrument en position, ce qui permet au peintre de fixer promptement de ses deux mains les broches à leur véritable place.

Parlons de la manière d'opérer.

Il importe que la tête du modèle soit d'aplomb, afin que l'instrument étant placé verticalement, il n'y ait point d'obliquité dans la direction respective des broches. Les têtes, dont le front ou le menton reculent ou avancent avec excès, peuvent et doivent surtout être posées d'aplomb ; et il faut se méfier de ces profils étranges, parce qu'ils feraient prendre le change et engageraient le peintre à renverser la tête du modèle ou en avant ou en arrière, ce que, je le répète, il importe d'éviter.

La tête étant donc posée droit, il s'agit de disposer les broches approximativement et provisoirement, de manière que la face puisse entrer d'abord dans ces espaces préparés. Voici les points qu'il convient de prendre, chacun cependant prendra ceux qu'il jugera à propos de choisir : 1° le dessus de la tête (la broche supérieure doit être à cette fin plus longue que les autres) ; 2° la naissance des cheveux ; 3° la naissance du nez au point le plus creux ; 4° le bout du nez au point le plus saillant ; 5° le dessous du nez ; 6° le haut de la lèvre supérieure ; 7° le bas de la lèvre inférieure (on prend au compas la place de la fente qui fait l'ouverture de la bouche, ou on y établit une broche, si on le préfère) ; 8° le creux au-dessus du menton ; 9° le dessous du menton (le gras du menton ou le double menton se dessine après ou s'ajoute).

Il ne s'agit plus que de placer sur une feuille de papier tous ces points que donneront les extrémités des broches. Pour cela ayez un papier dont un des bords soit taillé bien droit, ou, ce qui est plutôt fait, dont on ait plié le bord bien droit ; puis plaçant ce bord plié du papier sur le bord d'une table carrée, l'épaisseur de l'instrument se trouvera en dehors de la table, et les broches touchant ainsi le papier, leur extrémité marquera réellement ces points qu'on indiquera au crayon (voy. la fig. 309).

Ces points étant marqués sur le papier, il faut procéder à la délinéation du profil (fig. 311). On se place donc vis-à-vis du profil, et on le dessine orthographiquement et provisoirement. Je dis provisoirement, parce qu'en effet les yeux, le coin de la bouche et les points de profondeur n'étant pas encore pris, on ne pourra dessiner complètement le profil que lorsqu'on aura les points dépendans des mesures de ces parties. Or, pour avoir tous ces points, il faut avoir pris les mesures de la face. Passons donc au dessin de la face.

Cependant il est utile de connaître sur le profil la hauteur des yeux, pour placer la ligne qui, étant prolongée du profil sur la face, doit répéter cette même hauteur.

Pour placer les yeux à leur hauteur, on peut faire usage d'un point de repère quelconque dont on sera certain, puis prendre l'espace vertical qu'il y a depuis ce point jusqu'à la hauteur des yeux : voici ce même moyen pratiqué plus sûrement encore. Tenez une règle horizontalement, et placez-vous de manière que les deux grands angles des yeux touchent (à la vue) le bord supérieur de cette règle ; puis remarquez le point où le bord de cette règle ainsi placée couvre le nez ; ce point étant trouvé, on le fixe sur le nez même, si le modèle le permet, puis on le reporte sur le dessin, et l'on tire une horizontale. On peut au reste imaginer un tout autre procédé, pour connaître cette hauteur des yeux ; mais, si l'on veut partir d'un point quelconque, tel que le dessous du nez, par exemple, il faut prendre la précaution de tenir les deux pointes du compas dans une direction verticale, afin qu'étant appliquées sur le papier elles n'offrent pas un espace plus grand que l'espace ou la hauteur orthographique.

Il peut se faire qu'un des deux angles de l'œil soit plus haut ou plus bas que l'autre; dans ce cas il faut en tenir compte et dessiner cette obliquité. On peut appliquer cette observation aux sourcils, au milieu et aux coins plus ou moins relevés de la bouche, enfin à la saillie et à l'inclinaison du globe de l'œil qui ne joue pas et ne se présente pas de la même manière dans les regards différens. Les observations précédentes seront senties, si on considère la tête représentée de profil (fig. 316) et de face (fig. 317). Cette tête étant penchée en avant, les coins externes des yeux sont sur une ligne, et les coins internes sur une autre, etc.

CHAPITRE 276.

PROCÉDÉ POUR OBTENIR LA FACE DE LA TÊTE (FIG. 312).

Pour obtenir la face de la tête qui, dans cet exemple (fig. 312), est posée droit, c'est-à-dire, sans aucune inclinaison, il faut des points du profil tirer des lignes parallèles horizontales, ce qui fixera sur la face toutes les hauteurs; puis ayant élevé une perpendiculaire au terrein ou à ces lignes horizontales, laquelle perpendiculaire passera au milieu de la face, on mesurera les largeurs, en prenant les points qu'elles donnent. Commençant donc par placer sur la ligne des yeux leurs points de largeur, on procédera ainsi. On prend avec le compas l'écartement des deux angles extérieurs, et on le porte sur la ligne des yeux, en laissant la verticale traverser le milieu, ce qui se fait en ne prenant que la moitié de cet écartement total, pour reporter cette moitié de chaque côté de la ligne; puis, toujours avec le compas, on prend la largeur qu'il y a de cet angle externe à l'angle interne, et on porte cette largeur d'un seul œil sur la ligne, ou bien on prend l'intervalle qu'il y a entre les deux grands coins : tous ces moyens sont bons.

Il est presqu'inutile de dire que les deux pointes du compas doivent toujours être situées en face de nous et sans obliquité. Il arriverait en effet que si on touchait, par exemple, avec le compas les deux angles d'un œil, les deux pointes ne seraient plus en face de nous ou exactement parallèles à nous, vu qu'un des coins de l'œil est quelquefois plus enfoncé que l'autre. De même, le milieu de la bouche étant plus saillant que le coin, il ne faut pas, pour mesurer cette demi-largeur, faire toucher les deux pointes du compas à ces deux points, je veux dire le milieu de la lèvre et le coin de la bouche, mais bien mettre une des pointes vis-à-vis le point demandé; car, si le compas se présentait obliquement par rapport à nous ou à l'objet, et qu'il fût présenté ensuite sur le papier non obliquement ou raccourci, mais de face et offrant l'ouverture réelle de l'angle résultant de cette mesure, il arriverait que la largeur serait plus grande dans le dessin qu'elle ne l'est orthographiquement, c'est-à-dire, selon le degré de raccourci sous lequel elle se manifeste par l'effet de son obliquité. Je n'insiste sur cette observation que pour avertir les novices en ces sortes de dessins; bien des personnes la trouveront superflue.

Pour prendre quelques autres largeurs, telles que celle du nez, de la bouche, etc., prenez d'abord toute la largeur de ces parties; divisez chaque largeur en deux, et portez chaque moitié à droite et à gauche de la ligne verticale.

Ces principaux points du profil et de la face étant obtenus, il s'agit, avant de mettre au trait et de compléter le profil, de prendre les points des parties enfoncées, telles que des oreilles, des coins externes de l'œil, des coins de la bouche, etc. Pour avoir ces points, il faut concevoir et faire une opération que nous appelerons opération du triangle : en voici la théorie-pratique qui est fort simple. Supposons qu'on veuille pour ce profil prendre le point de contour de l'aile du nez : il ne s'agit que d'avoir l'enfoncement ou la profondeur de ce point par rapport à la ligne verticale que touche le nez, car je suppose que la hauteur de ce point a été prise à l'aide de l'instrument et du compas. Bien que nous sachions qu'il faut considérer tous ces points du profil comme résultats de rayons droits et orthographiques, et bien qu'on puisse placer son œil successivement vis-à-vis de chaque point demandé de ce profil, il ne serait pas aisé, malgré cela, de prendre au compas ces écartemens; il faut envisager autrement le procédé : il faut supposer qu'on fait, par exemple, le plan ou l'ichnographie du nez (voy. la fig. 310), et qu'on a trois points, un pour le bout A, et deux pour chaque aile du nez B et C, ce qui fera un triangle. Il est certain que, si on tire une ligne A*a* du bout du nez perpendiculairement à la ligne qui reçoit les deux autres points B et C, on aura par cette nouvelle ligne A*a* la vraie profondeur qu'il y a du bout aux ailes du nez. Ainsi, au lieu de faire le plan du nez, ce qui serait trop long, voici comment on procède : on prend au compas et de face la largeur des deux ailes du nez ensemble; on porte cette largeur CB à part sur une ligne SS; puis on prend au compas la distance qu'il y a en biais du centre du bout du nez à une des ailes, et portant une des pointes du compas ainsi ouvert sur un des deux points C ou B fixés sur la ligne SS, on décrit une portion de cercle *cc*; puis de l'autre point ici C on fait avec la même ouverture de compas une autre portion de cercle *ee*, ce qui fait une section en A. De ce point A on tire la ligne A*a* perpendiculairement sur la ligne SS; A*a* sera le véritable enfoncement demandé.

On fait la même opération pour les autres points enfoncés dont on a besoin. Par exemple, pour la bouche, on prend depuis le milieu saillant de la lèvre supérieure jusqu'au coin; on porte cette mesure sur une ligne horizontale contenant toute la largeur de la bouche; puis de cette ouverture de compas on fait deux portions de cercle à partir de chaque coin de la bouche : là où se sectionnent ces deux portions de cercle, est le point duquel on tire la ligne de profondeur jusque sur la ligne horizontale. Même opération, pour connaître l'enfoncement de l'oreille par rapport au bout du nez.

Lors donc que l'on a pris tous ces points de hauteur, de profondeur et de largeur, on revient au dessin de ce profil et de cette face, dessin que l'on corrige et que l'on perfectionne par l'un et par l'autre. Il faut placer toujours son œil orthographiquement par rapport au modèle, et se méfier de la sensation ou vision scénographique. Enfin ces deux dessins sont faits; ils sont justes et expriment les mêmes rapports que dans la nature; et, bien qu'ils ne soient que des cotes préparatoires, il convient d'y mettre le sentiment qui rend pénétrante la ressemblance. Mais, pour ne point s'écarter des mesures véritables, lorsqu'on termine ce dessin, il est bon de prendre la précaution de piquer la place de tous ces points, afin de les retrouver, si l'on s'en était éloigné.

CHAPITRE 277.

PROCÉDÉ POUR OBTENIR LE PLAN OU L'ICHNOGRAPHIE DE LA TÊTE (FIG. 313).

Les élèves qui auront pratiqué les leçons précédentes, trouveront fort naturel et fort simple ce plan (fig. 313); mais cette figure semblera étrange, inextricable et barbare aux peintres qui se flattent de saisir la grâce de la nature sans ses mesures, et qui, s'en rapportant à leur seul génie, à leur seul organe, et jamais au compas, repoussent tout travail préparatoire et n'aspirent qu'à improviser avec résolution et talent, ce qu'ils savent n'être que de hardis à peu près.

Quand même le plan d'une tête ne pourrait pas servir de moyen pratique d'obtenir l'élévation géométrale et perspective de cette tête, ce plan n'en serait pas moins un moyen de repère excellent, pour rappeler, pour faire sentir la forme et la position des différentes parties.

Nous ne saurions douter que les maîtres qui précédèrent Raphaël, et que Raphaël lui-même ne se soient aidés de ce moyen, qui, je l'ai déjà dit, provenait certainement de l'antiquité. Mais aucune tradition ne nous fait penser que les maîtres postérieurs à Raphaël aient jamais usé d'un procedé aussi simple, aussi facile que celui que nous proposons ici. Indiquons donc la marche qu'il faut suivre pour tracer ce plan.

La première opération consiste à construire la croix de distances[1]. Ainsi on tracera une horizontale *xx*, et sur celle-ci une perpendiculaire *zz* qui la croisera. La même ligne *zz* sera tracée sur le profil. Le point du bout du nez étant le plus en avant de la tête, commençons par former le plan du nez. Pour le former, il faut prendre au compas sur le profil l'enfoncement qu'il y a depuis le bout A du nez jusqu'au contour B le plus saillant de l'aile du nez, et marquer cet enfoncement sur le plan par une horizontale indéfinie; puis indiquer sur cette ligne la largeur de tout le nez prise sur la face, ce qui formera le triangle BAB. Mais, pour avoir la forme ou l'ampleur du bout du nez, et même la forme de toute la largeur ou de tout le pourtour du nez, prenez au compas sur la face ou sur le modèle cette largeur du bout du nez, et portez-en la moitié de chaque côté de la ligne *zz* en CC : à l'aide de tous ces points, on pourra former le contour du nez sur le plan. Il ne s'agit plus que du dessin des narines; prenez-en donc les mesures au compas, sur le profil, sur la face et sur la nature.

Pour avoir le plan de la bouche, il faut opérer par le même procédé. Ainsi prenons sur le profil l'enfoncement du coin de la bouche de D en E, et reportons-le sur le plan par l'horizontale EE; ces points EE sont la largeur de la

[1] Il convient peut-être d'avertir que, lorsqu'il se trouve sur la même figure deux croix d'écartement, et par conséquent deux fois *zz* et deux fois *xx*, c'est que l'une des deux croix a servi à construire l'objet, et l'autre à en exprimer l'aspect avec l'enfoncement.

bouche, largeur prise sur la face. Maintenant formons un triangle dont ces deux points seront la base, et dont le point F le plus saillant de la bouche sera le sommet. Pour avoir ce point le plus saillant F, qui sur cette tête-ci est le point le plus élevé de la lèvre supérieure, prenons sur le profil l'enfoncement qu'il y a de ce point F à la ligne *zz*, et reportons cette mesure sur le plan en F, puis formons le triangle (on peut, si on le désire, tracer au crayon rouge ces contours de la bouche sur le plan). Pour former l'arrondissement supérieur du contour de cette lèvre, procédons comme nous avons fait pour le bout du nez, et prenons sur la face, de chaque côté du milieu de la lèvre, les points les plus élevés GG ; reportons ces points en GG sur le plan, puis formons tout le contour de cette lèvre supérieure. On procédera de même pour représenter le plan de la lèvre inférieure.

Passons aux yeux. Prenons l'enfoncement du coin H de l'œil, et reportons-le sur une horizontale en HH sur le plan : plus l'enfoncement moindre de l'autre coin, qu'on a eu soin de marquer sur le profil en I et que l'on suppose être à la même hauteur que l'autre coin. Ces lignes étant tracées, prenons les largeurs sur la face et dessinons la forme du plan des yeux. On conçoit que les yeux ayant une forme assez variée sur la nature, le peintre pourra multiplier les points selon ces variétés, qu'il reconnaîtra en les étudiant au compas sur le modèle.

Pour former le plan des sourcils, prenez les points que vous croirez les plus nécessaires.

Les oreilles se dessinent par le même procédé, et le contour du menton peut de même s'indiquer sur le plan. Le compas courbe donnera la mesure du derrière de la tête.

CHAPITRE 278.

PROCÉDÉ POUR REPRÉSENTER L'ÉLÉVATION ORTHOGRAPHIQUE DE LA TÊTE SOUS QUELQU'ASPECT QUE CE SOIT (FIG. 314).

Le procédé nécessaire pour obtenir l'élévation géométrale ou l'orthographie de la tête, est le même que nous avons employé pour la représentation des solides immobiles.

Traçons donc à travers le plan une ligne fuyante ou ligne d'aspect *zz*, et traçons l'autre ligne *xx* qui la croise à angle droit; répétons cette même croix sur le papier qui doit recevoir le dessin ou cette élévation du trois quarts (voy. fig. 314). Pour dessiner le nez, prenons la distance qu'il y a du point A, bout du nez, à la ligne fuyante, et reportons cet écartement sur le trois quarts (fig. 314) en A.' Prenons ensuite l'écartement du point B de l'aile du nez, et reportons cette mesure en B sur le trois quarts, et ainsi des autres points ou formes.

Celui qui saura élever le géométral des boîtes ou des autres solides proposés dans les leçons précédentes, n'aura aucune difficulté à produire ces représentations orthographiques, d'après le plan ou l'ichnographie de cette tête. Quant aux points du milieu qu'il convient de reporter du profil sur le plan, ils sont très-utiles, et, pour le faire comprendre, on peut les concevoir, comme étant les indications d'une ligne de milieu que l'on tracerait au crayon sur la face même du modèle, ou d'un fil qu'on y colerait et qui la diviserait en deux parties égales. Ces points du plan étant donc répétés sur l'élévation, et indiquant positivement le plan de cette ligne fictive du milieu, ils aideront beaucoup le dessinateur dans l'intelligence qu'il doit avoir et qu'il doit communiquer des formes et de la situation de cette tête. Dans l'exemple offert ici nous avons indiqué un point au milieu de la naissance des cheveux, un autre au creux du nez, un à la bosse du nez, un sous le nez, un autre aux creux du menton. On conçoit que ce choix des points dépend de la forme de la tête et de l'aspect qui les rend plus ou moins nécessaires et commodes pour opérer l'élévation. On a cru devoir, pour empêcher la confusion, représenter ces points par des astérisques.

CHAPITRE 279.

COMMENT ON PROCÈDE POUR REPRÉSENTER LA TÊTE EN PERSPECTIVE, EN EMPLOYANT L'ÉLÉVATION ET LE PLAN; ET COMMENT ON PROCÈDE POUR LA REPRÉSENTER EN PERSPECTIVE, SANS EN FAIRE LE DESSIN ORTHOGRAPHIQUE.

Pour convertir en perspectif cette orthographie de la tête, il s'agit toujours du même procédé employé pour les solides précédens. En effet, on marque sur la ligne fuyante les degrés d'enfoncemens, et on réduit les mesures orthographiques sur l'échelle perspective adoptée pour cette tête. Ainsi, en adoptant pour l'échelle perspective une distance de huit pieds, et en divisant la ligne fuyante du plan par pouces, ainsi que les pieds de l'échelle, on procédera à la réduction scénographique, et on commencera par le point le moins enfoncé, qui est ici l'aile gauche du nez. Quant au procédé qu'il faut employer pour représenter la tête immédiatement en perspective sans en faire le dessin orthographique, j'ai cru devoir le désigner, afin de faire voir que l'élévation orthographique n'est pas absolument nécessaire pour produire la représentation de l'aspect perspectif, et qu'on peut avec le profil que donne les hauteurs, le plan qui donne les largeurs, et la ligne fuyante sur laquelle sont marqués les degrés d'enfoncement, obtenir immédiatement l'image scénographique.

Il n'y a au reste que deux mots à dire au sujet de ce procédé, c'est qu'au lieu de transporter directement sur une élévation les mesures prises au compas sur le plan et sur le profil ou la face, ce qui produit une image orthographique, on les soumet au fur et à mesure à la réduction que règle selon leur enfoncement l'échelle perspective, en sorte que les points sont de suite scénographiques et que l'image est toute semblable à l'effet de la vision naturelle.

On conçoit encore que, pour abréger, on peut, même sans dessiner la face, ne prendre à part que les mesures ou cotes des largeurs. Ce moyen abrégé suffit dans certains cas, et je l'indique ici pour faire voir aux peintres ennemis de ces sortes de travaux préparatoires, combien est expéditif notre procédé. En effet, en une heure ou deux, on peut avoir placé sur son tableau tous les points et toutes les lignes indicatives de la tête et même du cou, selon le mouvement et l'aspect arrêté par l'esquisse, pour ensuite, sur ces points et ces lignes, dessiner d'après le modèle.

Au chapitre 296, nous indiquerons le moyen de placer

la ligne fuyante, conformément à cet aspect choisi et voulu rigoureusement par l'esquisse.

Nous avons cru devoir joindre à cette représentation d'une tête posée droit celle d'une tête inclinée en avant. Les figures 316, 317, 318, 319 et 320 représentent la tête de la Vénus d'Arles.

Les figures 321, 322, 323, 324 et 325 représentent une tête inclinée en avant et renversée de côté; le plan de cette tête offre des raccourcis de côté qui rendent plus étroit un côté que l'autre : cet exercice qui semble embarrassant, lorsqu'on jette un coup-d'œil sur un plan ainsi irrégulier, n'est pas plus embarrassant que tous les précédens.

L'élève fera bien de commencer des exercices sur des têtes de grandeur naturelle et moulées d'après les plus beaux originaux antiques. Par ce moyen, les lignes superposées du plan ayant plus d'étendue, elles seront plus faciles à distinguer les unes des autres.

CHAPITRE 280.

OBSERVATIONS SUR LES PROCÉDÉS NÉCESSAIRES POUR REPRÉSENTER UNE TÊTE DANS TOUTES SORTES DE POSITIONS OU INCLINAISONS.

Ce qui a été dit au chapitre 272, au sujet des diverses positions des objets, est entièrement applicable à cette question. Il n'y a, à proprement parler, que deux espèces de positions : le penchement de la face, et le penchement du profil. On peut y joindre, si l'on veut, la position aplomb. Le penchement du profil a lieu ou en avant ou en arrière; le penchement de la face a lieu ou du côté droit ou du côté gauche, et la position aplomb a lieu sens dessus dessous ou dans l'état naturel. Quelque compliqués que soient les mouvemens de la tête, ils sont toujours conformes à l'une ou à l'autre position, ou à toutes les deux réunies. Les personnes qui ne se sont pas bien rendu compte de ces seuls effets, croiront peut-être devoir ajouter à ces cas celui des aspects de bas en haut ou de haut en bas; mais ils n'ont rien de commun avec la position géométrique et réelle de l'objet : ils font seulement que dans l'image les lignes sont plus inclinées encore que ne sont celles du modèle. Et qu'on n'objecte pas non plus l'effet d'un point de vue très-bas, comme ajoutant au renversement apparent, car ce cas n'est pas à supposer pour des tableaux, puisqu'ordinairement le point de vue est placé vers la poitrine des figures; d'ailleurs la distance convenable doit être d'une telle étendue que le plus ou le moins de hauteur de l'œil ne change presque rien dans les points qu'on aurait pris orthographiquement. Mais nous toucherons cette question au chapitre 298.

Ces espèces d'inclinaisons de la tête étant reconnues, il s'agit de déterminer le procédé qui convient pour les répéter en dessin. Ce que nous venons de dire l'explique positivement. Si donc le profil est penché (en avant, par exemple), on le penche de même sur le dessin; si c'est la face, on la penche aussi : et ces degrés de penchement sont mesurés au compas sur le modèle dans le cas où ils ne seraient pas le seul résultat de l'imagination. Nous ne répéterons pas qu'au lieu de pencher la face, il est plus commode de ne pencher que la ligne de la croix qui traverse la face : cela, comme nous l'avons expliqué, à l'aide des figures 250, 251 et 252, donne la facilité de construire la face d'après les hauteurs tirées du profil penché et par des lignes horizontales, ce qui est plus simple que de construire une face renversée.

Nous verrons aussi (chapitre 294) que, s'il convient de modifier le penchement de gauche à droite ou de droite à gauche sur une tête toute dessinée ou orthographiquement ou perspectivement, on peut, sans refaire une nouvelle et différente opération du profil, de la face, du plan et de l'élévation, découper le papier sur lequel est tracée cette tête, et incliner à volonté cette tête ainsi détachée et rendue mobile. La différence perspective ne doit être comptée pour rien, au sujet de ces modifications que je suppose ici peu considérables, quoiqu'elles importent beaucoup pour l'expression et la grâce de la figure.

CHAPITRE 281.

DE LA NÉCESSITÉ D'AVOIR RECOURS A UN PROCÉDÉ PARTICULIER D'ORTHOGRAPHIE, POUR OBTENIR LA REPRÉSENTATION DE LA FIGURE HUMAINE EN ACTION.

Si l'on n'avait jamais besoin de représenter la figure humaine que dans une attitude droite et sans mouvement, telles que se présentent certaines statues égyptiennes, on en obtiendrait assez aisément l'orthographie, en employant seulement la règle, le compas et le niveau. Mais les mouvemens du corps humain en action sont si variés, si composés, et la mobilité du modèle vivant est si importune pour le dessinateur qui veut mesurer, qu'il doit avoir recours à un moyen particulier pour obtenir l'orthographie d'une figure vivante posée dans une action quelconque. Le procédé que nous allons donner semble remplir assez bien cet objet.

L'industrie des artistes pourra leur faire imaginer toutes sortes d'instrumens plus propres les uns que les autres à donner commodément les points ou projections orthographiques du modèle. J'avais fait faire en premier lieu un châssis soutenu par quatre pieds montant et s'abaissant à volonté. Entre ces quatre pieds, je plaçais le solide; j'avais mis sur chaque tringle de ce châssis plusieurs fils aplomb coulant à volonté, pour obtenir, soit les largeurs, soit les enfoncemens, ce qui donnait en effet les points demandés : le point cherché sur le modèle correspondait à deux fils, l'un en avant, l'autre en arrière du modèle. J'avais de plus adapté aux quatre pieds quelques petites règles horizontales pouvant se monter ou s'abaisser pour prendre les hauteurs en plaçant l'œil au bout de ces règles. Les degrés étaient marqués sur le châssis et sur les montans, en sorte que je pouvais transporter sur un dessin et les écartemens et les hauteurs. Mais ce moyen qui me semblait d'abord devoir être suffisant, avait pour inconvénient la mobilité des plombs, et il était d'ailleurs impraticable pour les figures vivantes. Je l'indique donc, pour dispenser les peintres du soin de le tenter, vu qu'il se présente assez naturellement à l'esprit.

Au surplus, comme tout est perfectible, je ne doute pas que le moyen que je vais exposer, ne soit plus tard ou perfectionné ou même délaissé peut-être pour un autre plus facile, plus prompt et plus commode encore, que le tems pourra faire découvrir.

Quant au moyen de la vitre pour dessiner, soit perspectivement, soit orthographiquement, je ne manquerai pas d'en parler à son lieu.

CHAPITRE 282.

DU PROCÉDÉ PRATIQUE ADOPTÉ DANS CE TRAITÉ POUR OBTENIR L'ORTHOGRAPHIE DE LA FIGURE HUMAINE. — DE LA SUPERFICIE SUR LAQUELLE S'OPÈRE LA DÉLINÉATION ORTHOGRAPHIQUE. — DE LA BAGUETTE ORTHOGRAPHIQUE, ETC., ETC.

LORSQU'ON voit une figure de plâtre placée devant une glace, on est porté assez naturellement à penser que, si on pouvait tracer le contour orthographique ou la projection des points orthographiques de cette figure sur la glace, on aurait un dessin géométral fort correct de cette figure. Si donc, au lieu de faire l'opération sur cette glace même, nous employions une surface équivalente par son poli, telle qu'une toile noire vernie et assez luisante pour mirer une baguette blanche qui, terminée par un crayon blanc, tracerait le pourtour de la figure sur cette toile, n'aurions-nous pas obtenu le même résultat? Ce moyen fort simple semble être le plus direct pour faire obtenir la représentation orthographique de la figure humaine vivante dans quelque position et sous quelqu'aspect que ce soit, pourvu que la figure soit fixe et accessible. Un procédé aussi facile ne manquera pas d'être considéré par les peintres, comme une nouveauté extrêmement utile, et, nous osons le dire, indispensable.

Placez donc derrière votre objet, que je suppose tourné par rapport à vous, comme vous voulez le voir et le représenter, une toile noire bien tendue et très-luisante [1]. Situez cette toile de manière qu'elle soit et verticale et perpendiculaire à la ligne fuyante de l'œil, c'est-à-dire, en face de vous, car je suppose que cette ligne est effectivement tracée par terre jusqu'au point d'éloignement ou de distance de votre œil, et qu'elle est même accompagnée d'autres lignes parallèles par terre; puis avec une baguette blanche très-droite, et au bout de laquelle sera un crayon blanc, situé non au centre du diamètre de cette baguette mais en prolongation d'un des côtés (fig. 326), marquez par des points ou par un trait sur la toile les formes du dehors que vous parcourez et que touche la baguette.

Comme il est indispensable pour l'opération que la baguette soit toujours maintenue à angle droit sur la toile, la réflexion qu'en donne le luisant vous fera connaître si elle se jette à gauche ou à droite; puis, si vous placez cette baguette dans un petit niveau mobile (fig. 326), ce niveau fera connaître si elle s'incline en haut ou en bas. Par ces deux moyens on ne peut pas manquer de tenir la baguette dans la vraie position perpendiculaire à la toile orthographique, quel que soit le point de l'objet dont on parcoure le pourtour avec cette baguette.

[1] On obtient aisément un noir brillant avec du vernis à l'esprit-de-vin et du noir de fumée. Ce vernis, qu'on emploie pour noircir les serrures, est fort bon dans ce cas, et si on le nettoie de tems en tems avec de la mie de pain rassis et en miettes, il conservera son brillant.

Je suppose ici que l'élève, pour opérer avec plus de facilité, dessine d'abord une figure en plâtre très-simple et dont l'immobilité lui permette de faire les observations nécessaires sur ce procédé : un bon mannequin posé naturellement peut encore être un secours. Mais des exercices plus simples encore, tels que ceux qu'on ferait sur un vase, sur un flambeau, prépareraient encore mieux les élèves qui n'auraient pas une grande dextérité.

Ces points de pourtour étant ainsi donnés et avec une grande exactitude, il s'agit de se procurer les points orthographiques des milieux de l'objet. Pour cela il faut chercher et marquer à quelle hauteur et à quel écartement géométrique ils sont par rapport à tel ou tel point orthographique du contour, point déjà pris et reconnu bon. On comprend assez que, puisque l'on doit partir des points composant le pourtour orthographique, il est indispensable qu'ils soient très-justes.

Replaçant donc la baguette sur un point quelconque de l'orthographie, et tenant cette baguette dans la vraie position perpendiculaire à la toile, il ne s'agit que de mesurer avec un compas bien posé lui-même et sans inclinaison d'une de ses branches sur l'autre, à quel écartement telle ou telle partie des milieux se trouve de ce point; quant à la hauteur de cette partie, on la connaît en partant de même d'un autre point orthographique situé plus haut ou plus bas que cette partie. Tous les points demandés seront ainsi donnés par ces deux mesures, qui sont la preuve l'une de l'autre. On multiplie par ce moyen autant qu'on le veut les points des parties des milieux, et on a l'orthographie des dedans semblablement à celle des profils du dehors, ce qui complète l'image.

Toute cette opération n'est donc qu'une affaire d'attention et de patience, et chacun y réussira, pourvu qu'il comprenne la fin qu'on doit se proposer.

On pourra faire usage de compas à branches coulantes susceptibles de s'allonger et ayant plusieurs articulations propres par conséquent à prendre des écartemens sans qu'il y ait obliquité dans la position du compas, dont l'ouverture sera ensuite reportée sur la toile orthographique. On pourra aussi s'aider de quelqu'un qui examine particulièrement, en fixant le niveau, si la baguette est située bien horizontalement et perpendiculairement au tableau; enfin on emploiera tous les moyens que suggéreront l'industrie et l'intelligence de l'opération de ce dessin où projection orthographique.

C'est au peintre à ne point se prévenir, à ne point être choqué de certains contours orthographiques, et à bien se souvenir que tout se remettra dans l'ordre, lorsqu'on aura modifié ce trait par l'échelle perspective. Au reste, les peintres de bon sens seront charmés de l'instruction qu'ils acquierront par ce procédé, bien fait pour garantir de la manière et des routines d'atelier.

Comme il arrive en certains cas que l'on est gêné pour reporter sur la toile noire qui est derrière et contre le modèle, les points de dedans, on peut transporter sur une autre toile le premier contour orthographique (à l'aide de la croix), plus les points de repère adoptés dans ce premier trait, et terminer sur cette nouvelle toile les dedans et tout le dessin. On replacera ensuite la première toile noire derrière le modèle, afin de se retrouver et de vérifier le trait, puis on y ajoutera les marques des enfoncemens.

CHAPITRE 283.

DE LA MESURE DES ENFONCEMENS.

Les divers enfoncemens respectifs de toutes les parties ou surfaces de l'objet étant la cause des réductions perspectives, soit des dimensions, soit de la force des tons et des teintes, et étant par conséquent la règle de l'effet produit par le plus ou le moins d'air qui sépare du tableau ces surfaces, et étant aussi la règle de la touche, il n'est pas peu important de tenir avec exactitude compte des différences qui ont lieu dans ces enfoncemens respectifs : ces enfoncemens sont d'ailleurs nécessaires pour exécuter avec justesse le plan de toute la figure. Ainsi il faut coter sur l'orthographie ces divers enfoncemens ; le moyen pratique de marquer ces cotes n'est pas difficile. Il s'agit d'adopter pour comparaison un des points le plus en avant de l'objet, et en plaçant la même baguette orthographique, par exemple, ou toute autre sur la toile qu'elle touchera perpendiculairement, il faut indiquer sur cette baguette une marque vis-à-vis ce point le plus saillant du modèle ; tous les autres points seront donc enfoncés plus ou moins par rapport à ce point type et indiqué permanent sur la baguette. Ainsi, si l'on fait toucher toujours l'extrémité de la baguette sur la toile, tous les autres points seront plus ou moins enfoncés que ce point de repère de tant; et ce tant se marquera provisoirement sur la baguette, puis se reportera sur l'orthographie, sur laquelle on tracera cette mesure ou longueur d'enfoncement par une ligne droite dans la direction la plus commode, en indiquant par un point sur le contour visuél le point d'où part cet enfoncement, et en terminant cette ligne par une petite barre (voy. fig. 326 les lignes *aa*, *aa*, etc.). Quant à la tête, aux mains et aux pieds, bien qu'on puisse les dessiner par ce même moyen, lorsqu'il s'agit d'une figure sculptée, nous pensons néanmoins qu'il faut pour ces parties importantes, composées de détails compliqués, user d'un moyen particulier. Or, nous avons déjà vu comment on obtient l'orthographie ou l'élévation géométrale de la tête, à l'aide du profil, de la face et du plan. Pour les mains et les pieds, on peut employer, soit la vitre, soit le compas. Mais nous nous arrêterons ici, nous réservant l'explication d'autres détails pour le chapitre où il s'agira d'une figure vivante adoptée pour un tableau. Disons seulement que la tête dessinée à part sur un papier blanc (ou noir, si on veut l'appliquer sur la toile tracée à la craie) doit se rapporter et se rencontrer juste avec les principaux points préparatoires que cette tête aura donnés sur la toile noire : tels sont les points du bas du menton, du sommet de la tête, des deux oreilles et du bout du nez, points qui indiquent le mouvement et l'inclinaison de la tête. Nous reparlerons encore de cette opération, au sujet de la figure voulue pour un tableau.

Plaçons ici une observation, pour satisfaire les puristes, car il s'agit d'une condition fort subtile et de peu de conséquence, puisqu'elle est relative à la petite différence de quelques lignes dans la place des enfoncemens, ce qui ne produit aucune différence sensible dans les réductions, rétrécissemens ou abaissemens que détermine l'échelle perspective. Voici ce dont il s'agit.

Les points donnés sur l'image orthographique sont les points qui naturellement et géométriquement sont le plus en dehors dans le modèle par rapport à l'aspect sous lequel on le mesure. Mais les points de contour qui serviront pour l'imitation scénographique, ne sont pas souvent ces mêmes points orthographiques, parce que le point aperçu par l'œil n'est pas toujours le plus en dehors effectivement, et celui-là même qu'a touché la baguette ; mais ce point scénographique se trouve en dedans des points orthographiques. Ainsi l'orthographie d'un vase, par exemple, donne quelques points différens des points de contour de ce vase, car, si je m'en approche, plusieurs des points orthographiques ou du profil sont masqués, et je ne vois pas tout le vrai diamètre de ce vase. Il en est de même d'une tête vue en dessous : la vision nous donne pour contour des points qui sont plus bas que les points du profil touchés par la baguette, laquelle ne trace que le véritable point orthographique, et non le point visuel scénographiquement. On peut donc, pour avoir égard à ces points de contour, les marquer sur le modèle avec un crayon blanc là où l'on voit le contour de la distance adoptée. On trouvera aisément encore ces points scénographiques, à l'aide d'une ficelle fixée à la distance où est supposé l'œil du regardant. Ces points étant bien déterminés et marqués même, si on le veut, sur le modèle, on ne pourra pas se tromper dans les enfoncemens. Mais, je le répète, ces petites différences dans les enfoncemens ne produisent presqu'aucune différence quant au trait réduit en perspective par l'échelle, et cette difficulté ne vaut pas la peine qu'on s'en occupe.

CHAPITRE 284.

OBSERVATIONS RELATIVES AUX PROCÉDÉS D'ORTHOGRAPHIE.

Toutes les personnes qui se sont rendues familières avec la géométrie descriptive, et qui par conséquent ont une idée nette de la graphie et des projections orthographiques ou perspectives, beaucoup d'architectes mêmes souriront en remarquant le soin que je prends pour faire comprendre et pour préparer l'esprit des peintres à ces procédés si naturels et si raisonnables; mais ces mêmes personnes n'ont peut-être pas une idée juste des préjugés qui repoussent toutes les innovations en peinture. Certains critiques routiniers ne manqueront donc pas de dire que c'est pitié, que de vouloir faire d'un peintre un savant armé d'équerres, de règles et de compas; que c'est vouloir glacer le génie et le sentiment, que de prescrire des pratiques bonnes pour les menuisiers et les tailleurs de pierres. D'autres objecteront que de semblables moyens sont loin d'être infaillibles, et que dès-lors mieux vaut l'inspiration seule et le seul instrument naturel de la vue. Mais, si on démontrait à ces critiques que les moyens mécaniques et matériels de la perspective ont été pratiqués par les plus habiles peintres de la renaissance de la peinture; si on leur rappelait les dessins ou projections de Jean Cousin, d'Albert-Durer et de tant d'autres déjà cités, ils se laisseraient persuader, et, après de sages réflexions, ils seraient les premiers à engager les dessinateurs à user de tous les moyens pratiques que peut leur suggérer leur industrie pour ravir à la nature ces rapports qui en font la vie, ces lignes qui sont l'image de sa construction, de ses mouvemens, de ses formes et de son harmonie; ils leur répéteraient qu'on ne peut pas trop multiplier les mesures de comparaison capables de redresser les erreurs si fréquentes de nos yeux. Tous les moyens sont bons, leur rediraient-ils, toutes les machines sont excellentes, si elles vous font connaître les véritables points, les véritables lignes des contours et des milieux....

Qu'on me permette de m'aider d'un exemple. Puisque les arts viennent de perdre David l'illustre réformateur du dessin et du goût dans le dessin, il ne sera pas indiscret de demander si les deux belles figures de Tatius et de Romulus n'eussent pas été plus vivantes encore, plus belles de mouvement par l'effet de la justesse graphique, si ce grand peintre les eût soumises aux moyens régulateurs, aux procédés auxiliaires que n'eût certainement pas repoussé son génie, s'il les avait connus. Combien de fois ne l'a-t-on pas vu employer son pinceau pour niveau et pour aplomb! Combien de fois n'a-t-il pas senti et dessiné même le profil des poses qu'il représentait de face! Combien de fois n'a-t-il pas tourné autour du modèle, pour en mieux connaître la position et le jeu des membres! Il en voyait le plan, il en concevait l'orthographie; il en traçait le dessin par science autant que par sentiment. Et quel sentiment dans le trait de ces jambes, de ces torses, de ces tours de têtes, mais aussi quelle force de caractère, quelle tenacité, quelle disposition innée pour de semblables succès graphiques [1]!

[1] J'ai omis une remarque, quand j'ai parlé de la charmante statue

Bien que le talent de ce grand artiste soit surprenant, bien que les figures de ce maître, chef d'école, soient sous tant de rapports comparables à celles de Raphaël et de Michel-Ange, convenons donc à son sujet et au sujet de Raphaël et de Michel-Ange, que, si on soumettait leurs figures à la traduction que pourrait en donner en sculpture un statuaire habile, celui-ci ne se rencontrerait que difficilement avec leur dessin. Et la preuve de ce que j'avance est toute produite par deux figurines en bronze exécutées récemment d'après les deux principales figures du tableau des Sabines. Ni l'une ni l'autre de ces figurines, qu'on vient de multiplier à Paris, ne donne un contour perspectif semblable à celui des figures du tableau. Sous quelqu'aspect que l'on examine, soit ce Tatius, soit ce Romulus, jamais cet aspect n'est la répétition du trait sorti du pinceau de David. Est-ce le sculpteur, est-ce le fondeur qui a failli? Est-ce David qui n'a pas placé les pieds, les jambes avec toute l'exactitude nécessaire? Je n'affirmerai rien de plus sur ce sujet délicat. Il suffit ici que j'aie attiré l'attention par cette comparaison.

Ainsi, pour obtenir l'orthographie ou, pour dire autrement, le jet des poses, leur mouvement, leurs lignes et les raccourcissemens enfin des parties, que l'artiste emploie un moyen ou un autre, peu importe, si ce moyen semble commode, sûr et expéditif. Les compas courbes, les très-

appelée l'Apollino. David nous dit un jour que c'était cette statue qui lui avait appris à dessiner. Cette déclaration d'un si illustre maître ne pouvait être que très-véridique, car cette statue, dont on peut attribuer l'original à Praxitèle, offre une variété si fine dans ses lignes et dans ses plans, qu'elle ne saurait être imitée à vue que par un dessinateur infiniment habile; aussi est-elle une des plus utiles leçons par lesquelles puissent être éclairés les peintres qui savent rechercher le dessin dans l'antique.

grands compas, les équerres avec aplomb, les fils permanens et tendus verticalement et horizontalement, les châssis de sculpteurs, les lignes tracées sur le terrein, etc., tous ces moyens variés, sont excellens, si l'artiste parvient à saisir la nature et à en surprendre la justesse, la vie et cette expression sans laquelle les images de la peinture ne sont que des essais fort inutiles.

Voici quelques observations pratiques relatives à notre procédé orthographique.

Il convient de ne s'exercer d'abord que sur des modèles vivans qui peuvent bien tenir la pose sans remuer. On fera bien d'avoir recours à des supports qui puissent fixer ou la tête ou les coudes du modèle selon les poses.

Il sera commode aussi d'avoir, pour les poses assises, des siéges qui interrompent le moins possible le cours de la baguette orthographique.

Un aide sera très-utile pour prendre les points et les marquer, ainsi que les enfoncemens, tandis que le peintre parcourt le contour avec la baguette.

Il importe de marquer avec soin toutes les places sur le site, celles du modèle, de la toile noire, des siéges, des caisses, etc., ainsi que les lignes de direction visuelle sur le terrein. Par ce moyen il sera facile de replacer la toile orthographique, lorsqu'on l'aura déplacée.

On ne doit pas craindre de laisser des doubles traits sur la toile noire; c'est en vérifiant souvent qu'on s'assurera des véritables contours et de leurs exacts rapports.

La ligne verticale tracée sur la toile noire doit être correspondante à une ligne tracée sur le terrein et faisant la prolongation de cette ligne verticale, etc., etc.

CHAPITRE 285.

DE LA NÉCESSITÉ D'AVOIR RECOURS A UN PROCÉDÉ PARTICULIER, LORSQU'IL S'AGIT D'ATTITUDES PASSAGÈRES DONT ON NE PEUT PRENDRE L'ORTHOGRAPHIE SUR DES MODÈLES VIVANS, PROCÉDÉ QUI CONSISTE DANS L'EMPLOI DE LIGNES ARTICULÉES MISES EN MOUVEMENT ET SERVANT A CONSTRUIRE LA POSE. — USAGE DES FIGURES EN CARTES DÉCOUPÉES ET MOUVANTES.

Si l'attitude exigée pour le tableau est telle que les individus modèles ne la puissent pas poser, le peintre aura recours à plusieurs moyens plus ou moins ingénieux et qui seront le résultat du degré de connaissances théoriques et pratiques qu'il possède dans le dessin géométral. C'est ainsi qu'il pourra prendre par parties l'orthographie de cette figure, en faisant poser au modèle ces parties seulement. C'est ainsi encore qu'il pourra découper ces parties, pour en varier les mouvemens, et qu'il pourra se rendre raison du plan des parties qu'il veut situer plus ou moins de biais ou fuyantes dans le tableau. Enfin il tâchera de rendre correcte l'esquisse de cette figure dont l'attitude est fugitive, en la soumettant à la vérification de son géométral et de son géométriqué.

Mais toute cette marche doit être régulière, et l'emploi de ces moyens bien entendu. Voici à ce sujet une méthode particulière que nous proposons. Elle nous a paru simple et suffisamment certaine. Peu importe au reste le procédé, si on parvient aisément et promptement au but.

Nous diviserons cette graphie artistique en six opérations distinctes : 1° l'esquisse, 2° les proportions du modèle qu'on veut mettre en action et ses points d'articulation, 3° la direction des lignes selon le mouvement de la pose et dans tout leur développement, 4° le plan donnant le mouvement d'avant et d'arrière, 5° l'élévation orthographique résultant des moyens précédens, et 6° le dessin des formes ou contours par lesquels on perfectionne la figure.

1° L'esquisse.

Le peintre aura dans l'imagination une idée plus ou moins heureuse sous le rapport de la convenance et de la justesse de mouvement : cette idée, ou saisie d'après nature, ou prise dans les souvenirs, ou reproduite par des figures découpées et mobiles, sera exprimée par l'esquisse en raison du génie et du savoir de l'artiste. Nous la supposons donc déterminée et nous ne voulons que la rendre vraie, en reconnaissant, par le moyen que nous allons employer ici, si elle est possible ou naturelle. Peu importe la dimension de cette esquisse, qu'on ne peut guère au reste exécuter facilement dans une grandeur voulue. La figure 328 est cette esquisse : elle représente Persée s'élançant sur le dragon pour délivrer Andromède.

2° Les proportions du modèle qu'on veut mettre en action et les points d'articulation de cette figure canon.

Les figures 329, 330 et 331 représentent le personnage que l'on veut mettre en action. On suppose que les proportions en sont d'un choix convenable au sujet demandé (ici on s'est seulement proposé d'exposer graphiquement la méthode dont il s'agit, et nullement d'offrir des dessins excellens comme production d'art). Les lignes articulées qui doivent servir à la construction de la pose sont tracées au milieu de ces figures (voy. au sujet de ces points d'articulation le chap. 183, vol. 5, pag. 89).

Une remarque est à faire au sujet de la mesure de la colonne vertébrale. La ligne tracée ici droit n'en offre que la hauteur, et non le développement. Il conviendra donc de redresser cette colonne vertébrale, si on se propose de construire une figure courbée, et de diviser cette nouvelle mesure ou ligne en trois ou quatre portions qu'on fléchira ou courbera l'une sur l'autre, selon le mouvement, et cela afin de se rencontrer avec le jeu de la nature. Dans cet exemple-ci, la figure étant presque droite, c'est à peu près la mesure de la hauteur de la colonne vertébrale qu'il faut prendre ; cependant le jeu de cette épine dorsale doit être exprimé avec exactitude.

3° La position de ces lignes selon le mouvement de la pose et exprimée dans tout leur développement.

Voici un moyen assez bien imaginé pour construire avec justesse de proportions une figure quelconque. On prend donc les mesures réelles de cette figure, et on pose les lignes exprimant ces mesures dans le mouvement que l'on veut. L'image qui résulte de ce procédé semble un peu difforme, puisqu'elle n'offre aucun des raccourcis que dans ce cas offrirait la nature ; mais l'action n'en est pas moins exprimée avec clarté, les rapports des pièces étant justes (voy. la fig. 332). Pour bien comprendre cette image, il faut se figurer que l'on aurait serré entre deux glaces transparentes le modèle ou le squelette en action, et que ce serrement ou applatissement complet aurait fait tourner et aurait allongé par conséquent chaque pièce du squelette de manière que leurs longueurs réelles auraient été développées entre ces deux glaces, sans que les mouvemens de hauteurs aient changé. Et, comme il s'agit toujours d'une esquisse, même dans ce mouvement des lignes développées, on pourra, si on le juge à propos, modifier quelques hauteurs ou inclinaisons qu'auraient offertes l'esquisse première, et perfectionner déjà ces conditions du mouvement général demandé. Ces nouvelles modifications faites (mais sur lesquelles on pourra revenir encore, lorsqu'on voudra perfectionner la nouvelle élévation orthographique qui est le but), on passera à l'opération du plan.

Je dois ajouter qu'on pourrait, pour plus de commodité, avoir à sa disposition ces mêmes lignes exécutées en fil de métal et toutes articulées. Ces lignes que l'on ferait jouer à volonté, ainsi qu'on ferait jouer les figures découpées dont nous avons déjà parlé, donneraient la facilité de perfectionner le mouvement par de fréquentes modifications.

4° Le plan donnant le mouvement d'arrière en avant ou l'obliquité de position de ces lignes.

Maintenant il s'agit de reprendre celles de ces lignes qui ne doivent pas se présenter à nous de face, mais plus ou moins obliquement, et d'exprimer cette obliquité (il conviendra de se figurer encore dans ce cas-ci que la figure qui était serrée entre deux glaces, va reprendre sa position première, et que quelques lignes par ce rétablissement de construction vont revenir à leur premier état de raccourcissement, sans varier toutefois quant à leur hauteur respective).

La figure 233 est donc le plan provisoire résultant de la figure précédente, de laquelle on a abaissé, à partir du centre de chaque articulation, des lignes sur le terrein. Tous les points abaissés de cette figure ou de ces lignes développées, sont donc numérotés sur ce plan provisoire et s'y trouvent rangés sur une seule ligne, puisqu'il n'y a aucune partie enfoncée ou située de biais. C'est avec ce plan provisoire que l'on construira le plan général duquel dépendra réellement l'image orthographique ou l'élévation, en supposant toutefois que l'on ne change plus rien aux hauteurs de la figure par lignes développées, ni par conséquent au plan provisoire qui en résulte.

On conçoit que ce plan général peut être construit selon l'idée que le peintre s'est faite des positions obliques ou fuyantes des parties de sa figure, et qu'il est le maître en reprenant chacune des largeurs de les remuer à volonté, en sorte que, par ce procédé, il agira avec autant de facilité que le sculpteur qui remue les parties de sa figure en terre molle. La figure 334 offre donc le plan général sur lequel on élèvera et on tracera l'orthographie représentée par la figure 335.

En lisant certains chapitres de Léonard de Vinci, où il traite des mouvemens du corps, on est tenté de croire que les observations de ce maître sont destinées à des peintres qui n'employaient jamais de modèle autrement que nous l'employons dans cet exemple. En effet, à quoi lui eût servi d'avertir, par exemple, que dans la course un bras est posé en avant et un bras en arrière; que le corps de l'homme ne peut se tordre qu'à tel ou tel degré, etc. Il recueillait donc des notes pour quelqu'un qui devait dessiner par calculs géométriques et par construction, car si ces notes eussent été destinées à des peintres qui sont dans l'usage de consulter des modèles en action et mobiles, ces observations n'eussent offert que des lieux communs fort inutiles. Pourquoi ne pas croire que Léonard fit ces notes pour son propre usage et pour tenir compte de ses mêmes observations dans les cas où il eût été forcé de construire lui-même ses figures par lignes droites articulées ? (Voyez ce qui a déjà été dit sur ce point à la pag. 142, vol. 5.)

Au reste, on peut affirmer que ce moyen ou ce procédé graphique doit être familier aux peintres non-seulement pour les cas où ils ont à représenter des figures qui volent ou qui se précipitent, ou telles enfin que les modèles vivans ne sauraient en poser, mais qu'il doit leur être familier dans tous les cas, puisqu'il leur servira à raisonner, soit dans leurs esquisses, soit sur leurs cartons, la position, la situation et le mouvement enfin de toutes les parties de leurs figures. Tous les artistes sentiront donc l'importance de cette question que Desargues a tenté de traiter, mais qu'il a abandonnée; qu'Albert-Durer a fort bien comprise sans la communiquer d'une manière intelligible, et qui se trouve ici exposée avec assez de clarté pour pouvoir être saisie et mise en pratique par tous ceux qui auront pris connaissance de ce que nous avons dit sur le géométral et sur le chapitre concernant la position et la situation des objets.

Des figures en cartes découpées et mouvantes.

Maintenant, pour reprendre l'idée que j'ai émise au sujet du moyen emprunté des figures découpées et mouvantes, moyen qui peut beaucoup aider au dessin de l'esquisse, je répéterai que ce procédé, qui ressemble à un badinage, a probablement été employé dans la haute antiquité par les plus habiles artistes. Plusieurs figures peintes sur les vases grecs semblent l'attester. (Voyez ce qui a été dit tom. 2, pag. 284, sur ces découpures, dont j'ai cru devoir donner ici la représentation, pour en faire mieux comprendre l'utilité : elles sont tracées sous les numéros 336, 337, 338, 339 et 340.) Et ce qui prouverait que plusieurs figures de vases peints ont été dessinées par ce procédé, c'est que sur celles qui sont représentées de trois quarts, les mêmes trois quarts se retrouvent toujours. Or on sait qu'en composant d'imagination, il est presqu'impossible qu'on se rencontre dans ce même trois quarts sur toutes les figures.

Les artistes qui se donneront la peine de se procurer de semblables figures découpées, seront charmés de la signification et de la vivacité des poses qu'elles donnent et que probablement ils n'eussent jamais obtenues par l'effet de la seule imagination.

La construction de ces figures modèles est très-facile à obtenir à l'aide des points d'articulation indiqués au chapitre 183, pag. 89, vol. 5, et à l'aide de la figure canon dont on empruntera le profil, la face, etc. (Voyez, pour ces proportions, les figures 44, 46 et autres; et, pour les points d'articulation, les figures 336, 337, 340, etc.) La figure 336 représente donc cette figure découpée, placée debout et sans mouvement; la figure 337 est dans une pose tranquille; la figure 338 est posée dans un mouvement très-violent, ainsi que la figure couchée 339. Quant à la figure 340, elle est représentée vue de trois quarts.

On pourra employer des cartes ordinaires, et on fixera toutes les articulations par un fil ayant un nœud de chaque côté de la carte et passant par le point d'articulation ; il faut que le jeu de toutes les parties soit très-libre, afin que cette liberté se manifeste par la correspondance des mouvemens, correspondance qui, ainsi qu'on le verra, est conforme à celle qu'on retrouve sur le squelette humain.

CHAPITRE 286.

APPLICATION DU PROCÉDÉ PRÉCÉDENT AUX POSES DES ANIMAUX.

J'INDIQUE seulement dans ce chapitre la possibilité de faire avec succès l'application du procédé précédent à la représentation des animaux, dont on peut par conséquent obtenir l'attitude par construction dans quelque mouvement que ce soit. Il ne s'agit donc que de se procurer avant tout les mesures du squelette de l'animal, puis de déterminer avec une exactitude anatomique ses points d'articulation, pour composer ensuite sa construction selon le mouvement voulu et conformément à une pose qu'on aura esquissée, soit directement d'après la nature, soit d'idée. Tout le monde sentira combien est avantageux un semblable procédé, et combien d'opérations positives l'artiste peut au moins lui emprunter pour s'aider dans les représentations, que, sans ce moyen, il ferait de routine, c'est-à-dire, en essayant à tâtons et par sentiment cette attitude et ces formes. On peut donc dire, au sujet de l'imitation des animaux, comme au sujet de l'imitation de l'homme, que c'est se donner un problême impossible à résoudre que de procéder ainsi à tâtons. En effet, la forme déterminant l'attitude, et l'attitude déterminant les raccourcis ou le géométral de la forme, ces deux connaissances provisoires et positives sont indispensables. Or elles peuvent s'acquérir par notre procédé ou par tout autre qui soit basé sur le même principe, c'est-à-dire, sur l'anatomie et la géométrie.

Voyez sur les tableaux d'animaux le chap. 557, tom. 8.

Nous avons cru devoir, pour être mieux compris ici, offrir (fig. 341) le dessin d'un animal exécuté d'après cette méthode.

CHAPITRE 287.

DU MOYEN DE MESURER LES OBJETS DONT ON NE PEUT APPROCHER.

Il semble nécessaire, pour compléter la série des questions précédentes, d'indiquer au moins ici celle qui est relative à l'art de mesurer les objets dont on ne peut approcher : cette science, appelée Altimétrie et Apomécométrie, est traitée dans les livres écrits sur la Trigonométrie. Et, comme les opérations nécessaires pour prendre ces mesures nécessitent quelques formules mathématiques relatives aux mesures des triangles, ainsi que l'usage du graphomètre, instrument dont nous n'avons point parlé, nous croyons devoir renvoyer le lecteur aux traités où ces questions sont exposées, indiquant ici, entr'autres ouvrages, l'*Art de lever les plans,* par M. J.-B. de Mastaing, pag. 153 et suiv., 2e et 3e édit. Dijon. 1826.

CHAPITRE 288.

INDICATION D'UN PROCÉDÉ PRATIQUE SUPPLÉMENTAIRE POUR REPRÉSENTER PROMPTEMENT ET FACILEMENT, A L'AIDE DE L'ÉQUERRE ET DU COMPAS, TOUTES SORTES D'OBJETS OU SOLIDES IMMOBILES, PROCÉDÉ QU'ON PEUT EMPLOYER AVEC AVANTAGE POUR DESSINER ENTR'AUTRES LES PETITES STATUES ET LES FRAGMENS ANTIQUES.

Si l'on a pu obtenir un trait ou une projection orthographique, en parcourant avec une baguette servant de crayon le pourtour de l'objet, ne peut-on pas obtenir ce même résultat en employant un tout autre moyen et en se servant, par exemple, d'une règle faisant équerre, placée debout, des bords de laquelle on mesurerait tous les espaces ou écartemens qui séparent cette règle des points de l'objet (voy. la figure 342)? Cette équerre pouvant se renverser de devant en arrière à l'aide d'une charnière, et toujours en conservant sa position parallèle à la ligne fuyante, cela permettrait de mesurer les largeurs du solide prises sur les points qui sont en avant et sur les points qui sont enfoncés.

Quant aux hauteurs, on peut adapter à cette équerre une traverse horizontale et pouvant s'allonger ou se retirer à volonté. On amènerait donc ces traverses au niveau des divers points de hauteur demandés, puis on reporterait sur le dessin orthographique l'écartement ou la hauteur de ce même point.

On conçoit que des plombs suspendus, que des compas courbes en sens divers, que des règles armées de niveaux et maintenues horizontales par leur moyen, sont autant d'instrumens infaillibles, étant employés pour procurer cette orthographie ou cette élévation géométrale qu'on se propose.

Au surplus ces procédés sont basés sur le principe de la projection orthographique : ainsi quelle que soit la différence des procédés, ils conduisent aux mêmes résultats.

Que dirons-nous de plus ici relativement aux précautions à prendre et à la régularité, à l'exactitude dans ce procédé? Ajouterons-nous qu'il faut que la table où pose le solide modèle et l'équerre soit horizontale et plane; qu'il faut tracer sur cette table ou terrein des lignes à angles droits, pour guider la règle et pour conserver l'équerre dans la même situation? Ajouterons-nous de plus que, pour prendre les hauteurs, on pourra imaginer et placer une surface parfaitement horizontale au-dessus de l'objet, ou bien user d'une espèce d'équerre mouvante en pivotant, et dont la tranche horizontale se transporterait de devant en arrière au-dessus des points dont on voudrait connaître les hauteurs? Toutes ces indications seraient superflues, car celui qui comprendra le principe si simple de l'orthographie, imaginera tous ces moyens, et même de plus commodes encore, s'il persévère dans l'application de ce principe.

Maintenant que ces moyens si naturels sont proposés, je dois dire qu'on peut les appliquer même au dessin orthographique de certaines parties du corps humain ; je dois même ajouter qu'il convient de s'en servir pour toutes les représentations des objets accessibles. En effet, lorsque l'opération à l'aide de la baguette sur la toile noire est difficile à pratiquer, à cause de l'espèce de la pose et des siéges qui pourraient embarrasser (s'il s'agit d'un portrait, par exemple), on peut presque tout aussi fidèlement, si on a quelqu'adresse et que l'on connaisse bien le principe si simple de la graphie par rayons droits, obtenir mécaniquement de justes résultats.

Il y a des cas où l'ichnographie ou le plan par terre fait le même office : c'est ainsi qu'en traçant le pourtour du pied du modèle sur le terrein, on pourra dessiner ensuite ce pied en perspective, en ajoutant ses hauteurs. Des camées antiques, des médailles, lesquelles offrent toujours des représentations orthographiques, peuvent être aussi ou calquées ou mesurées au compas et orthographiquement. Enfin on pourrait proposer à ceux qui ne saisiraient pas toute cette théorie, si facile cependant à comprendre, de représenter leur main ichnographiquement sur une feuille de papier à l'aide d'un crayon de mine de plomb, et taillé de manière que la mine de plomb fût en alignement de la surface qui parcourrait le pourtour des doigts. Avec le compas courbe ou autre, on pourra compléter cette orthographie. (Voy. les figures 60 *bis*, qu'on peut faire appartenir à la démonstration de la figure canon; voyez aussi les figures qui sont sous les numéros 342 et 343.)

On peut dire au sujet des bas-reliefs surtout, que l'ignorance des lois simples et fondamentales de la perspective est bien manifestée chez un grand nombre de dessinateurs par la peine inutile qu'ils prennent si souvent en représentant à vue ces objets qu'ils devraient d'abord dessiner presqu'en tout géométralement ou orthographiquement. En effet, il n'y a rien de mieux et de plus sûr à faire pour répéter en dessin ces bas-reliefs, que de les copier à l'aide du compas et de les calquer, pour ainsi dire, car l'enfoncement y est si peu de chose, que souvent il n'est pas nécessaire d'user pour cela d'une échelle de réduction perspective. Cette même observation, relative au peu d'enfoncement, est applicable au dessin des mains. Si donc tous les dessinateurs pratiquaient ce moyen, ils abrégeraient souvent de beaucoup leur besogne. La fatigue et l'incertitude qui résulte de leur routine de tout dessiner à vue et sans compas, est donc une vraie barbarie.

CHAPITRE 289.

APPLICATION DE TOUTE LA THÉORIE PRÉCÉDENTE A LA REPRÉSENTATION D'UNE FIGURE DEMANDÉE POUR UN TABLEAU, C'EST-A-DIRE, DONT LE CARACTÈRE DE FORMES ET L'ATTITUDE SOIENT APPROPRIÉS AU SUJET, ET RÉUNISSENT PAR CONSÉQUENT LES CONDITIONS DU VRAI ET DU BEAU.

JUSQU'ICI nous n'avons encore donné que les moyens de représenter avec justesse une figure quelconque, mais nous n'avons point supposé que le peintre eût une idée à réaliser et qu'il fût dans la nécessité de faire des changemens sur l'individu modèle. Maintenant donc il nous faut procéder conformément aux besoins ordinaires des peintres et aux divers cas où ils peuvent se trouver; ainsi nous allons réunir plusieurs observations qu'il importait, pour la clarté de notre question graphique, de reporter et de compléter ici.

CHAPITRE 290.

DE L'IDÉE DE LA POSE ET DE SON ESQUISSE POUR LE TABLEAU.

Bien que nous ne traitions dans tous ces chapitres que de procédés graphiques, ce que nous allons dire se lie à des idées fort importantes relativement au choix de la pose, et par conséquent au geste, aux proportions, etc. ; mais le lecteur est censé préparé sur cette question par tout ce que nous avons dit et répété à dessein au sujet du beau, du naïf et du vraisemblable. J'entrevois cependant un raisonnement à faire et qui doit d'abord trouver place ici : il est relatif à l'emploi de l'expression *idée de la pose*, expression qui se trouve dans le titre de ce chapitre. Un observateur qui aura beaucoup réfléchi sur l'art de la peinture, se demandera peut-être ce que l'on prétend dire ici par idée de la pose, et si l'artiste peut composer seul et mentalement une idée de pose, sans tomber dans le vague ou dans la fausseté. L'idée d'une pose doit être suggérée à l'artiste par une pose qu'il a vue, et non par une pose qu'il se fera voir à l'aide d'un individu auquel il la commandera. Les artistes d'autrefois saisissaient la nature, quand elle s'offrait très-belle à eux, mais ils ne l'imaginaient pas. Ces peintres, plus ou moins indépendans, ne se laissaient pas commander les sujets de leurs tableaux ni les actions de leurs personnages, encore moins leurs attitudes; et, si la supériorité qui distingue les ouvrages des anciens est si grande, cela ne vient-il pas de cette résignation vile, de cette souplesse et de cette ignorance de tant d'artistes modernes qui se sont laissés commander et prescrire des sujets de tableaux et des sujets d'actions, des attitudes mêmes, soit par des protecteurs à prétention, soit par des donataires ignorans, soit par des amateurs qui ne manquèrent pas d'abuser avec impertinence de cette misérable résignation? Quelle différence entre une pose qu'on aura composée selon les ordres d'un homme riche, mais étranger à l'art, ou d'une pose qu'on aura copiée, répétée d'après la nature! Les auteurs du Tireur d'épine, du Discobole, du Gladiateur même et du prétendu Jason, nommé aussi Cincinnatus, ont-ils commandé ces poses à des modèles? Non certes. Ces artistes ont su les dérober à la nature et les fixer sur le bronze, et des copistes en marbre ont su les répéter telles que nous les possédons aujourd'hui. Tout peintre qui dans son art obéit à d'autres ordres que ceux de la nature, ne sera jamais un artiste du premier rang. S'il obéit à ses propres fantaisies, il s'égarera, et, s'il obéit à des protecteurs, il ne satisfera ni eux, ni le public, ni lui-même. C'est donc la nature seule qui fournira au vrai peintre des modèles, des inventions et des poses. Il n'est forcé que de les y savoir choisir et de les répéter selon l'art. Ainsi, quand on entend dire ou quand on lit qu'un tableau a été commandé par M....., une telle annonce ne fait-elle pas le même effet que celle-ci : cette pose a été commandée par M......? Mais rentrons plus directement dans notre question.

L'idée de la pose doit être générale dans l'esquisse provisoire : cette idée ne saurait être absolument particulière, à moins qu'elle n'ait pris sa source dans une pose donnée par le modèle même qu'on veut et qu'on va employer.

Si j'ai d'abord dans l'esprit une idée particulière d'une attitude, au lieu d'une idée générale, il arrivera que je commanderai à mon modèle de me fournir par une pose cette idée particulière, et que jamais il n'y parviendra, ou bien ce sera par un hasard assez étonnant. Ce que je lui commanderai sera faux, si c'est contraire à sa structure, à son mécanisme et à son tempérament. Mais, si je n'ai conçu qu'une idée générale et comme provisoire d'une action, d'une expression, d'une donnée convenable et appropriée à mon sujet, je pourrai laisser agir et se poser de lui-même le modèle, et j'attendrai qu'il me donne dans son attitude quelque chose qui approche de mon idée générale : c'est ce qui peut arriver, puisque j'ai choisi ce modèle, le plus que j'ai pu, conforme à cette idée. Cet approximatif étant donc déjà obtenu, il me faudra méditer et considérer, à l'aide de la théorie, si dans ce premier jet il y a principe de beau intellectuel et de convenance, et s'il y a principe de beau optique en même tems. De plus, je dois bien considérer si cette attitude, si ce geste est naïf, spontané et facile. Après ces méditations, je cherche quelques changemens en mieux sous le rapport de l'expressif et du beau ; je propose ces changemens au modèle ; je me méfie de sa complaisance, et toujours j'ai l'esprit occupé de ce qui est contrainte ou aisance. Enfin le parti étant pris, et un ou deux changemens en ayant nécessairement amené quelques autres moins sensibles dans la disposition, dans la pondération, le mouvement, etc., changemens que je n'ai pas cru contraires à mon idée générale, j'entreprends l'orthographie.

Cette orthographie faite, je médite encore sur ce résultat, et, accoutumé à convertir en esprit cette orthographie en perspectif ou scénographique, habitude qui ne coûte rien ou presque rien à acquérir, puisque la connaissance du point de vue ou de la place de l'œil du regardant suffit pour cela, je commence à me demander s'il ne conviendrait pas encore d'opérer sur cette orthographie quelques modifications capables d'améliorer cette pose, et quatre moyens s'offrent pour y parvenir. Le premier est de remettre le modèle en pose, et de lui faire faire le changement, en considérant bien toutefois quels sont les autres changemens qui sur ce modèle ont résulté de celui-là, et cette correction se fait ou s'essaie sur la même toile noire ou sur l'autre qui aura déjà reçu la copie du premier trait orthographique. Le second moyen, c'est de découper et de rendre mobiles ces parties qu'on veut un peu changer. A cet effet du papier noir, fixé avec de la cire à modeler, est très-bon. On peut donc, la tête étant dessinée sur ce papier, la pencher à volonté, ainsi qu'une main ou tout autre membre; lever ou abaisser un bras ou une jambe, et, après ces légères variations, on jugera si elles conviennent et si elles sont plus vraies, plus souples, plus gracieuses et plus expressives que celles du premier travail. Un troisième moyen analogue au précédent, mais plus complet et plus scientifique, c'est d'opérer les changemens dans les largeurs et les profondeurs, en faisant le plan de toute la figure et en essayant par des élévations résultant des changemens dans le plan, si ces modifications conviennent (voy. à ce sujet les chapitres 285 et 295). Enfin le quatrième moyen, c'est de consulter d'autres individus modèles et d'essayer avec eux la même idée exprimée par la pose qu'ils donneront avec des différences qui peut-être la rendront préférable aux premières.

On conçoit maintenant pourquoi j'ai dit que l'idée d'une pose doit être générale et non arrêtée par avance. En effet, s'il est vrai qu'un individu modèle ne soit pas la nature, notre idée particulière n'est probablement pas non plus généralement naturelle, et nous ne devons jamais rien vouloir que ce que nous donnera ou un modèle excellent, ou plusieurs modèles, ou quelques combinaisons faites sur ou avec ces modèles; car supposer qu'on puisse créer une pose très-bonne et très-vraie sans consulter de modèle, c'est faire une supposition inadmissible, ou bien cette pose serait ou un souvenir ou un hasard. Cette assertion condamne, je le sais, tous les peintres qui ont couvert le papier et la toile de figures sorties de leur cerveau capricieux, mais on ne doit se laisser nullement imposer par leur célébrité et par leur féconde témérité. J'affirmerai même de nouveau qu'aucune figure ou figurine antique n'a été faite sans l'aide d'un modèle vivant, à moins qu'elle n'ait été la répétition point par point d'un ouvrage dont on voulait absolument le double; aussi ces figurines sont-elles aisées et naturelles.

Concluons qu'il n'y a d'admirable que ce qui est pris sur la nature, et que les tentatives des peintres qui composent sans modèles des attitudes, ne sont que des études et des exercices particuliers qui ne doivent point voir le jour.

Nous avons démontré ailleurs qu'aucun élève ne doit composer une esquisse, s'il ne sait la perspective; et une des raisons de ce précepte, c'est que, s'il n'a pas pu se rendre compte de l'effet du point de vue, du point de distance et des points orthographiques, il se verra forcé d'altérer et de décomposer ses figures, lorsqu'il les dessinera sur son tableau réel, en sorte que son travail sera à recommencer.

Ici il convient de rappeler l'usage de l'échelle perspective abrégée et placée sur le bord du tableau.

Au reste, comme pour juger complètement d'une pose il faut la voir, et que pour la voir il faut qu'elle soit graphique (car la voir sur la nature et non graphiquement, et même sans choix perspectif déterminé, c'est risquer de se tromper dans son jugement ou dans son choix), il est clair que le meilleur moyen n'est pas de prendre cette esquisse à vue, puisqu'elle ne serait probablement pas répétée exactement, mais qu'il est ingénieux d'employer un moyen plus certain pour esquisser cette pose naturelle, afin de juger si cette esquisse convient. Or il n'en est pas de préférable à l'emploi de la vitre. (Voyez donc sur cette question le chap. 304.)

J'ai encore à recommander une précaution ou une facilité pour obtenir de la part des modèles de la souplesse, de la naïveté et de la grâce, c'est de pourvoir l'estrade sur laquelle ils se placent, de siéges, de supports, de meubles et d'ustensiles favorables à cette aisance qu'on requiert d'eux. En effet, ne remarque-t-on pas tous les jours la gêne d'un modèle auquel on n'a proposé aucun appui commode, aucune base assez ample, assez affermie, et qu'on abandonne, pour ainsi dire, à la gaucherie naturelle à toute personne qui ne sait comment prendre une position prescrite, lorsque rien d'ailleurs ne la prépare et ne la favorise? Quant aux peintres qui croient devoir exécuter de petites marquettes en cire ou en terre, et qui ensuite les dessinent à travers un treillis répété sur leur papier, ce moyen fort bon pour les peintres qui en sont aux expédiens, n'est en rien préférable à celui que nous venons d'indiquer, car les changemens qu'on doit faire subir à la cire molle, doivent résulter de l'étude de la nature, en sorte qu'il reste toujours à juger si ces poses modelées seront belles et appropriées au tableau, et si elles seront convenables graphiquement.

CHAPITRE 291.

DES MOYENS DE CONVERTIR EN ORTHOGRAPHIE ET EN ICHNOGRAPHIE TOUTE L'ESQUISSE D'UN TABLEAU PERSPECTIF, POUR VÉRIFIER ET JUGER, SOIT LE GÉOMÉTRAL ET LE GÉOMÉTRIQUE, SOIT LE PERSPECTIF DES OBJETS REPRÉSENTÉS DANS CETTE ESQUISSE, MOYENS PAR LESQUELS ON PEUT SOUMETTRE DE MÊME A UNE ÉPREUVE CERTAINE LE DESSIN DE TOUS LES TABLEAUX QUELCONQUES.

Les géomètres, avons-nous observé, ne doivent point dire aux peintres : faites d'abord votre plan ou votre ichnographie, puis nous vous donnerons les moyens de la convertir en une image perspective. Ils doivent dire aux peintres : faites d'abord votre croquis et esquissez perspectivement votre idée, puis corrigez-en le dessin en examinant à l'aide de l'épreuve que vous donneront les opérations de géométrie graphique, si votre idée est vraie et si vous n'êtes pas sortis du possible ou du naturel, en sorte que par cette épreuve vous puissiez distinguer si c'est le perspectif ou le géométral qui est défectueux, ou si c'est le géométrique, c'est-à-dire, l'objet, et par conséquent l'idée que vous avez de l'objet.

Je ne vois point qu'il soit nécessaire ici de produire des démonstrations figurées à ce sujet, puisque les questions précédentes sont précisément celles qu'il faudrait reprendre et employer pour cette épreuve dont nous parlons ici. En effet, de quoi s'agit-il ? De construire une échelle perspective selon le point de vue et de distance adopté pour cette esquisse ou ce tableau ; de vérifier à l'aide de cette échelle la justesse des réductions perspectives sur les objets; de faire ou d'abaisser le plan perspectif de ces objets; de le rétablir en géométral, pour avoir les largeurs géométrales ; de vérifier à l'aide de ce plan les largeurs orthographiques raccourcies ; enfin de revenir, en passant par ces changemens rétrogrades, jusqu'au géométrique des objets représentés dans l'esquisse. Or tous ces moyens doivent être familiers aux peintres, et on ne saurait disconvenir que ce serait un exercice excellent que de donner aux élèves des têtes incorrectes par les proportions, par la perspective et par le géométral, afin qu'ils pussent en reconnaître les fautes et en faire la correction.

Il faut donc supposer que le croquis ou l'esquisse a été faite par un peintre qui connaît à peu près les principes premiers de la perspective, et que, s'il ne s'y est pas conformé en tout dans les opérations, il a su au moins déterminer la hauteur et l'éloignement de l'œil, il a su ménager les diminutions, selon les enfoncemens, à l'aide d'une échelle de réduction mentale et approximative. De même, on doit supposer que le peintre a déterminé dans quel espace d'air et sous quelle espèce de luminaire il a placé ses figures et toute sa composition. Mais ne parlons pas encore de la perspective des couleurs.

Les personnes qui auront compris les leçons précédentes concevront et imagineront aisément ces moyens nécessaires; ils concevront qu'on peut par ces moyens reconnaître les difformités souvent monstrueuses de certaines figures et de certaines têtes, les écartemens étranges des pieds, la construction disproportionnée des têtes rendues en raccourci dans des positions compliquées. Ainsi en abaissant le plan résultant des points perspectifs d'une tête de quelque peintre célèbre, on pourra vérifier ce plan, le corriger s'il est défectueux, relever des points d'après ces corrections, et avoir ainsi très-positivement les nouveaux points et les nouvelles lignes qui rétabliront, soit la justesse graphique, soit la justesse des proportions. Cependant je crains de n'être pas compris, et je dois supposer que peut-être on regardera cette preuve ou cette opération graphique rétrograde comme impossible : voici donc encore quelques explications.

On abaisse des points de la tête qui est à vérifier, et ces points, qui donnent les largeurs orthographiques, se présentent sur une seule ligne; on construit avec ces largeurs un plan que l'on compose d'idée, en préjugeant ou en devinant les profondeurs; on tourne ce plan selon le trois quarts, et on élève une orthographie de ce plan; puis on compare à l'original cette élévation rendue scénographiquement à l'aide de l'échelle (construite selon le point de vue du tableau); on rectifie son plan, c'est-à-dire, la profondeur de ce plan (puisque les largeurs en sont connues et proviennent de l'original), et cette rectification se fait d'après l'original et jusqu'à ce qu'on se rencontre avec lui. Enfin on a le plan exact de l'original. D'après ce plan on construit une face, et d'après cette face un profil. De quoi s'agit-il, après ces opérations préparatoires ? De raisonner les proportions qu'affectent ces dessins, c'est-à-dire, ce plan, ce profil, cette face, et de juger, en les considérant avec discernement, s'ils sont conformes à la nature et à la beauté, ou si l'image de l'original péche contre les proportions vraies et belles, ou si elle péche par la représentation ou les mesures orthographiques et perspectives. Cette indication est applicable aussi à la vérification de toute une figure entière.

Ce n'est point ici le lieu, nous venons de le faire observer, de parler de la perspective des couleurs; cependant ne devons-nous pas ajouter que telle draperie, qui en peinture offre le défaut d'être aussi bleue ou aussi rouge sur ses parties obliques à la lumière et au spectateur que sur les parties plus exposées au jour et à la vue, peut aussi être soumise à une rigoureuse épreuve? En effet, par le plan nous connaissons la position et la situation de cette surface par rapport au jour qui l'illumine et au spectateur qui la regarde; nous savons à quel enfoncement elle est d'ailleurs dans tout le tableau; nous connaissons l'espèce d'air adopté; ainsi nous pouvons calculer le degré et l'espèce d'altération chromatique de ces surfaces bleues ou rouges, quelles que soient leur position et leur situation.

Enfin disons que dans l'antiquité le statuaire se fût moqué du peintre, si ce dernier n'eût pas eu des moyens aussi assurés que ce premier, de vérifier son ouvrage. Aujourd'hui les sculpteurs se moquent bien un peu des peintres; mais ceux-ci sont parvenus à les étourdir, en leur faisant envisager la peinture comme un art exclusivement d'inspiration et de sentiment, et à leur persuader que le compas leur est absolument interdit.

CHAPITRE 292.

DU MOYEN DE COMPLÉTER, DE VÉRIFIER ET DE PERFECTIONNER LA REPRÉSENTATION ORTHOGRAPHIQUE DE LA FIGURE VOULUE POUR UN TABLEAU.—COMMENT ON PLACE AVEC JUSTESSE LA TÊTE ET LES EXTRÉMITÉS.

L'ORTHOGRAPHIE commencée d'après l'individu modèle et tracée provisoirement par quelques points blancs sur la toile noire luisante, a été reportée, avons-nous dit, sur une autre toile à tableau servant de carton et destinée à recevoir les perfectionnemens. C'est de ces perfectionnemens que nous avons à parler dans ce chapitre, c'est-à-dire, de la méthode pratique propre à ces perfectionnemens.

La pratique de l'orthographie n'a pas été imaginée seulement pour que le peintre fasse plus vrai, mais aussi pour qu'il soit plus à l'aise, plus libre et plus assuré dans les corrections que lui inspire son sentiment du beau, son génie enfin, ainsi que dans les changemens nécessités par les repentirs qui ont presque toujours lieu, lorsqu'on étudie avec application la nature. Ainsi la pose étant tracée par l'orthographie prise sur ce modèle, il s'agit de considérer non-seulement si ce trait rend l'idée de l'esquisse, mais si, quoiqu'étant rendu conforme à la nature, il n'offre point quelque chose d'invraisemblable ou d'impropre ou de contraire à la beauté. Or notre procédé fournit à l'artiste mille moyens de corriger, sans que par ces changemens il devienne faux et fantastique. Il peut donc avec les mesures des longueurs et des largeurs prises au compas, déplacer un membre, avancer ou reculer, élever ou abaisser des parties, reconstruire même presque toute la figure, si elle n'exprime pas sa pensée : ces constructions nouvelles et vraies, il les obtiendra par raisonnement, et cela avec d'autant plus de facilité qu'il possède une donnée graphique, provisoire, permanente, un commencement enfin tenté sur la nature.

Nous parlerons dans les deux chapitres suivans de certains perfectionnemens importans; ici nous allons nous occuper seulement de la méthode propre à placer convenablement la tête, les mains et les pieds.

Il est évident que c'est surtout le mouvement et la place de la tête qu'il s'agit de déterminer, pour compléter l'orthographie. Ce mouvement, nous l'avons dit, a dû être indiqué par des points pris avec la baguette orthographique. Ces indications auront eu lieu au sommet de la tête, au bas du menton, au bout du nez, et au haut ou au bas des oreilles. Avec ces points de repère, on pourra placer une tête dessinée en particulier sur un papier ou sur un morceau de toile semblable en couleur à la toile destinée à recevoir les perfectionnemens. Cette tête étant mobile, on pourra en varier l'inclinaison à droite ou à gauche, mais non en devant ou en arrière, puisque le dessin de cette tête mobile est déterminé quant à ces deux espèces d'inclinaisons. On pourra de plus enfoncer cette tête dans les épaules ou l'exhausser, comme pour allonger le cou. Quant au dessin particulier de cette tête ou de cette face, nous avons donné les moyens de l'exécuter avec justesse, tout en se conformant à la beauté. Cette facilité de rendre ainsi la tête mobile est d'un avantage indicible, en ce que non-seulement on n'a point à multiplier des essais graphiques, mais en ce que le peintre peut tenter tous les mouvemens ou modifications possibles, et par conséquent s'arrêter à celle qui sera évidemment préférable.

Le même moyen sera proposé pour placer convenablement les mains ou les pieds, c'est-à-dire, qu'il faut avoir ces parties dessinées à part sur un papier un peu fort et découpé. L'aspect, ou de face, ou de trois quarts, ou de profil relativement à ces mains et à ces pieds, ayant été déterminé sur le trait préparatoire de toute la figure, et la forme ou le dessin de ces mains et de ces pieds étant supposé correct et beau, il s'agit de faire jouer ces parties, en remuant le papier où elles sont figurées. Or un peu de cire molle et visqueuse placée en quelques points de ce papier, suffit pour permettre ces déplacemens, qu'on essaie graduellement et avec réserve.

Il est superflu de dire ici que le dessin de ces mains peut aisément se faire, soit à la vitre (voy. le chap. 304), soit orthographiquement sur une ardoise avec une petite baguette armée d'un crayon blanc, soit même au compas seulement. J'ajouterai qu'on peut encore mouler en plâtre et à creux perdu cette main ou ce pied choisi et posé d'après un modèle, afin de l'avoir fixe et immobile, pour l'embellir en le dessinant. Au chap. 616, nous parlerons de ce moyen fort intéressant.

Il resterait à démontrer que ces parties mobiles et dessinées par avance peuvent être inclinées un peu plus ou un peu moins, sans que cela blesse en rien l'optique ou la perspective. Mais toute personne instruite de ces sciences comprendra que le léger renversement de gauche ou de droite, soit d'une tête sur un cou, soit d'une main au bout d'un bras, n'exige aucune modification ou correction perspective, parce que la différence est insensible, les enfoncemens n'ayant point changé ou n'ayant que très-peu changé. Ainsi la différence scénographique, nous l'avons assez souvent répété, ne doit être comptée pour rien dans ce cas, vu la distance de laquelle on considère cette tête ou ces mains dans un grand tableau.

J'ajouterai, pour saisir ici l'occasion de faire voir combien les parties diverses de notre doctrine sont liées entr'elles et font un tout homogène et complet, j'ajouterai, dis-je, que l'on peut perfectionner l'orthographie des couleurs, pour m'exprimer ainsi, en sorte qu'on peut faire des essais d'embellissement de carnation par plusieurs moyens pratiques. Et, si je ne craignais pas de pousser jusqu'à des rapprochemens trop subtils, je dirais que la touche même dans ce travail orthographique et préparatoire, peut être soumise à des tentatives d'embellissement, de vraisemblance et de propriété. Les personnes qui se seront identifiées avec tout l'ensemble de notre doctrine, me comprendront assez.

CHAPITRE 293.

DU MOYEN D'OBTENIR DANS L'ORTHOGRAPHIE DE LA FIGURE VOULUE POUR UN TABLEAU LES PERFECTIONNEMENS OU CHANGEMENS QUE NÉCESSITE PARFOIS L'IMPERFECTION DES INDIVIDUS MODÈLES, SOUS LE RAPPORT DES PROPORTIONS ET DES FORMES.

Ce qui a été dit au sujet du canon, chap. 226, et sur toute la question des proportions, au chap. 232 et aux précédens, pourrait fournir ce que nous aurions à exposer sur le point que nous nous sommes proposé d'examiner ici. Une observation particulière doit cependant être mise en avant dans ce chapitre, c'est qu'avant de s'occuper de l'orthographie de la figure destinée pour ce tableau, c'est-à-dire, avant d'entreprendre le travail exact et précis du dessin pris au compas et à la baguette sur la toile noire et sur l'autre toile carton, il faut posséder le dessin de l'individu dans l'état droit et accompagné des embellissemens qui seront à déterminer sur la seconde figure ou sur la seconde toile, perfectionnement offrant ces embellissemens obtenus, comme nous l'avons dit, au moyen du canon et de l'archétype. La vue et l'idée de ces défauts et de ces perfectionnemens accompagnant le peintre dès le commencement de son travail sur la figure orthographique préparatoire et sur la figure orthographique perfectionnée, dirigeront ses opérations et lui feront saisir le sens de ces embellissemens, même lorsqu'il tracera servilement le trait orthographique pris sur l'individu. Il résultera de ce travail fait en premier qu'on n'aura pas à revenir par des repentirs qui perdent toujours du tems et qui offusquent plus ou moins l'idée du beau et même du vrai.

On ne manquera pas de produire à ce sujet une espèce d'objection, c'est que les formes de cette figure droite devant être singulièrement changées, quand cette figure sera posée en action, tout le travail fait deviendra inutile. Les artistes sentiront de suite qu'inutile n'est pas le mot, et qu'il y a toujours une analogie, dont la contemplation est fort instructive, entre un bras étendu droit, par exemple, et le même bras plié. Mais entendons-nous bien. Cette orthographie de la figure dans l'état droit et embellie étant faite, rien n'empêche de représenter géométralement aussi, comme devant servir de canon dans l'état de flexion et de profil, par exemple, le bras fléchi qui, sur le tableau, serait vu un peu en raccourci. Rien n'empêche de produire quelques parties principales, telles que le torse, pliées et vues de profil, et cela quoiqu'on ait à les représenter un peu de trois quarts. Ce gonflement, ce déplacement même des muscles, on le sait, est à considérer. Aussi l'artiste en tiendra-t-il facilement compte par toute cette méthode, et c'est même par cette méthode seulement qu'il saura de combien et comment tel muscle en action et contracté est à modifier, pour être ensuite reporté ainsi perfectionné sur le tableau. Mais n'en disons pas davantage, et complétons ce chapitre en revenant sur l'utilité, sur la nécessité et sur la méthode de produire par avance ces figures dans l'état droit, ces figures de canons particuliers et caractérisés selon le sujet, ces jalons assurés sans lesquels l'artiste n'aurait pour guide que des inspirations douteuses, que des tâtonnemens fatiguans, que des à peu près dangereux et capables de l'éloigner plus ou moins du but.

On mettra le modèle debout contre une toile noire luisante, on en prendra l'orthographie par le procédé indiqué chapitre 282, puis avec le compas ou droit ou courbe, on en dessinera scrupuleusement toutes les parties, en ayant soin d'indiquer par des points de repère les articulations. A côté de ce dessin individuel, on en fera un autre qui sera le canon de caractère, c'est-à-dire, le dessin fait avec les changemens que l'on a cru devoir opérer à l'aide de l'individu et à l'aide de l'archétype, changemens qui se font, avons-nous dit, à l'aide du canon général. Ce sera donc cette figure perfectionnée et amenée au caractère et à l'harmonie requise, que l'on mettra ensuite en action, en se servant de l'action ou de la pose donnée par l'orthographie prise sur l'individu, laquelle pose on saura ensuite perfectionner, ainsi qu'il sera expliqué dans le chapitre suivant. Mais c'est ici le lieu de n'agir que proportionnellement et de ne pas allonger ou grossir, accourcir ou maigrir à tâtons et sans suivre la marche proportionnelle qu'eût suivi la nature. (Voy. dans ce volume le chap. 232, pag. 118.)

Ajoutons, quoiqu'il semble inutile de donner ce conseil, que dans certains cas, et presque toujours, il sera bon, pour mieux compléter l'opération et pour mieux posséder cette figure, d'en faire dans l'état droit le profil, la face et le dos, en soignant davantage le côté sous lequel on doit représenter le personnage sur le tableau.

Les élèves qui auront suivi avec confiance notre théorie-pratique, trouveront là plus grande instruction et le plus grand plaisir dans le procédé que nous rappelons ici, surtout si cette orthographie ou cette mesure géométrale du modèle dans l'état droit est placée immédiatement et tout proche de celle sur laquelle on a dessiné l'orthographie de la pose ou de l'attitude. Cette confrontation de l'individu correctement et finement représenté droit, avec ce même individu représenté en mouvement dans la pose demandée, est un moyen aussi simple qu'excellent d'atteindre à la même vérité qu'ont obtenue les anciens.

Je dois dire de plus ici, bien que je l'aie indiqué ailleurs, qu'une suite de dessins géométraux, ainsi faits avec naïveté et finesse d'après des individus de tout caractère, de tout âge et des deux sexes, serait une source précieuse où le peintre puiserait de grandes leçons de dessin. Nous avons vu que l'étude de ces tables de proportions était familière à tous les artistes de l'antiquité, et que c'était cette étude qui instruisait les Polyclète, les Euphranor et les Parrhasius dans l'art d'adopter des mesures moyennes pour tel ou tel caractère divin, héroïque ou humain.

Indépendamment de cet immense avantage, l'exercice pratique de ces dessins pris à coup sûr d'après nature et exécutés avec un exact fini, habitue l'œil au sentiment naïf des formes. C'est en s'exerçant ainsi qu'on finit par éprouver le dégoût que doivent inspirer tous ces contours maniérés de tant de modernes, toutes ces formes de caprice et ridicules que des peintres ignorans ont étalées sur leurs figures, pour imposer en dédommagement de leur peu de savoir et de leur peu de moyens.

Malheur donc à l'artiste qui en présence de ces figures géométrales ne voit que des gaucheries ou des études étrangères à l'art libéral! Malheur à l'esprit superficiel qui, ne visant qu'au sentiment et ne voulant faire voir que du sentiment, rejette le positif et conçoit du dégoût pour les cotes, les mesures et les tables de proportions! Malheur enfin à celui qui ne comprend pas quel avantage et quel plaisir il doit trouver en répétant à coup sûr, par le moyen certain du compas courbe et de l'orthographie, tant de beaux modèles qu'il a souvent à sa disposition, sans qu'il sache en profiter par des dessins positifs, moyen enfin qui lui procure une collection promptement acquise des plus beaux individus.

Qu'ai-je besoin de dire encore que ce moyen est fort commode pour copier seulement une belle main, un beau bras, etc.? Il ne faut pas se contenter d'en rendre le trait, mais il faut le modeler par la justesse du clair-obscur, le colorer même par la justesse des teintes comparées orthographiquement avec le modèle, le peindre enfin par une touche excellente, en sorte que l'artiste, dégagé du soin d'exprimer le mouvement et les raccourcis très-composés, ne soit préoccupé que de l'exactitude de copie, ainsi que de l'embellissement du second dessin ou carton qu'il ne manque pas d'associer à l'image première et toute individuelle.

La grossièreté de quelques gravures représentant dans certains livres sur les proportions des figures dans cet état droit et géométral, ainsi que de celles qu'Albert-Durer a exécutées en bois, etc. ne doit point faire concevoir une idée fausse ou bornée de ce que serait une figure, telle que durent en produire chez les Grecs Parrhasius et Protogène, ou bien encore ce Callimaque dont l'exactitude trop austère lui attira des critiques méritées.

CHAPITRE 294.

DU MOYEN D'OBTENIR DANS L'ORTHOGRAPHIE LES PERFECTIONNEMENS OU CHANGEMENS QUE NÉCESSITE PARFOIS L'IMPERFECTION DES MODÈLES SOUS LE RAPPORT DE L'ATTITUDE ET DU MOUVEMENT.

J'ai cru qu'il importait de ne placer cette question qu'après celle que je viens de traiter. L'élève aura égard à cet ordre, parce que le changement ou la modification dans les proportions doit amener naturellement des conséquences relatives aux modifications du mouvement. C'est ainsi, par exemple, qu'un modèle rendu plus svelte dans l'orthographie fait désirer un mouvement plus animé, plus souple que celui qu'a donné l'individu trop court en quelques grandes parties. En effet, le volume étant changé, les angles et toute la silhouette ont dû éprouver déjà un changement, et ce changement doit guider l'artiste dans ses résolutions relativement à une modification du mouvement. Si au contraire on voulait d'abord changer le mouvement dans la première donnée orthographique, puis changer ensuite les proportions et les formes, il faudrait peut-être rechanger ensuite le mouvement. Ainsi voilà l'artiste averti sur l'ordre et la méthode à observer dans cette pratique du perfectionnement des figures voulues pour un tableau.

Je ne dois point parler ici du choix du meilleur mouvement, du choix de la meilleure pose, ni des différences qui sont offertes par la diversité des individus; tout cela a été dit. Cependant je ferai observer que l'art consistant autant dans le choix que dans l'imitation, il faut, pour faire ce choix, pouvoir multiplier suffisamment les comparaisons. Ainsi l'orthographie étant tracée d'après un premier choix, il s'agit d'améliorer, s'il se peut, cette même orthographie ou cette pose, et cela sans rien exagérer. Or, comme les modèles ne peuvent pas toujours et ne doivent même pas essayer de donner à l'artiste certaines souplesses, certains tours, certaines flexions ou lignes qu'ils ne sentent pas ou qu'ils ne sauraient produire sans effort, sans gaucherie ou mensonge, c'est à l'artiste à tenter ces modifications sur l'orthographie elle-même, pour ensuite, une fois ces améliorations étant adoptées, être extrêmement correct et sévèrement vrai dans la représentation.

Ici notre théorie explique pourquoi tant de peintres de l'antiquité étaient statuaires, et tant de statuaires étaient peintres. En effet, si le peintre vient aisément à bout de faire jouer des figures en les rendant mobiles dans ses graphies, tout aussi bien que le sculpteur, dont la terre molle se laisse mouvoir et permet qu'un membre s'abaisse, se lève, se tire en avant et de côté, ou se pousse en arrière à volonté, ces deux arts imitateurs n'en sont-ils pas un seul sous le rapport le plus important, celui de l'expression des mouvemens ? Or rien n'est si facile que de faire jouer les parties graphiques d'une figure élevée en géométral ou en orthographie. En effet, s'il s'agit seulement d'élever ou d'abaisser un bras, par exemple, sans le diriger à droite ou à gauche, en arrière ou en avant, il suffit de découper ce bras et de le faire jouer de haut en bas à son articulation. Et, quand on a choisi dans ce plus et ce moins, on détermine ce changement sur l'orthographie, dite dessin préparatoire ou carton. Il en est de même de la tête, des mains et de toutes les parties qu'on incline et qu'on redresse à volonté, en ayant égard aux points d'articulation. Un exercice de cinq minutes sur la figure découpée représentée (fig. 336) suffira pour faire sentir que ces changemens orthographiques sont conformes à la vérité de construction. Resterait à savoir s'ils sont bien choisis quant au possible, au convenable ou au beau. Mais, répétons-le, cette considération est étrangère à notre question. Voilà donc la figure qui prend plus de mouvement que n'en a donné l'individu, et tout autant qu'en eût donné un autre individu plus souple, plus animé, plus gracieux, plus expressif enfin dans ses poses.

S'agit-il de la tête ? On peut en essayer les diverses positions de droite et de gauche, exécutées sur des papiers séparés et superposés à l'orthographie, afin de juger quel sera le meilleur choix à faire. S'agit-il des inclinaisons en arrière ou en avant ? Ce même moyen offrira les mêmes épreuves. Quant aux inclinaisons ou penchemens de côté de ces mêmes papiers ou de ces mêmes têtes superposées, répétons que ce dernier changement ne dérangeant point les enfoncemens, n'obligera à aucune réduction linéaire. (Voyez ce que nous venons de dire au chapitre 292.) Enfin on transporte ou on calque le dessin de ces pièces rapportées, et on fixe ainsi sur le carton le mouvement de la tête.

Maintenant veut-on faire jouer de gauche à droite, ou de droite à gauche, un membre ou une portion quelconque de la figure ? Il est évident qu'il faut recourir à un moyen plus composé, mais très-facile : ce moyen, c'est le changement de position de cette même partie dans le plan. En effet, comme le plan exprime les points de largeur, c'est sur le plan qu'il faut changer la situation de ces largeurs, pour les faire remuer de droite ou de gauche à volonté. Ainsi, en supposant qu'on n'ait pas pris le plan ou l'ichnographie de toute la figure qu'on se propose de représenter et de modifier (et j'ai déjà dit qu'il est fort important de se le procurer. Voy. la manière de l'obtenir chap. 295 ci-après), il faut au moins avoir le plan particulier de la partie qu'on veut reporter de côté. Supposons donc (fig. 344) que l'on veuille représenter plus en avant ou plus en raccourci l'avant-bras AB, c'est-à-dire, le présenter à la vue, tel que AC (figure ponctuée) ; il faut abaisser des lignes de cet avant-bras, et, par les points de projection ichnographique de ces lignes, tracer sur un papier, à l'aide des enfoncemens pris sur l'orthographie, le plan de cet avant-bras AB ; puis on fera jouer ce plan de manière à ce qu'il se présente à la vue, tel que AC. Enfin on relèvera des lignes de ces points, pour avoir sur l'orthographie ce changement, auquel on ajoutera le changement survenu par conséquent dans les enfoncemens. De ces nouveaux points d'enfoncement résulteront aussi quelques déplacemens. Pour faire sur le plan ces mouvemens, on peut ou découper la partie elle-même, ou la calquer sur un autre papier et la faire jouer sur le plan jusqu'à ce qu'on en ait arrêté la situation.

Les choses ne se découvrent que peu à peu. J'avais donc imaginé d'abord, à propos du penchement des têtes, d'en découper des dessins séparés et de les pencher de gauche à droite selon l'expression; puis j'imaginai d'en faire autant pour les mains et les pieds ; enfin je pensai que rien ne serait si utile que de rendre mobiles aux points d'articulation toutes les parties de la figure orthographique et même les phalanges des doigts. Enfin les exercices que je ne cessais de faire avec une ardeur mêlée d'inquiétude et de curiosité, me firent imaginer que, si on rendait mobiles les mêmes parties dans le plan, on aurait atteint le but, qui est de mobiliser toute la figure provisoire et de rendre ainsi cette figure plus utile à l'artiste que les modèles vivans eux-mêmes.

Je laisse aux lecteurs méditatifs à réfléchir sur cette nouvelle pratique si simple, conséquence précieuse du principe plus précieux encore de toute cette théorie que nous tâchons de renouveler et d'exposer ici de notre mieux. Enfin, et malgré ce qui est à critiquer dans notre mode d'exposition, nous pouvons conclure que nous sommes parvenus à rendre la peinture l'égale de la sculpture sous le rapport de cette précieuse mobilité de toutes les parties de la figure humaine.

C'est ici le cas d'appliquer la belle leçon d'Albert-Durer, qui emploie une ingénieuse et antique pratique de géométrie, pour analyser et varier la construction d'un bras, d'un torse ou de toute autre partie. Mais je renvoie au chap. 296 de son livre.

En voilà assez pour ceux qui auront le louable désir d'étudier à fond leur art; il serait inutile d'en dire plus aux autres.

CHAPITRE 295

COMMENT ON OBTIENT LE PLAN OU L'ICHNOGRAPHIE DE TOUTE LA FIGURE.

Rappelons-nous bien ce que c'est que le plan. Le plan est le dessin des largeurs et des épaisseurs de l'objet; c'est la graphie de l'objet même, sauf ses hauteurs; c'est enfin l'objet vu en dessus de haut en bas et à pic; c'est, pour tout dire, la projection ichnographique ou par terre des points ou contours de cet objet. Pour former ce plan de toute la figure, il ne s'agit donc que de prendre sur le modèle ces épaisseurs et ces largeurs et de les reporter sur ce plan, en sorte qu'il n'est pas plus difficile de dessiner cette espèce de raccourci que tout autre raccourci, puisque cette graphie est réellement celle que l'on ferait orthographiquement d'une figure couchée à plat et vue dans son plus complet raccourci, graphie qui ne semblerait point étrange. Enfin il s'agit d'une orthographie prise de haut en bas, ou, si l'on veut, de bas en haut, car ce dessin doit donner l'idée d'un corps transparent, à travers lequel on distinguerait ce qui est intérieur, éloigné et recouvert par ce qui est proche.

Le plan fait voir de combien est saillant ou épais un corps, et de combien il est large, mais non de combien il est haut. Le profil fait voir, outre l'épaisseur, de combien sont hautes les parties; mais il nous laisse ignorer de combien elles sont larges. Quant à la face, elle nous montre la largeur et la hauteur, mais non la profondeur ou épaisseur. Ainsi ces trois représentations, le profil, la face et le plan, sont aussi nécessaires l'une que l'autre, chacune d'elles ne nous faisant connaître que deux conditions géométriques de l'objet.

Un peintre superficiel objectera que, si on a l'objet lui-même à sa disposition, on pourra, en le mesurant sur la face orthographique et en prenant les mesures des enfoncemens, en avoir une exacte représentation, sans faire pour cela le plan de cette figure perspective. Mais, si ces moyens sont suffisans, au sujet du dessin de certains objets simples, réguliers et qui ne sont point susceptibles de mouvement ou de dispositions particulières, ils ne le sont pas pour les objets qu'on peut varier et qu'il faut même soumettre à différens mouvemens, à différentes situations et positions, selon les besoins du beau. Or, pour pouvoir changer un objet et la construction de quelques parties d'un objet, il faut connaître cet objet, il faut obtenir l'analyse graphique de sa construction et toutes ses mesures et proportions véritables ; et sans le plan il est impossible de parvenir à ce but.

Je dirai plus : si un profil, une face et un plan sont suffisans pour représenter dans certains cas certains objets, ils ne le sont pas pour le représenter d'une manière digne d'un maître qui peut vouloir changer ou perfectionner ces objets selon sa volonté. Un profil géométral ne nous fait pas toujours voir comment est située et posée la partie raccourcie de ce profil ; il en est de même de la face et du plan, en sorte que par ces seuls moyens nous ne possédons pas encore graphiquement et complètement l'objet, nous n'en avons que quelques mesures, puisque sur cette face, ce plan et ce profil il peut y avoir des positions et des raccourcis, dont rien ne nous indique l'analyse ou le développement. Je fais cette observation pour convaincre qu'il faut au moins le plan des figures vivantes, puisqu'il faut même plus que ce plan.

Après ces premières considérations, disons quelque chose sur le procédé qu'il convient d'adopter pour construire le plan de toute une figure.

Je suppose donc que la toile noire et luisante demeure derrière la figure, ensorte qu'avec la baguette orthographique on puisse s'assurer des largeurs géométrales ou orthographiques, opération que facilite l'emploi des compas courbes. Il s'agit de reporter ces largeurs sur le plan. On trace donc une croix sur le terrein même, et on la répète sur le dessin. La ligne horizontale de cette croix doit être située à la même distance de la toile noire, tant sur le terrein que sur le dessin, en sorte que les enfoncemens soient sur le dessin dans les mêmes rapports que dans le modèle.

On comprend assez que les élèves doivent s'exercer d'abord sur des figures en plâtre et d'un choix convenable, c'est-à-dire, sur des figures un peu penchées, de manière que le plan qu'elles offrent ne soit pas composé de courbes placées justement les unes au-dessus des autres, mais bien distantes suffisamment entr'elles, et assez débrouillées pour que l'on puisse suivre successivement les parties.

Pour prendre les épaisseurs ou enfoncemens, ou profondeurs, ainsi qu'on voudra les nommer, il importe que la toile noire demeure bien verticale et assez fortement tendue, afin qu'elle ne cède point au compas ou à tout autre instrument qui la touchera pour mesurer ces enfoncemens. Enfin des fils d'aplomb, de grandes équerres, des niveaux, tous les moyens que suggérera l'industrie, selon les cas, sont efficaces si l'on parvient au dessin exact de ces mesures, de ces largeurs et de ces profondeurs sur le plan.

Un plan ainsi exécuté fait connaître des mouvemens, des positions et emplacemens dont on n'aurait jamais eu l'idée sans ce moyen. Il importe à l'élève de perfectionner ces dessins, de les terminer avec une exactitude scrupuleuse, et de les rendre sensibles par un accent expressif et vrai.

Il y a des cas où il est utile de diviser par coupes tout le plan d'une figure; on peut faire la tête seule, la découper et la faire pivoter au moyen d'une épingle fichée debout. Il en est de même de la poitrine, des hanches, des pieds et des mains, selon la pose de la figure qu'on étudie. On pourra aussi colorer diversement ces parties, en sorte qu'on distinguerait la face, la chevelure, les pieds et les mains. Les papiers peuvent être transparens, etc., etc.; mais toutes ces précautions, il faut le dire aussi, sont fort inutiles au dessinateur qui s'est exercé quelquefois seulement sur ces graphies, et il lui est aussi facile de distinguer et de suivre les parties du plan de toute une figure, que les traits d'une seule partie raccourcie dans une figure.

Je termine en disant (et cela est facile à imaginer) que, s'il s'agit d'une figure couchée, telle que l'hermaphrodite antique, par exemple, c'est le plan ou l'ichnographie qu'on doit d'abord obtenir avant l'orthographie. En effet, le plus grand nombre de données faciles à saisir par le trait sont offertes de haut en bas. Dans ce cas donc, le plan est l'opération première et principale, bien qu'on puisse commencer, si on le veut, comme pour les figures debout, par prendre l'orthographie du profil ou de la hauteur.

CHAPITRE 296.

DU MOYEN DE REPRÉSENTER LA FIGURE SUR LE TABLEAU PERSPECTIF, EN EMPLOYANT L'ICHNOGRAPHIE ET L'ORTHOGRAPHIE.

Nous assignons un chapitre à cette question, pour l'ordre de notre théorie, et quoique nous n'ayons rien à exposer de nouveau relativement à ce procédé pratique de perspective; en effet il a été expliqué et démontré ailleurs et en particulier dans le chapitre où il s'agit de l'échelle scénographique. Cette question porte donc sur la représentation d'une figure dont on a déterminé et voulu l'aspect, en sorte qu'il y aurait quelques réflexions à faire à ce sujet. Mais nous n'appliquerons ces réflexions qu'à l'image de la tête seulement.

Cependant, et avant tout, une observation générale est à exposer ici. C'est qu'il serait bon de marquer sur le modèle même en certains endroits importans la place des points orthographiques et celle des points scénographiques. A l'aide de ce moyen, l'artiste raisonnerait mieux l'effet de la convergence des rayons devenus scénographiques, et il aurait une idée plus nette des deux manières de regarder l'objet et de le dessiner, soit scénographiquement, soit orthographiquement. Dans certains exercices il sera bon aussi de laisser subsister faiblement sur le dessin le trait orthographique, afin qu'on puisse l'apercevoir à travers le trait scénographique. La pratique de ces procédés rendra capable de discerner, en voyant un trait orthographique ou géométral, quel changement ce trait devra éprouver, quand il aura subi la réduction que prescriront les degrés d'enfoncemens. D'ailleurs par ce moyen on saura mieux juger si telle ou telle pose orthographique pourra convenir au tableau, lorsqu'elle y deviendra perspective.

Quant au moyen de retrouver dans l'élévation de la tête le même aspect exactement que celui qui a été adopté dans l'esquisse, voici ce que prescrit l'expérience.

Dans un aspect de trois quarts la côte du nez couvre à tel ou tel degré l'œil fuyant : or en dirigeant dans le plan une règle qui passera et par ce même point de la côte du nez, lequel point couvre et cache l'œil fuyant, et par le point qui sur l'œil est couvert par la côte du nez, la ligne donnée par cette règle ainsi située sera dans la vraie direction; on placera donc la croix ou la ligne fuyante parallèlement à cette règle ou à cette ligne; par ce moyen le trois quarts voulu sera reproduit sur l'élévation. Au reste, comme les formes des têtes amènent des cas différens, c'est en essayant quelques points sur l'élévation qu'on apercevra aisément s'il convient de diriger la règle plus ou moins obliquement; et comme presque toujours l'esquisse est fausse dans le trois quarts projeté, cette épreuve sert à déterminer précisément le choix d'aspect qu'il convient d'adopter.

Il ne sera pas inutile de placer de plus ici l'observation suivante. Il s'agit de la diminution exacte que fait obtenir l'opération scénographique par rapport à la dimension de la toile ou du cadre, c'est-à-dire que, comme il est difficile de prévoir précisément la dimension qu'occuperont tous les objets ou même un objet seul du tableau, il convient de ne pas adopter une toile quelconque, pour y placer le trait des objets, mais d'attendre que les opérations scénographiques soient faites sur un carton ou sur une toile de dimension indéfinie, sur laquelle on taille ensuite et on trace la dimension définitive du tableau. Sans cette précaution on court risque de se repentir d'avoir commencé l'ouvrage sur une toile trop grande ou trop petite.

CHAPITRE 297.

DE LA RÉUNION DE PLUSIEURS OBJETS OU FIGURES DANS LE PLAN DESTINÉ AU TABLEAU PERSPECTIF.

Comment le peintre prétendrait-il parvenir à une juste réduction des dimensions, des tons et des teintes géométriques, s'il ignore ou s'il ne connaît pas très-positivement les places ou situations respectives, les enfoncemens dans le tableau ou dans le site, les obliquités enfin, soit au jour, soit par rapport au spectateur, de chaque figure ou objet composant le tableau? Comment pourra-t-il vérifier et corriger sa composition, disposer convenablement et en rapport les uns avec les autres les objets ou les figures, s'il ne les a pas situés tous dans un plan général, à l'aide duquel il pourra les avancer, les reculer, les tourner à volonté? Sans ce plan, il travaillerait donc en aveugle et avec une témérité qui serait la source de mille faussetés et de mille gaucheries. Ainsi le plan total de la composition est indispensable; toute personne un peu clairvoyante et réfléchie le sentira.

Nous avons réuni plusieurs exercices de perspective dans le chapitre 308. Ce sera en expliquant la manière de procéder dans ces divers exercices que nous expliquerons par conséquent de quelle manière on peut composer de plusieurs objets un plan, et comment on doit user de ce plan pour le tableau perspectif. Nous n'ajouterons donc rien ici au sujet de cette question assez nouvelle et peu éclaircie dans les traités.

CHAPITRE 298.

DE CE QUI EST RELATIF A L'ORTHOGRAPHIE DES OBJETS SITUÉS SUR LES COTÉS OU AUX EXTRÉMITÉS DU TABLEAU.

Les objets naturels situés derrière le cadre vers les extrémités latérales du tableau, se présentent au spectateur obliquement plus ou moins, selon que la distance de laquelle il regarde est plus ou moins courte. Il en résulte par rapport à l'orthographie qu'on voudrait prendre de ces objets naturels, que les points obtenus par des projections droites et perpendiculaires sur la toile, se trouveraient déplacés de beaucoup, lorsqu'on les convertirait en points scénographiques par le moyen de rayons convergens vers ce point trop proche de distance. Pour obvier à cet inconvénient, il ne s'agit que de placer la toile noire luisante perpendiculaire sur le rayon visuel ou principal venant de l'objet à l'œil du spectateur. Par ce moyen la projection orthographique sera fort peu différente de la projection scénographique.

Exemple. La figure 346 représente le plan des objets. A C B sont ces objets, DD est le tableau, E l'œil du regardant. Si, pour dessiner orthographiquement l'objet A, on dirige derrière lui la toile orthographique parallèlement au tableau et telle que FG, on aura les points de contour *a b* projetant les deux rayons orthographiques *aa bb*. Si ensuite on veut faire converger ces rayons scénographiquement en E, il en résultera un déplacement trop sensible, car *a* ne sera plus aperçu, et l'autre point de contour ne sera plus *b*, mais bien *c*. Il en sera de même si on fait cette opération sur la figure B. Mais si au lieu de placer la toile orthographiquement ou obliquement au spectateur, on la place en IJ parallèlement au spectateur E, et qu'on obtienne les projections orthographiques *dd*, *cc*, etc. les points *d* et *c* ne se déplaceront presque point lorsqu'ils deviendront scénographiques et qu'ils convergeront en E, place de l'œil du regardant.

CHAPITRE 299.

COMMENT IL FAUT OPÉRER, LORSQUE LE LOCAL OU EST FIXÉE LA PEINTURE EST TROP RESSERRÉ, ET QUE LE SPECTATEUR, FORCÉ DE CONSIDÉRER L'IMAGE D'UNE DISTANCE TROP COURTE, VOIT EN RACCOURCI LES EXTRÉMITÉS DE LA TOILE OU DU MUR QUI REÇOIT CETTE PEINTURE.

Un géomètre rigoureux et peu disposé à faire des concessions à la peinture, décidera que, dans le cas où le spectateur est forcé de rester trop proche de la surface peinte, il faut qu'on tienne compte du raccourci sous lequel se présentent à sa vue les extrémités de cette surface, et qu'ainsi, si à ces extrémités se trouvent figurées, par exemple, des colonnes, il faut qu'on élargisse ces colonnes, qu'on en fortifie les couleurs, qu'on en force la touche, etc. Mais il est permis au peintre d'hésiter avant de prendre de semblables résolutions, car, si le spectateur n'est pas enchaîné à un point fixe, et, s'il peut se transporter de gauche et de droite, il éprouvera, bien qu'il ne puisse reculer faute d'espace, il éprouvera, dis-je, successivement les effets de la non-obliquité et de l'obliquité. Déterminons bien le point mathématique de cette question.

Quoique la distance exigée pour bien voir d'une seule vision tous les objets d'un tableau, soit assez grande, étant telle que nous l'avons prescrite, cependant le rayon qui, de l'objet imité et situé au milieu du tableau, arrive jusqu'à notre œil placé à cette distance, est moins long que le rayon qui vient de l'objet situé de côté sur la toile, et cela prouve l'obliquité qui a lieu dans la manière dont certaines parties extrêmes du tableau se présentent à notre vue, en sorte que nous voyons toujours un peu de biais la partie de la toile qui n'est pas en face de nous. Si donc la toile est sur certains points placée de biais par rapport à notre œil, il faut que les contours qui représentent sur le tableau ces mêmes points, soient un peu déplacés et écartés, pour qu'ils paraissent réguliers et justes à l'aide de cette exagération, puisque vus de biais, ils paraîtront resserrés et en raccourci. Ainsi, si l'on trace sur la toile un cercle d'un pied de diamètre, ce trait sera rond; mais, si, pour le voir, on se place de côté, ce cercle paraîtra ovale.

Or, comme nous sommes un peu de côté pour voir les parties de la toile qui s'éloignent de notre œil, il faut que la représentation faite sur les parties de cette toile raccourcies à notre vue, sauve et détruise ces raccourcis en nous donnant toujours la vraie hauteur et la largeur proportionnée de l'image modèle.

On conçoit dès à présent que, si l'on avait l'œil trop près de cette toile, les raccourcis seraient très-considérables, et voilà pourquoi les géomètres prouvent, comme je l'ai déjà dit, que la représentation d'une boule ne doit pas être ronde, parce qu'en supposant l'œil très-rapproché de cette représentation, les contours de chaque côté sembleraient se resserrer et donneraient la sensation d'un ovale posé debout; en conséquence il faut que l'image soit un ovale penché, pour que la sensation de cet ovale vu de très-près soit celle d'une sphère tout à fait ronde.

Enfin, si un peintre était obligé de représenter une colonnade sur un grand mur et dans une chambre qui n'offrirait pas de reculée pour le regardant, il faudrait qu'il tînt compte des raccourcis du mur, et qu'en conséquence les colonnes et les entre-colonnemens fussent figurés élargis, puisqu'au point de vue fixé ils paraîtront se resserrer. De même il faudrait que les bruns et les clairs fussent plus forts et les couleurs plus énergiques, pour qu'ils parussent les uns et les autres remontés au degré semblable à celui qui aurait lieu, si la surface était vue en face et sans être affaiblie par l'obliquité. Toutes ces observations très-simples sont fondées, il est vrai, sur les mathématiques, mais elles ne doivent avoir qu'une certaine valeur aux yeux du peintre.

Si donc un artiste n'était pas muni d'une bonne définition de son art, les raisonnemens des géomètres dans ce cas pourraient le jeter dans un grand embarras ; mais celui qui comprend très-bien que, quoique la vérité soit un des moyens de la peinture, l'illusion n'est pas le but de cet art libéral, n'usera pas de ces raisonnemens contre son art, mais bien au profit de son art. Ainsi, malgré le résultat optique qui peut altérer la forme apparente sous certains points de vue, comme ces points de vue ne sont pas permanens, il ne s'avisera pas de déformer en effet son image, par la raison que sous certains aspects, elle se déforme mathématiquement. La raison est pour quelque chose dans la contemplation d'une peinture : il ne faut pas plus blesser l'esprit que la vision. Or des colonnes élargies et dont les entre-colonnemens paraîtraient hors de symétrie, seraient aussi choquantes que l'image graphique d'un ovale pour représenter une sphère.

Ainsi c'est à l'industrie artistique à imaginer d'autres combinaisons dans de tels cas. Ne peut-on pas, par exemple, diviser en plusieurs compartimens ces décorations, et atténuer ainsi, par de petits espaces, les raccourcissemens qui résultent de l'obliquité ? Ne peut-on pas choisir, pour l'imitation, des objets dont la forme ne soit pas absolument régulière ? Enfin, si, pour l'ordre de notre théorie, il convenait de mettre en avant cette question d'optique, il ne faut pas, nous venons de le faire remarquer, lui donner plus d'importance qu'elle n'en mérite.

Au surplus, nous devons faire observer que cet effet optique a lieu au sujet des grands tableaux, qui ne sont pas toujours vus et examinés à la distance prescrite pour le spectateur, et qu'il en résulte seulement que celui-ci regrette de n'avoir pas assez d'espace pour bien juger de l'effet général, mais qu'il n'attribue jamais à l'ouvrage ce qui est l'effet de la trop courte distance où il se trouve restreint pour voir cet ouvrage.

CHAPITRE 300.

DES REPRÉSENTATIONS COLOSSALES.

Lorsque le peintre, pour les raisons que nous avons examinées (chap. 167), est déterminé à opérer par une représentation colossale ou semi-colossale, il doit bien comprendre la question d'optique ou de perspective qui se rapporte à cette question (voy. chap. 271), et considérer, en opérant, si son but est de représenter des personnages de stature colossale, ou si son but est d'exprimer par la grandeur de l'image que l'objet est en avant du cadre et qu'il n'est que d'une dimension ordinaire. Ce dernier choix convient pour des images placées dans des lieux très-vastes et dont l'apparence est fort diminuée par l'effet de la grande distance; mais nous n'avons à considérer dans ce chapitre-ci, que ce qui concerne la délinéation du contour de ces figures, car le fond de la question a déjà été traité. Nous devons faire observer aussi que, pour ce qui concerne l'exagération de ton et de teinte de semblables images, nous en parlerons aux chapitres 435 et 517, et qu'il sera fait mention aussi de l'exagération de la touche dans ce même cas au chap. 531. Ainsi, il nous reste uniquement à parler de l'espèce de délinéation ou de contour que comporte l'exagération de l'image censée en avant du cadre et vue de fort loin.

Cette question est assez délicate, en ce qu'elle devient une affaire de sentiment, et qu'elle dépend d'ailleurs de l'espèce de lieu et d'air dont l'effet atténue plus ou moins l'énergie des contours et le caractère d'évidence des traits de circonscription. La perspective prescrit donc une augmentation proportionnelle, et rien de plus. Les petites courbes doivent s'agrandir, comme les plus grandes courbes, mais dans les mêmes rapports. Cependant il faut considérer en particulier que l'objet qui est représenté ou feint plus près du spectateur que n'est réellement la peinture ou l'image, serait plus vu, dans ce cas, qu'il ne le serait s'il était en effet dans le cadre, et qu'étant plus proche et plus vu, les détails des contours se doivent manifester et se prononcer davantage.

Dans les grandes fresques de Michel-Ange, on croit reconnaître cette exagération de délinéation et ce caractère ressenti dans les traits des figures qui sont semi-colossales. Cependant ce ressenti, ce détaillé arrêté et très-accusé pouvant devenir manière et affectation, la théorie ne peut guère être précise sur un tel point, d'autant plus que la force de la vue de chacun n'est pas la même. Cette question est donc tout à fait subordonnée au sentiment et au jugement de l'artiste, et il serait superflu de s'expliquer ici davantage. Je finis en rappelant ce que dit Léonard de Vinci, que « les contours des corps se perdent plus loin » que les masses. » (Voyez au surplus les chap. 305 et 307 dans ce sixième volume.)

CHAPITRE 301.

COMMENT IL FAUT OPÉRER, QUAND LA FIGURE ORTHOGRAPHIQUE EST LE RÉSULTAT OBTENU D'APRÈS UN INDIVIDU TROP PETIT OU TROP GRAND.

Comme ce cas a toujours lieu, il m'a semblé nécessaire de le rappeler ici pour l'ordre de nos questions. Quant au moyen de parer à cet inconvénient, il n'y en a pas de plus simple et de plus aisé à imaginer que celui des échelles proportionnelles d'augmention ou de réduction. Disons de plus qu'il semble convenable de faire tous les changemens sur l'orthographie, avant de l'agrandir ou de la rapetisser, parce qu'en procédant ainsi on opère immédiatement d'après nature. On ne perfectionnera donc la figure du tableau que d'après les perfectionnemens opérés sur l'orthographie, quelle que soit la dimension de celle-ci.

CHAPITRE 302.

DE LA RÉFLEXION DES OBJETS PAR L'EAU OU PAR LES CORPS POLIS.

La réflexion des objets par les corps polis est aperçue, lorsque l'angle que forme la ligne d'incidence de l'objet sur le corps réfléchissant, est égal à l'angle que forme la ligne de réflexion vers l'œil du spectateur.

Cette apparence a lieu soit que le corps poli se trouve situé au-dessous ou au-dessus de l'objet, soit qu'il se trouve situé de côté, à droite ou à gauche. Parlons d'abord de la réflexion au-dessous de l'objet, tel est l'effet d'une eau tranquille et limpide.

Soit donc le tableau perspectif (fig. 347) sur lequel il s'agisse de représenter les réflexions dans l'eau. Il faut, pour y parvenir, considérer le corps réfléchi comme devant être répété dans l'eau avec ses largeurs perspectives, telles qu'elles ont été obtenues et figurées sur le tableau perspectif. Ainsi on abaissera par des perpendiculaires sur la base du tableau ces points de largeur (ici nous opérons sur l'arcade du pont). Ainsi le point A, clef de la voûte, sera descendu en A sur la ligne de base; le point B le sera aussi, et ainsi des autres qu'on voudra prendre.

Ces largeurs étant répétées et obtenues sur la base du tableau ou en bas du cadre, il s'agit de trouver les hauteurs : pour cela il faut rapporter sur cette même base la hauteur véritable de l'objet, hauteur réelle et connue, puisqu'on a été obligé de la coter à part pour construire la représentation perspective de l'objet. Cette hauteur A' (fig. 348) étant prise au compas, on la renversera de A ligne de base en A', puis on prendra perpendiculairement de ce point extrême A' la distance jusqu'à la ligne du point de vue en D; ce sera cette distance A'D qui, étant réduite sur l'échelle perspective selon l'enfoncement du même point A de l'arcade, exprimera le même point *a* réfléchi dans l'eau. On prendra de même les autres points des objets, pour en obtenir la réflexion. Quant au plan général de ce pont (fig. 349), de cette goutière, etc., nous apprendrons, au chapitre 308, à le construire : on renvoie donc les élèves à ce chapitre, cette question de la réflexion ayant dû, pour l'ordre de notre livre, être traitée ici et avant celle des divers exercices.

On conçoit que s'il s'agissait de la réflexion des objets sur un plafond, le principe étant le même, il faudrait employer une opération analogue.

Passons à l'autre cas, c'est-à-dire, au cas où l'objet est miré dans une glace qui, par exemple, est située de biais. Soit donc la glace A et le fauteuil B (fig. 350). Ce tableau a été obtenu à l'aide du plan (fig. 351) et des hauteurs ou profils (fig. 352). Il s'agit de s'assurer si l'objet peut être miré, toutes les choses étant dans cette situation : cette vérification se fait sur le plan. Ainsi, pour savoir si le fauteuil et la glace sont convenablement situés pour produire cette réflexion, l'œil étant en C, il faut d'abord faire l'opération suivante : elle consiste à tirer de l'œil C deux lignes, dont l'une passera en O, extrémité de la glace, et l'autre en E, autre extrémité; tout objet situé dans ce triangle sera nécessairement réfléchi à l'œil C. Comme il s'agit d'un renversement, examinons si en renversant en F l'objet, qui ici est le plan du fauteuil B, il serait contenu dans ce triangle. Or nous voyons qu'il y serait contenu, ce qui nous prouve que la réflexion demandée doit avoir lieu, les objets étant ainsi respectivement disposés. Cette vérification étant faite, il s'agit d'obtenir dans le plan les points que ce fauteuil projette sur la glace; ainsi 1, 2, 3, 4 sont quelques-uns des points mirés : il faut les concevoir comme des points qu'on aurait apposés ou peints sur la glace même, et qu'il faut ensuite reporter sur le tableau perspectif; pour cela on prendra, comme pour tout autre objet, leur écartement de la ligne fuyante ZZ, et, à l'aide de l'échelle et des hauteurs de ce fauteuil exprimées déjà perspectivement, c'est-à-dire, réduites sur le tableau perspectif, nous aurons son image telle qu'elle doit se présenter par réflexion dans cette glace.

On aperçoit que, dans ce deuxième cas, c'est la largeur qui est à trouver, la hauteur étant répétée d'après la hauteur perspective et déjà trouvée de l'objet miré; et que, dans le premier cas, c'est la hauteur qui est à trouver, la largeur étant obtenue et pouvant être prise sur le tableau perspectif.

CHAPITRE 303.

DES PROCÉDÉS THÉORIQUES ET PRATIQUES QU'IL CONVIENT D'EMPLOYER, QUAND ON DESSINE A VUE.

Aucun élève ne doit dessiner à vue, s'il ne sait ce que c'est que la perspective. Tout exercice fait à vue, sans la connaissance des principes fondamentaux et généraux de la perspective, est inutile et même nuisible; en effet, un semblable exercice fait contracter des habitudes optiques vicieuses, et accoutume à des raisonnemens faux sur la vision et sur la graphie. La première proposition que j'ai à émettre pour démontrer cette assertion, c'est que le plus souvent le peintre ne doit pas dessiner comme il voit. Il faut rendre sensible cette proposition ou cette vérité, qui choquera tous ceux qui croient avoir assez de deux yeux perçans et justes, et d'une main adroite, pour devenir habiles dans l'art de la graphie. Cependant la graphie est une science : il faut plus que de la justesse pour posséder cette science, il faut la connaissance même de cette science.

Passons à une démonstration figurée. AB (fig. 353) est l'objet, C le spectateur, DD le tableau ou la vitre. Si le tableau était grand comme l'objet, et tel que EE, tous les points de division seraient à un égal écartement, ainsi que le sont ceux qui sont marqués sur la colonne ou l'objet. Si le tableau est plus petit que l'objet et tel qu'est DD, les espaces de ces divisions doivent rester encore régulièrement les mêmes ; il en sera de même, s'il est encore plus petit et tel que FF. Cependant l'œil du spectateur étant plus éloigné du sommet de cette colonne que de sa base, ce sommet doit lui sembler plus petit ; c'est ce qui a lieu en effet, et c'est cette diminution qu'il devrait répéter, si son tableau devait rester incliné tel que GG, ou plutôt, courbé tel que HH. Mais, comme son tableau doit rester vertical, le spectateur, en le considérant, voit en raccourci la partie supérieure, en sorte que ces divisions du haut de la colonne lui semblent sur le tableau, comme dans la nature, plus rapprochées l'une de l'autre. Si donc le peintre avait exprimé sur son dessin ces diminutions telles qu'il les voyait ou qu'il en avait la sensation, il aurait fait une seconde ou une double diminution, et l'image n'eût pas été correcte ni vraie. On ne doit donc pas toujours dessiner comme on voit.

Lorsque les peintres dessinent sur des voûtes, sur des surfaces irrégulières, ils ne dessinent pas comme ils voient, c'est-à-dire qu'ils ne répètent pas sur ces surfaces les rapports des mesures des objets, tels que ces rapports ont apparu à leur vue, mais ils les dessinent tels qu'ils doivent être dessinés. On peut donc avancer que les professeurs qui disent aux élèves de dessiner comme ils voient et de copier ce qu'ils ont vu, et que les élèves qui s'excusent en disant qu'ils ont fait ce qu'ils ont vu et comme ils ont vu, ne disent ni les uns ni les autres ce qu'ils devraient dire.

Une raison qui fait que fort souvent on ne doit pas dessiner comme on voit, c'est que l'on est ordinairement placé trop près, trop au-dessous, ou trop au-dessus du modèle, en sorte que, tel qui ferait comme il voit, ne ferait que des monstres. Tous les habiles dessinateurs en travaillant, soit d'après le modèle, soit d'après des statues, ne copient point ce qu'ils voient, c'est-à-dire, ne répètent point sur le papier la sensation optique qu'ils reçoivent. La plupart des estampes gravées d'après des statues de toute dimension, font voir les pieds de ces statues placés dans ces estampes, comme s'ils avaient été tous vus de la même hauteur et du même éloignement. Cependant les grandes statues, montées sur de hauts piédestaux, n'ont pas été vues sous le même angle visuel que les petites. Les habiles dessinateurs ont donc cru devoir supposer et adopter un autre point de vue que le point où était réellement leur œil, et ils ont bien fait, en sorte qu'ils n'ont point dessiné comme ils voyaient.

Quand une tête vivante se déplace, ou qu'on s'est déplacé soi-même, recommence-t-on le dessin de cette tête? Non; on le continue; en ne copiant pas ce qu'on voit, mais en supposant le même point de vue qu'on a perdu momentanément. Si, quand on dessine un cheval dans une petite écurie, on le dessinait comme on le voit, quelle image monstrueuse ne produirait-on pas!

Il faut donc tout en exerçant la vue des élèves, ne pas les faire opérer sans qu'ils sachent ce qu'ils font. Mais quelquefois les maîtres ignorent eux-mêmes ces règles, ou ils se refusent à les communiquer à leurs disciples. Ainsi on ne doit dessiner comme on voit, que lorsqu'on est placé au point de distance et de hauteur convenable, et encore est-il à remarquer que, si l'on se sert d'un seul œil alternativement, on est fort embarrassé de les satisfaire l'un et l'autre. En effet, on ne peut en satisfaire qu'un seul, puisqu'on ne fait qu'une seule image; on pourrait donc dire encore à ce sujet que le peintre ne doit pas dessiner comme il voit à l'aide de ses deux yeux, mais bien comme il voit par l'un des deux seulement.

Avant de parler des moyens pratiques et mécaniques propres à aider dans la graphie des objets naturels, disons un mot sur le moyen de procéder dans la division optique des parties principales d'un tout. Supposons donc qu'on ait à copier une ligne divisée et posée ainsi que la ligne ou statue AB (fig. 354), et que pour répéter ces divisions on commence par répéter la division du haut 1 2, que l'on juge être, sur la copie, semblable à la même division de l'original (voyez la copie en petit, ligne CD), et qu'ensuite on continue de procéder en joignant bout à bout les divisions 2 3, 3 4, 4 5, etc. On conçoit qu'il faudrait un coup-d'œil bien heureux pour que, dans la copie faite à vue, toutes les parties ou divisions de l'image CD se trouvassent être égales à ces parties ou divisions de l'original AB. Cet exemple démontre évidemment que cette manière de diviser est trop incertaine, et qu'il en faut adopter une plus sûre. Ainsi, pour bien procéder, il est nécessaire de chercher d'abord la moitié du tout, qui est ici au n° 5; puis la moitié de cette moitié, n°s 3 et 7, et enfin les subdivisions de ces quatre principales divisions. Par ce moyen on ne court pas le risque de se tromper grossièrement, ni de se trouver quelquefois manquer d'espace ou d'en avoir trop sur le papier. C'est au sujet de cette manière de procéder qu'A. Bosse disait : « Quand » un maître s'aperçoit que l'élève n'a pas de place dans » son papier pour ajouter les pieds à la figure qu'il a commencée par la tête et sans méthode, il lui donne pour » tout conseil de faire son ensemble plus petit. »

Maintenant examinons les moyens pratiques que les dessinateurs ont à leur disposition. Le plus sûr et le plus simple est sans contredit la vitre; car un tableau peut être comparé à une vitre sur laquelle les couleurs viennent se fixer en se dirigeant de l'objet vers l'œil : nous allons faire au chapitre suivant une leçon particulière de ce moyen de la vitre. Un procédé analogue c'est de placer la main, munie d'une très-petite baguette, là où est censée la vitre, et de mesurer combien telle ou telle portion de l'objet occupe optiquement d'espace sur cette baguette. On placera donc l'ongle du pouce (ou un anneau noir montant et baissant à volonté) là où arrive sur la baguette cette mesure apparente de l'objet, et on reportera cette mesure comparative sur le papier, en plaçant cette baguette soit verticalement, soit horizontalement, mais toujours à la même distance de l'œil, et par conséquent de l'objet : c'est comme si l'on mesurait avec cette baguette les places ou les points où apparaissent sur la vitre ces mêmes points ou objets. Ainsi une vitre même, fixée verticalement, servirait avantageusement d'appui à la main et à cette petite baguette qui devrait être souple, afin d'être appuyée ou appliquée toujours parallèlement à la vitre. Plusieurs peintres emploient leur porte-crayon à cette fin : la forme du porte-crayon est peu favorable à cette opération. On conçoit qu'une mesure de l'objet étant prise avec justesse et marquée sur cette petite baguette, il conviendra de comparer à cette mesure une autre mesure de l'objet, soit de largeur, soit de hauteur, et qu'ainsi on peut connaître tous les rapports d'étendue apparente de l'objet. Mais il importe de maintenir l'œil toujours à la même distance, et pour cela une pinnule serait très-utile.

Un autre procédé pratique régulier, c'est de composer de deux branches articulées cette petite baguette souple, afin d'ouvrir des angles selon l'ouverture des angles optiques ou perspectifs des objets. Les menuisiers ont une équerre dont l'ouverture est mobile, pour prendre la mesure des angles ou des coins, auxquels ils veulent adapter une tablette, par exemple, et au moyen de cet instrument, qu'ils nomment fausse-équerre, l'encoignure qui s'adapte est tout à fait semblable au coin qui la reçoit : pourquoi les peintres n'useraient-ils pas de ce moyen mécanique si simple de répéter les angles ?

Mais puisque nous considérons les angles, ne serait-il pas fort utile aussi d'adapter à la vitre un rapporteur transparent sur lequel les degrés des angles seraient tracés, de sorte qu'on pût à l'aide d'un autre rapporteur les transporter sur le dessin ? Cette méthode ferait acquérir le sentiment des degrés de la circonférence du cercle, et serait d'un grand secours en bien des cas. En effet, si à la simple vue et sans instrumens un peintre pouvait déterminer de combien de degrés est, par exemple, l'angle que le pied porté en dehors forme perspectivement, soit avec le terrain, soit avec la jambe; quels angles forment entre elles les principales lignes composant la forme de la tête, et surtout les deux grandes lignes de l'angle facial du profil du bout du nez au menton, et du bout du nez à la sommité du front, etc., ce sentiment des angles serait, dis-je, d'un grand secours pour l'artiste, qui, au reste, doit toujours baser sa graphie et son sentiment graphique sur la géométrie.

Toutes les formes sont donc sensibles par des angles dont les degrés sont reconnaissables. Dans les courbes mêmes on peut supposer des lignes droites, dont les angles sont mesurables. On peut dire qu'un plan, ou deux surfaces vues géométralement et orthographiquement, ou géométriquement, composent un angle de tant de degrés; que les mêmes surfaces vues scénographiquement ou perspectivement composent un autre angle de tant de degrés. Ainsi toutes les formes de la nature peuvent se rapporter à des angles, et toutes les lignes sont mesurables par ce moyen.

Une autre pratique encore, c'est d'interposer entre l'objet et l'œil deux fils tendus en croix et fixés sur un chassis. On répète sur le dessin cette croix, et avec ce guide on ne saurait s'égarer. (V. ce qui a été dit au chap. 265.)

Enfin ne peut-on pas avoir un montant à pied, sur lequel on établirait des divisions égales et qu'on avancerait ou reculerait à volonté, et jusqu'à ce que l'objet fût couvert par ces divisions qu'on répéterait sur le dessin? On pourrait adapter de petites broches noires qui sortiraient de côté et qui monteraient à volonté, ainsi qu'il s'en trouve à l'instrument que nous avons imaginé pour prendre les profils, chap. 275. Quant aux aplombs et aux niveaux, ce sont des moyens indispensables.

Disons de plus qu'une précaution très-utile pour redresser le sentiment oculaire, c'est l'usage du miroir. Aussi ce moyen a-t-il été recommandé de tout temps par tous les professeurs éclairés. Le miroir retourne l'image et nous la fait juger sous des rapports nouveaux; c'est une épreuve indispensable, et l'expérience de tous les jours apprend que telle figure qu'on croyait bien correcte, et dont on était accoutumé à goûter le dessin sous un aspect seulement, devient difforme et déplaisante dans la glace, lorsqu'on en considère la représentation ainsi retournée. Au chapitre 615, nous parlerons des diverses espèces de miroirs, et au chapitre 614 nous indiquerons ce qui est relatif aux pantographes, aux gazes graphiques et à d'autres instrumens.

Mais de tous les conseils, le meilleur et le plus fondamental, c'est de considérer, autant que l'on pourra, orthographiquement l'objet, et d'en raisonner ainsi les mesures géométrales, pour ensuite y ajouter les déplacemens scénographiques. Cette méthode laisse l'œil dans une certaine liberté, puisqu'il ne se trouve pas forcé de rester fixé au point unique que commande la convergence scénographique, et qu'il se transporte d'un point à un autre aussi souvent que le requiert le sentiment graphique et l'étude de l'objet. C'est cet aspect successif des points de largeur et de hauteur géométrale ou orthographique, qui constitue la seule méthode certaine et intéressante de saisir et de répéter les grands rapports principaux, ainsi que toutes les formes qui appartiennent au caractère des objets.

CHAPITRE 304.

DESCRIPTION ET USAGE DE LA VITRE.

Il y a deux espèces de vitres à l'usage des dessinateurs, la vitre perspective et la vitre orthographique. Par la première on voit les objets d'un seul point, lesquels arrivent ou se peignent sur la glace plus ou moins en grand selon qu'elle est placée plus ou moins loin de l'œil. Sur la seconde on ne reçoit ou on ne recueille que les rayons orthographiques, droits et parallèles, en sorte que l'œil doit se transporter successivement à la hauteur et à l'écartement latéral de chaque point, duquel émane le rayon orthographique qui vient sectionner la vitre.

On ne saurait douter de l'usage commun à plusieurs peintres du 16e siècle de dessiner à travers une vitre. Outre les passages de P. Lomazzo, de Léonard de Vinci et de plusieurs autres auteurs, passages qui nous persuadent que l'on a souvent pratiqué la perspective à l'aide d'un verre, il est à remarquer que le célèbre Bramante met ce moyen au nombre des trois manières de dessiner en perspective. « Il y a, dit-il, trois méthodes pour dessiner : la » première par raison, c'est-à-dire, par la règle; la seconde » sans la raison, mais seulement par pratique; et la » troisième en mêlant la pratique avec la raison. La pre» mière est toute dans l'application des règles de l'opti» que, la seconde s'obtient sans mesurer, mais en répétant » à vue ou même d'idée et sans modèle. Il y a, ajoute-t-il, » plus de peintres qui usent de ce second moyen qu'il n'y

» en a qui usent du premier, et cependant les peintres » sont considérés comme très-habiles, vu leurs efforts pour » rendre ou le modèle ou leurs idées : mais on voit dans » leurs tableaux de grandes fautes dans lesquelles ne tom- » bent pas ceux qui opèrent par la règle. Quant à la troi- » sième manière qui consiste à mêler la règle avec la » pratique, elle s'obtient à l'aide d'un verre ou d'une » gaze sur laquelle on trace les objets qui sont aperçus » à travers (ici Bramante décrit cette méthode). » Or, Bramante n'eût point donné ce procédé comme troisième moyen de pratiquer la perspective, si ce moyen n'eût été qu'un secours trompeur, indigne d'un dessinateur, et étranger au talent des véritables peintres. Il faut croire au contraire que ce moyen a été employé fort souvent par Léonard de Vinci, Albert-Durer, Raphaël et beaucoup d'autres qui savaient, il est vrai, s'en servir en habiles peintres, mais qui ne rougiraient point d'en convenir aujourd'hui, et qui seraient surpris de notre prétention à dessiner juste sans l'assistance d'autres instrumens que nos yeux et notre crayon. Au chapitre 235, j'ai déjà touché ce point. On pourrait encore ajouter comme une des preuves de cet ancien emploi de la vitre perspective, la dimension généralement petite des figures d'étude des maîtres de ce tems, et surtout de celles de Michel-Ange, mesure résultant de ce procédé optique. On trouve dans un grand nombre de traités de perspective des projets de vitres propres à recevoir les traits perspectifs transparaissant à travers. Au reste il ne faut qu'avoir une idée nette de la vision et de la perspective, pour imaginer toutes sortes de machines optiques relatives à cette fin : en voici deux qui me semblent bonnes par leur simplicité; avec l'une on obtient le trait orthographique, et avec l'autre le trait scénographique.

La première, la vitre orthographique, consiste tout simplement en une glace encadrée et d'une dimension quelconque; cette vitre est ou portative à la main, ou peut s'adapter sur un pied (voy. fig. 356). Veut-on dessiner orthographiquement une main ou toute autre partie, on dresse la vitre verticalement tout contre cette partie, et l'on a soin de placer son œil et son crayon toujours à la hauteur du point que l'on prend et que l'on marque sur cette vitre. Pour peu que l'on sente le principe de cette opération orthographique, on l'exécute avec succès. On conçoit qu'une main dessinée par ce procédé peut servir telle qu'elle est pour une figure de grandeur naturelle, l'altération scénographique qu'éprouveraient les parties de cette main orthographique, étant pour ainsi dire insensible.

L'autre espèce de vitre, la vitre scénographique, ne pourra être employée pour dessiner les figures vivantes, que si elle est portative et mobile à volonté, de manière qu'elle puisse suivre les oscillations du modèle; ainsi on construira en bois très-léger une espèce de pyramide dont la base sera la vitre, et au sommet de laquelle sera placé le trou où s'appliquera l'œil du dessinateur (voyez fig. 357) : un côté doit rester ouvert et libre pour que la main et le crayon du dessinateur puissent passer pour aller tracer les contours aperçus sur cette vitre. Un manche servira à tenir horizontalement cette machine, et par ce moyen on peut obtenir des croquis très-justes d'après la nature vivante, malgré les légers mouvemens du modèle. On pourra allonger à volonté cette vitre, c'est-à-dire, éloigner ou rapprocher de la glace le trou oculaire pour que la glace reçoive une image plus ou moins étendue. Enfin si on se rappelle qu'un tableau est une vitre, cela suffira pour user avec intelligence de ce moyen.

Comme un crayon est plus commode et plus sûr qu'un pinceau, pour tracer sur cette vitre les lignes ou points apparens, il faut que le verre ait perdu son caractère lisse qui empêche l'adhérence : or, sans dépolir le verre en l'égrisant, on peut, en couchant dessus un blanc d'œuf ou tout autre vernis siccatif, faire que par ce moyen les traits adhèrent à la vitre.

L'avantage de cette vitre, c'est de pouvoir suivre les déplacemens du modèle et de se retrouver toujours vis-à-vis et dans les mêmes traits, malgré les mouvemens qu'il peut faire. Ce procédé est excellent, soit pour saisir avec justesse des poses, soit pour étudier les effets perspectifs.

CHAPITRE 305.

OBSERVATIONS CONCERNANT LES DÉLINÉATIONS, LES TRAITS DE CONTOURS, LES LIGNES OPTIQUES ET L'EMPLOI DES HACHURES.

On peut considérer la délinéation et dans les peintures et dans les dessinages séparément. Dans les unes et dans les autres la délinéation est un moyen d'expression qui a ses accens, ses inflexions significatives, et même ses signes de convention. C'est ainsi que bien que le trait de contour doive disparaître dans une peinture achevée, on tolère, on apprécie même l'apparence d'un trait produit par le pinceau, lorsque ce trait est animé, lorsqu'il n'est ressenti et distinct que par l'effet de la verve et de l'inspiration de l'artiste, par l'effet enfin de sa manière propre; de même qu'on tolère chez un musicien et chez un orateur même certaines inflexions de voix inhérentes, pour ainsi dire, à sa nature. Il est vrai que ce serait un abus bien blâmable que de substituer à la vérité et à la naïveté d'aspect exigée en peinture une manière écrite avec affectation; ce serait oublier le but de l'art que de tracer avec pédanterie des traits au milieu ou au-delà des couleurs, de laisser, pour ainsi dire, apparaître des lignes dans des effets délicats de clair-obscur, ou de rappeler le crayon là où la forme doit s'échapper à notre vue et se fondre par les passages doux et incertains. Mais d'un autre côté ce serait limiter et refroidir l'art éloquent de la peinture que de lui interdire les accens inspirés par le sentiment des formes et des mouvemens tracés énergiquement d'après la nature; ce serait restreindre l'art dans un procédé d'optique que d'exiger qu'il ne nous offrît jamais rien qu'apparence sans traces aucunes de la main habile, sans rappels du génie communicatif, sans cette chaleur artistique qui quelquefois est comme surajoutée à l'image et qui anime le spectateur autant qu'elle a animé le peintre. Enfin la peinture n'a point pour but l'illusion, et cette muse touchante et si brillante de charmes se plaît moins à nous décevoir par ses ingénieuses tromperies, qu'à nous émouvoir par l'éloquence de son langage, par la liberté et la vie de ses expressions, et par la frappante signification de ses belles images.

Il y en a donc qui n'ont pas une idée juste et qui abusent de ce droit d'écrire avec animation et force d'ame.

D'autres rejettent et prohibent toute trace des moyens techniques ou graphiques. Les premiers font parade de leurs délinéations craignant de les laisser disparaître sous les couleurs; ils affectent des traits de contour ressentis, vifs, tranchans, purs d'exécution, roides ou ronflans, selon leur caprice et le maniérisme dont ils se font honneur; ils nous donnent avec prétention de la netteté de pinceau pour de la pureté des formes, un outil froid et glacé pour de la sévérité et du purisme, leurs courbes et leurs droites pour de la science et de la résolution. Quant aux seconds qui sont tout opticiens, qui sont tout occupés à confronter les sensations oculaires résultant du modèle et de la copie, ils voudraient interdire l'usage des traits de contour, ils ne permettent point de délinéations, ils restent dans leurs comparaisons optiques et vont répétant que dans la nature il n'y a ni traits, ni lignes, ni touche, et que l'ignorance seule a introduit et goûté ces moyens mensongers. Pour eux l'illusion ou la peinture est une et même chose; tromper la vue, voilà la fonction des peintres; faire qu'on prenne la couleur de l'image pour l'objet réel, voilà tout ce qu'ils exigent; aussi les graphies leur font-elles pitié, et le blaireau est-il leur instrument favori.

Cependant décider qu'il n'y a point de traits dans la nature, c'est déjà s'exprimer d'une manière un peu étrange, car le coq qui pivote sur un clocher, apparaît surtout par un trait de circonscription qui le différencie du ciel sur lequel il fait voir les formes tranchantes et découpées : la représentation d'un grillage en fil de laiton ne peut se faire sans délinéations, non plus que les branches d'un arbre dépouillé, ou que le bord des ongles. Il est vrai que les corps n'offrent à l'œil que des surfaces, et que, bien que ces surfaces aient leurs limites, celles-ci ne sont pas cernées par des traits, soit réels, soit aperçus : de même, bien que la silhouette des corps soit caractérisée par un contour distinct et isolé du fond sur lequel les corps se détachent en relief, il n'existe cependant point de contour ni de trait en réalité. Aussi il est à remarquer que la peinture n'est point, comme la sculpture, l'art de répéter les formes mêmes de la nature, mais leur apparence seulement. La peinture est un art d'apparence, et cette apparence ou cette tromperie doit donner l'idée positive de la réalité. Or, pour obtenir cette tromperie, l'art n'a pour moyen que les traits, et le dessin emploie nécessairement les couleurs circonscrites et limitées sur les fonds, les couleurs enfin profilées selon la perspective et selon les objets. Les dedans même se forment et s'indiquent par des circonscriptions linéaires ou des caractères internes, et tout ce langage graphique est intelligible par des signes indicatifs qu'il serait déraisonnable d'introduire ou de critiquer, car, si d'un côté l'on doit blâmer et haïr le pédantesque des contours et le peu de discrétion de certaines indications graphiques, on ne saurait d'un autre côté regarder ces moyens comme étant étrangers et contraires à la peinture. Enfin il est évident que c'est par abus, que c'est par mal-entendu que les uns affectent des contours durs, secs et outrés, et que d'autres, n'usant jamais de contours, affectent de perdre et de fondre les couleurs, sans qu'on puisse distinguer de lignes de démarcation.

Nous voici conduits à déterminer quelles sont ces qualités de la délinéation, autres, pour ainsi dire, que celles qu'exige la justesse ou la rigueur de la science perspective. Mais, disons le tout de suite, on ne saurait apporter aucune qualité aux traits de contour et aux délinéations, que ces qualités ne soient tirées et ne dépendent absolument de ce même art ou plutôt de cette même science positive et rigoureuse de la perspective.

Il est essentiel, avant que d'entrer plus avant dans cette question, d'expliquer ce qu'on entend par lignes au sujet des objets et de leurs formes. Nous avons dit ailleurs que par lignes, en parlant de la belle disposition, on entendait les masses elles-mêmes considérées dans leur direction, leur grandeur, etc.; ici il s'agit des lignes dans l'art graphique. Disons donc que par lignes on entend les superficies elles-mêmes considérées dans leur direction et leur mouvement, et que l'on se sert de ce mot lignes comme étant synonyme de plans. On dit que la circonscription de certaines superficies forme des lignes, et on le dit même en parlant des superficies qui se trouvent dans le milieu des corps; la ligne qui sépare les pectoraux et tout le ventre existe réellement, anatomiquement ; les dentelés font réellement des lignes, etc. : cependant le terme plans est plus positif. D'ailleurs il importe de spécifier l'espèce de ligne dont on entend parler, je veux dire, si c'est de la ligne géométrique qu'il s'agit, ou de la ligne géométrale ou orthographique, ou bien de la ligne scénographique. (Voyez les chapitres relatifs à ces questions.)

Nous appelons traits de contour la délinéation de la silhouette ou de la *Sagoma* d'une figure, délinéation si importante qu'elle seule exprime les formes du milieu des corps ou de la figure, délinéation qui rend et signifie tellement le mouvement et l'action, qu'elle suffit pour faire supposer toute cette action. Nous en voyons de précieux exemples sur ces beaux dessinages des vases grecs, qui offrent des silhouettes remplies d'une seule couleur, plates et sans aucune indication d'ombre ou d'ombrage. Disons à ce sujet que les débutans dans l'art graphique, saisissent difficilement ces lignes de circonscription; ils n'aperçoivent ni le caractère des grandes courbes et des grands traits, ni le caractère des traits plus subtils qui expriment le mouvement fin des flexions et des formes délicates : mais je n'entends parler ici que de ces élèves privés des premiers documens de la graphie, et tels qu'on en voit tant aujourd'hui dans nos écoles incomplètes, car un élève instruit dans la science de la stéréographie, de l'orthographie et de la scénographie, voit autrement que par sensation; il mesure, il sent et sait exprimer ces mesures; il ne s'avisera pas d'adopter, par exemple, ces leçons ridicules et barbares, qui prescrivent de tracer des courbes parallèles et préparatoires, pour dessiner des têtes renversées, car il sait que les plans des coupes de ces têtes ne sont pas eux-mêmes parallèles. Enfin il comprend ce que c'est que graphie, perspective et délinéation.

Au commencement de ce chapitre, il a été dit qu'on pouvait considérer la délinéation et dans les peintures et dans les dessinages. Il faut de plus distinguer dans l'un et l'autre cas deux espèces de délinéations ou de traits. 1° Le trait de contour tel que l'exacte mesure perspective le comporte, c'est-à-dire, le trait préparatoire tout métrique et répétant exactement les mesures prises mathématiquement sur l'objet, lequel premier trait peut s'appeler trait mathématique; 2° le trait animé par le sentiment graphique et par l'accent particulier au dessinateur, et que l'on peut appeler trait-image. Occupons-nous d'abord du trait mathématique.

Lorsqu'il s'agit des premières opérations du procédé graphique, les mesures obtenues à l'aide des instrumens, tels que le compas, les aplombs, les équerres, expriment suffisamment. Dans ce trait préparatoire, on ne considère ni l'effet de l'air sur les contours fuyans, ni les exactes rapports d'énergie, de rudesse ou de situation dans les délinéations du crayon : on ne veut, on ne cherche que des mesures de géométrie, en supposant toutefois que le modèle soit bon à copier et qu'il ne s'agisse que d'une exacte et scrupuleuse répétition.

Plusieurs raisons doivent faire regarder ce trait mathématique et préparatoire comme différent du trait-image. En graphie, il n'y a pas de trait qui soit rigoureusement vrai, parce que le contour visuel de l'objet étant le résultat de la perception des deux yeux à la fois, ce contour existe en deux places sur cet objet. De plus, l'air qui est en plus grande quantité depuis notre œil jusqu'aux profonds enfoncemens, rend incertaine la vraie place de ces enfoncemens; en effet, il peut y avoir de légères réfractions aériennes qui nous fassent paraître le contour là où il n'est pas effectivement. Ainsi le trait qui est sur du papier, et qui n'est pas accompagné des effets apparens de l'air, est par cette seule raison conventionnel; et tant qu'on ne l'a pas rendu trait-image, il n'est que préparatoire et mathématique : aussi ne doit-il être jugé que par des dessinateurs, c'est-à-dire par des gens de l'art. D'ailleurs le trait mathématique n'est pas le trait naturel, puisqu'il laisse l'idée d'un objet plus étroit, ce trait étant dénué de ce que la peinture y ajoutera sur les tournans, je veux dire de ce vague résultant de la perception par deux yeux, et résultant de l'effet de l'air sur les obliquités. C'est surtout aux objets proches que cette observation s'applique; cependant le dessinateur doit se méfier, lorsqu'il trace les contours scénographiques, du desir assez naturel de donner par ces traits de contour l'idée du volume réel, car, lorsque ce trait sera rempli par le coloris, l'objet se produira peut-être avec trop de volume, et les teintes fuyantes des tournans sembleront le grossir.

C'est ici le cas de faire part d'une observation qu'on retrouve dans quelques livres : il y est dit qu'en peinture on ne peut pas suivre la mesure des grosseurs des membres avec la même confiance qu'on la suit en sculpture, parce que les membres sembleraient trop maigres sur la surface plate, si on les représentait selon leur diamètre mesuré, vu que le spectateur qui considère le relief naturel, voit et embrasse au-delà de la circonscription ou du diamètre, à cause de l'écartement des deux yeux, tandis que sur le tableau plat cet effet visuel n'a pas lieu. On a cru devoir ajouter que les anciens ont pour cela tenu les mesures des figures de leurs bas-reliefs plus grosses, proportion gardée, que celles de leurs rondes bosses. Laissons-là ce qui concerne le sculpteur, mais disons que cette observation est nulle pour le peintre, et que cette différence ne doit être comptée pour rien, puisqu'il ne s'agit que d'objets vus de très-près. Quant aux anciens, ce qui a pu faire prendre le change à R. Mengs, qui a avancé le premier, je crois, cette idée, c'est que dans les bas-reliefs antiques, il est facile de le remarquer, la mesure est géométrale ou orthographique, et il n'y a point de réduction ou d'amincissement perspectif selon les enfoncemens, et c'est-là ce qui probablement a induit Mengs en erreur.

Toutefois cette question de diamètre géométrique, quant aux objets vus de près et mesurés sur eux-mêmes, et non sur leur apparence, mérite l'attention des artistes peintres. En effet, lorsqu'on peint grand comme nature, on se propose et il faut que l'image qui est en avant sur le tableau et qui touche le cadre, soit aussi forte en tout point et aussi détaillée que l'objet naturel vu de tout près, car ce grand tableau duquel s'éloignera le spectateur, s'affaiblira à sa vue comme se fût affaiblie la figure naturelle elle-même servant de modèle; ainsi la même quantité d'air sera interposée entre le spectateur et l'image, et entre le spectateur et l'objet.

Si donc, pour imiter le modèle supposé en avant et touchant le cadre, on répétait l'effet de la sensation produite par ce modèle vu de loin, distance de laquelle les détails des contours échapperaient à la vue, une telle image aperçue à sa distance offrirait un affaiblissement ou un évanouissement factice de traits, l'effet de cette distance ou de cet air interposé faisant disparaître les petits détails et la fermeté des contours. Ainsi ces traits de contours détaillés, nets, variés, délicats dans leurs sinuosités, et qui signifient surtout le caractère matériel de l'objet, quel qu'il soit, ou souple ou roide ou tout autre; doivent être répétés sur les images grandes comme le naturel. Il est inutile d'en dire davantage sur ce point : la connaissance de la perspective explique toute cette question et garantit de l'excès par lequel l'élève deviendrait minutieux en multipliant les petits coups de pinceau. C'est pour cela que Léonard de Vinci a remarqué que les masses se soutiennent de loin, mais que les contours s'évanouissent.

Nous avons dit ailleurs combien était importante la justesse de représentation par les délinéations; ici nous pouvons ajouter quelques idées qui contribueront à faire ressortir cette importance.

Les habiles dessinateurs seulement reconnaissent que la juste représentation par un profil exact de la nature toute simple, est propre à inspirer la plus grande chaleur dans l'imitation de toute la figure. Le trait de contour étant juste, les milieux se trouvent être justes, et l'aspect d'une face donne l'idée des autres faces. Un contour faux au contraire et une ligne de milieu fausse empêchent qu'on n'acquière l'idée de la partie non aperçue, et le spectateur ne reçoit ni l'idée d'un aspect vrai, ni l'idée d'un figure correcte ou même régulière. Les habiles dessinateurs s'en tiennent donc toujours au trait juste de la nature, puisqu'en faisant connaître l'objet par quelque partie de lui-même, ils le font connaître tout entier. C'est la fausseté du premier trait qui fait que le peintre abandonne absolument le modèle qu'il a d'abord saisi. En effet, plus il opère faux, moins il donne l'idée de ce modèle. Il finit donc par se livrer en dédomagement à quelques exagérations de caprice qui ne le conduisent à rien d'expressif ou de chaleureux, tandis qu'à l'aide d'un commencement juste et d'un trait de contour correct et naïf, il eût pu obtenir la véritable chaleur que l'on exige de l'art. Ces réflexions feront sentir encore le prix de notre nouvelle méthode pratique, qui assure à l'artiste la justesse des opérations, et qui rend l'imitation intimement liée à la nature elle-même.

Parlons maintenant du trait considéré comme trait-image.

Le trait-image doit réunir certaines autres conditions avec celles du trait mathématique. En effet, il doit toujours exprimer vivement la nature; il doit donner l'idée non-seulement des diminutions et déformations linéaires, mais il doit donner l'idée de l'air, de la distance, et de plus il doit être ressenti et traité avec sentiment par l'artiste qui, à l'aide de ce langage ou de ce moyen unique, doit laisser à penser beaucoup plus qu'il ne dit en effet. De-là ces indications expressives et prononcées avec caractère, avec vivacité, et même avec quelqu'exagération; de-là ces conventions qui autorisent à prononcer en plus, et jamais en moins. Ainsi un dessinateur savant et bien inspiré donnera plus ou moins de degrès aux courbes ou aux angles, selon son sentiment vivifiant, selon l'idée qu'il a du caractère de l'objet, et selon l'impression qu'il se propose de produire. Il ne péchera jamais par le moins qui ferait un contre-sens, mais il fera en plus ce qui est dans le sens de la nature. Aussi Michel-Ange exagérait-il ses courbes, ses angles, et dans sa manière d'écrire les formes, ajoutait-il partout des caractères imaginés aux caractères réels. Ses significations eurent donc plus de puissance que s'il eût été lié par le trait purement mathématique, trait, convenons-en, qu'il délaissait trop souvent. En effet, ne s'étant pas tenu dans de justes bornes, il a fréquemment péché contre la vérité ou la vraisemblance, et en extravagant par des signes outrés, il a représenté des objets et des formes peu vraisemblables, et même d'un caractère fantastique, absolument hors de la nature et par conséquent hors de l'art et de la beauté.

Il y a donc eu des maniéristes parmi les dessinateurs, les uns en imprimant sur presque tous les contours un certain carré qu'ils ont aperçu dans quelques objets, les autres en multipliant les courbes par pur caprice, d'autres enfin en subdivisant les ressauts ou en sectionnant d'une certaine manière les traits de circonscription. Quelquefois, pour faire parade de ces délinéations empruntées à leur propre goût de lazzi ou à des souvenirs pernicieux, ces maniéristes affectent de tracer des lignes sèches, roides, offensant ainsi la vue par l'aridité de leurs traits, et cela dans la seule intention de passer pour purs, sévères ou hardis en dessin. D'autres au contraire font disparaître le trait de circonscription dans le fond, de manière que le contour ou bien cette terminaison soit vague et indiscernable, etc. Or, tous ces excès n'auraient pas lieu, si l'artiste était retenu par la connaissance de la vraie perspective et par la connaissance de la nature. C'est en effet la science elle-même qui excite le sentiment, en sorte qu'on doit dire que les qualités d'un trait imitateur sont le résultat du savoir.

Que nous apprend donc dans ce cas-ci la science de l'optique? Elle apprend à toucher ou à rendre les délinéations de manière qu'elles expriment, soit la vague et la fine indécision des obliquités qui échappent à la sensation, soit l'effet de l'air qui, selon qu'il est interposé en plus ou moins grande quantité d'après la distance de l'œil à l'objet, rend cette surface moins sensible, soit àtirer en avant par des traits obliques ressentis ce qui s'approche du spectateur. La perspective apprend à signifier même par le trait de contour les parties qui sont illuminées, et celles qui sont plus ou moins obscurcies par l'ombre. Elle autorise à fondre les contours dans le fond, de manière cependant que le contour et ses mouvemens soient sentis au point de distance, etc. Et ici se reconnaît évidemment la différence qui a lieu entre la peinture et la délinéation. Corregio, dans ses peintures, offre souvent des contours qui ne sont point discernables; ce n'est que de loin que leur circonscription se détermine. Il y a aussi des fresques de Raphaël dont on ne saurait calquer le trait, car il est souvent en dedans par rapport à l'extrémité de la couleur; et cependant les dessinages au crayon de ces maîtres sont décrits d'une manière nette, très-déterminée, et, on doit le dire, sèche et tranchante.

Il paraît que Parrhasius était le plus habile de tous les dessinateurs, non-seulement quant aux belles proportions, mais aussi quant au trait et aux contours. Tous les artistes lui accordaient la palme en ce point : Pline s'explique à ce sujet en employant l'expression *in lineis extremis;* il était moins habile, ajoute-t-il, dans l'art de peindre les milieux (*in mediis corporibus exprimendis*). On conserva ses dessins sur panneau et sur parchemin, et les artistes y allaient puiser de l'instruction. Répétons ici une observation très-importante de Pline, lorsqu'il parle de cette qualité de Parrhasius : « Il est bien rare, dit-il, de voir des » contours qui, en exprimant l'extrémité des corps, ren- » dent l'effet du fuyant et de l'évanouissant de ces con- » tours qui échappent à la vue et promettent des formes » par delà leur circonscription. L. XXXIV. c. 10. »

Je ne manquerai pas de parler de la touche à son lieu. On verra quelles sont les qualités de la touche, et qu'indépendamment de la vérité, elle doit offrir la beauté. Ce même principe s'applique sans restriction à la délinéation. Ainsi, après avoir démontré que celle-ci doit être vraie et conforme à la perspective, ajoutons (et cela rentre dans l'examen de cette question) que la délinéation doit être belle, c'est-à-dire, belle pour les yeux par sa netteté, sa pureté, sa variété et sa grâce, et belle aussi par sa légèreté, sa facilité, sa convenance et cet accent qui la rend vive et forte de signification.

Il importe d'établir ici une distinction entre la beauté qui provient de la disposition optique de la ligne ou des lignes de contours, et la beauté qui provient de l'exécution pure, légère, nette et facile du contour. Un pinceau coulant, aisé et savant dessine par un trait grand et plein de finesse : il exprime les circonscriptions avec résolution, mais sans aridité et sans rudesse ; il est franc, mais correct ; grand, mais varié et délicat, car cette beauté, cette pureté dans l'exécution du trait doit être le résultat des caractères naturels de l'objet, ainsi que des raisons de la perspective. Si c'était la témérité ou la recherche minutieuse et mesquine du trait qui pût en faire la beauté, on en trouverait des modèles dans les arides peintures de nos écoles primitives. La confusion des idées à ce sujet provient de cet air de liberté qu'affectent les dessineurs ignorans et à prétention, air de liberté qui, comme le dit fort bien M. Lévesque dans l'encyclopédie, ne doit séduire que d'autres ignorans. En effet, la facilité doit être le résultat d'un exercice dirigé par la science et la méthode, puisqu'il s'agit non d'exprimer hardiment des mensonges ou des bévues, mais d'être précis, naturel et éloquent. Au surplus, cette même recherche ou cette prétention n'en démontre pas moins l'obligation où est l'artiste de faire voir dans les traits de circonscription toute la beauté d'exécution dont la graphie est susceptible.

Un contour, tracé avec grâce et légèreté et avec une intelligence fondée sur la vérité, fait en quelque façon oublier la trace du moyen, pour ne donner à penser que l'objet lui-même : aussi ajouterons-nous ici que, si l'élève qui dessine est indécis, négligé dans son trait et dans ses formes, il sera bien plus indéterminé, bien moins correct encore, lorsqu'il se trouvera tout préoccupé par le maniement de la couleur et du pinceau; s'il est pesant, maniéré dans son trait, ces défauts deviendront plus sensibles dans sa façon de peindre. Qu'il s'efforce donc d'acquérir, en dessinant, la propreté et le soin qui sont nécessaires à l'agrément de ses ouvrages, sans quoi il sera sujet à salir ses teintes, et il ne parviendra peut-être jamais à leur conserver la fraîcheur et l'éclat qu'elles doivent obtenir, pour que l'imitation approche de la nature.

Ainsi, il y a des cas où la netteté du trait est un moyen de faire sentir vivement des formes, et ces cas ont lieu lorsqu'il s'agit d'une monographie sur un fond nu, tel est un trait de crayon sur du papier blanc. En effet, avec un trait vif, ferme et senti, on donne l'idée de bien des formes et de bien des effets linéaires perspectifs. Cependant il arrive souvent que cette netteté, cette fermeté de trait n'est de la part de certains peintres qu'un mensonge hardi et une prétention à faire croire à des idées résolues et certaines, car les plus habiles dessinateurs sont parfois incertains et retenus dans leurs délinéations, ne voulant rien accuser avec témérité, parce qu'ils sont tout occupés des caractères de la nature, dans laquelle on n'aperçoit en effet ni traits de contour tranchans, ni circonscriptions intérieures arrêtées et déterminées par des lignes. Ainsi, d'un côté la négligence et l'irrésolution dans les délinéations privent le dessin de cette vie, de cette signification et même de cette belle aisance requise dans toutes les productions d'art, et de l'autre côté la propreté, la manière léchée ou recherchée quant à l'exécution du trait, annonce l'ouvrier à prétention plutôt que l'artiste imitateur et rivalisant avec les naïvetés de son modèle. Pour remplir donc les conditions du vrai et du beau, les traits de contour doivent être tout autant agréables à la vue par leur belle exécution, qu'intéressans pour l'esprit par le caractère imitatif de leur expression.

Parlons maintenant de l'emploi des hachures.

La hachure n'est pas un moyen imaginé pour ajouter à l'expression ou à la beauté de l'image, la hachure est une nécessité déterminée par le genre du procédé imitateur, c'est un parti que l'on prend, selon les cas et pour suppléer à ce que la maigreur du crayon ou du pinceau ne saurait faire obtenir. Pour imiter les masses d'ombre et les ombrages, la pointe du crayon ne pourrait suffire, si elle n'était passée très-fréquemment sur le subjectif. Or cette multitude de traits ou de touches plus ou moins foncées, doit s'obtenir par un procédé régulier, afin que le résultat soit lui-même régulier, c'est-à-dire, sans taches, sans interruptions brusques de tons, etc. Indépendamment de cette régularité de hachures nécessaire à l'expression ou à l'imitation des masses unies dans leur dégradation, on a reconnu que cette indication d'ombre par des traits croisés en sens divers faisait obtenir ou des vraisemblances favorables à la représentation perspective des formes, ou des invraisemblances qui empêchent l'idée de l'objet. C'est ainsi que des hachures droites, pour représenter l'ombre d'une sphère, en expriment moins la rondeur que ne le font des hachures circulaires et courbes selon les modifications de la perspective, car on ne peut guère s'empêcher de supposer ces ombres inhérentes au corps ou à l'objet, et par conséquent ces hachures elles-mêmes inhérentes à l'objet; or, si des hachures étaient réellement appliquées et peintes sur un corps humain, l'apparence linéaire et perspective de ces hachures serait précisement celle qu'il faudrait que le dessinateur répétât sur son papier ou sur sa peinture, lorsqu'il s'agit d'une peinture qui comporte des hachures du pinceau.

Si l'on n'explique point à un élève quelle est la raison et l'effet de ces hachures, régulièrement croisées en sens divers, il conservera une espèce d'anxiété à ce sujet, et préoccupé de la nécessité de répéter ces mêmes traits, il les comptera tous, pour ainsi dire; il fera des efforts pour les imiter chacun en particulier, en sorte que, par cette application minutieuse, il ne portera point son attention sur l'ensemble de l'effet ni sur le résultat du clair-obscur; ou bien, s'il parvient à ce double résultat, la juste imitation des tons et la juste répétition des hachures, c'est qu'il aura employé ou plutôt perdu un temps précieux pour parvenir à ce double but.

Cette question des hachures, considérée comme question technique, ne laisse pas que d'être fort délicate. Quelques professeurs rejettent les hachures et n'exigent que le travail fondu de l'estompe; d'autres veulent absolument le mécanisme des hachures, et ils allèguent le caractère essentiel à un dessinage qui comporte nécessairement ce moyen; d'ailleurs ils citent les exemples des habiles maîtres qui ont crayonné d'une manière distinguée. Il est certain que toute production doit être, ainsi que nous venons de le dire, exécutée avec grâce et facilité; il est certain que la hachure est parfois très-expressive, qu'elle modifie et lie entre elles les masses, les ombres, les formes : mais ce moyen est-il donc le seul que la graphie ait à sa disposition, et faut-il absolument, lorsqu'on a à représenter les corps polis, tels que la chair, le marbre, le plâtre, user de tracés en grillages, en lozanges, en une infinité de traits courbes, parallèles et plus ou moins apparens? Le dessinateur ne peut-il pas employer le moyen de l'estompe, pour déposer sur le papier ses teintes; ne peut-il pas les fondre, les unir par toutes sortes de procédés manuels? Si ses effets sont trop mous à l'estompe, soit par rapport à la rudesse de l'objet imité, soit par rapport à sa situation proche du cadre et qui laisse apercevoir des détails, ne peut-il pas réveiller ses traits par des touches bien entendues du crayon, et même par des traits croisés librement et sans ordre, ainsi que par un travail un peu rude qui différencie les plans perspectifs? Enfin, si des hachures sont supportables, quand il s'agit de cheveux ou de tissus grossiers, elles sont désagréables, fausses et deviennent l'étalage d'un moyen bizarre, quand on les emploie au sujet de nuages et d'objets aériens doux et très-éloignés.

La peinture à colle, par exemple, permettant peu la fusion des couleurs en état liquide, le peintre fait bien de couvrir ses teintes sèches par des tons posés à l'aide de hachures; mais, quand les couleurs de la palette peuvent se fondre entre elles, quelle nécessité y a-t-il de promener le pinceau par traits hachés? Lorsqu'on est muni d'une estompe et d'un papier d'un bon grain, pourquoi user d'une pointe de crayon et multiplier les traces visibles de ce crayon, car je suppose ici que le but du dessinateur est d'imiter la nature quant à ses formes? En effet, s'il ne se propose que de tracer des indications préparatoires, le cas est tout différent, car de même qu'il peut employer des numéros et toutes sortes de points de repère, il peut employer les signes du crayon de mille manières. C'est ainsi que David, Drouais et autres ont exécuté à la pierre noire des études faites d'après nature ou d'après l'antique : ils accusaient les plans par des hachures habilement placées, et à l'aide d'un savant crayon ils ont indiqué très-énergiquement les plans et les formes de leurs modèles. Mais quelle différence entre ce moyen libre, franc, qui permet peu de repentirs, et cette froide répétition que les élèves de nos écoles élémentaires font de ces barricades étendues parallèlement sur les joues, sur les tempes, sur le blanc des yeux, etc., dans ces dessinages gravés qu'on leur donne à répéter, barricades si grossières quelquefois, que l'épaisseur du crayon ne suffit pas pour en répéter la largeur, en sorte qu'ils perdent encore leur temps à repasser leur crayon sur ces mêmes hachures, pour les retracer selon cette ampleur ! Les habiles artistes du 16e siècle semblent avoir très-bien senti cette différence entre les traits ou hachures préparatoires, et les traits de contour peints avec vérité et finesse. Albert-Durer, par exemple, avait une idée juste et un sentiment exquis de cette fine apparence de la nature, et en même temps de ce peu d'importance qu'il faut mettre au mécanisme des tracés préparatoires, car il existe des tableaux et des portraits de sa main, qui sont d'une délicatesse indicible : je puis même citer un tableau qu'on voit au palais Corsini à Rome et qui représente un lièvre broutant au milieu d'un fourrage abondant et fleuri ; on compte les poils de ce lièvre et les nuances de chaque poil, les plantes sont exécutées avec une finesse extrême, et cependant voyez les œuvres graphiques et géométriques d'Albert-Durer, voyez ces larges monogrammes, résultat des planches en bois gravées par lui, dans tous ces traits indicatifs et corrects, quel peu de prétention !

Cependant l'imitation par hachures convient aux graveurs qui n'ont pas de meilleur moyen pour caractériser les formes et indiquer l'effet des teintes. Par les hachures ils parviennent à produire des effets extrêmement variés, et à rendre les caractères exprimés par le modèle. Aussi l'étude des hachures, qu'on appelle *tailles* en gravure, est-elle pour eux une étude principale et de la plus grande importance; mais le peintre, je le répète, ne se sert du moyen des hachures avec son crayon qu'autant que le moyen lui est nécessaire et indispensable.

On a exigé et l'on exige encore des élèves en peinture un beau travail de crayon, et il se trouve, sur les bancs des écoles, des jeunes gens qui produisent des dessinages séduisans par le faire, et assez justes d'ailleurs pour la correction et la vérité du dessin ; mais combien ces mêmes élèves n'eussent-ils pas obtenu de résultats plus précieux, si, au lieu de rechercher cette qualité secondaire qui ne s'obtient pas sans efforts, ils eussent procédé selon la vraie science et le vrai sentiment de l'art ! En général les hachures ne sont que le moyen, elles ne sont point le but, et l'on peut avancer que presque toujours les dessinages, chefs-d'œuvre du crayon, sont de misérables études mécaniques seulement indignes de la destination des beaux-arts. Cette observation rappelle la patience assez ridicule de ces personnes qui se servent de la plume pour imiter exactement le travail du burin dans les copies qu'elles font d'après des estampes.

Au reste l'usage des hachures peut être utile comme moyen de corriger certaines dispositions vicieuses des élèves. Un enfant dont le travail à l'estompe serait sale, et qui aurait le coup-d'œil juste pour les lignes et pour l'effet du clair-obscur, serait bien corrigé, je crois, si on lui imposait le travail par hachures, et il en tirerait probablement profit; mais aux jeunes gens dont la main est adroite, légère, et qui mettent de la propreté, de la recherche et même une certaine prétention à la facilité et à l'adresse dans le métier, il faut interdire cet emploi d'un crayon aigu et de hachures froides et recherchées dans leur symétrique propreté. Que ces élèves abandonnent leurs hachures précieuses, et qu'ils usent au contraire de traits de contour larges et savans, ou d'une estompe moelleuse, libre et imitatrice. Nous nous tairons donc ici sur tout ce qui concerne la théorie des hachures telles que doit les employer le graveur, le lithographe, etc., car nous ne considérons les dessinages que comme des moyens préparatoires et auxiliaires de la peinture; pour ce qui est des traits du crayon et des traits du pinceau, soit dans les dessinages, soit dans les vastes peintures, ce que nous venons de dire, ce qu'apprend la perspective, et de plus la connaissance des objets et le sentiment optique de chaque peintre, doit suffire. La manière pointillée, la manière égratignée, les monogrammes en spirale par Mellan, etc., peuvent être compris dans cette critique.

CHAPITRE 306.

DE L'USAGE DES CARTONS.

La nécessité des graphies préparatoires, ainsi que leur caractère, a été suffisamment démontrée par ce qui précède; cependant les cartons étant des espèces d'essais du tableau et un commencement d'exécution, quelques peintres ajoutent à ce dessinage le clair-obscur et le coloris. Ils préparent ainsi le travail du tableau véritable, qui, à l'aide de tentatives préparatoires et bien entendues, sera plus franc, plus hardi, mieux exécuté enfin, que s'il se fût agi d'une improvisation, car, si l'exécution peut, pour ainsi dire, avoir lieu au premier coup, il n'en est pas moins vrai que le sujet et tous les objets importans du sujet doivent avoir été étudiés par avance et recherchés, quant à l'analyse, quant à la vérité et à la beauté. Les cartons sont un moyen excellent, et, on doit le dire, indispensable pour tout artiste ami de la perfection, moyen indispensable surtout quand on peint à huile, sorte de peinture qui ne permet guère les changemens, les repentirs et les couches superposées et réitérées de couleurs de différens tons. Les italiens ont donné l'exemple des cartons, exemple très-bon à suivre. Un des grands avantages attachés à ce procédé, c'est qu'on juge les figures et les objets dans la grandeur réelle qu'ils auront sur le tableau, et qu'on peut ainsi les corriger effectivement, puisque les traits s'offrent avec tout le développement et tout le caractère du modèle naturel.

Quelques personnes ont objecté que, si l'on jette son feu sur les cartons, le tableau en sera plus froid, parce que dans ce cas il devient une copie. On peut répondre à cette objection qu'il en est de même absolument du statuaire qui sait préparer une argile savante, sans que sa vraie chaleur diminue en rien lorsqu'il exécute sur le marbre.

Ajoutons en passant qu'on ne devrait jamais peindre un portrait sans en avoir fait le carton de la grandeur du tableau, et cela indépendamment de l'esquisse coloriée.

Au surplus, comme tout ce que j'ai dit sur la perspective comprend les opérations particulières qu'on fait sur des papiers, je crois inutile ici de rien ajouter, si ce n'est que tout peintre qui dessinera à vue et sans procéder selon notre méthode, ne doit pas manquer de commencer ses tableaux, quels qu'ils soient, sur des cartons d'essai, et que souvent même, surtout puisqu'il procède à tâtons, un seul ne suffit pas. D'ailleurs, outre le carton pour le trait et le dessin, il est bon d'avoir un autre carton colorié, grand comme le tableau, et sur lequel on tentera les essais, les changemens chromatiques qui ne seraient pas assez sensibles ou qu'il serait trop minutieux de rechercher sur l'esquisse en petit. Si donc on veut changer une coiffure, un pli et même une position de membre, et qu'on veuille juger de l'effet que produira ce changement quant à l'ensemble, il convient, au lieu de faire ces essais ou ces repentirs sur le tableau, ce qui le flétrirait, de le faire sur carton colorié, destiné exclusivement à ces épreuves [1].

[1] Les cartons Hamptoncourt, exécutés par Raphaël, sont coloriés à huile et peints sur papier.

CHAPITRE 307.

DU SENTIMENT GRAPHIQUE, C'EST-A-DIRE, GÉOMÉTRIQUE ET PERSPECTIF DES PLANS, DES LIGNES, DES MOUVEMENS OU DES FORMES DES OBJETS, SENTIMENT QUI DISTINGUE LES VRAIS DESSINATEURS.

Nous avons tâché de démontrer dans l'Introduction que le sentiment chez les peintres n'était point la cause fixe de leur talent; ici nous allons essayer d'expliquer ce que c'est que le sentiment graphique en peinture, et comment il est perfectible. Ainsi nous ne considérerons ce sentiment qu'en tant qu'il est appliqué au vrai seulement et à la justesse de représentation, car, après tout ce que j'ai dit en traitant de la beauté, il n'est plus nécessaire de parler du sentiment du beau appliqué aux formes, à l'invention, au coloris, à la touche, etc. Cependant il est à propos de faire observer ici que, de même que le sentiment des lignes, des tons, des teintes et de la touche est perfectible et s'acquiert même par la connaissance des règles mathématiques de la perspective, de même le sentiment du beau s'acquiert, se perfectionne par la science acquise ou la théorie du beau, et par la pratique ou l'exercice des règles qui la constituent science. Il résulte qu'on peut regarder comme certain que de deux individus dont l'un aurait reçu de la nature un sentiment très-délicat du beau et dont l'autre n'aurait été pourvu que de ce degré de sentiment du beau commun à tous les hommes convenablement organisés, ce dernier se livrera dans ses productions à une bien plus haute beauté que l'autre, s'il a acquis la science et toutes les règles du beau, et s'il est familier avec son analyse et avec l'art d'en appliquer le principe à tout ce que peut produire l'imagination, l'autre individu n'ayant pour moyen que son seul sentiment délicat du beau. J'ose avancer encore que, chez les Grecs et chez les Romains, le haut sentiment du beau s'est acquis successivement, et qu'il n'existait pas ou au moins qu'il était resté sans développement chez ces peuples, avant que la science et les chefs-d'œuvre, fruits de la science, ne l'aient favorisé et manifesté. En effet, n'a-t-il pas cessé ce même sentiment élevé du beau chez les Grecs d'aujourd'hui, privés de cette même science, et ne la faudrait-il pas cette même science, pour le reproduire? Ainsi il faut d'abord sentir, puis savoir, pour mieux sentir : de même il faut savoir d'abord, puis sentir, pour mieux savoir encore, etc. Mais en voilà assez sur la perfectibilité du sentiment du beau, revenons à ce qui est relatif au sentiment graphique seulement.

Il est nécessaire de distinguer ici le sentiment géométrique et le sentiment perspectif, parce qu'en effet il y a des individus dont l'œil et le jugement sont très-sûrs, lorsqu'il s'agit de mesures géométriques réelles, et qui sont fort incertains et ne sentent qu'imparfaitement, lorsqu'il s'agit des mesures perspectives ou des mesures d'apparence, ou bien de la graphie de ces mesures perspectives. Quant à la distinction que nous établissons dans le titre de ce chapitre entre plans, lignes et formes, cette distinction n'est qu'analytique, puisque les lignes ou les traits rendent les plans, et que les plans constituent la forme. Voyez au reste ces mêmes mots dans notre Dictionnaire.

Le sentiment graphique des plans, des lignes et des formes n'est autre chose qu'une aptitude naturelle et très-grande de la vue et de l'esprit à sentir, à comprendre, à rendre avec expression, chaleur et délicatesse par des lignes ou des traits (aidés aussi du clair-obscur), le caractère réel et apparent des formes des objets, selon leur espèce, leur position, leur raccourcissement optique, leur enfoncement, et enfin selon leur situation.

La règle, le compas, la perspective enfin déterminent, il est vrai, ces lignes, ces points graphiques, ces formes, etc.; mais c'est à l'aide de ce sentiment dont nous voulons parler ici, que l'artiste anime, pour ainsi dire, son langage graphique et vivifie les signes ou les expressions; c'est par l'effet de ce sentiment qu'il exagère même, pour être plus vrai, et qu'il outre-passe quelquefois le point exact, pour mieux donner l'idée de l'objet et de la nature, pour mieux frapper enfin et faire produire de puissans résultats à l'art libéral de la peinture. Or, nous venons de le dire, c'est la science qui fortifie, qui éclaire ce sentiment des formes, des plans, des lignes, etc.; car, sans elle, il arriverait que le goût individuel de l'artiste ou sa chaleur naturelle entraînerait, exagérerait ce sentiment: ces énergies deviendraient des mensonges, et tout cet accent ne serait qu'une affectation. D'un autre côté, sans ce sentiment vivifiant, libre et hardi, la rigueur du compas et de la règle ferait rester froid dans certains cas, et arrêterait en deçà de ce qu'on a droit d'attendre de l'art.

Pour les dessinateurs instruits et qui procèdent selon la règle, le sentiment des plans et des lignes sert à juger les lignes déjà tracées sur le tableau : il sert à avertir, s'il y a quelques erreurs frappantes échappées dans l'opération ; il sert enfin à remplir les intervalles que l'on n'a pas cru devoir mesurer dans ces opérations. Or ces lignes d'intervalle qui restent à tracer, sont peut-être mieux exprimées par le sentiment seul, qu'elles ne l'eussent été, si on les eût mesurées par le compas et par l'échelle perspective, car ce sentiment graphique dirige presque toujours l'imitation du peintre dans le sens de la nature, et ne le dirige jamais dans un sens contraire.

Le peintre, en imitant une figure très-animée, telle que le Laocoon, par exemple, pourrait donc être très-froid, si, se contentant d'une pratique limitée de perspective, pratique qu'il n'a pas pu par conséquent appliquer minutieusement à tous les plans, il n'ajoutait rien de ce sentiment graphique qui exprime et signifie par les traits et par les tons de clair-obscur. Ne comprenant pas bien que telle forme ou tel plan est le résultat de telle ou telle construction, de tel ou tel aspect, il mettra peut-être trop haut ce qui devrait être plutôt trop bas, et trop bas ce qui devrait être plutôt trop haut, en sorte qu'une tête exprimée renversée en arrière n'offrira pas sur son tableau un mouvement aussi sensible, que s'il l'eût exagéré dans le vrai sens de la nature. En effet, son mensonge fût devenu une espèce de vraisemblance, tandis que sa froide retenue laisse l'image au-dessous de l'idée qu'il était de son devoir de communiquer. Ainsi, pour les peintres qui ignorent la perspective, ce sentiment des plans et des lignes supplée en quelque sorte à la règle et au savoir ; ils ignorent le pourquoi, mais comme ils sentent et qu'ils jugent, ils améliorent le résultat.

Pour prouver que, sans le sentiment graphique des plans, tous les efforts du peintre ne produiraient jamais, malgré la science de la perspective, un résultat complet, on peut signaler et faire remarquer cette qualité dans les ouvrages de Léonard de Vinci, de Raphaël, de Michel-Ange, de Marc-Antoine, de David, et de plusieurs autres artistes très-célèbres par leur dessin; les Grecs ont été particulièrement remarquables, et l'on pourrait dire inimitables par cette qualité. Mais pourquoi donc ne trouve-t-on rien dans nos livres techniques sur cette question, rien dans nos encyclopédies, et presque rien dans les écoles et les ateliers, surtout depuis que David a cessé de former des élèves? Pourquoi ce silence? C'est qu'on a délaissé l'application de la perspective à la figure humaine, et qu'on a négligé de recourir aux leçons des Grecs et à l'étude approfondie des statues ou des fragmens classiques de l'antiquité, statues dont on n'a vu que l'écorce, dont on n'a cherché à copier que la silhouette par approximation; et en admettant que plusieurs dessinateurs modernes aient su voir récemment l'antique sous ce point de vue, je puis avancer qu'en général, en Europe, cette qualité n'est ni assez appréciée, ni assez recherchée, et qu'on aura toujours une tendance très-sensible à se relâcher sur ce point, qui, chez les Grecs, semble avoir été conservé, comme le feu sacré de l'art. Cette qualité est donc très-rare, c'est-à-dire qu'il est très-rare de la rencontrer portée au haut degré où elle produit les effets merveilleux et si puissans de la peinture, je veux dire la force d'imitation des caractères par le moyen de cette vie et de cette véritable expression des formes de la nature, expression de vie qui devait être surprenante dans les figures peintes par Apelles ou Protogènes, expression ou sentiment graphique dont Léonard de Vinci, Raphaël, Michel-Ange et David nous ont donné quelques modèles par les mêmes moyens que les Grecs.

Cherchons à analyser cette qualité. Il convient de la considérer d'abord comme étant essentiellement dépendante du degré de savoir perspectif, puis comme sur-ajoutée aux résultats de la perspective; ainsi nous distinguerons premièrement ce que peut la perspective instrumentale seule, et secondement ce qu'on peut y ajouter par le sentiment graphique des plans. Voyons jusqu'à quel point la perspective instrumentale seule peut servir le dessin dans la représentation.

De ce que la perspective instrumentale est indispensable pour l'imitation par le dessin, il ne s'en suit pas qu'elle soit entièrement suffisante. La perspective instrumentale est insuffisante, parce qu'elle n'est presque jamais employée ou mise en œuvre rigoureusement sur tous les points du corps que l'on dessine, et que toujours, celui qui s'en sert, néglige plus ou moins dans la pratique et dans les opérations la stricte exactitude dans quelques parties; il y a même mille et mille cas où, par l'effet de l'impatience de l'imagination, elle ne serait que très-faiblement praticable. Elle est insuffisante, parce que le but de l'art étant moins de représenter avec illusion les objets, que de les représenter avec une grande vivacité ou énergie d'imitation (afin de donner au spectateur l'idée la plus intense du caractère de ces objets), il résulte que l'imitation par le seul moyen de la perspective instrumentale serait froide dans plusieurs cas, et n'atteindrait pas au véritable et noble but de l'art. Il faut faire remarquer de plus que la nature est toujours au-dessus de l'imitation obtenue sur une superficie plate par les effets de la meilleure perspective. En effet, nos yeux embrassent par leur écartement les objets naturels d'une manière qui ne saurait se répéter, lorsqu'ils ne considèrent que les fictions d'une superficie plate ; c'est encore une raison de suppléer à ce manque d'illusion, en fortifiant l'imitation par le sentiment vivifiant, vif et expressif des plans. Dans tout ce que je dis ici, je suis loin de prétendre qu'il faille sortir des bornes du naturel et des résultats perspectifs de la géométrie ; j'espère qu'on me comprendra encore mieux tout à l'heure.

Ces diverses raisons qui se présentent d'abord à l'esprit, rendent déjà fort vraisemblable notre idée sur l'obligation où se trouve le peintre d'avoir recours au moyen supplémentaire du sentiment graphique, moyen au surplus dont les effets, qui, ainsi que nous allons le remarquer, sont d'une efficacité toute particulière, et ont toujours pour principe la perspective elle-même.

Mais reprenons ces diverses causes, que nous venons d'indiquer, de l'insuffisance de la perspective pratique et instrumentale. J'ai donc dit qu'elle est insuffisante, parce qu'elle n'est presque jamais employée et mise en œuvre en tout point rigoureusement. En effet, comme un peintre ne représente pas toujours des corps réguliers et immobiles, tels que des meubles, des colonnades, etc., mais bien toutes sortes d'objets, et surtout la figure humaine, il arrive fort souvent que ses procédés pratiques de perspective ne sont pas absolument observés en tout point, et que s'ils l'ont été par l'opération des délinéations, ils ne le sont plus par celle du pinceau, qui s'écarte quelquefois des lignes tracées, et qui, par la complication dans laquelle l'engagent le clair-obscur et mille autres considérations, s'égare quelquefois et abandonne même les points et les contours indiqués. Plusieurs peintures de Raphaël, de Tiziano et de Corregio nous font voir les écarts volontaires du pinceau, qui cependant sont devenus des vérités aux dépens des points perspectifs, il est vrai, mais au grand avantage de la représentation, et cela, parce qu'il y a des cas où il faut aider à la perspective, pour mieux rendre sensible le naturel dans la représentation.

De plus, la perspective instrumentale est, pour ainsi dire, impraticable en bien des choses, c'est-à-dire qu'elle est d'une pratique fastidieuse, minutieuse et insupportable pour des hommes à imagination, car on ne saurait dire que tous les objets de la nature ne peuvent pas être rigoureusement soumis aux opérations de la perspective, puisque tous le sont réellement. Cette espèce d'impossibilité a lieu à propos d'objets dont les surfaces et les mouvemens sont très-compliqués, et à propos d'objets très-délicats qu'il serait long et pénible de mesurer, parce qu'ils semblent échapper aux opérations, telles seraient les feuilles des arbres, les séries d'ornemens semblables, les mèches de cheveux agités, de plus les draperies volantes et mille détails enfin qu'on sentira toujours plus aisément qu'on ne les mesurera. Ainsi, quand des objets de ce genre offrent des formes tellement complexes et subtiles dans leurs lignes, leurs courbes et leurs plans, qu'elles ne sont mesurables que péniblement par un instrument, l'art ne doit pas en rester là; mais c'est alors que le compas doit passer de la main dans l'œil, et c'est alors que commence le domaine de l'art libéral. Le peintre, en effet, voit et comprend, par son sentiment graphique, le caractère des formes, celui de leurs plans, et l'expression de la nature; il en saisit les moindres indices, et, dans son langage significatif, il les caractérise avec énergie, avec délicatesse et vivacité. C'est donc alors qu'il s'élève au-dessus de l'art de répéter au compas des mesures, c'est alors qu'il plane dans la région du poète; son accent éloquent le fait croire inspiré, et l'on s'imagine qu'il ravit au ciel, comme Prométhée, le feu sacré.

Celui qui pourrait calquer la nature, si je puis m'exprimer ainsi, n'en donnerait cependant avec ce seul moyen qu'une image encore trop froide peut-être par rapport à cet art libéral et éloquent de la peinture, par rapport à cet art qui, bien qu'il consiste dans une fidélité optique rigoureuse, doit cependant donner plus que la similitude optique, et doit, par une certaine verve, par un certain plus ou moins, communiquer l'idée de l'objet. C'est ainsi que le musicien qui presse ou ralentit la mesure, et qui adoucit ou force par sentiment, donne l'idée du sujet. Aussi l'on pourrait comparer l'utilité d'un graphomètre pour le dessin, à l'utilité d'un chronomètre, qui dans la musique sert, il est vrai, à marquer régulièrement les temps, mais qui, sans l'aide du sentiment du musicien, ne produirait rien d'animé et de caractéristique. Ainsi les personnes étrangères au sentiment des mouvemens, des lignes ou des sons, tout en tirant des instrumens un avantage assez grand, n'arrivent pas par le moyen seul de ces instrumens à donner des images vives et caractéristiques de la nature. Je sais qu'il est difficile de concevoir comment le peintre pourrait être autorisé à déplacer des points justes, à altérer des lignes scénographiques, pour y substituer des lignes de son imagination; mais il est tant d'intervalles où un ignorant gâterait la représentation, et où un peintre échauffé par le sentiment graphique des plans peut l'améliorer, il est tant de cas, je le répète, où c'est par un accent particulier qu'il faut tracer et peindre, que je ne crois pas être blâmé par le géomètre, en avançant que le peintre fait plus encore, s'il sur-ajoute un travail de sentiment qui peut servir à compléter l'imitation. C'est cette idée qui faisait dire quelquefois à David : « Plusieurs peintres savent mieux, mais ne sentent pas aussi bien que moi la perspective. » Et puisque j'en suis à citer ce maître, dont j'ai recueilli avec soin les leçons, j'ajouterai ici qu'il nous disait encore : « Il ne faut pas faire de la peinture une chose matérielle, elle a besoin de l'ame, et le peintre doit exécuter avec passion... » « Vous ne respirez pas, disait-il à quelques-uns, quand vous dessinez; il semble que vous reteniez votre haleine : vous êtes froids, je reconnais les hommes à leur peinture... Exprimez donc avec sentiment, et faites beaucoup avec peu, c'est d'ailleurs une bonne recette pour les paresseux. » Mais, à propos de ce sentiment et de cette chaleur, il ajoutait : « La chaleur consiste dans la juste différence des lignes. »

Tout ceci nous démontre qu'il faut dans la théorie considérer ces deux moyens comme étant bien distincts, puisque la perspective sert à représenter avec justesse les formes et les plans des objets individuels, quels qu'ils soient, tandis que le sentiment des plans fait représenter, à l'aide des notions de la perspective, les plans propres, naturels et caractéristiques des objets.

Revenons sur l'autre considération que nous avons

brièvement exposée. La superficie plate sur laquelle est tracée l'image, trahit toujours l'art, avons-nous dit, et s'oppose à l'illusion par laquelle on rivaliserait avec la nature. En effet, dans la nature les objets sont saisis par la perception perspective des deux yeux, qui embrassent véritablement le relief et qui sentent exactement, par l'effet de la plus petite oscillation, la forme et les plans des corps autour desquels ils semblent tourner. Mais tout l'art de la perspective, généralement parlant et excepté certaines représentations particulières, ne peut procurer un résultat analogue, en sorte que l'image est toujours au-dessous de la nature tant que l'habile dessinateur exercé à sentir les plans et à les exprimer, n'y a pas mis en compensation son ame, son sentiment chaleureux et l'application de la connaissance philosophique qu'il a des caractères propres et pittoresques des objets. Toutes ces conditions se rapportent bien évidemment au sentiment graphique des plans et des formes, et ce sentiment dérive nécessairement de la connaissance de l'objet, car copier ce qu'on voit et se contenter de répéter cette sensation, ce n'est pas un moyen suffisant d'imiter et de saisir la nature, surtout s'il s'agit de la nature vivante et de la représentation, par exemple, de l'homme en mouvement. En effet, ce mouvement, ce jeu des parties, ces lignes respectives que donnent l'action, les positions, les contrastes, les courbes, les saillans et les rentrans, ces lignes, dis-je, si variées ne doivent pas, ou plutôt, ne sauraient être répétées sans la connaissance intime de ces mouvemens, considérés géométriquement, c'est-à-dire, tels qu'ils sont, et de plus perspectivement, c'est-à-dire, tels qu'ils paraissent. Les anciens, je l'ai souvent répété, étudiaient constamment et connaissaient ces mouvemens du corps humain, et chez eux, les personnes même étrangères aux arts d'imitation, en avaient fait l'objet de leurs observations. L'action, disaient les rhéteurs, est une espèce d'éloquence du corps qui consiste dans le mouvement et dans la voix. Ainsi, selon eux, l'action étoit la fin, et le mouvement était ce moyen; mais ce mouvement c'étaient les sculpteurs surtout, c'étaient les peintres qui l'analysaient. Un peintre, en effet, doit être bien loin de se contenter de l'aspect d'un objet tel que la figure humaine; il lui faut pour sa représentation avoir acquis la connaissance intime du mouvement et de la construction de cette figure.

Or c'est cette connaissance qui se convertit chez lui en ce sentiment particulier dont nous voulons parler ici.

Les peintres, pour désigner cette qualité que nous cherchons à signaler, se servent de l'expression *dessiner dans le mouvement*. Ils disent : cette figure n'est pas dessinée dans le mouvement; cette forme a tel ou tel mouvement; on sent bien dans ce tableau les mouvemens de telle ou telle draperie, le mouvement de ce bras nu sous cette draperie. Par ce terme, qu'ils rendent ainsi générique, ils veulent indiquer à la fois et la construction géométrique et l'apparence perspective. Mais ce serait s'énoncer plus précisément que d'employer particulièrement l'expression *sentiment graphique des formes*. En effet, le mouvement en graphie n'est que le résultat des rapports des divers plans ou traits répétés selon la construction ou le jeu des formes des objets.

Ainsi le peintre doit ajouter au résultat d'une pratique exacte et instrumentale de perspective, le sentiment graphique des plans, sentiment qui aide à la signification de la nature, et qui, se prêtant à ses indications un peu faibles, développe, pour ainsi dire, ce qu'elle présente sans grande générosité. La langue hollandaise a un terme propre pour rendre cette action de l'artiste qui interprète ainsi la nature ; ce mot est *toegeeven* ; il est usité parmi les artistes, de sorte qu'ils disent *aen de nature toegeeven*, aider à la nature. Le dictionnaire de Winckelmann traduit ainsi ce mot : user de complaisance, se montrer facile, ne pas regarder de si près. Voyons d'ailleurs et en passant si le même acte de l'esprit n'est pas nécessaire dans d'autres parties de la peinture. Rubens n'aidait-il pas à la nature dans son coloris plus développé ; et Tiziano de même dans les délicatesses, les suavités et les accords ? Poussin aidait à la nature dans le geste ; Raphaël dans le dessin et la perspective. Corregio aidait au clair-obscur : une demi-ombre sur une phalange, il l'écrivait, la prononçait en plus, et il ne mentait pas, puisqu'il était vraisemblable. En effet, s'il eût resserré le jour de son atelier, il eût obtenu ce même clair-obscur. On est donc plus près de la nature en faisant une addition, quoiqu'elle soit hors de l'individu modèle. En effet, si vous colorez davantage cette joue, si vous formez plus ce muscle, ce plan, vous faites probablement plus semblable à un modèle qui, il est vrai, n'est pas dans le moment présent sous vos yeux, mais qui existe quelque part, tandis qu'en n'étant que le scrupuleux, mais le pauvre copiste d'un individu, vous faites ressembler à un modèle que personne ne reverra, et votre idée de la nature paraîtra limitée et incertaine, car l'effet que vous produisez est incomplet étant circonscrit par cette chétive imitation.

Considérez comparativement l'ouvrage de deux élèves

qui peignent l'un et l'autre le même modèle vivant; la figure de l'un sera correcte, sans erreurs de proportion ou de lignes perspectives; vous retrouverez même chaque partie copiée et rendue peut-être avec un soin et une exactitude serviles : cependant cette même figure restera froide et sans grande expression. Quant à la figure de l'autre, elle sera répétée peut-être sans une grande similitude, mais la vie et le mouvement qui l'animent vous feront oublier l'individu modèle qui a servi à la représenter. Ce qui a animé cet artiste-ci, ce qui l'a soutenu et excité, ce qui l'a échauffé, rendu pénétrant et touchant dans son ouvrage, c'est le sentiment graphique des plans, c'est la volonté tenace de rendre, de communiquer, de faire fortement sentir les mouvemens, les inflexions, les saillies, les demi-saillies, les fuyans, etc., c'est le désir violent et ambitieux de faire remuer l'image, en fortifiant, pour ainsi dire, les caractères de la nature. Mais, au fait, la cause première de cette différence entre l'un et l'autre ouvrage, c'est celle que nous faisons ressortir ici. Dirons-nous que l'un a du génie et que l'autre en manque? Non : l'un a reçu les vrais principes; l'autre n'a appris encore que le métier; l'un a été exercé comme un instrument, l'autre comme un être intelligent et capable de créer; peut-être même celui qui est si froid, a-t-il au fond plus de génie que l'autre, et est-il capable de porter l'art plus loin, si on lui en découvrait la méthode et les mystères.

Il faut donc aider au modèle et y ajouter avec science quelque chose qui n'y est que faiblement indiqué. Si le peintre a toujours dans l'esprit, en dessinant, la volonté de donner l'idée du mouvement ou l'idée des plans, et s'il est constamment préoccupé, ainsi que l'était David, ainsi que l'ont été pendant un temps ses élèves, de ce sentiment vivifiant et magique, condition si importante pour l'art; les figures qui sortiront de son pinceau ne ressembleront pas à des fantômes insignifians et à des calques *inanimés*, mais bien à la nature elle-même et aux spectacles généraux de la nature.

Maintenant désignons cette qualité plus positivement, en employant des applications et quelques exemples. Dans une tête penchée à droite et en arrière (fig. 357), l'oreille qui paraît la plus haute offre évidemment deux mouvemens ou deux positions de plan très-distinctes : d'abord le renversement de cette oreille doit être exprimé par une juste inclinaison, et conformément à sa construction; de plus, elle doit être raccourcie, puisqu'elle est vue de bas en haut, par l'effet de son penchement de côté, le dessous recouvrant le dessus. Or un dessinateur qui ne sentirait pas vivement ces deux plans distincts, et qui n'aurait pas la volonté persévérante de les exprimer, tracera et modèlera cette oreille en perspective, il est vrai, mais froidement, et sans s'identifier avec les plans offerts optiquement par la nature. Celui au contraire qui cherche à faire vivre, à faire remuer, à pénétrer, à toucher par un spectacle plein de caractère et de vie, fera sentir par les lignes et par le clair-obscur ces deux mouvemens composés. Non-seulement il représentera cette oreille vue en arrière, ainsi que les autres parties, non-seulement elle sera dessinée raccourcie à l'œil et de manière que ses parties inférieures recouvrent les supérieures, non-seulement le trou auditif offrira une ouverture d'une apparence raccourcie et le lobe inférieur sera vu en-dessous et incliné; mais tous les plus petits plans de cette oreille seront sentis énergiquement dans ces mêmes rapports de position; toutes ces formes seront rendues avec le sentiment graphique vif et soutenu de tous ces plans, en sorte que non-seulement la perspective régulière et instrumentale aura déterminé les raccourcissemens, mais un sentiment vivifiant et concordant avec l'esprit de la nature aura ajouté à cette imitation : et s'il arrive que le peintre ait exagéré avec la perspective, il aura exagéré dans le sens de la nature et dans l'esprit de la perspective; si au contraire il avait, par ignorance et témérité, exagéré autrement, c'est-à-dire, faute de ce sentiment des plans, il aurait fait un contre-sens choquant. Je n'ai fait que décrire ce qu'on voit dans le tableau de Raphaël, tableau connu sous le nom de la Belle Jardinière (Musée de Paris, n° 1027). C'est l'oreille du petit St Jean que j'ai voulu prendre ici pour exemple.

Mais, je le dis de nouveau, comme je crains d'encourir la critique des géomètres dessinateurs qui ne concevront pas comment on peut admettre et exprimer d'autres points et d'autres contours que les contours mêmes qui apparaissent au peintre, et qui ne verront au-delà de ces points et de ces contours que des mensonges et une exagération qui est de la manière, je dois m'expliquer encore en disant que cette exagération que je crois propre à la peinture, art qui doit donner vivement l'idée des choses, ne doit jamais être un écart, mais doit toujours être en tout comme émanée des règles et des pratiques de la géométrie ou de la perspective. Au reste, on peut penser que je suis loin d'avancer une proposition qui blesserait la loi sacrée du vrai et du naïf, puisque j'ai plus d'une fois signalé et critiqué les écarts et les manières des peintres qui, hors de la perspective et malgré ses lois immuables et éternelles, ont voulu, pour séduire le spectateur, s'abandonner à des mensonges hardis et imposans. Oui, les hommes qui, dans les arts, ont cherché à faire remarquer leur caractère hardi et leur fantaisie, plutôt qu'à faire remarquer les caractères et les beautés de la nature, ceux-là ont signifié avec une énergie, avec une exagération qui a souvent fait des dupes, mais dont le vice a été signalé et toujours condamné par le petit nombre de gens éclairés, qui dans les élans du génie préfèrent la vérité au mensonge, et la naïveté à l'affectation. Cependant la hardiesse et la pétulance de ces dessinateurs qui abondonnèrent la nature, a été admirée et recherchée par un grand nombre d'imitateurs, lesquels voyant le but là où est seulement le moyen, ont été très-chaleureux et très-violens, pour représenter des choses naturellement froides et sans grands mouvemens; qui ont été très-tourmentés, pour ne donner que des mouvemens faux, bizarres et contraires au mécanisme de la nature; qui n'ont fait voir enfin que de la témérité au lieu de l'exactitude, de la violence au lieu du vrai savoir, de la dextérité seulement au lieu de la vérité. Ces imitateurs eussent donc bien mieux fait de s'en rapporter à la simple pratique de la perspective.

Dans le tableau inappréciable de Léonard de Vinci, représentant la Vierge sur les genoux de Ste Anne avec le petit St Jean [1], qui ne remarque pas le sentiment exquis des plans, soit dans le tour de tête si fin et si délicat de la Vierge, soit dans celui de Ste Anne qui incline la sienne en avant et de côté, soit dans le bras si remarquable du petit St Jean, bras digne, pour le clair-

[1] Musée de Paris, n° 932.

obscur et le trait, d'un pinceau grec des bons tems? Rien n'est de trop, tout est juste et senti, tout est vivement exprimé, tout semble créé de sentiment, et rien n'est exagéré : enfin tout respire dans le dessin de ces figures, tout y est d'accord, et l'artiste, à l'aide de la perspective et du sentiment des plans, a obtenu un spectacle plus éloquent, plus vivant que les spectacles ordinaires de la nature, en sorte qu'on ne peut croire, en contemplant ce tableau si correct et si fin, qu'il soit seulement le résultat du compas, on est persuadé qu'il est surtout le résultat d'un sentiment graphique exquis. Telle est la qualité qui attachait devant les chefs-d'œuvre des Parrasius, des Nicomaque, des Protogène, etc., et voilà ce qui attache aussi en présence des figures de Raphaël, de David, de Francia, d'Holbein et même d'Albert-Durer et de Mantegna.

Comparez cette tête penchée de la Vierge, dans ce tableau de Léonard que nous venons de citer, à une tête de la Transfiguration et qui soit dans un mouvement analogue; voyez la différence dans cette tête de Raphaël. Le jeu de la machoire par rapport au col et à ses diverses inflexions, n'est pas senti avec la même expression, ne concourt pas aussi vivement à ce mouvement, etc. Dans la tête de Léonard, la composition des inflexions est sentie et exprimée d'une manière merveilleuse; aussi y a-t-il vie, énergie et grande vérité d'aspect. Mais voyez surtout dans ce tableau déjà cité de la belle jardinière de Raphaël, la tête du petit St Jean : son profil n'exprime point assez un mouvement d'inclinaison de gauche à droite, ainsi que le voulait indiquer Raphaël; son œil offre la ligne d'un œil appartenant à une tête droite et non penchée; le col n'exprime point de jeu déterminé, l'oreille paraît même être dessinée en sens inverse de l'inclinaison de toute la tête. Dans Léonard au contraire, l'excellence de cette qualité ou de ce sentiment graphique est constante. (Voy. fig. 358, un projet d'amélioration.)

Il s'agirait maintenant de savoir à quel point Léonard et Raphaël, à quel point Michel-Ange, Albert-Durer, Holbein et tant d'habiles dessinateurs ont poussé l'emploi du compas et des opérations de perspective ou de géométrie. J'ai déjà exposé la conjecture que ces maîtres ont presque tous opéré avec l'aide de ces moyens; mais, comme il faut supposer aussi qu'il n'ont pas toujours opéré ainsi pour toutes les figures de leurs tableaux, on doit en conclure que beaucoup de figures et d'objets qui dans les peintures de ces maîtres sont bien représentés, quant aux formes et même au coloris, ne l'ont été que par le moyen surtout de ce sentiment graphique dont je cherche ici à rendre compte. Considérons donc sous ce rapport quelques-uns de ces peintres.

Je viens de dire que Léonard surpassait Raphaël dans le sentiment graphique des plans des objets. On objectera peut-être que les figures de Raphaël et de Corregio n'en ont pas moins d'expression et de grâce que celles de Léonard de Vinci : mais que serait-ce, répondrai-je, si les qualités analysées ici eussent été ajoutées à celles de ces maîtres ! Combien seraient plus touchantes cette grâce et cette expression ! C'est donc la force et la vivacité dans les idées de ces artistes qui prouvent l'espèce de force de leurs expressions, mais ce n'est point la manière dont telle ou telle idée est rendue par le dessin, car une idée excellente et faiblement rendue, équivaut pour le spectateur à une idée moins excellente, mais très-fortement exprimée par les lois et par le sentiment de la graphie. Dans le fameux tableau de Ste-Catherine par Corregio (musée de Paris, n° 814), la tête de la Vierge a de l'expression, de la vie, un caractère doux un peu noble et animé; mais, outre qu'elle est beaucoup trop grosse, elle est moins expressive en général que celle de Ste Catherine, qui aussi est bien mieux dessinée. Dans celle-ci, les plans, les lignes y sont mieux sentis, quoiqu'ils ne le soient point encore assez. En effet, le jeu du col, et celui de la tête sur le col est équivoque; mais les plans, quels qu'ils soient, y sont très-bien modelés par le clair-obscur. Qu'en conclure? C'est que cette tête de Ste Catherine eût été admirable, si elle eût été mieux dessinée; c'est que la tête de la Vierge eût été aussi touchante que la tête de Ste Catherine, si elle eût été aussi bien dessinée; c'est que la figure de l'enfant Jésus est une assez mauvaise figure, parce qu'elle est mal dessinée, et que, bien que la pose de la main droite de la Vierge soit fort bien imaginée, cette main n'a réellement pas de grâce, parce qu'elle est faussement attachée à un bras qui semble lui-même estropié sous la draperie; enfin la main de Ste Catherine, quoique d'un bon sentiment d'action, n'offre qu'un très-faible effet, parce qu'elle sort d'un bras qui est placé on ne sait où.

Suivons encore cette analyse instructive sur d'autres peintres, nous verrons les Holbein, les Albert-Durer et autres, exprimer la vie et l'existence, mais, faute de génie élevé, et faute aussi d'un très-haut degré dans ce sentiment exquis des plans, ne se placer qu'après Léonard et même après d'autres dessinateurs. Nous verrons ceux qui n'ont pas eu ce moyen à leur disposition, je veux dire, la grande force de ce moyen, car ceux que je viens de citer l'ont possédé à un certain degré, nous les verrons, dis-je, n'arriver à un grand résultat que par de grandes compensations. En effet, chez Tiziano, c'est la vérité significative du coloris; chez Corregio, qui n'a presque pas possédé ce sentiment, c'est la vérité du relief, l'agrément ou l'expression des choses représentées par un certain clair-obscur très-puissant; chez Poussin, qui n'a pas porté ce moyen au-delà de l'ensemble perspectif de ses figures, la compensation a lieu par le choix intéressant des choses inventées, par la convenance ou plutôt par la clarté des pantomimes des figures et de l'expression des têtes. Mais quelle différence entre une tête, un col, une main de Léonard ou de Poussin! Cependant, chez Poussin, le résultat est grand dans son genre, quoique moindre que celui des Grecs qui possédaient à fond le savoir de perfectionner une seule figure. Nous pourrions encore citer Paul Véronèse, qui avait à sa disposition ce moyen dans les ensembles, et qui donnait à ses figures du mouvement et de la vérité; ces parallèles nous conduiraient à l'infini. Je demanderai donc ici à quel rang le peintre qui n'a pas, comme ces hommes célèbres que je viens de citer, une dose de génie propre à inventer des choses extraordinaires, qui n'est pas familier avec l'art d'être vrai et poétique dans le coloris et le clair-obscur, qui n'est que médiocre en un mot dans les autres parties, à quel rang, dis-je, un tel peintre, lorsqu'il n'a pas d'ailleurs la force du moyen que donne le sentiment graphique des plans, espère-t-il être placé?

Mais revenons encore aux deux grands dessinateurs

Léonard de Vinci et Raphaël. Léonard avait peut-être plus qu'aucun peintre qui ait jamais existé, la justesse du coup-d'œil et surtout la force d'esprit, ainsi que la persévérance indispensable pour la correction du dessin. Il avait senti toute la puissance de la géométrie et de la sévérité perspective, il avait senti et reconnu toute la force significative d'un dessin, dans lequel les mouvemens respectifs des lignes sont rendus par des améliorations successives et par le perfectionnement que le sentiment des plans et de la vraie perspective ajoute toujours au premier travail. Convaincu par l'expérience de tous ces avantages, cet homme habile, grand mathématicien et grand géomètre à la fois, aspirait sans cesse à obtenir par ces divers moyens les plus puissans résultats. Mais il n'en était qu'aux moyens, il fallait en faire l'application non-seulement à la vie des figures, mais encore aux choix d'expression imaginée ou imitée directement d'après le modèle ; il fallait que ces moyens fussent maniés par le génie naturel qui est exclusivement propre à la peinture. Certes je suis loin de vouloir rabaisser le mérite des admirables peintures de ce grand artiste, je pense au contraire qu'on ne leur rend pas assez de justice, mais ici je dois continuer le parallèle en envisageant le génie poétique de Raphaël.

Je comprends tout de suite que Raphaël n'a peut-être pas poussé aussi loin que Léonard de Vinci la recherche et la vivacité épurée du dessin ; mais il offre une si grande compensation par le nombre infini d'idées sorties de son beau génie, que toujours il fait pencher la balance en sa faveur. Il avait trop de sens et trop d'aptitude lui-même, cet artiste extraordinaire, pour ne pas sentir l'importance de toutes les qualités graphiques, et les études sévères qu'il poursuivit sous son maître Pierre Pérugino, ne tendaient guère à un autre but : aussi le résultat de son dessin fut-il excellent. Mais son génie s'élevait d'un vol si rapide, et l'abondance de son ame était si continue, qu'il n'a pas toujours, comme Léonard, poussé ces premières qualités jusqu'à la perfection qu'il était capable de leur donner. Non, malgré son ame toute divine, il n'a jamais communiqué cette pureté, cette vivacité, cette finesse de contours et de clair-obscur, cette précision, en un mot, et cette netteté d'aspect, qui est un des caractères les plus excitans de la nature et des tableaux de Léonard. Son résultat est souvent préférable, puisqu'il s'aidait d'autres conditions, telles que la convenance et la magie d'une continuelle émotion ; mais il n'est pas supérieur à Léonard, ni son égal, dans la perfection des lignes et de leurs mouvemens, ni dans la recherche de cette vivacité.

Ne convient-il pas de faire figurer aussi dans nos comparaisons Lesueur, ce peintre si expressif et si remarquable par sa candeur ? Quand on considère ses touchantes peintures de l'histoire de St Bruno, on remarque qu'il a presque toujours été étranger à ce sentiment des plans, moyen graphique qui ajoute tant à l'expression. Ses têtes sont placées sans mouvement très-senti sur le col ; ses pieds et ses jambes surtout ne sont point représentées selon ce jeu qu'expriment des lignes perspectives bien conçues et très-naturelles ; et cependant ses pantomimes, ses attitudes, toutes ses idées sont très-significatives, très-naïves, tant il était doué du génie de la peinture. Mais qu'eût donc produit cet heureux génie, s'il avait été favorisé par le secours de cette perspective mentale et de ce sentiment des plans dont la privation lui a fait refuser par les italiens la place qu'il est permis de lui assigner à côté des premiers peintres de leurs écoles? Si Lesueur eût mieux senti la graphie, n'eût-il pas égalé Raphaël dans ce secret magique de toucher et d'émouvoir? On peut donc dire que tous les peintres très-expressifs sans cette qualité eussent été tout à fait admirables, s'ils l'eussent possédée, et qu'ils ne l'ont point mise en œuvre, non parce qu'elle est incompatible avec un sentiment tendre, vif ou violent, mais parce qu'ils n'en ont pas eu l'idée.

Cependant il faut ajouter ici que cette qualité ne peut guère s'obtenir sans une grande persévérance et sans une force qui est le résultat d'une espèce d'émulation. En effet, il faut, indépendamment de ce qu'exige la perspective, long-tems corriger, changer, consulter les cartons préparatoires et s'entourer de dessins destinés aux comparaisons. Or une telle méthode exige une certaine opiniâtreté dont tous les esprits ne sont pas susceptibles. Un peintre dessinateur doit donc à tout instant reprendre le crayon et tracer des corrections. Par ce moyen, il verra fréquemment s'il rentre dans l'esprit de la nature et de la perspective qu'il possède et qui l'a guidé, ou s'il s'en éloigne. Ce n'est qu'en multipliant les comparaisons, soit sur le tableau, soit sur les dessins préparatoires, qu'il pourra parvenir à saisir réellement la nature, car, s'il veut improviser, jamais il n'imitera une chose aussi difficile à imiter, que l'est, par exemple, la figure humaine. Au reste la méthode que j'ai indiquée et expliquée, exempte en grande partie les peintres de tous ces repentirs et de toutes les fausses tentatives qu'il lui faut répéter.

Je vais finir ce chapitre par quelques considérations sur la manière d'exprimer les plans. Il faut commencer par l'essentiel : or cet essentiel n'est autre chose que les grands plans, parce qu'ils frappent ; les petits ne sont bien sentis qu'autant qu'ils appartiennent à de plus grands plans qu'il importe d'abord d'exprimer avec justesse. Ce qui est remarqué par les personnes étrangères à l'art du dessin, c'est le dessus, c'est-à-dire, les formes particulières du dessus, et non les grandes lignes des dedans ; ce sont, par exemple, les chairs ; aussi l'imitation des chairs est-elle ce qui intéresse et ce qui occupe le plus. Cependant le dessous, c'est-à-dire, le mouvement, le jeu des os, des grands muscles, etc., sont les causes premières de la puissance du dessin. Si l'artiste commence par polir les petits plans, avant d'avoir bien établi les grands, il ne donnera aucune signification à la représentation. Qu'est-ce en effet qu'un œil proprement peint, bien poli et lisse, lorsqu'il n'est point colloqué juste dans l'orbite, et lorsque par son ton et par sa teinte il ne caractérise aucun plan déterminé ? Cet œil ne dit rien, ne signifie rien ; ce sont donc les correspondances, les oppositions des grandes surfaces, qu'il faut que l'art représente avant tout. Toute l'école de Phidias ne procédait que par plans, et c'est par les plans que l'on arrivait au fini, en sorte que les ébauches de cette époque étaient plus finies dans le fait que toutes ces statues romaines dont le poli n'est point le résultat de la savante étude des plans (voyez ce qu'on a avancé au sujet des fragmens du Parthénon). Disons plus : une ébauche traitée par de grands plans, justes et savans, intéresse plus, touche plus qu'une imitation finie, c'est-à-dire, polie et soignée par l'outil. Ce résultat puissant, comparé à la simplicité des moyens qui l'ont produit, a quelque chose de magique. Aussi Wanderwerff obtient-il tout le contraire, car avec son blaireau et son lisse, il est fade sans éloquence, et ses imitations sont pénibles à contempler. Poursuivons : on entend le public vanter dans une peinture flamande le bosselage d'un chaudron, les faces bien imitées d'une feuille de chou; cela ne prouve-t-il pas que c'est ce rendu des plans et ce jeu des formes qu'il faut d'abord obtenir? Le poli, le léché ne conduit point à ce résultat; ce qui y conduit, c'est la résolution dans les plans, le mouvement des formes, c'est enfin cette indication savante et propre à l'art de tailler et de façonner en peinture les objets.

Disons encore que c'est le travail par plans qui doit être long-tems poursuivi, parce qu'à la rigueur c'est en poursuivant ce travail par plans qu'on arrive au fini. Comment concevoir le vrai fini obtenu autrement? Le caractère du modèle et sa ressemblance doivent se manifester par cette seule imitation des rapports dans les principaux plans, car ce qui donne de la vivacité à une figure, c'est l'imitation de la variété et des contrastes des plans ou des formes. Sans cette imitation, une figure peut être lourde, quoique maigre et longue. C'est en considérant la nature ou les statues aplomb, de haut en bas et même de bas en haut, à l'aide du miroir, qu'on sentira ce contraste des plans et ce jeu des formes si animé et si bien répété par l'art grec; voilà pourquoi l'Hercule farnèse, bien que puissant et colossal, est léger. Quelle valeur n'auront pas l'expression des physionomies et la vérité du coloris et des détails, par dessus une structure ressemblante par les grandes formes générales! Commencer par ce second travail, je veux dire par le coloris et par les détails, n'est-ce pas agir en ignorant ou en insensé? Plusieurs peintres, abusant du dessin par plans, ont dessiné par facettes : Jouvenet, par exemple, ne procédait pas autrement; aussi les plans que ces peintres exprimaient étaient-ils plutôt vus dans leur imagination que sur la nature. On dira peut-être que Michel-Ange a peint par plans, mais tous ses plans ne sont pas naturels et justes, et il dessinait plutôt par courbes multipliées de fantaisie. Enfin je dirai que Léonard de Vinci lui-même a peut-être trop tôt cherché le fini et le poli, et cela, parce qu'il n'avait pas eu l'avantage de considérer les plus beaux modèles grecs de l'antiquité, mais seulement des ouvrages antiques exécutés à Rome.

Au surplus remarquons ici que les peintres qui ont le mieux dessiné chez les modernes, étaient sculpteurs; aussi Michel-Ange ne craignait pas de dire que, si une peinture ressemble à la sculpture, elle doit être regardée comme bonne, tandis qu'une sculpture est mauvaise, quand elle ressemble à la peinture. Dans l'antiquité, l'excellente méthode de la peinture n'aurait pas donné lieu à un pareil qui-proquo. Je finis en ajoutant que la juste expression des plans conduit à la justesse de la teinte : nous le démontrerons mathématiquement à son lieu, parce que, si la teinte avait trop ou pas assez d'énergie, elle détruirait le ton et le plan. Le premier moyen, c'est donc le ton; le second, c'est la teinte : mais il faut commencer par le premier. Celui qui voit la justesse de la teinte sans la rapporter au plan ou au ton, ne voit qu'à demi. Beaucoup de vénitiens ont vu ainsi, et les commençans voient de même. Qu'au contraire on leur fasse d'abord apercevoir les plans, ils sentiront la teinte sans effort, puisque toute teinte fausse est un contre-sens par rapport au plan :

qu'une joue fuyante soit trop riche de teinte, elle ne fuit pas et n'est pas à son plan; que la joue qui est en avant soit trop grise, elle ne saille pas, elle n'a pas d'existence et n'est pas au plan; que le blanc de l'œil soit d'une teinte crue ou trop intense ou trop bleue, cet œil n'est plus au plan.

Enfin la nécessité d'exprimer les plus petits plans obliques, pour obtenir le véritable fini, est démontrée évidemment par la perspective et par l'ichnographie, ainsi que par l'obligation de faire disparaître la toile toujours parallèle à notre œil, quoique les couleurs qu'elle reçoit indiquent des obliquités et des fuyans.

Conclusion.

Nous devons conclure de tout ce qui vient d'être dit, que cette qualité de sentiment graphique des plans, que cette précieuse recherche et cette force de correction remarquée dans les meilleurs ouvrages de Léonard de Vinci, sont des restes de l'ancienne et si admirable école grecque, restes transmis heureusement jusqu'à nous par les études de cet admirable peintre, ainsi qu'elles l'ont été par les recherches d'Albert-Durer et de quelques autres; que c'est à cette même qualité que Michel-Ange et Raphaël ont dû la chaleur qui de leur ame a passé dans leurs peintures; que beaucoup plus tard Lebrun eût peut-être animé ses figures tout autant que ces anciens maîtres, s'il avait employé dans son exécution ce moyen, faute duquel il est parfois lâche et indécis; que tant que cette belle qualité a été conservée parmi les dessinateurs de Florence, qui surent l'ajouter aux pratiques de perspective, et qu'elle y fut un objet d'émulation chez les graveurs, les ciseleurs et même les ornemanistes, Florence a été le berceau et la patrie protectrice du dessin; que lorsque cette qualité fut oubliée, négligée et peu appréciée, l'art est tombé. En effet, si Tiziano, P. Véronèse et Tintoretto n'eussent pas quelquefois soutenu par la dignité du dessin la magie de leur coloris; si, jusqu'en Flandres, les accens de Michel-Ange et les traditions provenant du très-célèbre Albert-Durer, n'eussent pas ranimé les coloristes; si cette voix ne se fût pas fait entendre même plus tard en France, et que Jouvenet n'eût pas été inspiré par un reste de ce feu graphique, on eût pu dire que l'art était éteint en Europe.

Celui donc qui vient de le ranimer en France avec tant d'éclat, l'illustre David, n'a pas fait autre chose que de renouveler cet antique moyen, en l'appliquant au vrai goût de dessin et de formes, goût méconnu jusqu'à lui. Ceux de ses élèves qui l'ont compris, ont aussitôt composé une école toute nouvelle par la vie, le naturel, la simplicité qu'ils ont donnée à leur dessin. Que n'ont-ils fait chérir encore plus cette qualité, en y ajoutant un coloris vrai et attrayant; car alors cette marche toute antique eût été mieux goûtée du public et plus constamment suivie! Puissent ceux qui aujourd'hui recherchent le coloris, ne pas abandonner le dessin! Malheur donc à l'art, si ce sentiment graphique s'éteint et est délaissé, et si l'on ne cherche pas à rivaliser en ce point avec ce célèbre renovateur, ainsi qu'on doit le faire avec Léonard et Raphaël! Mais j'aime à calmer des pressentimens, en me rappelant les succès des élèves qui ont fait l'ornement de l'école de David. Si une grande célébrité n'a pas jeté son éclat sur les travaux du plus grand nombre; si les études pleines de mouvement, de vie et d'expression, de ces élèves peu connus, ne sont pas devenues publiques; si modestes et se croyant sans cesse au-dessous de la nature dans leurs imitations, ils ont pensé plutôt à apprendre qu'à se faire un nom, plutôt à jouir du bel art de rendre les formes de la figure humaine qu'à produire des à-peu-près trompeurs qui séduisent les gens sans génie; si, dis-je, faute d'encouragemens, faute de protecteurs éclairés, ils n'ont pu multiplier de tableaux, leur mérite n'en a pas moins été reconnu et apprécié par leur illustre maître, par leurs condisciples et par le petit nombre de connaisseurs témoins de leurs travaux et partisans de l'art grec. Dans ce qui sortait du pinceau de ces jeunes artistes, que d'expression souvent dans les têtes, que de mouvement et de vérité dans l'ensemble et le jet des figures, que de naïveté et de justesse dans les mains et dans les pieds! J'ai vu dans cette école, où je me suis appliqué à comprendre les secrets du maître, des têtes, des yeux, des cols plus animés, plus vrais qu'aucun de ceux de Raphaël. Cependant j'avais vu Raphaël au Vatican, quand j'entrai dans cette école où l'on voyait la vie sans manière, la force sans affectation, le sentiment sans prétention, et le grand art du dessin converti en un acte facile de sentiment. Mais, je dois l'ajouter ici, avec quel zèle, avec quelle avidité ces mêmes jeunes gens allaient étudier les inimitables bas-reliefs d'Athènes et les plus belles statues à la salle des empreintes, dite alors salle des antiques! Avec quel tact ils saisissaient ces naïvetés de plans, ces lignes vivantes et simples, ces mouvemens si charmans qui animent ces excellens modèles! Avec quel plaisir enfin et quelle ardeur ils dessinaient la nature! Quelle durée n'eût pas obtenu ce goût excellent et ce style noble et vrai, si un tel sentiment graphique eût été basé sur les lois positives de la géométrie, de l'orthographie et de la stéréographie, sciences que ces élèves ne faisaient qu'entrevoir, que personne ne leur enseignait, et auxquelles ils suppléaient d'une manière vraiment étonnante, par la seule force, la seule délicatesse de leur sentiment, par cette précieuse qualité enfin qu'ils désignaient par le nom de sentiment des lignes, des plans et des mouvemens ! Tems heureux d'enthousiasme et de candeur, époque mémorable où le goût grec commençait à jeter ses précieuses racines dans notre patrie, et où il n'attendait plus que les secours efficaces de la géométrie, qu'êtes-vous devenus ? Vous donc, élèves courageux qui avez soutenu l'art par vos propres efforts, qui avez conservé la lumière et la beauté du dessin par des études quelquefois surprenantes, et qui avez été utiles, malgré votre peu d'éclat, vous enfin, dont les noms présens à ma mémoire sont près de m'échapper, recevez ici ce trop juste tribut d'éloges.

CHAPITRE 308.

EXERCICES DIVERS DE PERSPECTIVE, SELON LA MÉTHODE ADOPTÉE DANS CE TRAITÉ.

La figure 360 offre l'esquisse d'un tableau qui doit représenter trois solides dans des situations et à des distances différentes. Nous supposons cette esquisse faite par un dessinateur qui possède au moins les élémens premiers de la perspective, en sorte qu'il aura su fixer un point de vue et un point de distance ; nous supposons aussi qu'il sait employer et construire diverses échelles perspectives abrégées, selon les distances ou les points de vue (voy. le chap. 266). Pour exécuter le tableau perspectif (fig. 364) d'après cette esquisse, on doit commencer par établir une échelle perspective conforme au point de vue et de distance adopté dans cette esquisse et convenable à la forme du cadre adopté (voy. cette échelle, fig. 361), ensuite on s'occupera de construire le plan général des objets. Ainsi A (fig. 362) est le plan du premier solide; B est celui du second solide qui est plus enfoncé, et C le plan du plus éloigné. Pour placer ces solides sur le tableau perspectif (voy. fig. 364) et conformément à l'esquisse, il faut faire quelques tentatives. Le solide A y étant donc placé à-peu-près et à vue, semblablement au même solide A, indiqué sur l'esquisse, on peut aussitôt connaître, à l'aide de la ligne d'aspect *zz* et de l'échelle, à quel enfoncement, dans ce tableau, et à quel éloignement de la figure *zz*, ce solide est placé, les hauteurs ayant été cotées séparément (voy. la fig. 363). Quant au second, on verra d'abord approximativement sur l'esquisse à quelle distance et écartement il se trouve du premier, et comment il est situé, et on le placera sur le plan dans une situation qu'on croira analogue à celle de cette esquisse. Puis, à l'aide de l'échelle et de la croix d'écartement, on pourra déterminer au juste sa place, et sur le tableau perspectif et sur le plan. Cet objet sera donc découpé et mobile [1], afin qu'on puisse le transporter sur le plan là où l'esquisse l'indique : puis on l'élè-

[1] De la cire à modeler est propre à cet effet, ainsi qu'une épingle que l'on fixe debout à travers ce plan partiel découpé et mobile.

vera en perspective sur le tableau, tel que l'exige l'échelle. Il en sera de même du troisième solide et de tous les autres que l'on voudrait ajouter dans le tableau en employant ce même moyen.

La figure 365 représente, par une esquisse, une maison avec une cour circulaire. La figure 367 en offre le plan, et la figure 369 l'élévation perspective. La figure 366 est l'échelle, et la figure 368 les hauteurs.

La figure 370 représente, par une esquisse, une porte de ville avec un pont en avant, etc. Sur la même planche on a tracé le plan, figure 372. Sur la planche suivante on voit l'échelle, fig. 371; les hauteurs, fig. 373; et le tableau perspectif, fig. 374.

Les figures 375, 376, 377, 378 et 379 représentent l'intérieur d'une église souterraine.

On peut rappeler ici que, dans ces exemples, le point de distance est dans le tableau, ce qui se rapporte à ce qui a été dit au chap. 267, page 282, vol. 6, et à ce qui sera dit bientôt, quand on traitera de la méthode ordinaire de perspective.

Un plus grand nombre d'exercices nous a semblé superflu.

CHAPITRE 309.

DE LA MÉTHODE ORDINAIRE DE PERSPECTIVE, TELLE QU'ELLE EST PRATIQUÉE DANS LES ÉCOLES D'AUJOURD'HUI.

Après avoir communiqué notre nouvelle méthode de perspective, méthode que tout le monde reconnaîtra, je l'espère, être plus facile, plus étendue et tout aussi certaine que toutes celles qu'on a pratiquées jusqu'à ce jour, je crois devoir exposer la théorie ordinaire de perspective, telle qu'on a coutume de la pratiquer aujourd'hui.

Il convient de faire précéder de quelques raisonnemens cette exposition.

Le tableau doit être considéré comme une vitre encadrée, à travers laquelle le spectateur aperçoit les objets. Si au lieu d'un tableau nous considérons réellement une vitre placée verticalement, nous verrons que les objets qui sembleront traverser cette vitre, y seront figurés par des points ou des lignes dont la place variera suivant l'éloignement et suivant l'élévation de l'œil du regardant, en sorte qu'une maison qui paraissait à tel point sur la vitre, paraîtra à tel autre point, si l'on s'approche ou si l'on s'éloigne de cette vitre, si l'on s'abaisse ou si l'on s'élève. Le peintre qui se sert de la perspective, n'adopte qu'un seul point d'éloignement et d'élévation, et c'est de ce point unique qu'il calcule, qu'il opère, ou qu'il imite et copie. Où doit être situé ce point d'élévation et d'éloignement qu'il lui faut adopter? Sur cette première question repose une fort importante condition de la perspective pittoresque : nous en dirons deux mots tout-à-l'heure. Nous ne répéterons pas ici ce qui a été dit au chapitre de la scénographie sur le point de vue et le point de distance ; nous nous contenterons de rappeler que l'on place à volonté un point de vue fictif sur le tableau, et que c'est vis-à-vis de ce point qu'est censé placé l'œil du spectateur. De plus on place un point de distance qui détermine les retrécissemens ou diminutions selon cette distance.

Si, desirant représenter un carré long CAE4 placé sur le plan d'une chambre (voy. fig. 389), vous voulez connaître seulement les côtés C4 et AE de ce parallélogramme ou carré long : des deux points extrêmes de ces côtés vous tirez une ligne au point de vue; il est bien sûr que l'intervalle de ces deux lignes exprimera la même largeur partout. Ainsi écrivez à la base du tableau un pied, par exemple, pour cet intervalle, vous aurez un pied non-seulement à l'endroit où vous avez établi votre parallélogramme, mais vous aurez un pied partout entre ces deux lignes jusqu'au point de vue; que vous changiez le point de vue en le portant à gauche ou à droite, en haut ou en bas, en remontant ou baissant la ligne d'horizon, vous aurez toujours un pied partout. Voilà le premier effet résultant du point de vue fictif déterminé sur l'horizon, voyons celui du point de distance.

Je suppose que, pour pouvoir placer le point fictif de distance dans le tableau, vous avez adopté une réduction de $\frac{3}{4}$; il vous faut opérer selon ce quart de distance. Si donc vous voulez de cet espace déterminé par la figure précédente, faire un carré parfait, vous ne pouvez l'obtenir qu'à l'aide du point fictif de distance. En effet, il s'agit d'avoir en profondeur raccourcie ou perspective la même grandeur, mais perspective ou apparente, que vous avez eue sur le côté développé; ainsi ce côté de front ayant un pied, vous cherchez un pied raccourci en profondeur; et, comme vous avez déterminé le point de distance réduit au quart sur le tableau, il s'agit de prendre le quart de la largeur CA représentant un pied, et de tirer de ce point * vers le point de distance réduit, une ligne diagonale qui ira sectionner la ligne que vous avez fait aller au point de vue, et à cette section, ici E, sera déterminé, par une parallèle à la base, le raccourcissement du carré.

Il n'est pas plus difficile de mettre une caisse en perspective. En effet, si vous voulez que cette caisse ait deux pieds de large sur le côté qui se présente en face, quatre pieds de long sur le côté fuyant, et un pied de haut, vous commencez par obtenir sur le plan votre parallélogramme de cette mesure donnée, et pour cela, au lieu de prendre un pied de la ligne de base, pour tirer au quart de distance, vous doublez cette mesure, et vous obtenez, en tirant une ligne à ce quart de distance, quatre pieds en profondeur. Pour avoir un pied de haut, prenez avec le compas la moitié des deux pieds de la base, levez ce pied perpendiculairement, et de ses extrémités supérieures tirez une ligne au point de vue. Il ne s'agit plus que du raccourcissement du dessus de la caisse. Il est facile de le considérer comme un autre carré long qui est réellement par terre. Ainsi tirez une ligne du quart de ce carré supérieur au quart de distance, et la section sur la fuyante au point de vue vous donnera le point duquel vous tirez une parallèle à la base, laquelle parallèle ferme le carré et finit le haut de la caisse. Si la caisse était si haute qu'elle dépassât l'horizon, son extrémité supérieure se mettrait en perspective par un procédé analogue, mais renversé, puisque le point de vue serait dessous.

Ainsi l'on voit que toute figure tendant à la forme quadrangulaire, doit être considérée et traitée perspectivement comme un carré ou un cube régulier ; de même toute figure ou corps tendant à la forme circulaire, doit être considéré comme un cercle ou un cylindre régulier, aussi allons-nous voir tout à l'heure les moyens de représenter en perspective un cercle parfait. On comprend aisément que, par cette opération, par les carrés et par les cercles, on peut dessiner l'apparence de toutes sortes d'objets.

Mais, va-t-on objecter, toutes ces opérations ne sont bonnes que pour les corps qui sont placés parallèlement à la base du tableau, et rarement on voit dans une chambre, soit une chaise, soit une table ainsi située : elle est presque toujours au contraire placée de biais et de travers; il faut donc nous apprendre comment on fait dans ces cas. Je réponds que cette réflexion toute naturelle amène la seconde question, qui complète la théorie pratique de la perspective, telle qu'on l'enseigne ordinairement, car il n'y a pour les diverses applications que deux principes généraux dans cette perspective : celui qui est relatif aux plans ou surfaces parallèles à la base du tableau ou à l'horizon, et celui qui est relatif aux plans ou surfaces placées accidentellement, c'est-à-dire, de toute manière quelconque, excepté parallèlement à la base du tableau. On appelle donc ce point de situation oblique, point accidentel; on en verra la démonstration en son lieu, leçon X[1]. Après ce premier exposé, reprenons l'explication relative au procédé pratique. On fixe donc sur le tableau un point fictif, qu'on appelle point de vue, et qui est dans les mêmes rapports que le point de vue réel ou l'œil du regardant. Je dis dans les mêmes rapports, parce que ce point qui, dans l'opération faite par des fils, serait réellement en devant de la toile, et re-

[1] Dans notre nouvelle méthode, il n'est point question de point accidentel, ce qui fait éviter une foule d'opérations et d'idées embarrassantes, qui de tout tems ont beaucoup contrarié les peintres.

présenterait l'œil du spectateur, se trouve au contraire représenter l'œil du spectateur enfoncé dans la toile ou derrière la toile, mais percevant les mêmes angles donnés par les objets. C'est vers ce point que tendent toutes les lignes qui sont perpendiculaires à la ligne de terre. Ainsi, dans une grande route, quoique les arbres soient parallèlement alignés, et que leur direction réelle soit perpendiculaire à l'horizon ou à la ligne de terre, dans la représentation ces mêmes lignes sont de biais et vont se resserrant et montant au point de vue, ce qui exprime l'éloignement; de même les lignes qui sont au-dessus du point de vue, telles que les corniches d'une galerie, baissent et plongent toutes plus ou moins inclinées vers le point de vue. On tire donc dans ce tableau une ligne qui représente l'horizon, où la vue s'évanouit, et sur cette ligne on place le point de vue.

Il reste à donner quelques explications au sujet du point de distance réduit et contenu dans le tableau. Ce moyen a été inventé pour la commodité du peintre, car, s'il lui fallait établir réellement ce point de distance et tirer des lignes à cette distance réelle, à partir des points de ses objets, il lui faudrait souvent ou une toile ou une muraille d'une grande étendue. Ainsi, pour éviter soit une alonge au tableau, soit la peine de tracer sur une grande superficie et de reporter ensuite les mesures sur la véritable toile, on a imaginé d'opérer par réduction. On prend donc à volonté ou la moitié ou le quart ou le tiers ou le huitième de la distance totale, et l'on marque sur la ligne horizontale ce point, en exprimant par des chiffres qu'il est le quart ou le huitième, etc. de la distance totale; il ne s'agit ensuite que de réduire dans les mêmes rapports les dimensions ou espaces des objets qu'on met en perspective, afin de les proportionner à cette réduction. Par ce moyen, le peintre opère sur le tableau et sans en sortir, puisqu'il peut placer sur la ligne d'horizon le point de distance adopté. Passons aux leçons.

LEÇON Ire (fig. 380). — *Trouver la distance du spectateur au tableau, le point fictif étant donné.*

ABEC est le tableau, V le point fictif. Par ce point V tracez une ligne parallèle à la base AB du tableau ; cette ligne sera la ligne d'horizon, c'est-à-dire que tout ce qui est au-dessous de l'œil, monte à cet horizon, et que ce qui est au-dessus, y descend. Du point V décrivez, en passant par l'angle E le plus éloigné du tableau, une portion de cercle, dont le rayon sera VF; portez cette grandeur VF deux autres fois de F en D : le point D sur l'horizon sera la distance nécessaire pour voir le tableau ABEC, car EF est une portion du cercle visuel, et en supposant qu'on reporte toute la longueur VD en avant du tableau, le point D serait la vraie place de l'œil du spectateur, et par conséquent le point de vue réel, qui n'est que fictif dans cette opération. On a joint à cette leçon deux autres figures, où la même opération a été faite sur des tableaux de proportions différentes; l'un est ovale, fig. 381, l'autre est alongé, fig. 382.

LEÇON IIe (fig. 383). — *Un tableau étant donné, et le point de vue fictif étant déterminé, trouver l'apparence d'un carré parfait, situé parallèlement à la ligne de vitre.*

Etablissez la ligne d'horizon et le point de distance

fictif par l'opération précédente; puis au-dessous de AB, formez le carré parfait demandé 1 2 3 4, et sous ce plan, indiquez aussi le plan CE d'une vitre supposée verticale : le carré sera le plan géométral ou le plan par terre. Pour élever en perspective ce carré, prolongez les côtés perpendiculaires 1 4 et 2 3 sur la vitre, ainsi que sur la base du tableau, en 5 et 6; comme toute perpendiculaire à la vitre a pour point de concours le point de vue fictif, des points 5 et 6 pris sur la base du tableau, menez les droites 6 V et 5 V à ce point de vue; ce sera sur ces lignes que se trouvera l'apparence des points 1 4 2 3 du carré. Pour avoir les autres points, prenez sur le plan les distances 6 2 et 6 3 que vous reporterez sur la vitre en 6 7 et 6 8, cela vous donnera les triangles rectangles 7 6 2, 8 6 3, 8 5 1, dans lesquels les points 1 2 3 sont des sommets; reportez les distances 6 7 et 5 8 sur la base du tableau, et de ces nouveaux points 8 et 7 sur cette base tendez au point de distance fictif D, car toute diagonale perspective a ce point pour point de concours. Ces lignes sectionnant les rayons 6 V et 5 V au point de vue fictif, donnent les triangles 7 6 2, 8 6 3, 8 5 1. Ainsi les sommets 1 2 3 perspectifs sont l'apparence des points 1 2 3 géométraux. Menez les droites du tableau 1 2, 3 2; et, comme la ligne géométrale 3 4 est parallèle à 1 2, du point 3 perspectif établissez une parallèle, cela donnera le carré perspectif 1 2 3 4.

LEÇON IIIe (fig. 384). — *Trouver l'apparence perspective d'une figure quelconque tracée à terre, en se servant du plan géométral et de la coupe.*

Après avoir déterminé la grandeur du tableau, ainsi

que le point de vue et le point de distance, établissez au-dessous du tableau la ligne de vitre CE; placez entre cette vitre et la base du tableau le plan géométral 1 2 3 4; du point de vue fictif abaissez une perpendiculaire indéfinie, ce qui répète sur la vitre CE le point V; portez sur cette perpendiculaire la longueur de la distance totale, à partir de la vitre CE, ce qui donne le point D, station du regardant; des points 1 2 3 4, ou des angles de la figure tracée par terre, menez des rayons : ils sectionneront la vitre CE et donneront leur réduction sur cette vitre aux points 6 5 7 8. Pour reporter ces sections sur le tableau perspectif, élevez de ces quatre points des perpendiculaires; c'est sur ces perpendiculaires que l'on trouvera l'apparence des points perspectifs 1 2 3 4. Pour les obtenir, il faut construire à part une coupe [1] ou un profil général, puis on placera une ligne de terre à volonté FG. Prolongez aussi la ligne de vitre CE jusqu'en J; cette prolongation sectionnera perpendiculairement FG en H. Reportez les écartemens des points du plan 1 4 2 3 sur la ligne de terre en 1 2 4 3. De ces points et du point de vue X sur la coupe, menez des rayons visuels, qui, sectionnant la ligne de vitre HJ, donnent les hauteurs apparentes des points 1 2 4 3; prenez ces distances, à partir du point H, et reportez-les sur les perpendiculaires correspondantes dans le tableau, cela donnera les points 1 2 4 3. Menez les droites 1 4, 4 3, 3 2, 2 1, vous aurez l'apparence du plan géométral 1 2 4 3 vu de la distance nécessaire pour percevoir le tableau.

[1] Voyez ce mot au Dictionnaire.

Leçon IV (fig. 385). — *Trouver l'apparence d'un cercle, le plan géométral de ce cercle étant tracé.*

Après avoir tracé le cadre du tableau, et avoir déterminé le point de vue, ainsi que le point de distance, établissez au-dessous de la base du tableau la ligne de vitre FG ; inscrivez, entre cette vitre et la base du tableau, le plan du cercle que vous voulez avoir perspectif; du centre de ce cercle élevez la perpendiculaire AB; établissez la ligne CE parallèle à la vitre ; dans un carré circonscrit à ce cercle 1 6 5 7, tirez les diagonales de ce carré, elles donneront sur le cercle les points 2 4 8 9. De ces points élevez des perpendiculaires à la base du tableau et prolongez la diagonale 5 1 jusque sur la vitre en G; reportez et élevez ce point sur la base du tableau; de ce point tendez au point de distance fictif, et des sections que les perpendiculaires venant du plan ont données sur la base du tableau, menez des droites au point de vue fictif, ces droites sectionnant la diagonale perspective, donneront les points perspectifs 1 2 3 4 5. De ces points établissez des parallèles à la ligne d'horizon, cela formera le carré total 1 7 5 6, et donnera les points tangens ABCE, ainsi que le carré interne 2 8 4 9 sur les diagonales. De ces derniers points et des points ABCE, tracez une ellipse, elle sera l'apparence du cercle demandé.

Leçon V[e] (fig. 386). — *Emploi du point de distance réduit et contenu dans le tableau.*

Après avoir établi le tableau, la vitre, le point de vue et le point de distance, placez entre la vitre et la base du tableau le plan d'un carré parfait ABCE, lequel sera subdivisé en plusieurs autres carrés, formant un carrelage. Comme toute perpendiculaire tend au point de vue, remontez les subdivisions de ce plan jusque sur la base du tableau; de ces sections ou points sur la base tendez au point de vue; et, pour obtenir les profondeurs, menez sur le plan la diagonale CA, qui, sectionnant la vitre, donne le point F. Élevez ce point F sur la base du tableau, et du même point F tendez au point de distance, ce qui donne les points A C et les subdivisions 1 2 3 du carré. De tous ces points établissez des parallèles à la base du tableau, vous aurez le carrelage perspectif ABCE et ses subdivisions.

Pour réduire le point de distance, divisez la distance à l'horizon VD en deux parties égales, ce qui donne la demi-distance; divisez cette demi-distance en deux, ce qui donne le quart de distance totale. Or ces points, demi et quart de distance, multiplient les profondeurs par 2 et 4, car en général toute fraction à l'horizon multiplie ses profondeurs par sa fraction. Pour le prouver, si l'on trace au carré géométral ABCE l'oblique C 5, elle donnera 5B cinquième de CB. Cette ligne étant prolongée sur la vitre, donne le point G, et le triangle GJC rectangle; donc JG est quart de BC. Reportez le point G sur la base du tableau, de ce point G tendez au quart de distance, vous aurez le triangle semblable (mais perspectif) à GJC, en GKC; donc le point C eût pu être trouvé sans le secours du point de distance totale, ainsi que le point 4, qui donne la parallèle à AB. Si de ces points 5 et C on eût établi des parallèles, on eût eu le carrelage ABCE, comme il est déjà tracé. Pour obtenir plus de profondeur et pour avoir 8 carreaux à partir du plan CE, du point C perspectif prenez la moitié de la ligne CE, ce qui donne H; de ce point H tendez au quart de distance, ce qui donne les points 4 et 8; de ces points établissez des parallèles, ce qui donne les carrés semblables à ABCE, en ECLM, ML8N. Si l'on tire les diagonales EL M8, elles tendent au point de distance, donc il y aura douze carreaux de profondeur de B en 8, semblables au plan donné.

LEÇON VIe (fig. 387). — *Trouver l'apparence d'un cercle, en opérant par le quart de distance, et sans plan géométral.*

Après avoir déterminé sur la base du tableau la grandeur du diamètre du cercle en 1, 2, et la distance ou l'enfoncement géométrique de ce cercle par rapport à la base en 2 3, des points 1 2 tendez au point de vue. Puis, comme on opère par le quart de distance, prenez le quart de 2 3 en 2 4; de ce point 4 tendez au quart de distance, ce qui donne 2 B égal à 2 3. Du point B établissez une parallèle AB égale à 1 2. Pour avoir la profondeur du carré, prenez le quart de AB en KB; du point K tendez au quart de distance, ce qui donne BD égal à 1 2, et le carré ABCD perspectif égal au géométral 1 2. Pour obtenir le cercle, divisez AB en deux, ce qui donne le point J et la ligne JH perspective; menez les diagonales AD BC, ce qui donne le centre E; de ce centre établissez la parallèle FG, les quatre points J G H F sont les points cardinaux du cercle. Pour avoir les points diagonaux, sur HD formez un carré parfait et inscrivez un quart de cercle, ce qui donne sur la diagonale de ce carré le point N; de ce point abaissez la perpendiculaire NO, portez la distance HO en HT; des points T et O tendez au point de vue sur les diagonales, ce qui donne les points *q p r s*, qui conjointement avec les points F G H J déterminent les points de passage de l'ellipse, apparence du cercle demandé.

AUTRE VIe LEÇON, EXPLIQUÉE PLUS AMPLEMENT (fig. 388). — *Mettre un cercle en perspective, ou inscrire un cercle dans un carré, en opérant sans plan et par le quart de distance.*

Pour mettre un cercle en perspective, il faut le considérer comme devant être inscrit dans un carré. Ainsi, il faut d'abord mettre en perspective ce carré, dont la dimension, ainsi que l'enfoncement dans le tableau, pourra être déterminée, comme nous l'avons vu dans la figure précédente.

Supposons donc que nous voulions avoir un cercle perspectif d'un diamètre égal à la grandeur du carré ABCD, la première opération consiste à connaître le centre de ce cercle ou de ce carré. Pour cela, tracez deux diagonales partant des angles opposés du carré; le point E, où se croisent ces deux diagonales, est le centre de ce cercle ou de ce carré. Puis de ce centre tirez une ligne parallèle à la base; les deux points extrêmes de cette parallèle donneront sur les côtés fuyans les points F et G, par où doit passer le cercle. Si ensuite du centre vous tirez au point de vue une ligne qui traverse tout le carré, les points extrêmes HJ de cette ligne donneront encore deux autres points, passages du cercle : vous aurez donc les quatre points cardinaux de ce cercle en F H G J, ce qui vous donnerait un lozange, en tirant des droites de tous ces points. Mais, comme vous voulez connaître aussi le point intermédiaire par lequel passe le cercle dans tous ces quarts du carré, il faut faire une opération particulière sur un seul de ces quarts, et cette seule opération suffira pour les trois autres quarts. Voici donc cette opération : si vous voulez, par exemple, la faire sur le quart du carré contenu dans HDEG, considérez ce carré comme devant enfermer un quart de tout le cercle perspectif. Ainsi le point que vous demandez, est celui que la courbe perspective de ce quart de cercle donnera sur la diagonale EP. Pour cela, il faut d'abord connaître géométralement, c'est-à-dire, réellement la grandeur de ce carré, quart du carré total, puis tracer véritablement dedans un quart de cercle géométral ; il ne s'agira plus que de mettre en perspective cette portion de cercle ou ce quart en perspective. Pour faciliter l'intelligence de cette démonstration, supposez un instant que le quart HDEG soit découpé dans le grand carré total, et relevé debout comme sur deux charnières ; supposez aussi que la matière soit de verre et transparente, ou bien que les lignes aient été tracées des deux côtés de cette surface, vous aurez le carré géométral HDLM, et sur ce carré vertical, vous verrez développées géométralement ou verticalement les lignes qui deviennent perspectives quand on abaisse ce carré par terre au niveau des autres. Ainsi élevez ce carré, et tracez un quart de cercle sur le carré vertical, menez ensuite la diagonale HM, HM répétera la diagonale perspective DE, et le point N, où le quart de cercle sectionne cette diagonale, sera le point que vous voulez représenter perspectivement. Si donc de ce point N vous menez une perpendiculaire de haut en bas en NO, il ne s'agira plus que de répéter cette ligne perspectivement.

Ainsi du point O tendez au point de vue sur le carré perspectif : ce point *p* où cette fuyante sectionnera la diagonale du carré, sera perspectivement le même que le point N dans le géométral. Pour avoir les trois autres petits carrés, prolongez la ligne O*p* jusqu'à l'extrémité du carré, vous aurez dans le carré du devant une autre section *q* sur la dioganale. Quant à l'autre côté du carré, reportez à gauche en *r* la même dimension du centre E et *p*, tirez de plus la fuyante *sr* qui donnera deux autres sections sur la diagonale, et vous aurez les points de passage H *p* G *q* J *s* F *r*.

LEÇON VIIe (fig. 389). — *Construire des carreaux, la place d'une figure ou d'un personnage étant déterminée.*

Après avoir placé le point de vue et le point de distance réduite, du pied de la figure établissez une parallèle à la base du tableau (ce qui sert de ligne de terre pour l'opération) ; reportez la grandeur de la figure sur cette ligne de terre, ou prenez le pied proportionnel de la figure, en la divisant en cinq parties et demie; portez sur la ligne où pose la figure, autant de divisions que le cadre pourra en contenir, ce seront les pieds proportionnels à la figure ; de tous ces points de division tracez des lignes au point de vue et jusque sur la ligne de la base du tableau. Supposons qu'on veuille avoir vingt carreaux de profondeur d'un pied; d'un point quelconque sur la base du tableau, tel que A, comptez cinq divisions de A en B (car 5 est le quart de 20), du point B tendez au quart de distance, ce qui donne sur les fuyantes intermédiaires entre A et B les points 4 8 12 16 et 20; de tous ces points établissez des parallèles à la base du tableau, ces parallèles seront à quatre pieds de distance l'une de l'autre. Pour subdiviser ces distances en pieds; comptez sur la base quatre pieds de A en C, ce qui forme le carré parfait AC4E. Opérez de même pour les autres profondeurs E4FG, GFHJ, JHKL, LKM20, tous ces carrés auront 4 pieds en tous sens; tirez les diagonales CE, 4G, FJ, HL, K20, qui, sectionnant les fuyantes entre A et C, donnent les points 1 2 3 5 6 7 9 10 11 13 14 15 17 18 19; de tous ces points établissez des parallèles, elles formeront le carrelage demandé.

LEÇON VIIIe (fig. 390). — *Une figure étant située dans un tableau, placer d'autres figures en rapport avec elle à des profondeurs déterminées.*

Etablissez premièrement sur le plan de la figure Z une parallèle à la base du tableau, et portez la grandeur de la figure de A en B sur cette parallèle, ce qui représente 5 pieds et demi. Puis des points A et B, tendez au point de vue, et abaissez ces lignes jusque sur la base du tableau, ce qui donnera 1 2, que vous diviserez en 5 pieds et demi. Voulant savoir ensuite la grandeur d'une figure, dont les pieds seraient placés au point C, de ce point établissez une parallèle EF contenue entre les deux fuyantes AB, ce sera la grandeur de la figure; puis prenez EF, que vous portez de C en G, ce sera la hauteur de la figure. Mais pour connaître la distance qu'il y a entre les deux figures A et C, du point B, plan de la figure A, tracez une fuyante au point quart de distance, vous aurez 2 3 pour quart de l'enfoncement de la figure A dans le tableau. Menez ensuite la distance 2 3, et multipliez par 4, et vous aurez 7 pieds 4 pouces d'enfoncement à la fig. A. Pour connaître la distance de la figure C, du point F établissez une fuyante au quart de distance, vous aurez 3 4, quart de la profondeur BF; multipliez par 4, vous aurez pour distance entre A et C 18 pieds, puisque 34 égale 4 pieds 6 pouces. Pour placer une figure à 10 pieds de distance et 30 de profondeur de la figure A, portez 10 pieds de 1 en 10 sur la base du tableau, puis prenez la grandeur 2 3, que vous portez de 10 en 5, et prenez 8 pieds et demi de la base que vous portez de 5 en 6; du point 6 tendez au quart de distance, vous aurez le point H ou dimension demandée. Pour avoir la grandeur de la figure, du point H établissez la parallèle JK, JK sera la grandeur de la figure H, selon sa profondeur dans le tableau. Par le même principe on peut établir des figures à tous les plans.

Leçon IXe (fig. 391). — *Une figure étant donnée, tracer divers plans en rapport avec cette figure.*

Après avoir établi le point de vue et le point proportionnel de distance au tableau, du pied de la figure établissez une parallèle sur laquelle vous reporterez les pieds proportionnels de cette figure. Voulant établir un plan de 2 pieds et demi de large, sur 3 pieds à partir de la figure, du point A portez 2 pieds et demi sur la base, et de ces points tendez au point de vue; puis prenez le quart de 3 pieds et de 7 pieds, que vous porterez du point A sur la base; de ces points tendez au quart de distance, vous aurez, sur la fuyante A, trois pieds, sept pieds, etc. de profondeur; de ces points établissez des parallèles, elles détermineront le plan demandé.

Pour placer un autre plan à 16 pieds de profondeur et à 7 et demi de distance latérale, prenez le quart de 16 pieds, que vous tendez au quart de distance, ce qui donne 16 pieds sur la fuyante A; de ce point établissez une parallèle, elle sera sectionnée par les fuyantes A et 2 $\frac{1}{2}$, et donnera au plan 1 6 2 pieds et demi, que vous porterez trois fois sur la parallèle de 16 en 3. Pour construire sur ce point un carré parfait de 2 pieds, prenez 2 pieds à la base, et tendez au point de vue sur la parallèle 16 : prenez ces 2 pieds réduits que vous portez de 3 en 4, et terminez le carré par l'opération ordinaire.

Voulant établir un cercle de 8 pieds de diamètre, et le situer 1 pied en avant de la fig. et à 5 pieds de distance latérale, du point A comptez 5 et 13 pieds pour ce cercle; de ces points tendez au point de vue; prenez le quart d'un pied et portez-le en avant du point 5; de ce point tendez au point de vue, ce qui donne le point B et la parallèle BE qui est égale à 8 pieds; prenez le quart de cette parallèle et tendez au point de vue, vous aurez le point C et le carré BCDE de 8 pieds. Traçez dans ce carré deux diagonales BD CE, vous aurez le centre G; de ce centre tendez au point de vue, et établissez une parallèle, vous aurez les quatre points cardinaux F G H J. Pour avoir les points diagonaux, prenez la distance GD ou GC et décrivez un quart de cercle géométral, vous aurez les points diagonaux par lesquels passera la courbe perspective.

LEÇON X[e] (fig. 392). — *Une ligne étant donnée et sa position étant déterminée, construire sur cette ligne un angle droit et un parallélogramme dont le côté donné soit la moitié de l'autre côté.*

AB est la ligne donnée. Après avoir établi le point de vue et le point proportionnel de distance, des points A et B établissez deux parallèles, et de ces mêmes points deux fuyantes au point de vue, ce qui forme le parallélogramme perspectif CBEA, dont AB est diagonale. Pour trouver l'angle droit à cette ligne, il faut construire un autre parallélogramme de même dimension, mais opposé par son côté. Pour le faire, du point E tendez au quart de distance sur la parallèle CB prolongée, ce qui donnera BF égale au quart de BE. Portez BF quatre fois de B en G, vous aurez BG égale BE. Du point G tendez au point de vue; prenez aussi le quart de BC, que vous portez en BH; de ce point H tendez au quart de distance, ce qui donnera BK égale à BC. Du point K établissez une parallèle, le parallélogramme BKJG sera semblable et égale à BEAC, mais opposé par son côté BK; donc BJ sera égale et à angle droit avec BA. Pour allonger cette ligne du double, prolongez BJ indéfiniment, et prenez BG que vous reportez en BL; du point L tendez au point de vue, ce qui donne BM, double de BG. Pour terminer le parallélogramme, du point M établissez une parallèle à la base, ce qui donne NQ égale à BC; portez NQ de M en P; du point P tendez au point de vue, et pour obtenir la profondeur, du point F tendez aussi au point de vue, ce qui donne NO égale à BF. Portez NO de P en R; du point R tendez au quart de distance, ce qui donne le point S, quatrième angle du parallélogramme demandé, puis tracez la droite MS et l'autre droite SA.

LEÇON XIe (fig. 393). — *Une ligne étant donnée dans une position perspective, déterminer avec cette ligne un parallélogramme.*

La ligne AB a 3 pieds, et celle qui est en retour à angle droit a 5 pieds. Après avoir déterminé le pied effectif, soit sur la base du tableau, soit au plan de la figure principale, du point B établissez une parallèle, et reportez sur cette parallèle trois pieds de B en C, et de B en E; des points C B E tendez au point de vue; prenez le quart de 3 pieds, que vous portez de B en F : du point F tendez au quart de distance, ce qui donne G, et du point G établissez une parallèle, ce qui forme les deux carrés perspectifs CBGH BEJG de trois pieds chacun; établissez ensuite les diagonales BH BJ; tendez du point K, section de la ligne AB, au point de vue, ce qui donne sur la diagonale BH le point L, et de ce point établissez une parallèle, qui donne le point M sur JE; enfin tirez la ligne BM, elle sera à angle droit sur la ligne AB (voy. la démonstration de la figure 10).

Pour déterminer les grandeurs des côtés de la figure, sur GH, décrivez un quart de cercle géométral; coupez ce quart de cercle en deux par une diagonale, ce qui donne le point N; reportez la distance du point N à la perpendiculaire de chaque côté du point G; du point N, tendez au point de vue, ce qui donne O sur les diagonales HB et BJ, points de passage du cercle. De ces points et des points E O G O C décrivez le demi-cercle perspectif; comme tous les rayons d'un même cercle sont égaux en longueur, les distances BP BQ BG BO BC seront de même grandeur; donc AB et BM seront coupés à 3 pieds en BQBP. Pour donner 5 pieds à BM, du point Q tendez au point de vue, ce qui donne BR proportionnel à BQ; divisez BR en trois, et portez deux de ces divisions de R en S; du point S tendez au point de vue, ce qui donne sur BM la ligne BT égale à 5 pieds; enfin du point T terminez le parallélogramme, en employant l'opération de la figure précédente.

Leçon XIIe (fig. 394). — *Du compas de proportion et de son usage pour la perspective*[1].

Le compas de proportion est une espèce de pied-de-roi, sur un côté duquel sont gravées les parties égales au nombre de 200, sur chaque branche; elles servent à diviser des lignes en parties égales, ou à trouver le rapport de plusieurs lignes entre elles, par exemple, à diviser la parallèle et les verticales dans un rapport voulu ou donné. On peut encore décrire le compas de proportion, en disant que cet instrument assez semblable au pied-de-roi, est composé de deux règles plates, assemblées par une charnière, autour de laquelle elles tournent et s'écartent l'une de l'autre, et que sa longueur est de 16 à 17 centimètres, et sa largeur de 16 à 17 millimètres. Sur la longueur de ses branches et sur ses deux faces, on a tracé des lignes, qui, par leurs divisions et la manière dont elles correspondent entre elles, ainsi que par les ouvertures proportionnelles de ce compas, font connaître

[1] Ozanam, Cazati, Phelippaux, etc., ont écrit sur le compas de proportion ; ce dernier publia son livre en 1817. Paris. in-8°.

les proportions de plusieurs quantités de même espèce, comme les lignes, les surfaces, les solides, etc.

Pour se servir de ce compas, soit la ligne fuyante AB, donnée comme ligne plan d'un édifice; du point B élevez une perpendiculaire; portez sur cette perpendiculaire les divisions de la hauteur que vous voulez donner à l'édifice, en GHI; puis considérant la hauteur BF de l'horizon, comme unité, ouvrez le compas de proportion d'une quantité égale à BF, et le compas étant ainsi ouvert à 200 parties ou à toutes autres, prenez avec un compas ordinaire les distances FH et FG, comparez-les sur l'autre compas, de manière que les points de ce compas tombent dans des nombres correspondans du compas de proportion; écrivez ces nombres à côté des points H et G; prenez aussi les grandeurs FJ, FK, et écrivez ces grandeurs trouvées; prolongez ensuite AB jusque sur le bord du tableau en D; prenez la grandeur ED, avec le compas ordinaire, puis ouvrez le compas de proportion dans le rapport de FB; le compas étant ainsi ouvert, prenez les proportionnelles de FH, FJ, etc. que vous porterez de E vers D, et de E vers C; ces divisions étant en rapport, donnent les déclinantes qui concourent à un même point sur l'horizon. On peut donc, par le moyen du compas de proportion, abréger plusieurs opérations, ainsi qu'on le verra dans les figures suivantes.

LEÇON XIIIe (fig. 395). — *Trouver l'apparence d'un piédestal, son géométral étant déterminé, ainsi que son centre ou son axe.*

Le géométral ABCD étant tracé, divisez ce géométral en deux par la perpendiculaire EF; de toutes les sections que les parallèles du géométral donnent sur cette perpendiculaire, menez des droites au point de vue, afin de faire un autre géométral à angle droit du premier. Pour déterminer la longueur des lignes fuyantes du géométral, ce qui donnerait les profondeurs, prenez le quart de toutes les saillies du géométral ABCD, à partir du centre, que vous reportez de chaque côté du centre, à chaque saillie en EG et EH. De ces points GH, tendez au quart de distance, ce qui donne sur les fuyantes les distances EJ, EK, FL, FM pour l'apparence du géométral retourné à angle droit sur son axe, car EJ égale EB. De tous les angles du profil perspectif établissez des parallèles, et de tous ceux du géométral ABCD, tendez au point de vue, ce qui donne successivement les carrés perspectifs NOPQ, lesquels carrés donnent l'apparence du piédestal sans changer son axe.

Leçon XIVe (fig. 396). — *Trouver l'apparence d'une porte ouverte, dont on connaît les dimensions.*

Après avoir déterminé la profondeur du plan, on pose la porte sur la base AB. Voulant donner à cette porte 3 pieds et demi, prenez trois pieds et demi à la base, ce qui donne les points C et D; de ces points élevez des perpendiculaires et déterminez la hauteur CE et DF, ce qui donne l'ouverture de la porte. Pour avoir l'apparence de cette porte ouverte, il faut tracer sur le terrein le cercle perspectif que la porte décrit, en prenant la distance DC que vous portez en DG; puis de ces points GDC tendez au point de vue; prenez le quart de DC en DH; tendez de ce quart au point quart de distance, ce qui donne DJ égale à DC; de ce point J établissez la parallèle KL, elle formera les 2 carrés parfaits GKJD et DJLC. Pour avoir les autres points du cercle, tracez les diagonales KD et DL, prenez la distance DC comme rayon d'un quart de cercle géométral, ce qui donne par la diagonale de ce quart de cercle le point M. Prenez la distance du point M à un des côtés de l'angle droit, et reportez cette distance de chaque côté du point D, ce qui donne les points M et N; de ces points tendez au point de vue, ce qui donne sur les diagonales les points O et O; de ces points et de ceux G J C, tracez le demi-cercle perspectif que la porte décrit sur le terrein; ensuite déterminez le point d'ouverture de la porte en P; tirez la droite DP, ce sera la base de la porte. Du point P élevez une perpendiculaire, puis, pour arrêter l'angle de la porte sur cette perpendiculaire, du point P tendez au point de vue sur la parallèle DC, ce qui donne le point E; de ce point élevez une perpendiculaire, qui, rencontrant la parallèle EF, hauteur de la porte, donne la ligne FR égale à DC; de ce point R tendez au point de vue, cette ligne, sectionnant la perpendiculaire PS, donne le point S, angle supérieur de la porte, car ces triangles DCP, FRS sont semblables et égaux. De ce point S, tendez au point F, centre du mouvement de la porte, ce qui donne pour l'apparence DPSF, car les 2 triangles DPC, FSR sont semblables; donc SP égale DF.

Leçon XVe (fig. 397). — *Trouver l'apparence d'une boîte sur le point accidentel, ainsi que l'ouverture de son couvercle.*

Après avoir déterminé le plan de la boîte ABCD, par les opérations précédemment démontrées, de tous les angles élevez des perpendiculaires, et voulant donner un pied de hauteur à cette boîte, prenez un pied à la base en EF, et tendez au point de vue. Des points ABCD établissez des parallèles, ce qui donne les pieds réduits à chaque plan en AG, JH, KL, MN; reportez ces pieds sur chaque perpendiculaire, ce qui donne les points d'élévation de la boîte. Pour tracer le demi-cercle d'ouverture de la boîte, après avoir déterminé la charnière QR, il faut (la boîte ayant deux pieds de large) faire un demi-cercle de deux pieds de rayon. Pour y parvenir, il faut doubler CD, en tirant du point D au point de vue, ce qui donne CO proportionnelle à CD. Portez CO en OPI; du point P tendez au point de vue, ce qui donne DS égale à CD; du point S élevez une perpendiculaire, et établissez une parallèle; portez la grandeur TU en SX, et comme la boîte a un pied d'élévation, portez la hauteur SX en XY, et la hauteur CZ en ZI; tracez la droite IY et les diagonales QI, QY, ce qui forme les deux carrés dans lesquels doit passer le demi-cercle dont E est le centre et dont les points cardinaux sont Z2X. Pour obtenir les points diagonaux, prenez les grandeurs ZI, XY, dont vous faites des quarts de cercle géométraux, ce qui donne les points 3 4 sur la diagonale géométrale; prenez ces points 3 4 que vous portez en Z5 et X6; menez la droite 5 6; cette droite sectionnant les diagonales perspectives donne les points du cercle en 7 8; puis dessinez la courbe Z 7 2 8 X. Après avoir tracé ce demi-cercle, déterminez l'ouverture de couvercle à volonté en 9, et tirez la ligne Q9, angle d'ouverture du couvercle. Pour répéter cette même ouverture, du point 9 abaissez au point R une perpendiculaire, et prenez la distance de 10 à 11 que vous portez à une des divisions du compas de proportion, telle que 50 ou autre, et prenez la distance de 10 à 12, qui se trouve être de 50 32, et la distance de 10 à 9 qui est de 107 et demi : prenez ensuite la grandeur A 13 pour 50, et portez 50 32, de 13 en 15, et 107 et demi de 13 en 14; menez les droites 12, 13, 9, 14, ce qui donne le point 16 sur AB. Du point 16 élevez une perpendiculaire, qui, sectionnant le fuyant 9 14, donne le point 19 et l'angle 17 R 13 semblable et égale à l'angle 9 QZ : donc le point 17 est le quatrième angle du couvercle.

Leçon XVIe (fig. 398). — *Une ligne étant dans une direction donnée, trouver l'apparence de diverses arcades établies sur cette ligne, en opérant par le quart de distance (les piliers ont deux pieds de large, et l'arcade six pieds d'ouverture).*

Soit AB la ligne. Du point A établissez une parallèle et construisez par les opérations précédentes le carré perspectif ACDE, en lui donnant 8 pieds de dimension. Inscrivez dans ce carré le quart de cercle perspectif CFE, qui, sectionnant la ligne voulue AB, donne 8 pieds en G. De ce point et du point de vue tracez la ligne G 8; A 8 sera proportionnel à AG; divisez A 8 en quatre, ce qui donne le point 2, et portez sur la parallèle AC successivement les points 2 8, 2 8, 2 8; de ces points tendez au point de vue, ce qui divise AB successivement en deux pieds et en six pieds par les points JG. Pour avoir l'épaisseur, établissez une parallèle, à partir du dernier point J, et de ce point établissez l'angle droit à AB. Donnez à cette ligne JK, 8 pieds; divisez par le même principe la distance BK en deux pieds et en six pieds, ce qui donne le point L; des points K et L établissez des parallèles à AB par l'opération du compas de proportion. Du point K tracez une parallèle à la base, et reportez sur cette parallèle les divisions 2 8, autant de fois qu'il est nécessaire; de ces points tendez au point de vue, ce qui divise KM dans le rapport de AB, c'est-à-dire, en deux et huit. De ces points et de leurs correspondans tracez des droites, elles termineront le plan. Des angles du plan élevez des perpendiculaires, et après avoir déterminé les hauteurs en ANO, reportez ces mêmes hauteurs à l'extrémité des arcades, en observant la diminution respective, ce qui donne les points P et Q dans la dernière. Comme la distance GJ égale 6 pieds, portez trois pieds du plan, comme rayon du cercle, en QR; des points PQR, menez des droites aux points N et O, et tracez une parallèle perspective du point R en RS sur QR; faites un quart de cercle géométral; prenez son point diagonal que vous portez en QT; du point T établissez une parallèle à RS, en employant le compas de proportion, ces parallèles forment les carrés perspectifs UXYZ. Dans ces carrés tracez les diagonales XY et UZ, qui donnent sur la ligne de naissance des arcs le point 3; de ce point élevez une perpendiculaire, elle donnera le point 4 *estrados* de la voûte; les diagonales sectionnant la parallèle perspective T, donnent les points 5 et 6, qui avec ceux de la naissance du cintre donnent passage au cercle perspectif. Répétez cette même opération à toutes les autres arcades.

Leçon XVIIe (fig. 399). — *Le géométral d'une corniche étant donné, trouver l'apparence perspective de son côté en retour sur le bâtiment.*

ABC est le profil donné. Après avoir déterminé le point

de vue et le point proportionnel de distance, divisez BC dans le rapport de la distance, ce qui donne le point D. De ce point tendez au point proportionnel de distance, et du point B au point de vue, ce qui donne DE égale à BC; menez la ligne EC, elle sera diagonale. Pour obtenir les points de saillie sur cette diagonale, des saillies géométrales élevez des perpendiculaires sur BC, ce qui donne les points 1 2. De ces points et du point de vue tracez des droites sur EC, ce qui donne les points 3 4 en rapport avec ceux du géométral. De ces points 3 4 abaissez des perpendiculaires, et menez, à partir des angles du profil géométral, des droites au point de vue, ce qui forme le profil EA devenu perspectif. Des angles de ce profil, établissez des parallèles. Maintenant, pour obtenir l'apparence de l'angle F, du point C tendez au point de vue sur la perpendiculaire FL, ce qui donne le point G; de ce point établissez une parallèle, ce qui donne GH égale à CB, et, pour avoir cette saillie en retour, prenez la proportionnelle de distance à CH, que vous portez en HJ, ce qui donne le point K, car KH égale GH. Donc, si l'on trace la ligne KG, elle sera diagonale dans le sens opposé à EG. Reportez par le point de vue les points de saillie 1 2 en 5 6, et de ces points abaissez des perpendiculaires, elles formeront le profil KF conjointement avec les fuyantes au point de vue.

LEÇON XVIIIe (fig. 400). — *Le géométral d'un piédestal étant tracé, ainsi que la ligne de direction de ce corps sur son centre, trouver son apparence perspective.*

ABDC est le géométral donné, la ligne d'axe est EF,

et la ligne de direction est GH. Premièrement sur AB construisez un carré et un cercle perspectif par l'opération ordinaire. Ce cercle sectionnant la ligne de direction GH, donne JK égale à AB, ou CK égale à CB. Pour avoir l'angle droit, du point K tendez au point de vue, ce qui donne sur la diagonale du carré le point L; de ce point établissez une parallèle, qui, en sectionnant le cercle, donne le point M à angle droit de JK; tracez la droite MCN: les quatre angles JCN, NCK, KCM, MCJ seront des angles droits perspectifs, et les diamètres MN JK seront égaux à AB.

Pour reporter les points du géométral sur ces diamètres, des points extrêmes du diamètre établissez des fuyantes au point de vue sur des parallèles, telles que OP, et reportez les proportionnelles du géométral, en prenant les distances PO dans un rapport égal à la base géométrale (dans cet exemple, BC étant pris pour 120, FE égale 99). On prend donc les distances PO, que l'on porte aux divisions 120 du compas de proportion, puis l'on prend 89, que l'on porte de P en Q. En partant des points Q et tendant au point de vue, on obtient les nouveaux points KR sur les diamètres. De ces points KR élevez des perpendiculaires, c'est sur elles que doivent se former les profils de coupe. Pour les obtenir, des centres d'élévation établissez des parallèles perspectives, en prenant les rapports de la ligne CS, hauteur de l'horizon, ce qui donne les proportionnelles d'élévation, que l'on rapporte par le moyen du compas de proportion; cela forme les profils TK UJ, XM YN à angles droits l'un sur l'autre. Des angles des profils NY KT établissez des parallèles (par le même moyen) à GH MN, ce qui forme le profil d'angle perspectif 1 2. En répétant la même opération des profils MX UJ, on termine le piédestal par les profils 3 4, 5 6, qui en déterminent les faces; donc le centre du piédestal n'a point changé.

Arrêtons-nous à ces exercices, qui suffisent pour faire connaître et pratiquer la méthode ordinaire de perspective, méthode que l'on propage tous les jours dans les livres nouveaux, sans qu'il en résulte, on peut le dire, de nouvelles facilités pour les artistes qui s'occupent de l'étude de cette science ou qui en font des applications aux tableaux qu'ils ont à exécuter.

Nous n'ajouterons point ici ce qui regarde la perspective appliquée à des superficies irrégulières, telles que les voûtes, les plafonds, les pendentifs, etc. : ces questions se trouveront réunies à ce que nous avons à dire au chapitre 562 sur les peintures scéniques, appelées décorations.

LISTE *de quelques auteurs qui ont écrit sur la perspective.*

Accolti.
Aglioney.
Albert-Durer.
Alberti.
Alhazen.
Ango.
Aquilonius.

Bacon.
Barbaro.
Barca.
Bardwell.
Barozzi.
Bassi.
Bibièna.
Bischop.
Blaise.
Bosse.
Bouguer.
Bramantino.
Brander.
Bretez.

Brun.
Bulwer.
Burja.

Cantuariensis.
Caux (de).
Cazati.
Chappuis.
Cigoli.
Contino.
Cook.
Courtivron.
Cousin (Jean).
Cowley.
Curel.

Danti.
Decaux.
Deidier.
Desargues.
Ditton.
Dorléans.
Douglas.
Dubreuil.
Ducerceau.
Dufourny.
Dupain.
Dupuis.

Fergusen.
Fiorillo.
Friesen.

Giovanni.
Gravesend.

Halfpenny.
Haltems.
Hamilton.
Hartman.
Heinecken.
Highmore.
Hodory.
Huret.

Jacobs.
Jamitzers.
Jeaurat.
Josse.

Kirby.
Kircher.
Koeck.
Kratzensteind.

Lacaille.
Lambert.
Lamy.
Langlois.
Lantensak.
Larisse.
Laurent.

Troili.

Ubaldi.

Valencienne.
Vaulezard.
Velasco.
Viator.
Vignola.
Vitellio.

Voch.
Vredeman.
Vriesse.

Ware.
Werner.

Zaccolini.
Zanotti.
Zenale.

Voyez aussi au supplément de notre catalogue des auteurs, les numéros 1, 53, 113 et 187.

A. Bosse cite, à la dernière page de son Peintre converti, plusieurs écrits publiés contre lui sur la perspective. Voici comment il les désigne :

1° Lettre sans autre nom d'auteur que celui d'Écolier de l'Académie, distribuée chez M. Lebrun;

2° Copie de la perspective du sieur I. le B., dédiée à M. Lebrun;

3° Perspective de R. P. B. A. (mal nommée, dit Bosse, perspective affranchie);

4° Libelle du sieur C., dit de F., sur la pratique des jours et des ombres;

5° Ecrits du sieur G. H. G., dit P. G.

DES DRAPERIES.

DES DRAPERIES.

CHAPITRE 310.

DÉFINITION DE L'ART DES DRAPERIES.

On entend par draperies les étoffes que le peintre représente dans ses tableaux, soit que ces étoffes servent au vêtement des figures, soit qu'on ne les introduise dans le sujet que comme ornemens convenables et propres à exprimer les usages, le costume ou les mœurs.

Cette partie de l'art de la peinture est très-importante. La vue d'une foule de tableaux de nos écoles académiques, dans lesquelles on était convenu par pure singerie, par ignorance aussi, de jeter sans réserve et sans convenance des masses d'étoffes pesantes et affublées avec fausseté, d'énormes plis lourds, plats et comme taillés dans le roc, ou bien encore des loquettes chiffonnées sans grâce et sans propriété, la vue de ces modèles barbares, dis-je, ainsi que la contemplation des merveilleux ouvrages de l'antiquité, a prouvé aux artistes d'aujourd'hui et à tout le public que non-seulement les draperies concourrent à la beauté, au caractère et par conséquent à la vérité du sujet, mais que cette partie de l'art est une de celles dans lesquelles le goût et l'imagination influent et se manifestent avec le plus d'évidence. Cette question est donc digne de toute l'attention des artistes.

CHAPITRE 311.

DIVISION DE L'ART DES DRAPERIES EN QUATRE CONDITIONS FONDAMENTALES.

L'art de draper suppose, comme toutes les autres parties de la peinture, quatre qualités ou conditions fondamentales, qui sont : le possible ou le vraisemblable, la convenance ou la beauté intellectuelle, la beauté optique, et la justesse de représentation.

Le possible ou le vraisemblable comprend la disposition vraie, ainsi que le jet naïf des draperies, combinée avec les formes et le mouvement des dessous (quant à la vérité), ou possible par les teintes et les tons; cela doit se rapporter à la justesse de représentation par le clair-obscur et le coloris [1].

La beauté dans les draperies se compose, comme la beauté en général, et du beau optique ou relatif au sens de la vue, et du beau réfléchi ou relatif à la convenance. La convenance des draperies consiste dans le juste rapport ou dans l'unité que le peintre sait observer entre le caractère ou le mode général du sujet et l'espèce de draperie

[1] Tiziano croyait mettre une grande vérité dans ses draperies, parce qu'il en représentait avec justesse la teinte et le ton, mais il oubliait trop souvent la vérité des formes par rapport au dessous, et par rapport au tissu, aux plis et à leurs divers mouvemens et caractères; il imitait assez bien des étoffes par l'artifice des teintes, mais il n'imitait pas toujours des draperies. Au surplus, il avait pour se justifier un principe qu'il poussait souvent trop loin, et qui lui faisait sacrifier à la vérité du nu certaines parties subalternes du tableau.

dont il couvre ou accompagne tel ou tel objet, telle ou telle figure.

La beauté optique des draperies consiste dans l'unité, car l'unité constitue l'ordre, sans lequel la diversité des draperies et de leur effet en général, ainsi que leur disposition, ne ferait aucun plaisir à la vue.

Quant à la beauté de la teinte et du ton des étoffes, soit que cette teinte ou ce ton flatte la vue, soit qu'elle convienne à l'esprit, elle se rapporte à la théorie du coloris et du clair-obscur. Cette beauté dans la couleur des draperies sera démontrée quand nous traiterons de ces parties.

Pour ce qui est de la justesse de représentation des draperies, elle est toute renfermée dans la perspective des lignes, des couleurs et de la touche.

CHAPITRE 312.

DE LA VRAISEMBLANCE DES DRAPERIES SUR LES CORPS INANIMÉS.

Parlons de la vraisemblance des draperies apposées sur les objets inanimés, puis nous parlerons de la vraisemblance des draperies sur les corps vivans et en mouvement : et, comme il y a dans les draperies représentées une certaine vraisemblance par la disposition ou l'arrangement, et une certaine vraisemblance par la naïveté, il nous faudra traiter ces deux points différens.

Disons donc au sujet de la vraisemblance par la disposition des draperies, que, puisque la vraisemblance dans les arts a souvent plus d'empire que la vérité même, il doit arriver que l'imitation exacte d'une étoffe disposée avec une confusion qui offrirait des équivoques sur sa pondération, sur le mouvement de ses plis, sur le caractère de son tissu et de son espèce enfin, que cette imitation, dis-je, tout exacte et toute scrupuleuse qu'elle serait, produirait sur le tableau un résultat moins vrai, proprement dit, que l'imitation un peu moins exacte d'une draperie qui laisserait comprendre le tour, le mouvement et tout le caractère de la disposition. De-là on doit conclure qu'il existe une vérité attachée à la composition d'une draperie, vérité indépendante de l'imitation.

Que, par exemple, on tampone un mouchoir; qu'on le place dans cet état sur un meuble, et qu'on l'imite en peinture ou en sculpture; on se moquera de cette imitation : cependant cette peinture ressemble peut-être très-bien à une étoffe, et ce mouchoir est peut-être représenté avec beaucoup d'exactitude. Oui; mais on ne dira pas que ce tampon imité représente une draperie qui a de la vérité; on observera qu'il fallait déployer cette étoffe, la disposer, en varier les plis, etc..... Pourquoi? Est-ce parce qu'on exige que l'objet soit beau? Non, car il s'agit toujours d'un mouchoir, d'un petit carré d'étoffe; mais on veut dire que cette draperie doit prendre, dans l'art, un caractère de clarté, de signification, qu'elle doit se faire comprendre, ne pas être entassée comme un paquet, et ne pas ressembler à une masse informe plutôt qu'à une draperie. Chacun aurait fait, ainsi que moi, cette remarque commune; mais on voit où j'en veux venir : je veux prouver que la draperie du mannequin n'est pas la nature, proprement dite, et que l'art doit en ceci être plus significatif encore que la nature, puisqu'il sera, en d'autres parties de l'imitation générale, si fort au-dessous d'elle.

On a observé que Raphaël a laissé quelquefois apercevoir les bords de ses draperies, pour montrer que ses figures ne sont pas habillées d'un simple sac; ce calcul, né du grand sens de ce maître, autant que des exemples que lui offrait l'antique, sert à fortifier le principe que j'avance ici.

Les anciens, nos maîtres en tout, pensaient qu'il faut s'attacher aux caractères principaux, et les préférer aux caractères secondaires; ils appliquèrent ce principe à l'art de draper. Voici à peu près ces caractères principaux, ou bien les effets qu'on observe dans une draperie apposée sur un corps : elle prend naissance quelque part; elle s'applique sur ce corps; elle se retourne, se replie, tombe, s'élargit, se resserre; elle s'épanouit par plis évasés; elle forme des yeux aux flexions; elle s'aplatit par fois; là elle est froissée; ici elle est libre; tantôt elle décrit de grandes lignes droites ou anguleuses, tantôt des lignes circulaires, etc. Tous ces effets doivent être distinctement caractérisés; ils doivent être uns, non équivoques, très-intelligibles et très-débrouillés quant à la vraisemblance. Or, quel est le modèle naturel qui présente toutes ces résolutions, toutes ces certitudes? Quelle est la draperie naturelle qui n'est pas embarrassée par places, confusément entassée, vaguement épanouie, lâchement amenée, pauvrement retournée? Cependant il faut des résolutions dans l'art, malgré les naïvetés; il faut des vraisemblances caractéristiques, malgré le vague des effets individuels; il faut enfin de la signification dans le style, et un mode déterminé, malgré les passages indécis offerts sur l'étoffe consultée pour modèle.

En voilà assez pour ce qui concerne la clarté ou la vraisemblance dans le choix : passons à la deuxième qualité essentielle à la vérité des draperies, je veux dire, la vraisemblance par la naïveté.

Non-seulement les plis d'une draperie, quelle qu'en soit l'étoffe, doivent procurer une expression claire du mouvement et du caractère de cette étoffe, mais il doit y avoir dans l'ordre de ces plis et dans l'aspect de cette disposition, quelque chose de naïf qui ne fasse sentir en rien l'arrangement et l'apprêt, et qui rappelle la nature dans sa simplicité, son abandon et ses heureux hasards. Le plaisir que procure une draperie naïvement disposée est si grand et si généralement senti, que les peintres occupés à draper leurs mannequins s'aperçoivent à tout moment que c'est la partie de l'étoffe qu'ils n'ont point maniée et ajustée qui offre ces hasards précieux par leur naïveté : mais comme ces dispositions par le hasard ne peuvent que rarement leur convenir, ils sont forcés de remanier l'étoffe jusqu'à ce que l'ajustement soit convenable, ce qu'ils n'obtiennent trop souvent qu'au détriment de cette heureuse négligence et de cette naïveté fortuite, qui ont tant de charmes et qu'ils sont si souvent réduits à regretter. La naïveté fait donc partie de la vérité. Or cette vérité accidentelle ne s'obtient jamais sur le tableau, si l'on n'a pas consulté la nature elle-même, c'est-à-dire, si l'on n'a pas réellement vu les draperies arrangées telles qu'on les veut employer. Je m'explique. Si, par exemple, pour une chute de draperie qui touche un peu à terre, on a consulté, sur un petit mannequin, l'effet d'un linge mouillé ou d'une étoffe différente, par son tissu et même par son volume et son poids, de celle qu'on veut représenter, on n'aura pas dans la chute des plis cette même naïveté qui eût été offerte par la nature elle-même, et l'imagination ferait de vains efforts pour y suppléer, quoiqu'on doive dire que l'imagination est d'ailleurs très-nécessaire pour mieux caractériser ce qui serait insipide, s'il était servilement et froidement copié.

Dans les premiers âges de la peinture moderne, lorsqu'à peine on savait imiter, on représentait déjà des draperies pleines de vérité, mais de cette vérité naïve et accidentelle dont je parle ici, et cela, parce que les peintres consultaient la nature, je veux dire, les habits des moines et des ecclésiastiques, lesquels abondent dans ces représentations des premiers tems. Mais lorsque ces mêmes peintres ont voulu composer des draperies pour des sujets mythologiques, on ne retrouve plus la même vérité, parce qu'il fallait ajuster et composer.

Les anciens en ceci eurent un grand avantage sur les modernes, car les costumes de leur tems leur offraient réellement la nature, tandis que nos mannequins drapés ne sont pas la nature, quoique bien des peintres semblent le croire. Aussi les figures consulaires qu'on voit dans nos tableaux, sont-elles drapées avec bien moins de vérité que ne le sont ces mêmes figures dans l'antique, parce que les statuaires romains copiaient ces habillemens sur des romains. Pour cette même raison, les florentins et les allemands préférèrent représenter les vêtemens véritables de leur tems, dans des sujets même héroïques, parce que la certitude de bien imiter ces draperies contemporaines les mettait à leur aise, dans ce tems surtout où les considérations du costume n'étaient pas encore en vigueur dans la théorie, car il en était de cela comme des expressions par la physionomie. Je répète donc qu'une draperie de mannequin n'est pas la nature ; c'est une étoffe, mais ce n'est pas toujours une draperie naturelle et vraie. Les épingles fichées par le peintre font mentir la pondération des masses; la série d'un pli grandement contourné et venant de loin est rompue par un arrangement violenté; l'étoffe ne drape point, ne tombe point, ne se développe point, comme elle serait tombée et se serait développée sur l'objet naturel recouvert de cette étoffe. L'étoffe sur la nature eût offert plusieurs accidens heureux, tandis que sur le mannequin, cette étoffe est torturée, car elle finit ou commence mal; on ne la comprend pas; elle est fausse de mouvement, etc.; enfin c'est l'art avec ses apprêts, et ce n'est pas la nature avec sa simplicité et son bel abandon.

Ainsi voilà déjà deux conditions à remplir pour parvenir à la vérité des draperies sur le seul mannequin. La combinaison ou l'union de ces deux élémens forme dans la carrière de l'art une espèce d'écueil que les artistes grecs des beaux tems de la sculpture ont franchi glorieusement. Cet écueil a souvent au contraire arrêté les artistes romains, tandis qu'il a été presque toujours fatal aux modernes. Les grecs, dans les meilleurs tems de l'art, ont donc drapé naïvement et avec caractère. Les romains, ou arrangèrent trop, ou polirent trop des parties peu arrangées; mais les modernes, depuis Raphaël, jusqu'à David (et je veux surtout signaler ici les peintres italiens, et leurs imitateurs en Europe), n'ont ni arrangé dans le caractère, ni imité juste les naïvetés insignifiantes : ils ont été mensongers dans leurs fantaisies, et mensongers dans leur imitation sans choix; ils ont négligé la justesse de représentation ; et, quoiqu'ils aient fait parade d'une grande adresse, d'une grande facilité et d'une certaine recherche, tous ces efforts n'ont pu produire de savans ou de puissans résultats. Qu'on n'oublie pas que je les compare ici aux anciens, et non à eux-mêmes, car, dans ce cercle rétréci, Raphaël est un prodige, et Guido-Réni même, malgré son goût académique et le fatras de ses tissus flottans, est un peintre très-remarquable ; mais ici, dans un ouvrage théorique, il s'agit toujours de la perfection de l'art. Au surplus, si j'avais à citer les draperies les plus vraies parmi les peintures modernes, je citerais celles de P. Pérugino, celles de Raphaël, avant sa dernière manière, et je pourrais avancer que, depuis ces deux peintres, l'art de draper est devenu réellement un art conventionnel d'un goût choquant et tout à fait barbare. On a prétendu que Fra Bartolomeo de St-Marc a inspiré à Raphaël un plus grand et un meilleur goût de draperie ; il est fort vraisemblable au contraire que l'influence de ce peintre, si toutefois elle a eu lieu, ait contribué à faire délaisser l'excellente méthode d'ajustemens des anciens, et que c'est de cette époque que datent ces lourdes draperies apostoliques qui rappellent l'étalage du tapissier plutôt que le goût, la grâce, la convenance et l'aisance des vêtemens antiques. Mais nous voici conduits à considérer la vraisemblance des draperies sur les corps susceptibles de mouvement, ce qui nous donnera occasion de parler des draperies volantes et très-agitées.

CHAPITRE 313.

DE LA VRAISEMBLANCE DES DRAPERIES SUR LES CORPS SUSCEPTIBLES DE MOUVEMENT.

Les corps susceptibles de mouvement, tels que les êtres vivans et l'homme surtout, lorsqu'ils sont revêtus d'étoffes, obligent ces étoffes à certains tours composés, différens des effets simples qu'elles éprouvent sur les corps inanimés. En effet, il se manifeste plusieurs demi-chemins d'action, plusieurs situations mixtes combinées par les mouvemens précédens, par les mouvemens présens et par les mouvemens commencés. Un bras couvert d'une draperie se fléchit-il, se recule-t-il, se retourne-t-il; mille effets composés se manifestent sur l'étoffe. Ici c'est la saillie de l'os humérus ou du cubitus qui pousse et arrondit l'étoffe sur ce seul point et qui l'allonge par de grands plis latéraux, là c'est la jambe et le genou qui, étant venus en avant, ont déterminé un nouveau jeu dans les plis; ailleurs l'étoffe est sur le point de retomber en s'épanouissant, mais elle est retenue par la saillie d'un membre qui vient de s'y opposer... : tout est contraste, variété, action dans la draperie d'une figure animée, et c'est ce jeu, c'est cette disposition dépendante du mouvement ou des lignes du dessous, qui constitue la vérité en cette partie. Une draperie n'est donc pas vraie, quand elle n'offre pas un arrangement conforme aux dessous qui la commandent, et ici le vraisemblable paraît triompher encore de la simple vérité. En effet, une draperie est plus draperie lorsqu'elle laisse voir les formes du corps et l'action relative de ces formes, que lorsqu'elle ne laisse rien sentir de distinct et de caractérisé dans ce dessous, lequel doit influer sur ses formes. De là ce principe qui exige le sentiment du nu sous les étoffes et qui vient fortifier l'autre principe d'après lequel on doit faire sentir l'action ou le geste principal du personnage drapé.

Nous voici arrivés à la question du nu sous les draperies, et dans cette question nous distinguerons deux points : le mouvement du nu, et les formes du nu.

CHAPITRE 314.

DU NU SOUS LES DRAPERIES.

Lorsque les anciens faisaient des statues nues, elles étaient la beauté même; et lorsqu'elles étaient drapées, ces figures étaient belles encore :

Induitur, formosa est; exuitur, ipsa forma est.

C'est cette nécessité de faire beau sous les draperies, qui a donné lieu à ce précepte qu'il faut faire sentir les formes sous le vêtement, et que les articulations, les jointures ou emmanchemens doivent être devinés et sentis par la disposition des plis. Trop souvent ce précepte a été grossièrement mis en pratique par les modernes, et trop souvent il a été oublié ou peu compris.

Lorsque Mengs a voulu toucher cette question, il s'est attaché à interpréter les intentions de Raphaël sur ce point de l'art, et il fit bien de ne pas choisir ses exemples chez d'autres maîtres. En effet, si l'on veut compléter la théorie en ceci, il faut avoir recours aux anciens eux-mêmes. Voici au surplus comment Mengs s'exprime : « Raphaël découvrit, par les principes des anciens, que » le nu est la partie principale, que les draperies doivent » être seulement regardées comme une partie accessoire, » et qu'elles sont destinées à le couvrir et non à le ca- » cher; qu'elles doivent être nécessaires, et non le fruit » du caprice; que par conséquent le vêtement ne doit » être ni trop étroit, parce qu'il gênerait les membres, » ni trop ample, parce qu'il les embarrasserait, mais que » l'artiste doit le conformer à la grandeur et à l'attitude » de la figure qui est censée le porter. » Mengs ajoute ailleurs, que « ce grand peintre (Raphaël) avait soin de » faire sentir les articulations et les mouvemens sous les » draperies. »

J'ai cité ce passage, pour exposer tout de suite ici le précepte qui est recommandé dans tous les livres au sujet de cette signification des mouvemens sous les étoffes. Il est certain, quoiqu'on en ait dit, qu'on ne s'est pas suffisamment entendu sur cette question, car plusieurs auteurs qui ont trop peu médité sur les ouvrages des anciens, et entre autres Depiles, en recommandant les contrastes dans les plis des draperies, disent positivement que les plis doivent contrarier les membres. Tout le passage, où Depiles s'exprime ainsi (Cours de peinture, page 181), est fort équivoque, et je crois au moins inutile de le rapporter ici. Il est donc nécessaire de prévenir l'erreur qui pourrait résulter de ce principe de contraste et de variété, et il convient de poser à ce sujet des documens plus certains. Lens a dit (Du bon goût en peinture, page 52) : « Le contraste des plis, tant entre eux qu'entre les

» membres de la figure, produit le bel ordre. » Suivant lui, l'ordre naîtrait donc du contraste : quelle confusion, quel cahos pour les élèves qui cherchent de vrais préceptes ! Exposons donc le principe qui, chez les anciens, paraît avoir été constant.

CHAPITRE 315.

LES PLIS DOIVENT SUIVRE LA DIRECTION DES PARTIES EN MOUVEMENT.

Le principe des anciens était que les plis ou les masses des draperies devaient être conformes, par leur mouvement et leur direction, au mouvement et à la direction des parties qu'ils recouvrent.

On conçoit aisément que, si une partie est revêtue étroitement d'une draperie, les plis de cette draperie suivront les inclinaisons du nu et obéiront à ses flexions. Mais, comme on a mis en doute si les plis des draperies libres et non adhérentes aux corps animés, doivent répéter les mouvemens des membres, ou s'ils ne doivent pas les contrarier, afin d'établir de la variété, il est essentiel de s'arrêter à un principe juste sur ce point.

Une vérité incontestable, c'est que la figure ou le nu est le principal objet de l'art, et que le vêtement n'est que l'accessoire. Le nu ne peut être exprimé indifféremment dans tel ou tel mouvement ; tandis que l'étoffe seule et isolée peut au contraire être disposée de diverses façons, sans qu'il en résulte un très-grave inconvénient. Or, si la figure est le principal objet, pourquoi la draperie qui la revêt, qui l'orne et qui doit ajouter à son expression, à son caractère, pourquoi, dis-je, contrarierait-elle ces mouvemens du nu et ce caractère de la figure? Il est évident qu'elle doit au contraire favoriser cette signification et fortifier l'indication de ses mouvemens. Les succès des anciens, au surplus, nous confirment dans cette théorie. Chez les artistes de l'antiquité, cette doctrine était tellement générale et fondamentale, que l'on ne rencontre presque pas d'exemples qui y soient contraires; les exceptions à cette règle paraissent toujours justifiées par des motifs particuliers qu'il est facile d'apercevoir.

Les plis doivent donc suivre la direction des parties: tel est leur précepte, c'est-à-dire que le mouvement des figures ne doit point être contrarié et comme annulé par la direction et le mouvement des principaux plis des draperies. Cependant il convient quelquefois d'indiquer dans les draperies un demi-chemin d'action ou un reste du mouvement précédent, et voilà l'exception.

« On reconnait, dit Mengs (parlant toujours des ouvra-
» ges de Raphaël), par les plis de la draperie, quelle était
» l'attitude de la figure l'instant d'auparavant, et si, par
» exemple, un bras était étendu ou replié avant l'action
» actuelle. C'est une expression qu'il a toujours cherché
» à rendre, parce qu'elle est dans la nature; c'est aussi
» dans la nature qu'il faut l'étudier : on ne la trouverait
» pas dans le repos du mannequin.......... Dans le fameux
» tableau du Portement-de-Croix peint par Raphaël et
» qui est en Espagne, le bras gauche de Notre-Seigneur
» porte sur une pierre, et la main est étendue sur cette
» pierre; mais les plis de sa large manche font aperce-
» voir un demi-chemin d'action, car ils semblent se tenir

» encore en l'air, et n'avoir pas fini leur chute, suivant » la tendance que doit leur donner le poids spécifique » de l'étoffe. »

Lorsque j'ai parlé des coiffures et du mouvement de la tête, j'ai développé des idées analogues. Enfin la draperie doit être simple et aussi déterminée dans son mouvement que la figure elle-même, ensorte que toutes les lignes principales des grandes parties doivent suivre la direction des lignes du squelette, ce qui n'empêche pas la variété ou le contraste de quelques masses ou plis subalternes. Un très-petit nombre de peintres modernes ont pratiqué cette maxime, et l'équivoque qui résulte de leur indécision sur ce point, diminue et apauvrit le caractère de leurs figures, en faisant de leurs draperies des paquets insignifians et des amas d'étoffes sans intention.

Je citerai un exemple de l'application de cette théorie antique, c'est la statue dite la Flore farnèse (c'est une Therpsycore) : le haut de la tunique a quitté la partie la plus élevée de l'épaule et tombe évidemment du côté qui baisse ; les plis produits par la ceinture sur les hanches et l'ample retroussis de la tunique en cet endroit décrivent une ligne oblique qui suit aussi l'inclinaison du bassin ; quant au bas de cette tunique, il lève du côté de la jambe soulevée et baisse vers la jambe qui pose.

Il est évident que c'est le principe sacré et si fécond de l'unité qui a dirigé la combinaison de tous ces plis, ensorte qu'il en est résulté une variété charmante, et, par dessus tout, un accord remarquable entre les lignes et le sujet, entre ce qui est l'ornement et ce qui doit être orné. C'est l'ignorance de ce beau principe qui laisse dans l'embarras les artistes, lorsqu'ils n'écoutent, pour se diriger, qu'un goût irrésolu, que des inspirations contradictoires: à chaque instant les peintres, en fait de composition des draperies, comme de tout autre objet, en sont réduits, faute de la connaissance ou au moins du pressentiment de ce principe, à une manière ou à une singerie monotone et sans effet.

Sans vouloir avec prétention entreprendre de critiquer ici Raphaël, je signalerai, comme preuve de la supériorité des anciens sur ce maître et sur son école en ce point, les figures des Heures, qui existent à la villa Madama, et qu'on a attribuées aussi au pinceau de Jules Romain. Si l'on compare à ces peintures les charmantes Danseuses d'Herculanum, on sera forcé, en admirant l'élégance, la variété, la naïveté de leurs draperies, de reconnaître qu'elles ont été imaginées et ajustées par des artistes qu'éclairait un principe fixe, mais que les Heures de Raphaël sont drapées sans art, sans simplicité, et par dessus tout sans propriété de caractère et par conséquent sans variété. Enfin on y retrouve un goût d'école, et point de philosophie. Quant aux draperies antiques au contraire, quels que soient les monumens sur lesquels on les observe, elles sont admirables : on voit qu'elles ont coûté aux artistes les plus profondes, les plus fines observations ; aussi ajoutent-elles infiniment à la propriété du style des figures et au caractère général des compositions.

CHAPITRE 316.

LES DRAPERIES NE DOIVENT POINT SEMBLER ADHÉRER AU NU.

Il faut, a-t-on répété, que les formes du nu soient senties sous l'étoffe, et les modernes du 18e siècle ont d'autant plus insisté sur ce précepte, que les peintres et les sculpteurs élèves des académies n'avaient cessé de représenter des draperies semblables à des masses de tôle façonnée plutôt qu'à de véritables vêtemens; mais il paraît que depuis la restauration du bon goût, on n'a pas encore bien saisi l'esprit de ce précepte, et qu'on est tombé dans un excès opposé. On peut dire que, si l'on n'a plus, comme auparavant, représenté des draperies amoncélées et lourdement tourmentées, on a peint et sculpté des étoffes tellement adhérentes à la chair, qu'elles ont souvent eu l'air d'être une prolongation de la peau même des figures. Il est vrai qu'il faut que la draperie ne déguise point le nu; mais quel caractère du nu doit-elle principalement laisser apercevoir? Voilà la question. C'est le mouvement du nu qu'elle ne doit point détruire; ce sont les grands caractères du nu, les grandes formes, les os dans leur jeu respectif et dans leurs saillies principales, qu'elle ne doit point déguiser. Mais coller réellement une étoffe sur la peau, pour la laisser libre seulement au-delà; appliquer tout le long de la forme délicate d'un muscle une étoffe qui semble faire corps avec ce muscle, c'est blesser la nature et oublier le but de l'art, qui doit diversifier les caractères des choses. Une étoffe ne doit pas ressembler à la peau, ni un pli de draperie ressembler à un pli de chair. Enfin cette étoffe tissée, appliquée sur la chair, doit paraître dans l'art avec le caractère propre qui la constitue étoffe, et l'équivoque qui provient du peu d'efforts de l'artiste pour faire sentir et le caractère du nu et le caractère de l'étoffe, est repréhensible et devient un vice réel dans l'art. Les draperies ne doivent donc pas être trop adhérentes aux parties du corps, mais elles doivent un peu flotter, pour ainsi dire, à l'entour et, comme on l'a dit, caresser les membres plutôt que les gêner et les emprisonner.

Molière a bien compris ce précepte, lorsqu'il dit au sujet des draperies posées sur le nu dans les figures de Mignard (Poëme sur la gloire du dôme du Val-de-Grâce) :

« Qui ne s'y colle point, mais en suive la grâce,
» Et, sans le serrer trop, le caresse et l'embrasse. »

On doit seulement remarquer que cet excellent précepte n'est point observé dans les figures drapées de Mignard, qui était bien plus occupé à suivre la trace académique des Carracci, qu'à être neuf d'après la nature.

Ce manque de souplesse, cette adhérence et cette affectation de beaucoup de draperies exécutées aujourd'hui, ont fait attribuer ces défauts à l'imitation de l'antique; mais faute de connaître l'antique, les critiques se trompent. Il y a bien quelques médiocres sculptures, ou plutôt des copies des bas tems, où l'exécution des draperies est aride, monotone, chargée de plis parallèles et cannelés; mais ces exceptions ne prouvent point contre la belle et constante théorie des grecs, qui au tems même de Phidias, imaginaient les jets les plus vrais, les plis les plus ingénieux.

Je puis placer ici, je le pense, une autre observation, c'est qu'outre l'obligation de laisser paraître le nu sous les draperies, il y a celle de ne le point couvrir du tout là où il est essentiel qu'il soit vu. Ainsi les grecs avaient soin, lorsqu'un manteau enveloppait, par exemple, le bas du corps jusqu'à la ceinture, de laisser apercevoir une hanche, afin de déterminer l'ensemble du torse et de le rendre susceptible d'être comparé au reste de la figure. L'oblique, l'os des îles, et le dessous même de ces parties, sont toujours, dans l'antique, à découvert d'un côté, ce qui facilite l'obliquité de la draperie, selon le mouvement. On voit que cette condition a souvent gêné des artistes; ils auraient voulu agrandir et remonter davantage leurs draperies, mais cette grande considération les a retenus. Aussi, dans ce cas-là, l'agrandissent-ils en la montant beaucoup du côté opposé, et en la descendant aussi vers le bas, mais autant seulement que le permet une autre règle aussi précieuse pour eux : cette règle veut que les malléoles soient visibles, afin que la proportion, le mouvement, la pondération et aussi l'ensemble du pied soient apparens. L'application de ce principe est sensible, surtout dans la figure d'Esculape de la villa Albani, figure dont l'original peut être attribué à Scopas. Dans les statues de femmes vêtues d'une tunique, et où le nu est caché, cette règle trouve moins son application.

CHAPITRE 317.

DE LA VRAISEMBLANCE DES DRAPERIES FLOTTANTES ET AGITÉES.

Quant aux draperies flottantes, je dois dire que c'est encore dans l'antique qu'on en trouve de vrais modèles : il y en a d'admirables et de surprenantes. Je rappellerai de nouveau ici les Danseuses d'Herculanum. Raphaël, pour exprimer le vent dans l'incendie del Borgo, en a fort bien imité les effets sur la draperie d'une jeune femme qui descend en portant un vase sur sa tête : cette draperie est vraiment agitée; on croit y voir l'effet du vent; mais c'est plutôt par la justesse d'imitation, que par la grâce, que cette draperie est remarquable. Or, chez les anciens, les draperies flottantes sont très-vraies, très-convenables, et très-gracieuses en même tems.

Je ne vois rien de bien instructif à dire au sujet des draperies agitées, cette question se trouvant dejà expliquée par beaucoup d'autres questions précédentes. Mengs a dit : « L'artiste représente-t-il une figure qui vole dans » l'air, il doit faire reconnaître, par la draperie, si elle » monte ou si elle descend : si elle monte, une colonne » d'air supérieur pèse sur la draperie; si elle descend, » une colonne d'air inférieur la soutient et la soulève. » C'est plutôt sur le moyen pratique de représenter les draperies, qu'il y aurait des choses utiles à communiquer : nous en parlerons à la fin de cette partie.

CHAPITRE 318.

DE LA BEAUTÉ INTELLECTUELLE OU DE LA CONVENANCE DES DRAPERIES.

Nous avons appris, par la définition du beau, que c'est au jugement à déterminer le degré de variété, de richesse, d'élégance ou de simplicité, etc., qui convient à tel ou tel sujet, à tel ou tel personnage, à tel ou tel vêtement ou ornement. La convenance, cette deuxième partie constituante de la beauté, est la règle de tous les esprits justes et délicats. Dans un tableau, il y a donc le mode général; il y a par conséquent sur les personnages le caractère; et, par la même raison, il y a dans les draperies qui les revêtent, le mode, le caractère et le style. Ce n'est pas ici le lieu de dire que dans tel ou tel cas, c'est-à-dire, sur telle ou telle figure, il faut tel ou tel caractère de draperie; cela nous conduirait trop loin, et chacun peut aisément se faire une loi là-dessus. Une nymphe doit avoir un vêtement léger; un philosophe un vêtement grave : chacun eût trouvé ce précepte. Ce qui donc est moins facile à bien déterminer, c'est ce qui constitue optiquement dans la draperie ces divers modes ou caractères, et ces divers styles.

Ici les modernes sont peu d'accord avec les anciens. En effet, l'idée, par exemple, qu'ils se font d'un vêtement grave ou apostolique, comme disent les peintres, semble fort différente de celle des Romains, même des premiers tems de l'Église, car ceux-ci suivaient le style antique, tandis que les modernes se sont fait des types fort particuliers, très-impropres et barbares. Chez les modernes, les draperies de ce style grave sont donc vastes, mais lâches et informes; grandes, mais vagues et sans terminaison distincte; grosses de tissu, pesantes, rudes et sans souplesse : il est vrai qu'il y a de la recherche dans leur ajustement, mais elles sont sans expression du nu, et sans disposition agréable. On en peut dire autant des vêtemens légers, des tuniques, des ceintures, des draperies volantes, etc., chez les peintres et les sculpteurs des écoles passées. Ce n'est donc pas réellement l'oubli de la convenance qui différencie les anciens des modernes, puisque ceux-ci ont voulu pratiquer ces différences de convenance; mais c'est l'idée nette de ce qui constitue optiquement ces divers caractères, ces modes dans les draperies; c'est même une espèce de résolution de ne point suivre l'antique. Au lieu de recourir aux exemples grecs et romains, on allégua la différence de la sculpture qui ne doit pas gouverner la peinture, ou plutôt on allégua les routines et les préventions académiques.

Mais nous, qui nous faisons une loi de devenir naturels et affranchis des préjugés, rattachons-nous aux guides antiques, parce qu'ils sont eux-mêmes naturels et excellens; analysons les causes qui font qu'une draperie est belle par sa convenance, et conséquemment par l'expression du mode qui lui appartient; enfin soumettons les draperies à la vérité et à la beauté.

CHAPITRE 319.

DE LA CONVENANCE DES DRAPERIES SOUS LE RAPPORT DU COSTUME.

Le costume est déterminé, et l'artiste ne peut pas s'en écarter; il n'a même rien à innover ou à inventer sur ce point, car depuis l'image de Jupiter, jusqu'à celle du simple pasteur, depuis Achille, jusqu'au simple soldat de nos armées, on est convenu de l'espèce de vêtement qui leur est propre; quant à l'arrangement des parties dans ce costume, ou quant à la disposition des plis dans un certain ordre et selon la nature de l'individu ou selon la mode, c'est-là ce qui constitue le domaine libre du peintre, c'est-là que se reconnaît et l'artiste de génie et le copiste étranger à la beauté.

Nous devons donc absolument nous conformer aux anciens dans le style, le mode et le caractère des draperies. Ils ont classé et différencié ces modes; et au premier abord aujourd'hui nous reconnaissons, par la seule draperie, les personnages qu'ils ont voulu représenter sur les monumens. Une Junon, une muse, une Diane, une bacchante, une nymphe; un philosophe, un héros, un dieu, un faune, un pasteur, un Esculape, etc., etc.; tous ces êtres sont distincts, même par le vêtement. Voilà des données sûres qui nous facilitent beaucoup aujourd'hui les recherches relatives à ce point. Mais les règles du costume, quant aux draperies, n'excluent pas l'observation des styles relatifs à l'action et aux différens cas. Ainsi

Pluton enlevant Proserpine, tout en conservant le type du vêtement qui lui est propre, offrira dans son style ou dans le mode de sa draperie, une variété propre à caractériser ce cas particulier : la draperie de ce dieu pourra donc être agitée, et par conséquent moins grave et plus variée que dans l'état calme. Cérès cherchant sa fille sera toujours Cérès par le costume; mais elle n'offrira pas le même mode de draperie que Cérès assise et protectrice. Diane visitant le bel Endymion, peut s'approcher de lui vêtue d'une tunique diaphane et flottante; un voile léger, agité avec élégance, peut décorer son costume, et alors ce sera toujours Diane, mais non la déesse austère des forêts, écoutant les vœux des vierges qui viennent lui présenter des offrandes. Aussi doit-on remarquer que, si les figures de l'antiquité se ressemblent à cause de la fixité de leur costume, elles ne se ressemblent cependant pas, vu la différence des styles et des modes déterminés par le sujet ou par l'action.

Ainsi le costume prescrit, il est vrai, l'espèce de draperie, la nature même des étoffes, la variété dans les pièces composant la draperie, souvent même la couleur de cette draperie; mais, pour compléter réellement la convenance, le mode et le beau, il reste à trouver l'artifice de la disposition, le langage optique enfin par l'arrangement de ces masses, de ces couleurs et de ces plis.

Nous ne dirons rien ici sur l'obligation où est le peintre, ni sur la liberté qu'il a de suivre ou de ne pas suivre rigoureusement le costume quant aux draperies et aux étoffes : cette question n'appartient pas précisément au sujet que nous traitons ici.

CHAPITRE 320.

DE LA CONVENANCE DES DRAPERIES PAR L'ARRANGEMENT ET LA DISPOSITION, AINSI QUE PAR LE TISSU ET LA COULEUR SELON LE MODE OU LE CARACTÈRE DE LA FIGURE OU DU SUJET.

Nous venons de voir ce que le costume apporte au caractère des draperies, mais nous n'avons pas encore étudié comment le caractère et le mode peuvent être rendus et exprimés précisément par la disposition ou l'ordre adopté dans les draperies. Cette analyse qui semble difficile à poursuivre, est de quelque importance. Ici je rappellerai ce qui a été suffisamment expliqué au chapitre de la beauté et surtout au chapitre 144 (Des différens caractères des lignes par rapport aux différens modes).

Dans un tableau, toutes les draperies ne sont pas des vêtemens. Le peintre est libre, par exemple, de jeter un manteau sur le siége de son personnage et de faire jouer un rôle optique quelconque à ce manteau; le peintre peut être autorisé aussi à introduire des draperies agitées et volantes, usant ainsi des moyens optiques de caractériser certains modes. De plus, ce manteau qui vêt une muse ou une Minerve, ne peut-il pas avoir un caractère ou petit, ou grand, ou calme, ou tourmenté, ou libre, ou contraint et recherché? La loi du costume n'asservit pas seule l'artiste, il est encore asservi par la loi de la convenance ou du beau intellectuel; or c'est cette loi qu'il est très-essentiel de bien comprendre. Ainsi observons attentivement les monumens anciens, ils éclairciront nos doutes; méditons beaucoup sur les modèles antiques, nos idées se fixeront et se rangeront sans confusion.

Poussin, dit Félibien, donnait aux vêtemens une beauté qui efface toutes sortes de richesses. Félibien voulait dire que la plus belle parure de la peinture, c'est la simplicité; et c'est ainsi, je crois, qu'il faut expliquer le reproche qu'Apelle fit à un peintre qui avait représenté Hélène: « Tu l'as fait riche, lui disait-il, n'ayant pu la faire belle; » c'est-à-dire, n'ayant pu trouver le meilleur ordre, ou l'unité dans la simplicité, tu as voulu enrichir cette figure par une variété mal-entendue et peu propre à produire la beauté.

Ainsi le mode ou le caractère d'un vêtement ou d'une draperie isolée, peut être ou grave, ou léger, ou noble, ou familier; il peut être austère, vif, gracieux, impétueux, tranquille, etc., et la disposition, l'arrangement ou l'ordre doit concorder avec ces caractères, en sorte que, indépendamment du costume qui concourt au mode, et de la loi de l'unité qui produit le beau optique, il y a à observer, répétons-le, la disposition des lignes et des couleurs, disposition ou combinaison qui constitue la convenance ou cette beauté dont nous parlons ici.

Jetons un coup-d'œil sur les ouvrages médiocres des peintres de nos dernières académies; n'y voyons-nous pas des manteaux, des tuniques, des voiles? Mais quelles tuniques, quels voiles, quels manteaux! Cependant ces peintres ont voulu suivre le costume; ils ont mannequiné des étoffes coupées et taillées selon la coutume et les usages. Oui; mais quel est le langage, si je puis parler ainsi, ou le style de ces manteaux et de tous ces vêtemens ? Pourquoi sont-ils ainsi retroussés, chiffonnés, cassotés, lâches et bizarrement ajustés ?

Dans le tableau de la Famille de Darius, par Lebrun, Alexandre et Ephestion portent un manteau, Sisigambise a le dos couvert d'un manteau; on voit sur les jeunes princesses, des tuniques, des manches, des voiles... Mais quelles manches et quelles tuniques ! Quelle disposition lâche, triviale, pauvre et commune ! Point d'ordre fixe dans la distribution des plis, point de résolution dans le caractère des masses; ce sont des habits historiques, il est vrai, mais ce n'est point un costume selon les mœurs, selon le mode, selon le sujet et selon la beauté.

Ici on remarquera que les ressources du langage écrit ne suffisent pas pour rendre sensibles de pareilles définitions, et que ces nuances délicates échappent aux efforts de l'écrivain qui cherche à leur donner de l'évidence; il faut donc se contenter de réflexions générales.

N'avons-nous pas vu que Cicéron, en parlant du vêtement des Canéphores de Polyclète, disait que « ce vêtement rendait témoignage à leur virginité ? » Ce vêtement était donc vierge par un caractère ajouté à l'espèce de vêtemens propres aux jeunes vierges représentées par ces figures. On a dit chez les modernes : le vêtement fait l'homme. Mais dans l'antiquité l'homme était caractérisé, indépendamment du vêtement. Malgré tout, quelque bien caractérisé que soit une figure sous le vêtement, celui-ci ajoutera ou ôtera dans notre esprit à l'idée que nous prendrons de cette figure.

Enfin une qualité réellement admirable dans les ouvrages des anciens artistes, c'est la convenance de leurs draperies, convenance qu'on retrouve dans les productions les moins recherchées, soit en sculpture, soit en peinture, ensorte que, si l'on copie par un croquis seulement une figure antique drapée, quelque médiocre qu'en soit le travail, ce croquis fait toujours voir une idée excellente, conforme à la convenance et à la vérité.

Il resterait à considérer ici l'effet de la couleur des draperies par rapport à la convenance ou au mode du sujet ou de la figure; mais nous ne nous occuperons de cette question que lorsque nous aurons à parler de la beauté ou de la convenance dans le coloris.

Nous ne dirons rien non plus de la couleur affectée par les mythologues à telle ou telle divinité; c'est ainsi qu'aux dieux marins était consacrée la couleur verte, à Jupiter la couleur rouge, etc.

Terminons par une réflexion au sujet des couleurs changeantes des étoffes représentées sur quelques peintures antiques. Nous pensons que le choix de ces couleurs doit se rapporter, non à la fantaisie des peintres qui les ont employées, mais à quelque motif qu'il serait utile de connaître. Au reste, bien que les archéologues ne nous instruisent pas de ce point, et qu'ils nous aient fait seulement remarquer que les tuniques ornées de fleurs diverses étaient surtout affectées aux esclaves, nous devons trouver que ce choix d'étoffes de couleurs changeantes a quelque chose de pittoresque, qu'il est extraordinaire et propre à un art poétique et relevé, ensorte qu'il peut devenir d'un effet très-puissant dans certains cas, s'il est soutenu par une grande vérité d'imitation.

CHAPITRE 321.

DE LA BEAUTÉ OPTIQUE DANS LES DRAPERIES.

LA beauté optique des draperies a lieu par la disposition des plis, par la nature du tissu ou de la matière, et par la couleur de l'étoffe. Comme c'est à des questions de coloris que se rapporte cette dernière qualité, je n'en ferai pas mention ici. Parlons de la disposition des plis.

CHAPITRE 322.

DE LA BEAUTÉ OPTIQUE DES DRAPERIES PAR LA DISPOSITION DES PLIS.

NOUS supposons avant tout que la convenance a déterminé l'espèce et même le degré de beauté que l'artiste doit donner à telle ou telle draperie, et qu'il ne s'agit que d'obtenir par l'ordre optique cette même espèce et ce même degré de beauté. Ainsi c'est à la question du beau intellectuel que se rapportent précisément les conditions ou les qualités, par exemple, de grandeur, de légèreté, d'élégance, de richesse ou de simplicité optique ; mais ici il ne s'agit que des combinaisons propres à une de ces conditions distinctes et préalablement reconnues comme propres au sujet ou au mode de la figure. Il faut supposer aussi que le mouvement et les formes du nu ont déterminé la direction de ces masses et de ces plis principaux, ensorte qu'il ne reste plus qu'à savoir comment doivent être disposés ces plis et ces masses, et quel est le meilleur ordre optique dans lequel il faut les combiner selon la convenance ou selon l'ordre relatif au mode de la figure et du sujet. Cette condition, rendue ainsi simple et isolée, doit donc se traiter par la même règle que celle de la disposition en général, règle qui se trouve expliquée en particulier à la question de la composition, et en général à la question du beau.

Le meilleur et le seul ordre qui soit propre à produire la beauté optique des plis et de l'ensemble, c'est l'unité. Une draperie est composée d'un certain nombre de grands et de petits plis, de grandes et de petites masses, c'est-à-dire, de diverses unités : or c'est l'unité dans les caractères de ces masses et de ces plis différens, qu'il faut établir et rendre très-sensible; ce sont ces unités isolées, qui étant caractérisées, complétées, fortifiées, et se faisant valoir graduellement, doivent devenir subordonnées à la grande unité générale, dominante et non équivoque.

Prenons quelques exemples, et observons cet effet sur le vêtement d'une muse antique. Je dirai que la tunique qui apparaît en haut et en bas sur le manteau, offre à la vue des plis fins, multipliés, petits et légers. Or il faut déterminer ce caractère et en fortifier l'unité; de plus, le volume de cette partie apparente de la tunique doit être un ou unique, et le volume du haut ne doit point être égal à celui du bas. Quant à la direction de cette partie de la tunique, elle doit être déterminée et suffisamment différente de la direction du manteau. On conçoit déjà que la variété résultera infailliblement de ces unités diverses. Rien ne se ressemblera, puisque chaque partie aura son caractère unique et non double ou répété ailleurs, et que chaque masse, chaque ligne, chaque espace ou volume aura son caractère distinct. Ce principe est évident dans les figures antiques droites. Les grands plis transversaux des draperies de ces figures n'offrent point une direction horizontale, parce que cette ligne sortirait de l'unité verticale qui est l'unité dominante; mais ils offrent des lignes obliques qui, sans être discordantes avec la ligne principale, servent à en faire ressortir par opposition le caractère, et à le rendre dominant. D'après le même principe, les lignes verticales des grands plis ne sont jamais assez dominantes pour disputer avec la ligne principale du nu, ensorte que, dans les antiques, où le sujet, le mode et la vérité exigent des plis verticaux, ils sont toujours secondaires, moins apparens, et moins dominans que cette ligne une et principale du nu de la figure. Consultons encore la Flore ou plutôt la Therpsicore farnèse. Qui ne reconnaît pas que dans son vêtement composé de masses diverses ou d'unités diverses, aucune de ces unités cependant ou de ces variétés ne détruit l'unité générale et principale de toute la draperie? Ici on distingue une masse d'une espèce une et déterminée; là est un pli d'un caractère un et non répété ailleurs; d'un côté se remarque une certaine direction de plis; de l'autre un volume et une forme de masses uniques, etc. Tout est varié et tout est un dans les détails et dans l'ensemble : rien ne se ressemble, mais aussi rien n'est dissonant, rien ne rompt la grande unité principale. Introduisez d'autres variétés ou d'autres unités d'un caractère qui dispute, soit par ses masses, son volume, sa saillie, etc., ce corps étranger gâtera tout, et il le gâtera d'autant plus qu'il sera plus un et plus distinct lui-même : ce nouvel ordre corrompra donc l'unité du tout. Faites une saillie, un angle, une chute extraordinaire et hors de l'harmonie, vous détruisez sur cette draperie toute la condition optique du beau.

Mais de tous les exemples propres à expliquer ce principe, celui-là est le plus évident, qui est offert par une draperie dans laquelle une grande masse domine sur toutes les autres par son volume, par sa direction et par tout ce qui constitue son aspect optique, ainsi que cela a été expliqué à la théorie de la beauté. La belle Pallas de Vellétri, par exemple, offre une partie principale dans sa draperie, et cette partie, c'est le grand manteau qui recouvre tout le bas de la tunique : c'est-là la partie dominante par sa masse et par sa direction presque verticale; toutes les autres masses sont moindres et dans d'autres directions.

La Leucothoé d'Albani offre de même la partie inférieure de sa tunique, comme étant la partie principale de vêtement. Si on représentait cette figure, vue jusqu'aux genoux seulement, on n'aurait plus la partie dont il s'agit, une, principale et dominante, ensorte que la partie du haut disputerait avec cette tunique tronquée vers les genoux : on aurait donc détruit l'ordre, c'est-à-dire, l'unité ou la beauté.

Quand tout le vêtement est composé de plusieurs étoffes, une d'elles doit être celle qui caractérise l'unité. Ainsi, si le caractère est la simplicité, il faut que les masses ou les étoffes secondaires ne disputent point en simplicité avec l'étoffe ou la masse principale, sans quoi la beauté aurait un moindre degré. En effet, bien que tout l'ajustement soit simple dans ce cas, il n'offrirait pas la beauté optique par une unité concentrée que feraient ressortir d'autres unités subordonnées. De plus, il faut prendre garde que les unités subordonnées n'apportent une seconde unité, par leur variété ou leur différence tendant à faire contraste. C'est à cette doctrine qu'il faut rapporter les préceptes suivans, recueillis par Mengs. « Raphaël, dit-il, comprit que les grands plis doivent être » placés sur les grandes parties du corps, et ne doivent » pas être hachés par de petits plis subordonnés; que, » quand la nature du vêtement exige ces petits plis, il » faut leur donner peu de saillie, afin qu'ils cèdent toujours à ceux qui indiquent des parties principales. » Quoique cette observation semble relative principalement au nu, je la place néanmoins ici, comme un rapprochement de notre doctrine et du principe qui guidait Raphaël.

« Il existe, dit Millin, une grâce absolument propre à » l'art de draper. On trouve de la grâce dans un rideau » retroussé ou dans un manteau jeté sur un meuble, » lorsque leur mouvement est doux, qu'il contraste, et » cependant s'enchaîne avec les objets qui les avoisinent. » Nous avons déjà fait remarquer que l'auteur de ce passage semble avoir touché le but qui est la définition des unités, ou, si l'on veut, de la variété circonscrite dans l'unité principale. Mais ne revenons pas sur ce qui se trouve développé dans le chapitre que nous avons destiné exclusivement à l'analyse de la beauté. Je dois ajouter cependant un mot au sujet de la variété.

Le manque de variété ne peut blesser que la convenance, et il est bien moins grave que le défaut d'unité.

Ce dernier détruit l'essence même de l'ouvrage, tandis que le manque de variété est souvent excusable. En effet, il ne produit jamais une entière monotonie, et souvent il exprime convenablement le caractère d'une grande simplicité. Par exemple, les draperies de la Minerve, de la Melpomène colossale, des Niobés, n'offrent pas une très-grande variété, mais elles en offrent assez pour caractériser la beauté avec le charme de sa simplicité. Le Jupiter debout du Musée de Paris, n° 415, a un manteau dont la ligne dominante est parallèle au corps, et cela, pour produire plus de simplicité : la draperie du Phocion déjà cité est dans le même cas.

La diversité des étoffes, tissées ou coloriées différemment, a autant rapport au plaisir de l'esprit qu'à celui des yeux, ou est autant relative à la convenance qu'à la beauté optique. En effet, si nous introduisons cette même diversité d'étoffes ailleurs que sur les personnages, cette diversité ne sera pas d'une grande expression. Par exemple, une tenture bien drapée au fond d'un tableau, serait-elle plus belle, si elle offrait une grande diversité d'étoffes et de couleurs? Non; mais, sur une figure, l'esprit exige souvent de riches variétés. La tunique qui couvre le corps d'une jeune princesse, doit être fine, douce, blanche et légère; le voile qui flotte autour de son visage, doit être plus délicat encore; son manteau même doit être souple et moëlleux, quoique ample et d'un tissu plus plein. Dans tout ceci, c'est l'esprit qui exige des convenances; mais introduire ces mêmes diversités sans nécessité et sans convenance, c'est plutôt abandonner la simplicité et ses grands moyens, que ce n'est vraiment ajouter des beautés pittoresques.

On aperçoit déjà, je l'espère, que l'art des draperies ne consiste pas en un arrangement fantastique, mais qu'il a ses lois sans lesquelles il ne peut imiter les caractères et les beautés de la nature, sans lesquelles il ne peut ni toucher, ni plaire, ni intéresser.

Qui croira, après ceci, que copier une étoffe, ce soit imiter la nature ou imiter selon l'art; que rendre des plis, ce soit draper; que couvrir un mannequin, ce soit vêtir un héros; et que le soin, l'exactitude et la patience puissent faire atteindre au grand but moral de la peinture? Ces diverses réflexions nous donnent déjà à penser que les anciens ont été aidés encore plus par la philosophie transcendante de l'art, que par les beaux et gracieux modèles de draperies qu'ils avaient sous les yeux.

Cependant on est assez porté à croire que les anciens ne faisaient qu'imiter les costumes, les vêtemens, les coiffures, les chaussures de leur tems, comme l'ont fait les peintres de la Flandre, et qu'ils avaient en cela un avantage bien grand sur les modernes, qui sont obligés d'imaginer ou de copier d'après les monumens, sans pouvoir se servir des modèles de leur tems; mais, si l'on y fait un peu attention, on remarquera que l'art des anciens, tout en empruntant ses sujets à la nature, n'a jamais dérogé à la dignité de son langage, ni de son essence poétique et divine, et que les artistes n'ont cessé de composer et d'imaginer les meilleures combinaisons, au sein même de leurs beaux modèles.

Jetons les yeux sur les écrits des anciens, nous verrons que très-souvent l'empire de la mode et les fantaisies capricieuses ont influé sur la beauté des vêtemens des peuples. Ne voyons-nous pas, par exemple, dans Aristophane, la critique de ces tailles de guêpe, si fort à la mode à Athènes, au tems de ce poète comique? Qui oserait affirmer que l'on retrouve précisément les habillemens des jeunes filles d'Athènes dans l'ajustement élégant et noble de la belle Leucothoé du Musée de Paris? Qui prouvera que les coiffures des Niobés ne sont que des imitations fidèles des modes grecques que copiait alors Scopas ou Praxitèle, comme le sont aujourd'hui ces gravures périodiques calquées chez nos modistes et que déterminent les goûts fugitifs de nos dames? Désabusons-nous, toutes ces belles combinaisons de draperies, tous ces heureux ajustemens, toute cette grâce, cette noblesse, toute cette décence qui charme tant dans les vêtemens antiques est le résultat des règles de l'art bien observées. De même donc que les anciens rejetaient les gestes inconvenables et hors de l'art du langage relevé, de même ils rejetaient ces modèles individuels de draperies et d'habillemens qui n'auraient apporté que des trivialités indignes, et dont le mauvais choix aurait fait la honte et des artistes et de la nation. Pausanias nous fait encore supposer, par un passage de son 3e livre, chap. 16, que les artistes grecs n'étaient pas toujours bien servis par le costume de leur tems. Une des jeunes prêtresses d'Hylaire et de Phœbé voulut, dit-il, parer ces statues et les vêtir comme se vêtaient les femmes de son tems; la statue de Phœbé était déjà drapée, et la prêtresse allait continuer l'autre de même, mais un songe lui apparut, etc.

Rapprochons encore ici divers préceptes particuliers recommandés dans les livres, et confrontons-les avec notre théorie, qui en effet doit comprendre toutes les règles; le plus grand nombre de ces préceptes sera emprunté à R. Mengs, qui a fait des recherches au sujet des draperies de Raphaël. Il annonce d'abord que « ce fut dans les » bas-reliefs de l'antiquité que ce peintre habile découvrit » le grand goût dans le jet des draperies, et qu'il ne tarda » pas à l'introduire dans ses ouvrages. » Mais Mengs devait ajouter que c'était principalement dans les bas-reliefs romains qui abondent à Rome. Les draperies grecques sont fort supérieures aux draperies romaines, et au tems de Raphaël on ne sentait guère cette différence.

« Raphaël, dit donc Mengs, évitait que deux plis d'une » même forme et d'une même grandeur se trouvassent » à côté l'un de l'autre.... » Ceci se rapporte directement à notre doctrine, car cette faute contre l'unité produirait la duplicité et détruirait le caractère respectif ou la valeur de ces deux plis.

« Raphaël comprit que, quand la nature des vêtemens » exige quelque part de petits plis, il faut leur donner peu » de saillie, afin qu'ils cèdent toujours à ceux qui indi- » quent des parties principales.... » Même rapport avec le principe de l'unité.

Ailleurs il ajoute : « Les formes de ses plis sont aussi » différentes que le sont entre elles celles des muscles : » jamais elles ne sont ni rondes, ni carrées..... » Même principe d'unité dans les divers caractères.

« Raphaël a reconnu que les mouvemens du corps et de » ses membres sont les causes de la situation actuelle de » la draperie et de la formation de ses plis ; toute sa pra- » tique n'est qu'un développement de cette théorie, et » toute manière de draper contraire à cette observation » serait vicieuse. » J'ai expliqué clairement ce précepte, mais il restait à faire l'application de la loi du beau, loi qu'on ne trouve point expliquée dans les livres théoriques, loi par laquelle on peut condamner et éviter la manière, et sans laquelle il n'est point de perfection.

« C'était sur les inflexions, dit ailleurs Mengs, que Raphaël plaçait les grands yeux et les coupes profondes » des plis.... Sur de grands muscles, il formait de grandes » masses.... » Ce que j'ai dit sur le mouvement du nu, comprend cette maxime en entier.

« Quand les draperies ne couvrent les membres qu'à » demi, et qu'elles ne couvrent qu'imparfaitement, par » exemple, une jambe ou un bras, il a eu soin qu'elles » coupassent obliquement le membre qu'elles laissent en » partie découvert.... » Cette observation me semble à peu près nulle : elle ne s'applique qu'à un effet tout naturel dans certains cas et qui peut aussi n'avoir pas lieu sans qu'il en résulte de grands inconvéniens, à moins qu'on ne considère cette section à angle droit comme peu propre à différencier l'étoffe d'avec le nu ; mais c'était surtout au sujet de la sculpture, qui n'a qu'une couleur, qu'il fallait faire cette remarque. Au surplus, elle se rapporte apparemment au précepte suivant, qu'on trouve aussi dans les livres, mais qui n'est pas basé sur un principe premier.

« Les angles aigus ou obtus doivent être préférés aux » angles droits dans la disposition des plis, comme dans » celle des membres ; les formes absolument régulières » déplaisent dans toutes les productions pittoresques.... » De pareilles maximes non-interprêtées embarrassent l'élève, ou sont au moins inutiles. Plus haut j'ai traité du nu sous les draperies.

Je finis par des préceptes analogues offerts dans d'autres livres.

« On doit draper par larges plis, principalement sur les » grandes formes ; une foule de plis étroits en détruiraient » l'unité et auraient le désavantage d'offrir des multitudes » de petites lumières et de petites ombres qui fatigue- » raient la vue. Quand on est obligé cependant de faire » de petits plis, on a soin de les distinguer par masses ou » suites ; la lumière donne dans les unes de ces masses, et » l'ombre dans les autres.... » Ces préceptes se rapportent à la convenance, qui, prescrivant le vrai degré de variété, détermine le degré de simplicité, d'où résulte la grandeur des masses : mais, dans tous les cas, ces masses ne doivent pas être extrêmement grandes, extrêmement simples ; il y a des cas différens, il y a des modes différens.

Voici encore une autre citation : « Pour bien draper, il » faut que les plis soient grands et en petit nombre, parce » que les grandes formes produisent les grandes masses » d'ombre et de lumière, et parce que de petites formes » multipliées égarent la vue et partagent l'attention. Si » le caractère des vêtemens et des étoffes exige de petits » plis, ils doivent au moins être distribués par groupe, » en sorte qu'un grand nombre de petits plis ne soient » que des parties subordonnées d'une même masse for- » mée par un pli principal, et que les plis subalternes » ayant moins de profondeur, ne nuisent pas à l'effet gé- » néral de la lumière... » Ces maximes se rencontrent avec notre théorie ; mais j'ai toujours regreté, en les lisant, qu'on ne les ait pas rattachées à un petit nombre d'axiomes simples, élémentaires et basés sur le principe unique et fondamental du beau.

CHAPITRE 323.

DE LA BEAUTÉ OPTIQUE DES DRAPERIES, PAR LA NATURE DU TISSU OU DE LA MATIÈRE.

Nous voyons enfin de nos jours ce qu'ont si long-tems desiré nos devanciers, je veux dire un bon goût dans la manière de tisser les étoffes, et un choix de matières propre aux beaux effets des draperies. La laine acquiert dans nos fabriques de la souplesse et de la légèreté; le coton et le lin, ainsi que la soie, sont bien préparés; en un mot nos étoffes sont, lorsqu'il le faut, fines, moelleuses, libres, de peu de poids et d'un effet ou d'un aspect agréable. Les modes ont long-tems prescrit l'usage de draperies rudes et ridicules : les camelots anguleux du 15e siècle ont été usités assez long-tems, puis plus tard sont venus les brocarts et les velours, les tissus brochés, les soieries à ramages et à bouquets monstrueux; la vue a été offusquée et blessée par les étoffes de luxe drapées sans goût dans nos temples et nos palais; enfin les bosselages et les cannetilles, les filigranes et les chenilles, les tissus chinés, damassés et lampassés ont été peu à peu goûtés, admirés et répétés par la peinture.

Malgré la prétendue grossièreté du moyen-âge, les draperies dans les peintures de ce tems indiquaient des tissus fins et d'un bon goût. Aussi St Augustin blâme-t-il dans ses Confessions l'extrême transparence des vêtemens que portaient les femmes de l'île de Cos. Quant à Michel-Ange, il couvrit de vêtemens lourds et grossiers ses figures, il abîma ses Apôtres et tous ses Saints sous des monceaux de gros draps. Plus tard Rubens prodiguait et étalait le gros satin luisant et les vastes chiffons chatoyans sur ses Nymphes et sur ses Héros. Carlo Maratti, près d'un siècle après, perpétua le goût pesant des Carracci, et le rendit encore plus ridicule par des étoffes imaginaires, semblables à des feuilles de métal ou à du gros papier; et pourtant le nom académique de draperies larges était donné à ces vêtemens [1]. Enfin des masses ou plutôt des rochers de velours flanquèrent les portraits de nos aïeux et de leurs damoisels, et nos grandes-mères furent représentées vêtues d'étoffes tout à fait extraordinaires. Mais, depuis peu, tout a changé. Nos dames aujourd'hui portent des tissus charmans; la laine, la soie même obéit au bon goût; celle-ci perd sa roideur, ainsi que la dureté de son lustre importun, et le goût de l'antiquité accélère toutes ces réformes. Puisque c'est à notre étude des anciens que nous devons l'amélioration de notre goût, reprenons leurs mêmes maximes en entier, et ne cessons jamais de mettre à profit d'aussi habiles maîtres.

[1] De toutes les draperies de la sculpture moderne, les plus désagréables sont celles que l'on voit aux Apôtres de Saint-Jean de Latran, à Rome : elles sont exécutées d'après les dessins de Carlo Maratti. Il paraît que ces draperies avaient choqué beaucoup Josué Reynolds, qui blâme à ce sujet l'usage où l'on est quelquefois de suivre les dessins des peintres pour exécuter des sculptures, comme si Carlo Maratti ou Lebrun, dont les sculpteurs ont suivi les dessins, eussent fait de meilleures draperies en sculpture; c'était donc le goût maniéré de ces artistes qu'il fallait critiquer. Le vice dominant de ces grosses statues, c'est l'ampleur triviale des étoffes. On avait cependant répété, avant Carlo Maratti, l'observation suivante : « Qu'on regarde le plus grand homme enveloppé d'un » large manteau de drap, à peine voit-on l'être que la draperie couvre; » on le devine seulement au mouvement de sa tête et de ses pieds.... »

Lens a dit que « c'était plutôt la finesse du tissu qui » distinguait les draperies dans les différens états, que ce » n'était la richesse de la matière ». Cette réflexion paraît juste, car l'imitation même d'un cachemire, s'il est d'un tissu laid, produira en peinture moins d'élégance, de richesse ou de beauté, qu'un simple schall de laine fine et d'un tissu susceptible d'être très-bien drapé. On peut dire encore que le prix des matières étant variable, selon les époques, rien ne fixe en ceci la beauté des étoffes, tandis que la beauté du tissu est un avantage réel dans tous les tems.

Quant à la beauté de la couleur, elle est toute relative dans la peinture, tandis que dans la nature cette beauté est positive : je veux dire qu'une belle teinture est remarquée et est une richesse dans la nature, tandis que dans l'art il suffit qu'une étoffe paraisse belle autant que le sujet l'exige, et selon les rapports chromatiques de l'art, pour qu'elle le soit en effet.

CHAPITRE 324.

COMPARAISON DES DRAPERIES DE LA SCULPTURE ET DE LA PEINTURE.

Il reste maintenant à examiner les différences qui peuvent exister dans la théorie de l'art de draper, en sculpture et en peinture. Nous diviserons cette question en trois chapitres : dans le premier on considérera si la différence seule des matières employées dans la peinture et dans la sculpture est une raison suffisante pour différencier la théorie dans l'un ou l'autre art en ce point; dans le second on examinera si les principes en ce point, étant les mêmes dans ces deux arts, le peintre peut prendre pour modèles les draperies des statues et des bas-reliefs antiques; enfin dans le troisième chapitre on se demandera si les modernes ont des raisons bien déterminées pour perpétuer le goût de draperies si long-tems adopté dans toutes les écoles d'Italie, de France, d'Allemagne, etc.

CHAPITRE 325.

LA COULEUR ÉGALE DES MATIÈRES EMPLOYÉES PAR LA SCULPTURE NE PROUVE POINT QUE LE CHOIX DES DRAPERIES DANS CET ART DOIVE ÊTRE TRÈS-DIFFÉRENT DU CHOIX OU DE LA DISPOSITION DES DRAPERIES DANS LA PEINTURE.

Dans la peinture, les draperies sont colorées, et leur disposition, ou au moins leur circonscription, frappe l'œil plus sensiblement que dans la sculpture, où ces mêmes draperies sont de la couleur de tous les autres objets sculptés. Il en résulte que les fautes contre la disposition sont plus apparentes dans la peinture, et principalement aux contours qui tracent la silhouette du tout ensemble de la draperie. Mais cette différence n'autorise point le sculpteur à être moins exigeant que le peintre dans la disposition de l'ensemble et des détails des draperies, en sorte que le sculpteur ne saurait être en ceci d'un exemple pernicieux pour le peintre. On doit remarquer au contraire que la beauté de la silhouette ou des contours dans la statuaire devant avoir lieu sous tous les côtés ou sous tous les aspects, une statue bien drapée doit offrir un bon modèle pour un tableau.

Si l'on essaie de colorier les draperies sur des dessins faits d'après de belles figures antiques, il en résultera un effet si différent de celui que procure la statue, et une variété si nouvelle, que l'on regrettera peut-être la belle simplicité monochrôme du marbre. Dans cette copie coloriée, l'ordre optique des parties sera tout changé. Si la draperie est d'une couleur un peu foncée, la figure se composant de deux parties distinctes, les clairs des chairs et les bruns de l'étoffe, le caractère de grandeur et d'unité sera peut-être détruit, et les chairs seront souvent trop différentes du ton et de la teinte des étoffes. Souvent aussi les étoffes pourront être d'une masse mesquine, comparée au nu. Tous ces cas nécessitent la connaissance d'un principe fixe et général; or ce principe, c'est l'unité.

Il est vrai que les sculpteurs sont forcés, vu l'égalité de couleur du marbre, d'imaginer certaines combinaisons de plis et de clair-obscur, propres à différencier et à bien caractériser les étoffes; mais il ne faut pas en conclure que les peintres (eux qui ont la facilité d'imiter les couleurs) doivent renoncer aux mêmes calculs que les sculpteurs, pour exprimer les caractères des draperies. C'est le principe de l'unité de clair-obscur, c'est le principe qui veut que chaque objet soit manifesté avec tout son caractère, ce sont ces règles enfin qui ont déterminé les sculpteurs; or ces principes existant pour les peintres, ils sont en ceci soumis aux mêmes lois que les statuaires.

Ce serait encore mal établir la différence qu'on allègue

à ce sujet entre la sculpture et la peinture, que de dire que les anciens sculpteurs n'ont accusé et recherché le nu sous la draperie avec tant de soin, que parce que le marbre est monochrôme, et que les peintres anciens ont cru, vu le pouvoir caractéristique de leurs couleurs, devoir s'affranchir de ces recherches. Je pense au contraire que la ronde-bosse et tous les hauts-reliefs ne laissent point d'équivoque, malgré l'unité de leur couleur, parce qu'on les considère sous divers aspects, tandis qu'une draperie peinte sur un tableau plat, peut, par l'uniformité de sa couleur, empêcher l'apparence des formes des dessous : aussi voyons-nous que dans les peintures antiques le nu est aussi bien senti sous les étoffes, par la composition des plis, que dans les sculptures.

CHAPITRE 326.

LE PEINTRE DOIT-IL PRENDRE POUR MODÈLE LA MÉTHODE DE DRAPERIES DE LA SCULPTURE ANTIQUE?

Ce que nous venons de dire tend à prouver que non-seulement la peinture peut faire des emprunts à la sculpture, quant à l'art des draperies, mais aussi que c'est dans les modèles de la sculpture antique qu'il faut puiser les vraies leçons de cet art. C'est parce que les modernes n'ont pas été assez instruits pour atteindre à la beauté et au caractère des draperies antiques, qu'ils ont cherché à prouver, pour se justifier, que l'art de draper en peinture ne devait point ressembler au même art en sculpture, et que la marche de l'un et de l'autre était fort différente : j'ai fait remarquer ailleurs que cette déclaration de la part des modernes est d'autant moins sincère, que, dans toutes les époques, leurs statuaires ont suivi en ceci les traces de leurs peintres en crédit. Bernini drapait comme les Carracci; Couston comme Lebrun ; Michel-Ange même, dans sa statue de Moyse, emprunta le goût de draperies qu'on remarque dans ses peintures. Il en fut de même des peintres et des sculpteurs du moyen âge, et de tous ceux de l'antiquité : et voilà qu'aujourd'hui certains critiques routiniers veulent nous rendre méfians au sujet des admirables draperies qui ajoutent tant de beauté aux statues grecques et romaines, et à toutes les figures ou figurines de la sculpture, de la plastique et de la glyptique des anciens !

L'analogie de l'un et de l'autre art en ce point frappe naturellement tous les observateurs. C'est pour cela qu'Anna Graham a appelé, et avec beaucoup de justesse, les reliefs antiques des espèces de peintures.

La sculpture polychrôme est tout-à-fait semblable, quant aux draperies, aux sculptures monochrômes. Aussi Phidias consulta-t-il Panœnus, son frère, au sujet des draperies du Jupiter Olympien. Les Adorantes en porphyre, et toutes les figures en basalte, en bronze, en jaune antique, lorsqu'on les moule en plâtre, offrent des empreintes toutes semblables, quant aux draperies, aux empreintes faites d'après les ouvrages en marbre blanc : le bronze seulement, vu le travail de la fonte, peut offrir quelques particularités techniques ; peut-être aussi certains plis profonds du porphyre sont-ils plus fouillés que ceux du marbre ; mais en général, on peut dire que, dans le cas où quelques différences seraient à observer, ce serait acheter bien cher un raffinement de propriété, que de s'éloigner de la route des anciens statuaires qui ont constamment atteint à la beauté. Cette méfiance des modèles antiques est donc aussi funeste que peu fondée. S'il se trouve, comme on l'a dit, des draperies antiques imitées d'après les linges mouillés, et représentées par tuyaux longitudinaux, quelquefois semblables à des queues de billard, cette critique ne doit point éloigner des anciens, car cela s'applique à des copies très-médiocres exécutées par des marbriers : c'est comme si l'on voulait interdire le coloris vénitien, parce que quelques parodistes ont prodigué le roussâtre et l'enfumé, et ne nous ont offert, au lieu d'une harmonie variée, qu'une peinture monochrôme et fort triste.

Quant à cette ressemblance qu'on a encore voulu trouver entre les draperies des diverses figures antiques, il en est de cette critique comme de celle des têtes antiques : la convenance prescrivant des modes et des caractères, il dut nécessairement se trouver une certaine analogie dans les draperies appartenant à des figures du même mode et du même caractère.

Au reste, il ne serait pas surprenant de rencontrer quelquefois cette similitude parmi les très-anciennes statues, parce que les artistes des époques lointaines ne connurent pas, aussitôt que les peintres, les lois et les avantages de la disposition et du clair-obscur; aussi Pline remarque-t-il que les combinaisons pittoresques de Parrhasius servirent beaucoup la sculpture.

On peut remarquer encore que certaines draperies, telles que les étoffes gommées et plissées au fer, appartiennent à des costumes consacrés. La forme déterminée par l'effet des gauffrures s'altérait peu et n'était pas sujette aux changemens qu'auraient pu introduire insensiblement ceux qui portaient ces espèces de vêtemens, presque tous religieux. Aujourd'hui encore, les ailes de nos surplis sont plissées au fer et roidies par l'amidon. Pour peu que l'exécution des anciennes images tînt du style roide, l'imitation de ces draperies devait offrir bien plus encore la roideur. Quant aux imitations peintes de ces vêtemens, elles en exprimaient probablement les effets d'une manière moins dure et moins sensible, et à la fin, l'excellent goût des Grecs laissa libre le choix des combinaisons; car, malgré la vénération pour les antiques usages du culte, les draperies offrirent, du tems d'Alexandre, la beauté parfaite et toutes les variétés que prescrivaient la convenance et le principe de l'unité.

Enfin, on ne peut nier que les draperies des peintures antiques ne soient presque en tout conformes aux draperies de la sculpture antique. La peinture des Noces Aldobrandines offre des draperies semblables en tout aux bons bas-reliefs antiques. Les Danseuses d'Herculanum, excellentes par leurs draperies, sont semblables en cette partie aux camées, aux bas-reliefs, et, malgré leur grande légèreté et leur gracieuse vivacité, elles sont disposées et groupées avec la même réserve que celles des beaux bas-reliefs produits à la même époque de l'antiquité.

CHAPITRE 327.

QUELLES RAISONS POURRAIT-ON ALLÉGUER AUJOURD'HUI POUR PERPÉTUER LE GOUT DE DRAPERIES ADOPTÉ SI LONG-TEMS DANS TOUTES LES ÉCOLES D'ITALIE, DE FRANCE, D'ALLEMAGNE, ETC.?

Je ne crois pas que ce soit précisément le respect pour Raphaël, pour les Carracci et pour les maîtres célèbres, qui a pu perpétuer le goût de draperies, qui fait un des caractères de ces maîtres; ce ne sont point non plus des raisons théoriques qui ont pu déterminer cette préférence; ce ne sont point des motifs calculés qui ont fait que tant d'imitateurs ont drapé de la sorte : les draperies n'ont été en général considérées par tous ces imitateurs que sous le seul point de vue du coloris et des masses, et quelquefois aussi, il est vrai, sous le rapport du grand optique, mais jamais sous le rapport de la convenance, c'est-à-dire, du caractère moral et de l'effet métaphysique ou poétique du tableau.

Quoiqu'il semble que ce goût académique et barbare soit enfin abandonné, on voit encore aujourd'hui des peintres qui tiennent à ces routines surannées, et qui drapent à la Corrège, à la Jouvenet, à la Jules-Romain, etc. Pourquoi? Est-ce parce qu'ils sont convaincus que les modèles antiques sont dangereux? Non; ils ne se donnent pas la peine de les observer. Est-ce parce qu'ils regardent ce goût comme convenable et comme étant essentiel à la perfection de l'art? Non : c'est qu'au moyen de cette physionomie académique, un peu Raphaëlesque, un peu Guidesque, ils espèrent donner du crédit à leur ouvrage, le faire classer parmi les productions recommandables, et se mettre eux-mêmes à l'abri de la critique, se croyant justifiés par d'aussi célèbres exemples. Ces exemples, on les voit fourmiller dans les porte-feuilles, recueils de gravures trop souvent burlesques, exécutées d'après mille et mille faiseurs de tableaux, tableaux coordonnés, arrangés et drapés à la manière de tous les maîtres des écoles lombardes et romaines, etc.; mais de toutes les raisons, la plus déterminante pour eux, c'est la commodité qu'ils trouvent à emprunter à ces estampes, soit une manche, soit un bas de tunique, soit un manteau, un voile, etc., qu'ils copient souvent tel que l'offre la gravure, ou qu'ils arrangent sur leur mannequin en se rapprochant du modèle gravé qu'ils ont furtivement mis à contribution.

Cependant les propagateurs de ces vieilleries auront beau faire, le haut savoir qui se découvre tous les jours dans les admirables draperies que nous font voir les monumens antiques, est aujourd'hui et sera désormais le point de comparaison auquel on rapportera tout ce que produiront dorénavant les peintres en ce genre; de même qu'en fait de composition, de dessin et de goût, ce sera plutot l'antique qui prévaudra à la longue en Europe, que ce ne seront ces chefs-d'œuvre qui, malgré tout leur mérite, sont entachés de barbarie et de routine, chefs-d'œuvre que nous ne payons aussi cher que par routine aussi et un peu par barbarie.

CHAPITRE 328.

DE LA JUSTESSE DE REPRÉSENTATION DES DRAPERIES.

Comme le procédé de délinéation et de coloris nécessaires à la juste représentation des draperies, n'a rien de particulier, nous ne voyons rien à dire expressément ici. La justesse de représentation des draperies est donc toute comprise dans la justesse des opérations relatives aux traits, aux tons, aux teintes et à la touche.

CHAPITRE 329.

DE CE QUI CONCERNE LA PARTIE PRATIQUE DES DRAPERIES.

Disons, avant tout, que le précepte qui commande de ne jamais exécuter de draperies sans avoir auparavant dessiné et arrêté correctement les formes des dessous, est aussi naturel et aussi juste que celui qui prescrit l'étude du squelette avant celle des muscles. Quant aux moyens matériels ou pratiques relatifs à l'art des draperies, nous distinguerons trois principales questions à ce sujet : la dimension des draperies-modèles, les draperies-modèles pour les plis flottans, et la couleur des draperies-modèles.

La moindre expérience apprend au peintre que la meilleure dimension des draperies-modèles est la dimension naturelle. En effet, en employant des draperies de grandeur naturelle, c'est en quelque sorte la nature même que l'on étudie et qu'on imite; cependant il est des cas où l'on est forcé d'employer pour de petits mannequins, ou pour des marquettes, des pièces d'étoffe très-petites. Ces petites draperies ont leurs avantages et leurs inconvéniens. Si on les considère sous le rapport de la forme, on remarquera que ces pièces d'étoffes ne produisent pas, quant à la finesse des plis, à leur nombre et à leur pesanteur, un effet semblable à celui qui résulterait des mêmes étoffes amples autant que le naturel, en sorte que, si l'on copiait en grand sur le tableau l'effet de ces petites draperies, il arriverait que les chutes de ces plis, ainsi que leurs flexions, seraient fausses, et que tout le mouvement général manquerait de souplesse et de ce jeu qui est propre aux draperies de grande dimension. Je sais que si l'on mouille ce tissu, lorsqu'on le drape sur le mannequin, cela multiplie les plis et procure de la finesse; mais on risque toujours de représenter les effets d'un chiffon petit et mouillé, et non les effets d'une draperie naturelle dont le tissu est déterminé. Une foule de peintres ont exécuté d'après ces petits échantillons, et le mauvais effet qui en est résulté est apparent même à travers les belles gravures qui ont multiplié les copies de ces tableaux. On reconnaît que ces draperies sont affectées, qu'elles sont tirées à l'épingle, qu'elles enveloppent mal, qu'elles couvrent et qu'elles tombent mal, en sorte qu'elles sont réellement sans naïveté, fausses et de mauvais goût. Considère-t-on ces draperies sous le rapport de l'effet de la lumière, on reconnaît aisément que, si l'on expose ces petits modèles drapés à la même lumière grande qui doit éclairer les grands modèles, l'effet qu'ils offriront sera nécessairement différent. Il faudrait donc renfermer ces petits modèles dans un encaissement proportionné à leur petite dimension et éclairé par une ouverture particulière proportionnée elle-même à l'exiguité de ces objets, car autrement la largeur des lumières par rapport à celle des ombres sera toute changée, ainsi que la dégradation, l'espèce d'obliquité et enfin tout le système optique. Il est fort nécessaire que les peintres comprennent bien cette différence. C'est donc par routine, par paresse, par économie, que les peintres ont usé si souvent d'aussi petits modèles. Plusieurs artistes ont même fait usage du papier mouillé, et ils en ont tiré beaucoup plus de parti qu'on ne se l'imaginerait, quant à la composition des plis; mais il était presqu'absurde de répéter en grand ces effets du papier mouillé. Ainsi la vraie dimension des draperies-modèles est la dimension naturelle ou à-peu-près naturelle. Disons de plus que le tissu de l'étoffe-modèle doit être semblable, autant que possible, au tissu de l'étoffe qu'on veut représenter sur le tableau.

Mais, quoique ces petites draperies provisoires faites de percale ou de papier ne conviennent point pour l'imitation en grand, convenons de l'avantage qu'elles procurent pour les études préparatoires. Ces petites marquettes drapées provisoirement sont très-utiles et indispensables même pour composer, disposer et ajuster les draperies projetées. C'est à l'aide de ces petites draperies ou de ces papiers qui peuvent être mouillés à volonté, qu'on peut commodément disposer, changer, arranger et déterminer enfin le jet principal et les accidens particuliers des draperies. C'est au moyen de ces petits mannequins drapés qu'on peut essayer sous quels angles de lumière il conviendra de placer ensuite les vrais modèles. Par leur moyen on essaiera quelles sont les privations, les resserremens, ou les expansions de lumière, qu'il convient d'adopter pour éclairer avantageusement les figures; mais nous supposons toujours que le peintre n'a pas manqué de placer ces marquettes drapées dans des sites artificiels d'une dimension et d'une lumière proportionnées.

Dans ces projets en petit, on peut s'aider d'épingles et d'aiguilles à tricot pour composer et former des plis, des accidens, etc., et quoique ce soit la nature qui doive donner ces effets et ces accidens, on peut à son aise en combiner, en travailler et en ajuster les arrangemens, sauf à répéter en grand, par des moyens plus naïfs, ces heureux calculs ou ces accidens fortuits dont on reconnaît la convenance et la grâce.

Quant aux draperies servant de modèles utiles pour l'imitation des plis flottans, disons qu'un moyen excellent et absolument nécessaire pour conserver les effets de ces plis flottans, c'est d'empeser l'étoffe-modèle et de ne la laisser sécher que lorsque l'arrangement des plis et leurs formes ont été tout-à-fait arrêtés. On applique ces petites draperies-modèles sur un carton au moyen d'épingles, lorsqu'elles composent des masses déployées un peu à plat; mais on les soutient avec des baguettes, si ce sont des masses enroulées et d'une certaine épaisseur. L'étoffe une fois sèche reste ferme et roide dans l'état où on l'a fixée, lorsqu'elle était encore souple et humide par l'effet de l'empoi, ou même par l'effet de la terre à modeler dont on l'a légèrement impreignée à cet effet.

Il nous reste à parler de la couleur des draperies-modèles. On a rarement des étoffes de la couleur précise qu'il convient d'adopter pour le tableau dont l'harmonie exige des teintes de draperies d'une espèce déterminée; le plus souvent on n'a guère que des échantillons de ce tissu et de cette teinte en même tems.

Un avertissement qui me semble absolument nécessaire, c'est qu'il convient de ne s'occuper d'abord que des formes de ces draperies telles qu'on les a composées et ajustées sur le mannequin, et de les peindre par une teinte approximative seulement sur le carton préparatoire et sans se préoccuper beaucoup de la justesse de cette teinte comparée à celle qu'on a résolu d'adopter pour le tableau; ce travail préparatoire de coloris ne nuit aucunement à l'excellence du dessin. Puis après, et quand on sera satisfait des formes, on consultera rigoureusement les échantillons types, et, en faisant les opérations nécessaires relativement au perspectif des couleurs (voyez les chapitres où ces questions se trouvent traitées), on imitera ces teintes dans un second travail qui exprimera avec justesse et selon les règles tous les effets de coloris de ces draperies. Si le desir d'imiter tout de suite les teintes de l'étoffe fait hâter le peintre, il négligera la forme et même le clair-obscur si nécessaire pour bien caractériser et débrouiller les plans, tandis qu'en opérant séparément et successivement, comme je viens de l'indiquer, il pourra arriver à la perfection d'imitation et à la beauté. Un grand nombre d'habiles peintres en ont usé ainsi; ils ont modelé sur leurs cartons les formes des draperies, puis les ont coloriées sur leur tableau, et en cela, ils ont agi judicieusement, car c'est un embarras trop grand et presque au-dessus de la force du peintre, que de copier juste et la forme, et le caractère des plans, et la teinte, qui au surplus n'est presque jamais sur le modèle, telle qu'il convient de la choisir et de la rendre sur le tableau.

On peut obtenir à peu de frais d'assez grands morceaux d'étoffe teints de la couleur demandée : il ne s'agit que de les plonger dans certaines décoctions colorées, sans s'occuper de la fixité des couleurs. En un instant, on peut avoir des draperies d'un très-beau vert, d'un très-beau jaune, etc., etc. Le premier teinturier indiquera ces moyens tout simples et peu coûteux. Les tissus de coton surtout reçoivent parfaitement les teintures.

Je crois devoir indiquer à ce sujet l'ouvrage suivant : Traité de toutes les plantes propres à la teinture et à la peinture, par J. P.... Paris, 1801, chez Artaud, quai des Augustins, n° 50.

A la mort de Paul Véronèse, en 1590, on vendit pour 4,000 livres les étoffes de toute espèce qu'il conservait pour ses études. Ce grand coloriste s'est trouvé merveilleusement bien de ce moyen; mais les peintres ne sont pas toujours dans la possibilité d'entretenir la garde-robe de leurs mannequins, aussi bien que Paul Véronèse.

CHAPITRE 330.

OBSERVATIONS SUR LES OUVRAGES QU'ON PEUT CONSULTER RELATIVEMENT A L'ART DES DRAPERIES.

Il n'existe point, je crois, d'ouvrage composé expressément sur l'art des draperies dans l'art de la peinture, ou dans celui de la sculpture, ou même dans l'art scénique. Mais on trouve de nombreuses observations sur l'art des draperies en peinture dans les livres où l'on traite de cet art. Voici les noms de quelques auteurs qui se sont étendus jusqu'à un certain point sur cette question :

Falconet, édition de Lausanne, aux pages 48, 53, 144, 151, 180, etc.

Reynolds, tom. 2, pag. 319.

Winckelmann, tom. 3, pag. 163 et suiv.

Millin, dans différens articles de son Dictionnaire.

M. Émeric David, dans ses Recherches sur l'art statuaire.

L'Antologia romana, pag. 113.

L'Encyclopédie méthodique, pages 41, 165, 199, 200, 202, 426, 567, etc.

Boëttiger et Mayer, dans leur ouvrage sur la peinture des Noces Aldobrandines.

D'Hancarville, en parlant des figures des vases peints.

FIN DU SIXIÈME VOLUME.

TABLE

DU SIXIÈME VOLUME.

DESSIN.

CHAPITRES. Pages.

CHAPITRES. Pages.

CHAPITRES. Pages.

CHAPITRES. Pages.

DES DRAPERIES.

FIN DE LA TABLE DU SIXIÈME VOLUME.

www.ingramcontent.com/pod-product-compliance
Lightning Source LLC
Chambersburg PA
CBHW051338220526
45469CB00001B/14
9782012773004